縄紋社会

*New Perspec*

− 炭素1

*Applied radiocarb*

## 目　次

序章　考古学における時間的属性 …………………………………… 1
　1節　縄紋時代研究における年代決定 ………………………………… 2
　　a）土器編年の基準 ……………………………………………………… 2
　　b）縄紋集落の時期区分基準 …………………………………………… 4
　2節　実年代による縄紋社会の時間的属性へのアプローチ ……… 8

1章　考古学的手法による研究と問題点 …………………………… 10
　1節　土器型式の相対編年 ……………………………………………… 10
　　a）前期末葉から中期初頭の土器型式研究 …………………………… 10
　　b）関東・中部地方中期土器の型式学的検討 ………………………… 29
　　c）通期的な土器型式学的細別時期設定 ……………………………… 37
　　d）土器型式による相対編年の限界 …………………………………… 43
　2節　遺構間の関係にもとづく集落景観復元 ………………………… 47
　　a）竪穴住居・住居跡のライフサイクル ……………………………… 48
　　b）同時存在・同時機能 ………………………………………………… 49
　　c）居住の同時性・一時的景観の復元 ………………………………… 51
　　d）現状の集落論の問題点 ……………………………………………… 82

2章　年代的枠組みと土器の時間 …………………………………… 87
　1節　東日本中期土器の年代的再編成 ………………………………… 87
　　a）前期末葉と中期初頭の境―金沢市上安原遺跡の分析― ……… 94
　　b）中期末葉と後期初頭の境―加曽利E式・大木式後半期の検討― … 101
　　c）中期土器型式ごとの暦年較正年代 ………………………………… 107
　　d）「焼町土器」の年代の検討 ………………………………………… 109
　　e）中期土器群の年代的再構成と土器型式の時間幅 ………………… 113
　2節　土器の時間 ………………………………………………………… 121
　　a）細別型式の異なる土器の共伴と年代測定 ………………………… 121
　　b）土器細別時期の時間幅の長短についての背景 …………………… 123
　　c）文様の変遷からみた土器変化のスピード ………………………… 125

3章　集落の時間 ………………………………………………………… 129
　1節　短期的集落における移動の時間的関係―SFC集落― …… 129
　　a）SFC集落の暦年較正と集落の年代 …………………………… 129
　　b）SFC集落の再構成と集落移動 ………………………………… 136
　2節　継続的集落にみる住居改築の時間幅―大橋集落― ……… 137
　　a）同時存在住居・重複住居の年代 ……………………………… 137
　　b）大橋集落における重複住居のあり方 ………………………… 145
　3節　集落の継続期間 …………………………………………………… 152
　　―多摩ニュータウン遺跡群・津久井川尻遺跡群―
　4節　集落の時間 ………………………………………………………… 157

4章　文化の時間 ………………………………………………………… 166
　1節　文化の伝播 ………………………………………………………… 166
　　a）土器の移動 ……………………………………………………… 166
　　b）住居型式の移動 ………………………………………………… 169
　2節　変遷のスピード …………………………………………………… 170
　　a）土器系統の区分 ………………………………………………… 170
　　b）中期の土器の分布 ……………………………………………… 171
　　c）炉の分布 ………………………………………………………… 182
　　d）文化要素の年間移動距離 ……………………………………… 191
　3節　規模の増大と領域の拡大 ……………………………………… 192
　　a）集落の人口―大橋集落― ……………………………………… 192
　　b）地域の人口―武蔵野台地東部― ……………………………… 199

結　語 ……………………………………………………………………… 212

　追補　炭素14年代測定法 ……………………………………………… 217
　あとがき ………………………………………………………………… 232

註 …………………………………………………………………………… 236
英文要旨 …………………………………………………………………… 244
参考文献 …………………………………………………………………… 247

## 序章　考古学における時間的属性

　先史考古学では、第一に、過去の物質文化に対し、時間的尺度と空間的尺度を与えることによって、文化史的再構成を図ることから始める必要がある。特に、時間的な再構成は、考古学的方法の、もっとも主眼をなすところといってもよい。その点において、これまで日本考古学では、型式学及び層位学に依拠した相対的序列によって、歴史的再構成を行ってきた。その結果、世界的にみても類がないほどの、精緻な土器編年網を作り上げることに成功し、列島内における詳細な先史文化の歴史的復元を行ってきた。しかしながら、縄紋時代をはじめとする先史文化研究における、実年代比定の根拠の薄弱さは、歴史像としての具体化にとり2つの点で大きな欠点を有していた。1つは、世界的視野に列島史を納める場合に、実年代なしには、地域間のクロスデイティングを、完全な形では行い得ないことである。もう一つは、列島内における文化の動態についても、実年代すなわち実際の時間での文化変化の解明や、文化的要素の伝播に要する速度などの比較検討ができず、具体像の構築に支障をきたすことがあげられる。

　日本列島を通しての歴史的再構成、東アジアにおける先史・原史社会の復元、さらには世界史的視野における、人類発展段階を見通すためには、共通の時間尺度が必要である。そのためには、個々の歴史事象に対して、暦年代が判明すればもっともよい。しかしながら、文献資料のない先史時代については、自然科学的な手法による年代決定が必要である。

　近年、AMS法（accelerator mass spectrometry）を用いた$^{14}C$年代による高精度編年の手法が、ハード・ソフト両面から技術的に著しい進展を遂げている。考古学研究において、年代測定を有効に用いるためには、考古学側・分析側両者が、互いに検証可能な協業体制において最適の試料を選定し、測定結果を土器自体の出土状況や土器編年に対比させて、検証を重ねる必要がある。測定方法と目的を理解し考古学調査・研究に通じた研究者が、試料の選定から前処理まで、可能な限り係わるべきである。特に、微量な試料による測定が可能になったことから、

土器付着炭化物（おこげ）を試料として測定することによって、直接土器自体の年代（正確には付着炭化物の年代）を測ることが可能となった。実際の手順としては編年学的位置づけの明確な土器付着炭化物・集落内出土炭化材について、放射性炭素同位体比をAMSを用いて測定し、同時に測定した$δ^{13}C$値を用いて補正して、$^{14}C$年代を得る。$^{14}C$年代自体は実年代ではないため、年輪年代の確定した年輪資料等の$^{14}C$測定に基づいて得られている較正曲線を用いて暦年代を推定する。最終的には、型式編年によってすすめられてきた縄紋・弥生時代の年代的枠組みを、実年代によって、列島規模で再構成することが大きな目的となる。研究資源・時間の有効利用を計る上でも、いくつかの目的を絞って年代測定の蓄積を目指すことも有効である。まずは、集落の事例と土器編年研究がもっとも進んでいる分野の一つである東日本縄紋時代中期を対象に、細別土器型式ごとの暦年代と、集落・住居の継続期間の復元に焦点を当てて、研究を進めることとしたい。

## 1節　縄紋時代研究における年代決定

縄紋文化について$^{14}C$年代・暦年較正年代の応用によって論ずる前に、日本先史時代研究において、どのような年代決定が行われてきたかを概観しておく。土器型式学による相対年代や層位学的方法について詳述することは、本書の目的を逸脱するので、佐原真（佐原 2001）、小林達雄（小林達雄 1965）、鈴木公雄（鈴木 1989）らの記述に多くは委ね、以下では概略的な記述にとどめる。

### a）土器編年の基準
#### ⅰ）層位的基準

＜貝塚などの堆積層の先後関係＞　　松本彦七郎（松本 1919 abc）・山内清男（山内 1928・山内ほか 1952）などが、大きな成果をあげてきた。例えば、松本彦七郎の里浜貝塚ほかでの分層発掘は、東北地方の後期編年の端緒となった。一つには、宮城県の里浜貝塚・大木貝塚など仙台湾周辺において、貝層堆積の層位が細かい貝塚が多いことも、研究の発展を促した要因である。ただし、廃棄時の時間的関係を示すに過ぎない点や、2次移動・攪乱を含め層位的な混乱が引き起こ

されやすい点など、欠点も併せ持っているといえる。

＜洞穴遺跡などの層位＞　各地の草創期・早期の編年、大別型式の区分において、洞穴遺跡の層位的関係は、大きな決め手となってきた。例えば、草創期の福井洞穴など洞穴遺跡での編年的研究とそれに伴う議論などが著名である。

＜オープンサイトでの自然層位＞　例えば山内清男が各地で行っているが、細かな編年には成功していない。最終的には、地点ごと・遺跡ごとの差を型式に対応させる場合が多い（例：加曽利E式、B式は、調査地点の差であり、型式学的検討を重視している）。オープンサイトでの層位的共伴関係の認定は、非常に難しく、かつ時に大きな混乱の元となっていた。詳述は避けるが、ミネルヴァ論争・本ノ木論争などを例としてあげればよいであろう。

＜住居の切り合い関係＞　中部地方の中期には大集落が多く、かつ重複が激しかったため、住居の切り合いから出土土器の新旧を決定する手法が発達した。長野県井戸尻遺跡群（藤森編1965）から始まったため、井戸尻方式といわれる。現代においても基本的には有効であるが、住居覆土中への廃棄土器群をも床面出土土器と合わせて一括視したため、当初は混乱した。

ⅱ）型式学的方法

＜モンテリウスによる型式学的方法　系統的変化と残存器官＞

　先史時代の各時期に適用されてきたが、縄紋研究では層位的関係の少ない関東で多く行われた。中期土器では、文様の変化は追いやすいが、変化のシリーズのうち、どちらが古いのかは型式学的方法では決めにくく、多くの場合、住居重複などの成果と合わせて検討される。残存器官は、生物学的な概念の適用で、把手の機能を失ったのちも突起が残っていくなど、機能を失って退行しつつも残存する器官の存在で、新しいタイプを決める方法である。小林達雄の「手抜きの方向性」などの提議（小林達雄1973など）も、これに準じた視点といえよう。型式学的方法の欠点としては、変化のモードは示せても、新旧の決め手にかけ、180度逆方向の変化も考えられること、時間的差異と空間的差異との区別が難しいことなどが挙げられよう。

＜セリエーション手法＞　遺跡の重複の少ないアメリカ考古学で発達した方法だが、日本でも形を変えて（上記の加曽利E・B式など地点ごとの様相差として）

行われてきた。流行の盛衰は、徐々に比率を変えていくという一般則から、出土単位ごと・グループごとのタイプ別組成をとり、順序づけていく方法である。

　基本的には、日本考古学では、層位的方法と型式学的方法とをミックスして、編年を行ってきた。遺跡が多く、重複することが多い（貝層なり住居重複なり層位的に重複する）ことと、縄紋土器が器形・文様的にバリエーションが多く、かつ時期・地域ごとの特徴が比較的はっきりしていたため、編年自体は日本列島全体に亘って、概ね完成させることができた。編年作業の大別が完成したころに、$^{14}$C年代が導入され、予想外の古さを示したことから、山内清男をはじめとする編年学派には拒否反応が起きたりもしたが、大まかには土器編年と測定値とが矛盾することは、なかった。逆にそのために、日本考古学者の間では、土器編年で十分という感覚が、長く続いてきたとも言える。

## b）縄紋集落の時期区分基準

　日本列島先史時代縄紋文化の研究においては、土器による編年研究と、広域調査の成果を用いた集落研究の2つの分野が、大きなウェイトを占めてきた。過去において、両分野の研究が、交わることはさほど多くなかった。大雑把にいえば、編年研究は、縄紋研究の組織化を目的に、技術的な議論を繰り返し編年の細分化を目指してきたのに対し、集落研究は、縄紋社会の組織の復元を目的に、理論的な議論を優先させてきた。

　両分野の研究成果が交差する数少ない場として、集落遺跡の時間的復元という作業があった。集落遺跡は、数百年のオーダーで縄紋人に利用され続けた場合が多く、結果的に100軒以上の住居跡を残すことが少なくないが、それら総てが同時に機能して大居住地を構成していたわけではない。同時存在の住居は何軒か、at time の集落規模はどの程度であるかを、考古学的な調査成果の上から検証していくことは、精緻に細分された土器編年研究を集落の住居群に当てはめることによって、再構成可能であると期待された。しかし、万人が納得するような、縄紋集落の実態は明示できず、かえって研究者ごとにイメージする縄紋集落の姿が、大きく異なってしまう結果になった。同一の土器型式期でも、必ずしも同時存在ではないと考える研究者は、さらに細かな時間的尺度を要求したし、集落は細か

な土器型式時期によって割り切れるものではなく一時に存在した住居の数は、調査された遺構以上にも存在するなど、実態はより多いはずであると考える研究者もまた、異なるロジックを求めたのである。

同時存在住居の把握とは切り離しても、集落遺跡内の時間的整理は、せいぜい地域ごとの編年単位である土器型式期に比定するに過ぎず、十分なものではなかった。こうした土器細別研究に対応した集落の時間的整理さえ、集落の構造分析を急ぐ立場からは、これ以上の土器による時期細別は、集落を解体しすぎる結果を招くとの危惧（末木1990）も招いた。安孫子昭二も、多摩ニュータウンNo.446遺跡の分析において、土器型式の細分に従って集落の時期区分を行っていくことに疑問を表明している（安孫子1997）。安孫子は、土器編年の細分化の現状を評価しつつも、住居の建て直し等を含む居住期間を出土土器が必ずしも反映しないこと、覆土中出土土器の一括性に様々な状況があり、必ずしも土器によって住居の時期を決定できるとは限らないことを指摘している。これらの問題点は、筆者も旧稿で指摘してきた内容を含む（小林1983ab）が、土器細別時期で区分される住居数よりも、実際の同時存在住居（または居住構成員数）は多くなるという安孫子の論拠には、具体的な考古学的証左の蓄積が不足していると言わざるを得ない。集落の細分の結果、母集落・拠点集落と評価される大規模集落の1時期の住居軒数が、数軒になってしまうことが問題であるとされるが、それは1集落の規模が小さすぎては、環状集落としての形をなさないとか、集団の人口が維持できないというような、前提的条件からの（集落の細分への）否定が先に立っているのが現状ではないだろうか。

一方、集落の細分屋の立場、即ち、林謙作が縄紋集落論の研究史の整理（林2004）の中で命名したところの「見直し論」の研究者、土井義夫が主張してきた「横切りの集落研究」（土井1991）に連なる立場の研究者は、既存の土器型式の時間幅では、まだ長すぎると考える。定型的集落論への見直しを重視するあまりか、住居跡一軒がすべて短期的な期間の居住でしかないというような前提条件のもとに、各住居を排他的に並べるごとき集落の細分を行い、各期1時期1軒とするような分析例も現れた。鈴木素行の木戸作貝塚集落の分析（鈴木1996）は、住居自体の細かな分析と貝塚の堆積層序とを結び付け、精緻な分析を行っている

のであるが、各住居の最終段階の時間的位置づけが相対的序列をなすことと、「住居は常に単独で1軒のみであった」との結論との間には、飛躍がある様に思える。言うなれば、「定型集落論」と「見直し論」といわれる2つの立場ともに、実態としての縄紋集落の復元が十分ではないように思えるのである。

　縄紋集落研究においては、時間的整理をどうするか、どの住居とどの住居とが同時に機能しているのか、という時間的枠組みの問題は、ますます重要性を帯びてきたといえる。同時存在の住居を把握するためには、様々な方法を模索する必要があり、これまでにも、同時存在の住居を把握する方法として、以下のような試みが行われてきた。しかしながら、それぞれに一長一短がある。

（1）土器型式細別時期毎に住居を振り分ける。

　オーソドックスな方法であるが、同一土器型式時期内で、複数の住居の重複が多数みられることから明らかなように、土器型式による時間幅よりも住居の改築年数の方が短いことは明らかである（小林2000b）。すなわち、土器型式によって集落の時間軸とすることは、土器編年の細別時期の年代幅、竪穴住居の耐用年数の問題など、型式の期間と住居の居住期間とがパラレルではない、という問題がある。また、住居の改築・建て替えなどによる見かけ以上の存続期間を持つ場合などが無視されている。こういった問題点は、加納実も指摘している（加納1988）。ある程度の時間幅を持つと割り切った上で、土器型式・細別時期毎に遺構を配分するとしても、その遺構とどのような関係があるかを検討せずに、覆土中一括出土の土器をもって遺構の時期とする考えは論外である。それは、遺構廃絶後時間経過があった上での廃棄・流れ込みの例が存在するからである（小林1983bなど）。埋設土器を用いて遺構の時期を決めるとしても、遺構の時期と土器の時期とは100％パラレルではなく、遺構と埋設土器との時間的関係が矛盾する事例は確実に存在する（小林1997b）ことに注意しなくてはならない。それらは例外的な事例と考えるとしても、埋設土器を持つ遺構しか年代的に位置づけることができないということになる。

　以上より、出土土器によって遺構の時期を決定していく方法は、決定時期の時間幅や正確さに限界があるといえる。

（2）遺構の形態・入口方向・主軸方向などで同時性をみる。

　形態については、同一形態のものが同時に建っていたという論拠はない。むしろ、時期的に異なった位置づけがされた上で、同一の系統性なり、類似した遺構としての性格・用途を反映する可能性をも考えられる。入口方向・主軸方向（例えば三鍋1990）についても、場合によって有効性をもつ可能性もあるが、地形による制約・風向きによる規制など様々な要因が考えられ、必ずしも同一の入口方向の住居が同時存在とは言えない。少なくとも縄紋集落の事例では、明瞭に同時存在住居を示せた例はないようである。

（3）遺構の重複関係や位置関係から相対的序列を求める。

　遺構自体の重複関係は、その相対序列として構築の順番または廃絶の順番を計る尺度として確かである。また、住居間の距離を検討する場合もある。この場合、あまりに近い住居同士は同時存在し得ないと評価されるのであるが、切り合っているならともかく、上屋構造の大きさが判明しない限りは、どの程度近いと同時存在できないかを、決めることはできない。1ｍ離れていれば、同時に存在することは可能であろう。ただし、入口方向との絡みがあろうし、個別に条件が異なるであろうため、一概に判断できない。

（4）遺構間接合による同時性や埋没順序を把握する。

　黒尾和久が事例分析を行いつつ示した（黒尾1988ａ）ように、遺物の遺構間接合は、時として住居跡間の埋没順序という時間的関係を知る手がかりとなる。離れた住居間での、覆土上層出土破片と床面出土土器との接合、埋設土器との接合関係から、直接切り合わない遺構間の先後関係を知ることができる。ただし、遺物接合関係の検討のためには、出土遺物の点取り調査（ドット記録）が必要である。接合する出土遺物の出土層位や、どの地点にどの程度の破片が遺存していたのか、どこの住居跡に主体的に包含されていたのか、破片の分布の広がりはどの程度か、など、空間的な検討が必要であり、さらに、覆土中遺物が、一括廃棄などによって包含されているものか、混入・攪乱によるものか、などの検討も必要である。そうした細かな検討に耐え得るデータ化は、いまだ一部の調査にとどまっているのが実状である。本書では、筆者が数年来にわたって試みてきた住居改築のライフサイクルモデル（小林1994ａ）と、住居重複や遺構間接合のあり

方などを総合して復元した、集落の細別時期設定（フェイズ設定）を、相対的序列として採用し、AMS$^{14}$C年代測定による検討を行う。

## 2節　実年代による縄紋社会の時間的属性へのアプローチ

　以上にみたように、考古学的方法による復元のみでは、先史社会の実年代を復元することはできない。相対的な編年の定まった考古学的事象に対しても、AMS$^{14}$C年代測定を行い、その暦年較正をみることで、さまざまな考古学的問題を復元していく努力が必要である。これまでの年代測定では、試料選択の不適切さのためか、矛盾するデータも多く、取捨選択することはできない。よって、むしろ新たに画一的に採取から測定までを一貫して行い、信頼できるデータのみを扱うこととした。また、土器型式研究が発達し、土器資料自体も検討しやすい、精製・装飾土器の日常的な深鉢土器資料を対象とし、筆者が直接採取することを原則とした。考古学的な経験を持った分析者が、直接資料を採取し、前処理などの調整を行い、暦年較正をはじめとした解析を行うことは、非常に大きなメリットがある。さらに、年代測定するだけを目的としたかのような場合も含まれる旧来のリポートに頼らずに、特定の目的のもとに測定を行い、測定結果を対応する土器型式や出土状況とすぐさま検討することで、疑念がある測定結果については、型式同定の誤り・資料の取違い・処理前後の汚染を含め、再検討を行うことができた。場合によっては、試料の再処理や再測定を行った。この結果、事前には予測されていなかったバインダー等の土器取り上げ時における汚染や、土器胎土の混入の可能性など、結果的に資料の処理に関わる新たな知見を得ることもできた。当事者が直接、年代測定の各過程に関わること、結果を出し放しではなく、結果と資料とをフィードバックさせて検討することのメリットが大きいことを、改めて提言しておきたい。

　地域的には東北・関東・中部・東海・北陸を含み、時期的には縄紋時代中期の土器・集落を中心に、前期末葉から後期初頭について検討を加える。

　以下に、土器型式の時間、集落の営みに関わる時間、文化要素の伝播や人口増加における時間的側面に分けて、検討を重ねていく。ただし、各論の中でも触れるように、土器型式ごとの細かな時期区分について暦年代を求める基準において

も、土器付着炭化物から直接型式毎の暦年代を検討すると同時に、住居や土坑単位での一括性の高い出土状況における複数試料での年代の検討や、重複住居などの集落内での相対的順序の情報を利用した細かな年代比定を利用している。つまり、土器の時間と集落の時間とは、互いにフィードバックする部分が大きく、本来は一体となった研究である。これに対し、土器以外の文化要素に対する時間的検討は、例えば土偶や複式炉などの物質文化ごとに年代測定を行ったのではなく、土器編年における細別時期設定への暦年代比定を利用して、文化要素に時間的側面からの検討を加える手順を取っている。いわば、応用であり、かつ現時点においては、予察的な検討に過ぎないことはお断りしておく。

　縄紋土器の型式ごとに暦年代を対比させる試みは、近年、小田寛貴・山本直人によって試みられている。小田・山本は、北陸地方の後晩期土器を対象に、暦年代比定を試みた（小田・山本2001、山本1999a）。特定の目的のもとに、系統的に試料を集成し測定を行った研究方向は、極めて高い評価を得るべき姿勢であり、本書での研究目的もこの延長線上にある。また、山本は、縄紋集落の継続期間についても$^{14}$C年代からのアプローチを志している（山本2002）が、住居など居住施設自体からの試料測定ではなく、土器型式の年代比定を介して、集落の継続期間をおおまかに求めようとした。本書では、さらに集落遺跡の堅穴住居などの遺構自体に測定対象を広げ、同時存在遺構群や重複関係との検討を重ねることを試みる。土器型式の年代比定についても、山本が整理しようとした大別型式に加えて、細分型式ごとの年代を検討し、集落での検討と相互に比較検討することで、さらに細かな議論を目指すこととしたい。

# 1章　考古学的手法による研究と問題点

## 1節　土器型式の相対編年

　最初に、年代比定の基礎となる、土器型式による編年・細別時期を概観しておく。関東地方を中心としつつ、時期によって様相が異なるため、大きく3つのパートに区分して論じたい。第一に、前期末葉から中期初頭の土器様相である。中期初頭土器群の成立において北陸地方前期末葉土器群の影響が大きいことから、a項に、前期末葉から中期初頭にかけては、関東・中部地方と、北陸地方とをそれぞれ取り上げた上で両地域の関係を整理する。

　第二に、中期前半の関東・中部地方は、もっとも土器文化として成熟する時期である。そのあり方は、中部・西関東地方の勝坂式土器と、東関東の阿玉台式土器とに大きく区分することができる。その両土器群の相互作用が基軸となって土器型式の変遷が追えるのであり、型式学的操作からその関係を明らかにする作業が必要となる。そこで、b項に、中期前葉・中葉の中部・関東地方の土器編年を論ずる。

　最後に、中期を通して、多摩・武蔵野地域を中心とした土器様相の変遷を、単純化し、一系的に整理することで、中期文化の典型的なあり方を摘出し、総体として論じ得る。そこで、前稿までに述べた土器群の変遷を、もっとも土器・集落の事例が豊富な多摩・武蔵野台地及び神奈川県東部域に代表させて、c項に、通期的な時期を設定する。この作業は、小林のみの作業ではなく、黒尾和久・中山真治との共同作業による、いわゆる新地平編年（黒尾・小林・中山1995）の成果であることを明記しておく。

### a）前期末葉から中期初頭の土器型式研究

　以下に、本節で扱う関東地方を中心とした前期末葉から中期の土器の通期的な編年を概観するが、基本的には筆者によるこれまでの編年研究と同様の手順を経ている。ただし、前期末葉では層位的出土例が少ないなど時期的な制約もある。

i) 中部地方・関東地方の前期末葉段階の時期設定（第1図）

中部地方・関東地方の前期末葉の土器編年については、今村啓爾（今村1974）、細田勝（細田1996）、長崎元廣（長崎1997・1998）らの議論にあるように様々な見解が示されており、盤石の編年観が提示されているとはいえない。資料的にはかなりの蓄積が計られており、集落・住居跡の検出例も増しつつあるが、良好な一括出土資料には限りがあり、型式学的分析が主となっている。大きくみれば、今村啓爾による諸磯c式3段階→十三菩提式4段階の細分案（今村2000）を提示しつつさらに細別される可能性を述べる細かな変遷を辿る案と、諸磯c式の古段階・新段階を地域差として圧縮しつつ、諸磯c式〜十三菩提式をⅠ〜Ⅲ期、十三菩提後続をⅣ期とし、大きな枠組みでくくることで土器の変遷を辿り得るとする案とがある。些か乱暴な区分ではあるが、前者は今村啓爾、長崎元廣、短縮編年とも捉え得る後者は、細田勝、金子直行などに代表される。筆者は中部地方・西関東および東関東地方の土器編年を提示した際、前者の立場から今村啓爾の十三菩提編年に準じつつ前期末葉を5段階に区分した。

前期末に直接繋がる中期初頭の編年では、細線紋のあり方から五領ケ台Ⅰa式、Ⅰb式に2分する今村啓爾案と、中部地方と関東地方の地域差であり平行するとする三上徹也案とがある。筆者も、中部・関東地方の中期初頭の編年作業を行い、宮の原段階として分析した上で、今村の2細別を支持した。本書では、中部地方・関東地方の編年研究は主眼ではなく、筆者によるこれまでの時期設定を継承する。

諸磯c式（中部・西関東前期末AⅠ群土器）の組列については今村啓爾の編年を参照しつつ（今村2000）、桜沢タイプ（集合条線紋系）、上野原タイプ（指頭圧紐線紋系）、西関東十三菩提式（浮線紋系）については筆者の編年（小林1986）、東関東地方についても筆者の編年（小林1991a）、大木式については芳賀英一（芳賀1985）の編年を基に、前期末葉をⅠ〜Ⅴ期に細分する。中期初頭の時期設定は、筆者らによる最新の時期設定による（黒尾・小林・中山1995）。

**前期末葉1期**　諸磯c式古段階、鍋屋町Ⅰa式（山口1984）が対応し、東関東地方では興津Ⅰ式、南東北では大木4式が平行する。平行線紋が主要文様要素である。

**前期末葉2期**　諸磯c式中段階・新段階、鍋屋町Ⅰb式、桜沢タイプ（集合条線）

12　1章　考古学的手法による研究と問題点

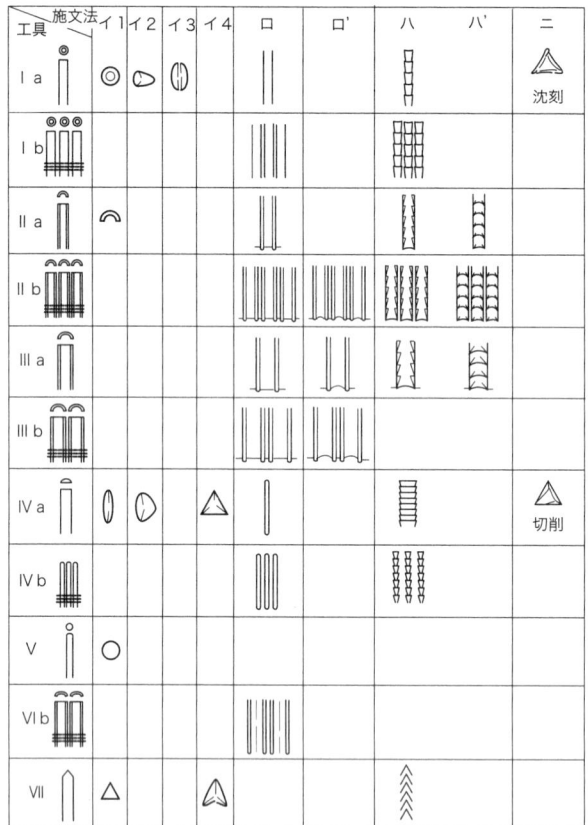

第1図　前期末葉から中期初頭における文様要素

1節 土器型式の相対編年　13

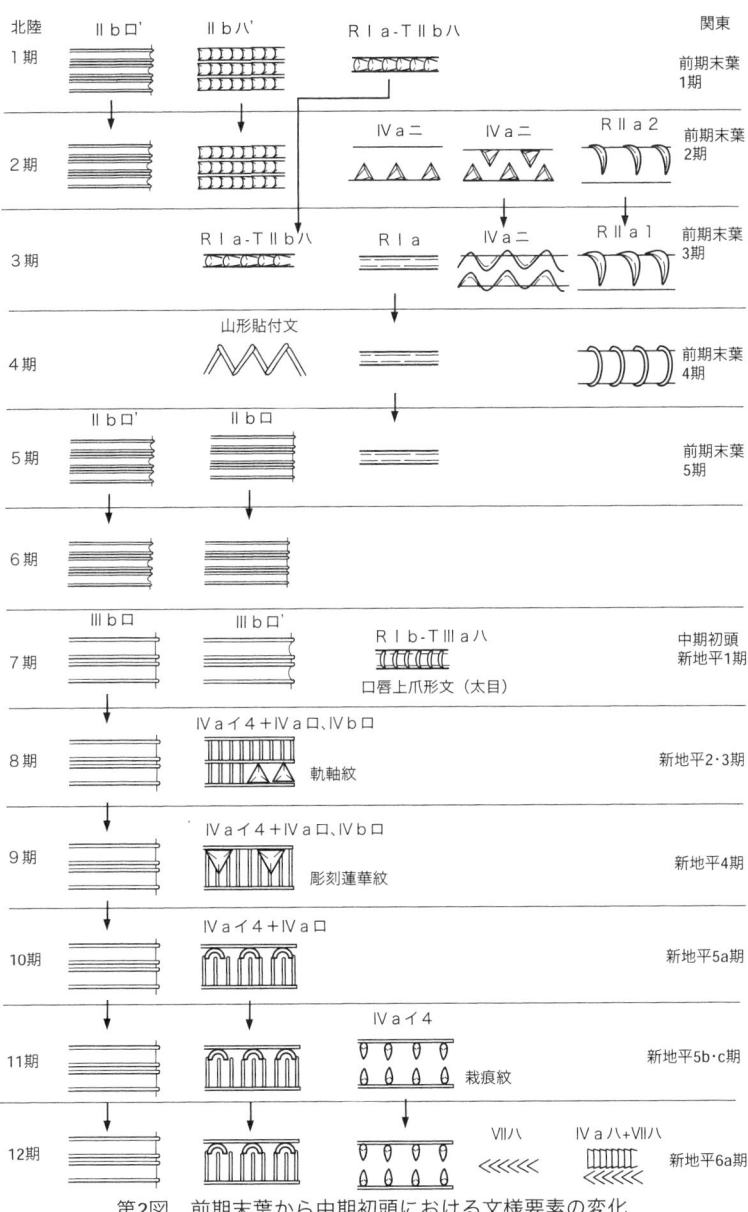

第2図　前期末葉から中期初頭における文様要素の変化

Ⅱbロ'、十三菩提式RⅠa、東関東では興津Ⅱ式、古和田台式Ⅰa期、南東北大木5a式、結節浮線紋が多くなる。

**前期末葉3期** 諸磯c式最終段階または今村の十三菩提第1・2段階、山口の鍋屋町Ⅱ式、小林の桜沢タイプⅡbロ、十三菩提式RⅠa、東関東古和田台式Ⅰb期、南東北大木5b式。結節浮線紋主体。

**前期末葉4期** 前期踊場式（Ⅱaロ）、桜沢タイプⅡbロ、十三菩提式RⅠa、上野原タイプ、東関東古和田台式Ⅱ期、南東北大木6式古段階。浮線紋が主要文様要素である。

**前期末葉5期** 前期踊場式（Ⅱaロ）、桜沢タイプⅡbロ、十三菩提式RⅠa・Ⅱaロ（小林1991b、今村の十三菩提4段階（今村1974））、上野原タイプ、東関東古和田台式Ⅲ期、南東北大木6式新段階。半隆起状平行沈線紋が主要文様要素である。

これらに後続する時期は、後述する中期の新地平1期に繋がる（37頁）。

**ⅱ）北陸地方前期末葉から中期初頭の土器研究**

縄紋土器編年研究史については、1999年に刊行された『縄文時代』10号に「縄文時代文化研究の100年」として研究史の特集が組まれ、地域・分野別に研究史がまとめられている（小林1999c、加藤1999、小島1999ほか）。別に、関東地方・中部地方の前期末葉〜中期初頭の土器編年の研究史については、長崎元廣が詳しく整理を行っている（長崎1997・1998）。研究史の詳細については、上記の稿を参照していただくこととして、北陸地方前期末葉〜中期初頭の編年について概略を記しておきたい。

北陸地方縄紋土器研究の画期となったのは、1950年の山内清男の北陸踏査である。山内清男は、北陸考古学の指導者であった高堀勝喜、湊晨らの資料を詳しく検討し、1952・53年の九学会能登調査（高堀1955）で16遺跡の発掘調査を行った上で、南関東を基準に能登、石川、富山の編年の基本的枠組みを作った。以後、北陸の土器編年研究は、山内清男の強い影響を受けた高堀、沼田啓太郎らの手によって、「能登」編年表（高堀1955）の補完に精力的な努力が傾けられてきた。先に挙げた『縄文時代』誌の研究史のまとめにおいても「（山内清男）博士の来北は北陸の縄文土器編年研究史上、特筆されなければならない」（加藤1999）と

される通りである。

　次に研究の転機となっているのは、真脇遺跡の報告書刊行（高堀1986）である。膨大な出土器を小島俊彰、加藤三千雄、南久和らの北陸を代表する研究者が分担し分析したことは、土器研究の大きな進展を促した。しかしながら、同時的な一括出土と捉え得る層位的出土例は多くなく、型式研究の様々な問題点が積み残され、研究者間の区分の違いもそのままとなった。

　前期を担当した小島俊彰は、口縁上部に鋸歯状印刻紋を配し口縁下部には無紋地に結節浮線紋の福浦上層Ⅰ式、口縁部文様を半隆起線で描くⅡ式の区分（越坂1983）を踏襲しつつ、無紋地結節浮線紋をⅠ式、半隆起線紋と抉り取り凹線を上半部に展開するⅡa式、胴部全体に半隆起線紋を引き下ろすⅡb式と、福浦上層式を3分した。鋸歯状印刻紋で共通する鍋屋町式との関係について、山口明の設定した鍋屋町Ⅰb式（山口1984）と福浦上層Ⅰ式、鍋屋町Ⅱ式と福浦上層Ⅱ式を対応させ、福浦上層Ⅱb式は鍋屋町遺跡になく、後続する可能性を示唆した（小島1986）。

　小島は、細い粘土紐を斜縄紋地に貼る土器群を真脇式として新たに設定し、中部地方晴ケ峰式、関東地方十三菩提式と平行とした。真脇式は胴部がくびれ口縁が内湾する器形、朝日下層式は胴部円筒形とし、朝日下層式の浮線紋は極めて細いソーメン状で半隆起線紋上に付される場合があるとする。粘土紐のジグザグ紋も、真脇式は長目の粘土紐を折り返し波状風に貼り付けるのに対し、朝日下層式は短く1本づつ貼り付けXの連続状であるとする。真脇遺跡では、真脇式は朝日下層式・新保式と出土区を別にしており、朝日貝塚でも見られないことから分離可能とした。十三菩提式との関係として、今村啓爾のいう十三菩提式第2段階（最も純粋な十三菩提式の時期）（今村1974）に類するとし、今村が十三菩提式第一段階を鍋屋町式並行、第3・4段階を朝日貝塚に対比させていることに準じた。また、大木6式、特に吹浦式と呼ばれる一群の影響を指摘している。

　朝日下層式では、次の新保式を担当した加藤三千雄との取り決めにより、朝日貝塚A地点下層出土資料（小島1985）より、小島が従来は朝日下層式に含めてきた、粘土紐を欠いた半隆起線施文の土器を新保式に回しているが、その理由の一つに「真脇式」設定により半隆起線紋が福浦上層式の次で断絶して再び出現す

ると考えられることになり、「朝日下層式に半隆起線文が無くなってもよくなった」としている。木目状撚糸紋から指摘されている円筒土器との関係について、円筒下層d式から円筒上層a式の枠内とし、新保式も円筒上層土器との関係があると示唆しつつ、踊場式や大歳山式との並行を示し、前期か中期か再検討の必要を言う。以上のように、真脇遺跡の報告において設定された「真脇式」であるが、総括した高堀勝喜は、福浦上層式の次という時間的位置の存在は認めつつ「大木様式の範疇に含め」るべきで「北陸に広がる土器型式であると認定することは問題」と型式設定を留保した。報告者である小島俊彰も、その後、真脇式を十三菩提様式と呼び直して3～4段階に区分しつつ「真脇式」については言及せず（小島 1989）、不明瞭な状況である。

　加藤三千雄は、福浦上層式をⅠa・b、Ⅱa～c式に細分し、Ⅰa式は小島の福浦上層古式（小島 1986）、越坂らの福浦上層Ⅰ式（越坂 1983）の前半で、鍋屋町1（寺崎 1993）、諸磯c式古に並行、Ⅰb式は同じく福浦上層Ⅰ式の後半で鍋屋町2、諸磯c式新、大木5式並行、Ⅱa式は真脇遺跡Ⅲ区出土例に代表され、鍋屋町3式並行、Ⅱb式は真脇遺跡イルカ層に代表され口縁部鋸歯状文が陽刻から陰刻に転換、大木6式に並行、Ⅱc式は、Ⅱb式より分離したもので真脇式に並行させ、古・中・新に分かれるとした。さらに、新潟の重稲場、関東の十三菩提、東北の大木6新に並行し、朝日下層式に先行するとした（加藤 1997）。

　真脇遺跡の報告において「新保式」を担当した加藤三千雄は、前期と中期の境を「粘土ヒモの加飾の有無」をもって区分し「やや厚手のキャリバー器形の口縁上端に、爪形文を押し並べること、口辺に縦半隆起線文を間隔をおいて引くこと、胴部に木目状撚糸文を施文すること」を新保式の特徴とした（加藤 1986）。真脇遺跡報告では3期に区分、1995年の縄文セミナーの発表においては3期目を2分しⅠからⅣ段階とした（加藤 1995）。高堀勝喜の提唱した新保式（新保Ⅰ式、高堀 1952）は、加藤の新保第Ⅱ段階に、高堀が大桑中平式（沼田 1976）とし徳前C遺跡資料とともに再編した新保Ⅱ式（高堀 1986）は、加藤の新保第Ⅲ・Ⅳ段階に相当する。新保式第Ⅰ段階は朝日下層式の粘土ヒモを半裁竹管に置き換えたもの、新保式第Ⅱ段階は「口縁部上端に爪形文を施文する隆帯がめぐる」（加藤 1995）、新保式第Ⅲ段階は「五領ケ台式の影響と推定する細線文（当地では西野

は軌軸文と呼称した(西野1983))を受容し」「横位無文帯手法が出現する」期とし、「細線文と爪形文が同一個体に同時施文されることがほとんどない」とする。新保式第Ⅳ段階は「爪形文が口縁上端に再登場し、細線文を当地で消化をはじめる段階で」「小三角形の抉り取りをほぼ上から連続的に行い、その亀甲状余白部に細線を引き並べる（彫刻蓮華文 南1976)」とし、「胴部に木目状撚糸文があり、細線文は変化の途中である」ことから、加藤はこの段階までを新保式と捉える。

続いて加藤は、新崎式第Ⅰ段階として「刻印蓮華文（南1976）の成立をもって、新保式との区切りとし」、五領ケ台式の影響から脱却すると共に「縦位回転の木目状撚糸文、結節の羽状縄文が前段階で終わり」「東北日本とも訣別した」と、前段階までとの違いを強調する。新崎式第Ⅱ段階は「横位無文帯の上下縁に連続の刻み目文を施文するものが出現」する時期で、新崎式第Ⅲ段階は、資料数が急激に増加し、新道系土器が浸透することで前段階までと区分されるとする。

中期土器については、他に南久和による「文様要素の同一器面内同居異種文様の検討」（南1976）という、優れた型式学的分析を用いた、中期を通じた編年も提示されている（南1985）。北陸地方石川県の縄紋中期土器編年研究は、資料の蓄積と研究者の努力によって、次第に精緻を極めつつある（西野1983、布尾1998、小島1989ほか）。おおよその土器の時間的変化については研究者間に大きな齟齬はなく、新保式→新崎式→上山田式という序列については、異なる意見はないが、その内容や各型式の細分には、逆に一致した見解はない。特に、新保式の新しい部分（徳前C遺跡の時期、中平式）の扱い、新保式と新崎式との境界、新崎式と上山田式との境界において、極端な場合では同一研究者も時に呼び変える。そのためもあって、関東地方・中部地方との並行関係においても混乱が生じている。

北陸の研究者にも大きな影響を与えた研究として、中部地方五領ケ台式、狢沢式、新道式土器と北陸地方新保式、新崎式、上山田式の編年対比を論じた山梨県の数野雅彦の論考がある（数野1986）。中部地方で多く出土し在地土器にも大きな影響を与える「北陸系土器」の位置づけに苦慮した数野が、中部地方での共伴例を用いて整理したもので、南久和の北陸編年（南1985）と自らの狢沢式時期

設定（数野1984）を基準に、大石遺跡1住、釈迦堂遺跡群82土坑共伴例より新保式と五領ケ台Ⅰ式、長山遺跡共伴例から徳前C（中平）式と五領ケ台Ⅱ式、内田雨堀B1住資料（数野狢沢Ⅰ期(数野1984)）・大石遺跡17住炉体より新崎Ⅰ式と狢沢式Ⅰ・Ⅱ期、大石16住より新崎Ⅱ式と狢沢式Ⅲ期、大石22住より上山田Ⅰ式の一部と新道式の並行を示した。

　近年、より広域的な視点から、土器編年の地域間の編年対比を精密に検討することで、編年的整備を進めるとともに、土器にみられる地域間の影響関係を精緻に論じる動きが認められるようになってきた。特に、前期と中期の境について、細田勝（細田1996）、金子直行（金子1999）は、南東北、関東、北陸の編年対比に留意し、精緻な議論を展開した。金子は、東日本的な視野から従来の編年を大きく再編成し、大木6新、大歳山、扇平(新)・十三菩提(新)・真脇(新)、松原(古)・朝日下層・踊場の平行として、新保Ⅰ(古)を置き、中期初頭には五領ケ台Ⅰa、松原(新)・梨久保と平行させて、浮線紋の消失をもって新保Ⅰ(新)としている。

　北陸地方の土器編年は、その当初から山内清男の影響を受けて、関東地方の編年研究との対比を念頭に置いて型式細分されてきたはずであるが、端的に言うならば編年表の窓埋め作業に主眼がおかれ、細かな型式的分析が行われる場合にも同一地域内での資料検討に重点が置かれる場合が多く、他地域との比較検討という視点に乏しかった。石川県（能登および加賀地方）、富山県は概ね共通した土器群でありながら、器形・文様等に細かな点で地域性を有することと、時には富山県、石川県さらに能登と加賀とで、異なった研究者の活躍ということもあって、新保・新崎式と厳照寺式や、上山田式と天神山式など、ほぼ同一の土器群に異なった型式名を付された。小島俊彰も「北陸の中期の編年は混乱しているとも、分かり難いとも言われている」（小島1999）と述べている。小島は、その理由を「東西の接点と北陸を位置づけ、僅かな土器の違いの中にも地域性を求めた研究姿勢の結果」としつつ、「統合し整理しなければならない」と述べている。編年の混乱の整理については、まず北陸の研究者の中で議論が重ねられるべきだが、中部・関東・東北地方との編年対比にも関わり、既に定着した型式名の撤回や編年的位置のむやみな移動は配慮も求められよう。

近年の編年に関する議論では、細かく型式細分を重ねる研究方向と、いくつかのタイプを時期差とみずに並行関係におくことで、数時期にまとまった編年を考える立場とがみられる。また土器群の新旧の逆転が論じられることは少ないが、同じ様な土器の変化を考えながら、区切りについて意見を異にしたまま、見解の相違を拡大していく傾向もみられる。北陸における前期～中期編年の意見の相違点をまとめると次の2点に集約される。

(1) 真脇式の扱い。大木6式、十三菩提式と特徴を共有し、並行することは意見の一致をみるが、これと福浦上層式末期との関係、または朝日下層式との関係をどう捉えるか。

(2) 朝日下層式と新保式の区分。特に朝日貝塚出土資料を浮線紋の有無で2分し、浮線紋の有る土器を朝日下層式・前期（小島は中期）、ないものを新保Ⅰ式・中期とすることの是非。

(3) 新保式・新崎式・上山田式それぞれの定義と区分。

　特に、凡日本列島的な時間軸として機能すべき大別編年である縄紋時代前期と中期の境については、北陸地方独自の設定であってはならない。他地域との整合性、特に編年研究のガイドラインとなっている関東地方の編年や南東北地方大木式土器の編年との対比作業が不可欠である。北陸地方の土器編年を年代的に再検討するとともに、関東・東北地方との年代的対比を行い、前期と中期の境について、東日本全体を共通化することが急務である。

ⅲ) 能登の資料を中心とした前期末葉～中期前葉の時期設定

　（第1図～第8図・第1表）

　文様要素の変化によって時期を区切ることが可能である。前期末葉段階のはじめは、新潟地方鍋屋町式土器の強い影響によって福浦上層式が成立したことが、これまでの研究により指摘されている。半隆起状集合平行線（Ⅱbロ'）が基本となり、次いで鍋屋町式の特徴である鋸歯状文（Ⅳaニまたはイ4）が持ち込まれ、時期が下るに連れて諸磯c式、大木式、十三菩提式との関係から耳状突起（RⅡa）や浮線紋（RⅠa）が盛行し（第7図）、再び半隆起平行沈線紋主体へと変化して中期土器群へと転換していく（第8図）。中期以降の文様要素の流れに関しては、南和久の研究が優れている（南1985）。以下に文様要素を基準とし

20    1章　考古学的手法による研究と問題点

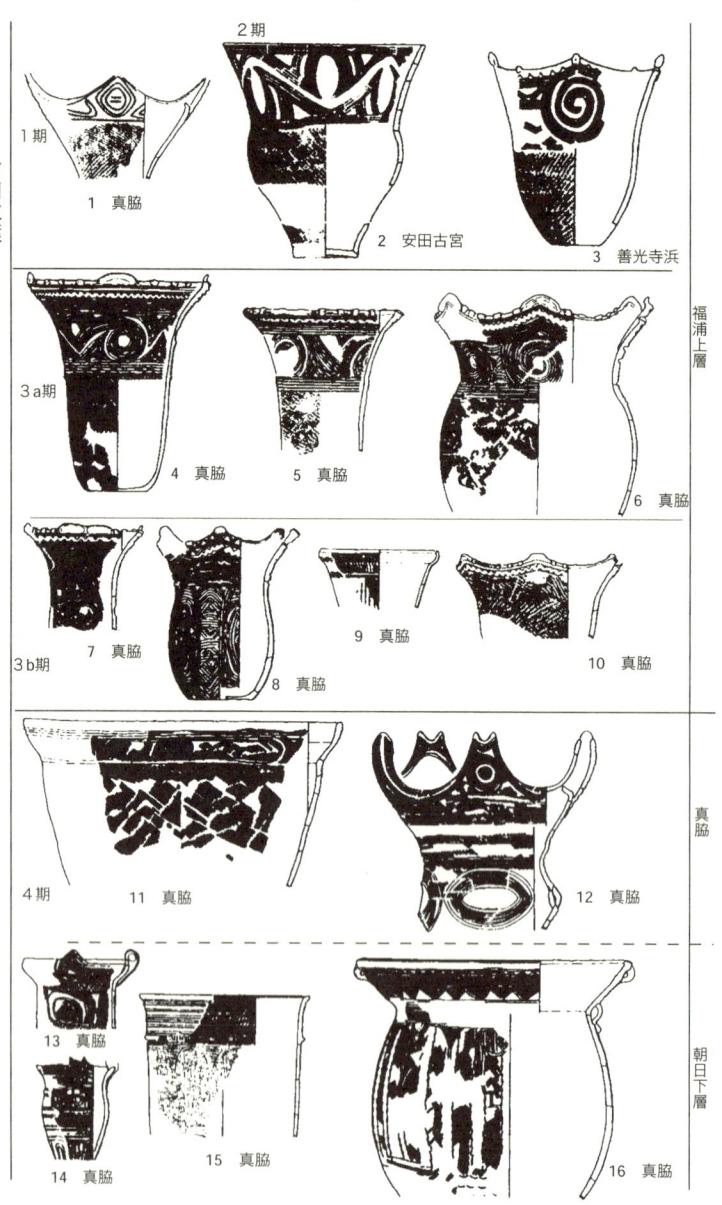

第3図　北陸の土器(1)

1節 土器型式の相対編年 21

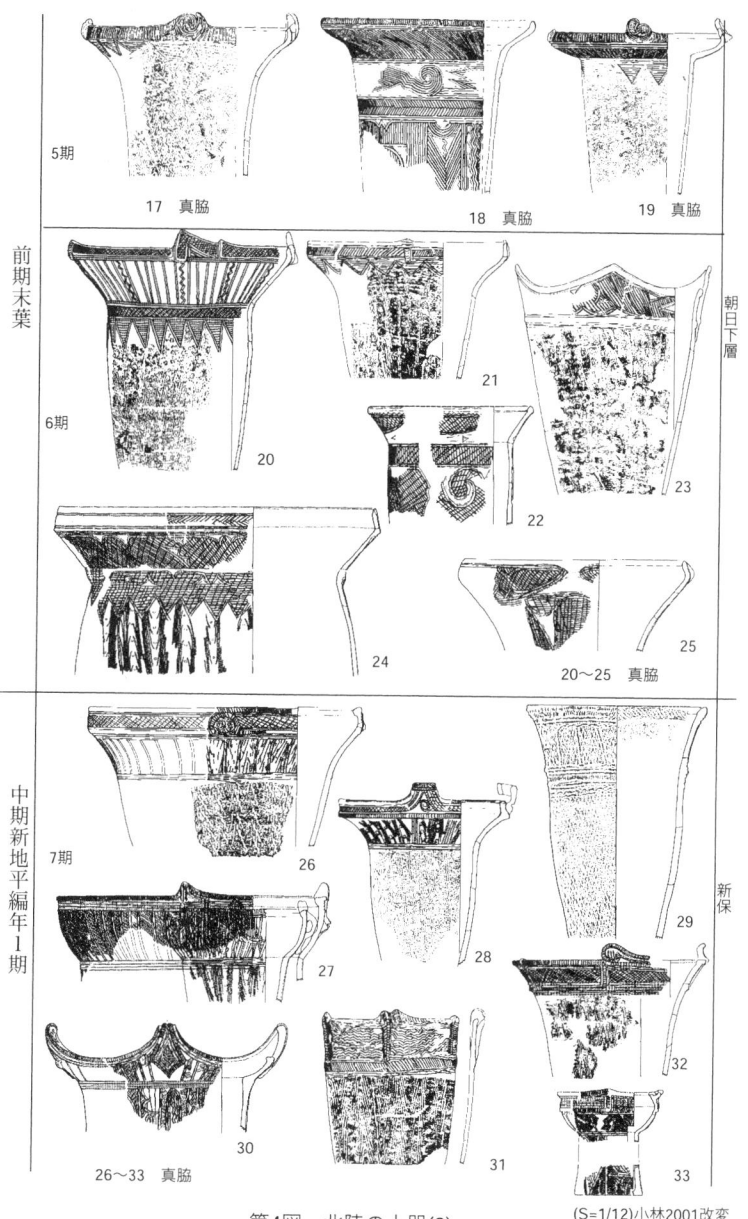

第4図 北陸の土器(2)  (S=1/12)小林2001改変

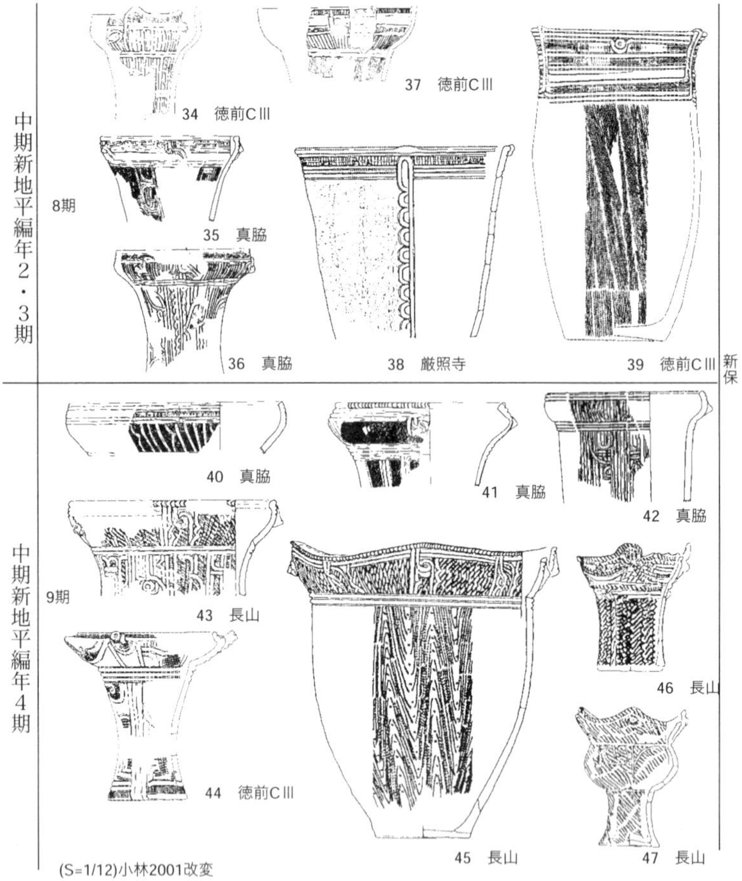
中期新地平編年2・3期
8期
34　徳前CⅢ
37　徳前CⅢ
35　真脇
36　真脇
38　厳照寺
39　徳前CⅢ
新保
中期新地平編年4期
9期
40　真脇
41　真脇
42　真脇
43　長山
44　徳前CⅢ
45　長山
46　長山
47　長山
(S=1/12)小林2001改変

第5図　北陸の土器(3)

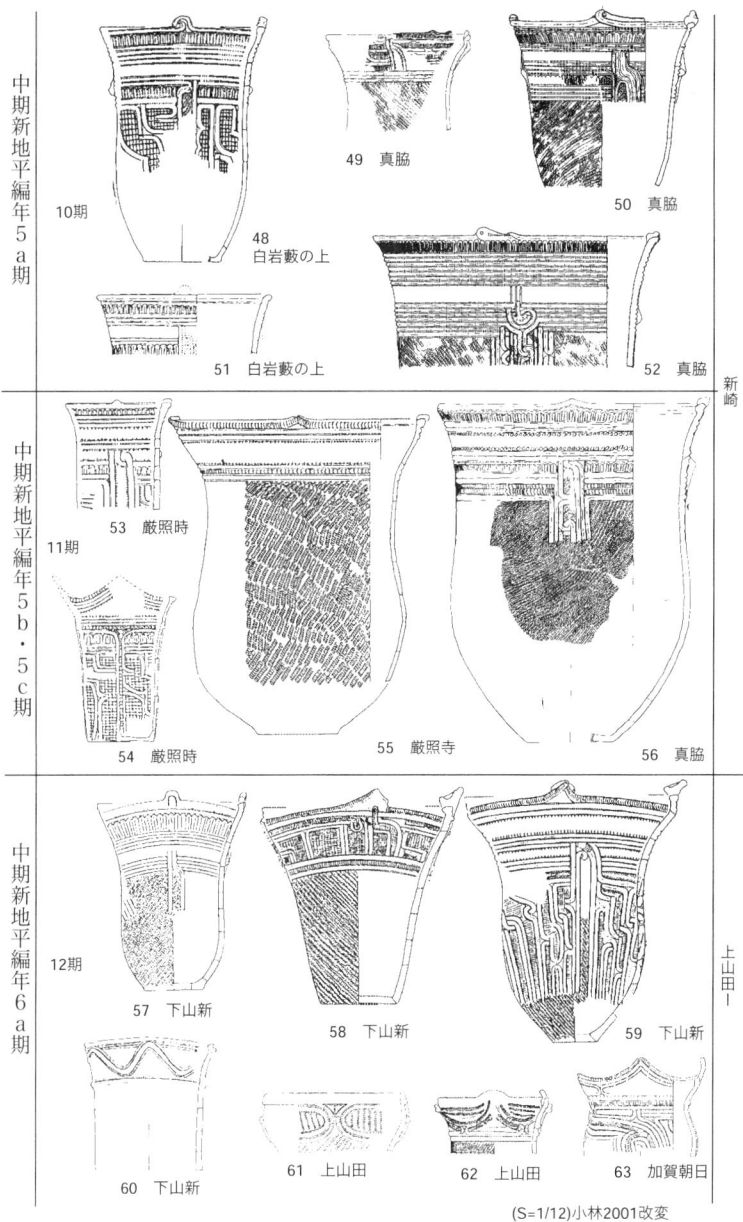

第6図 北陸の土器(4)

24　1章　考古学的手法による研究と問題点

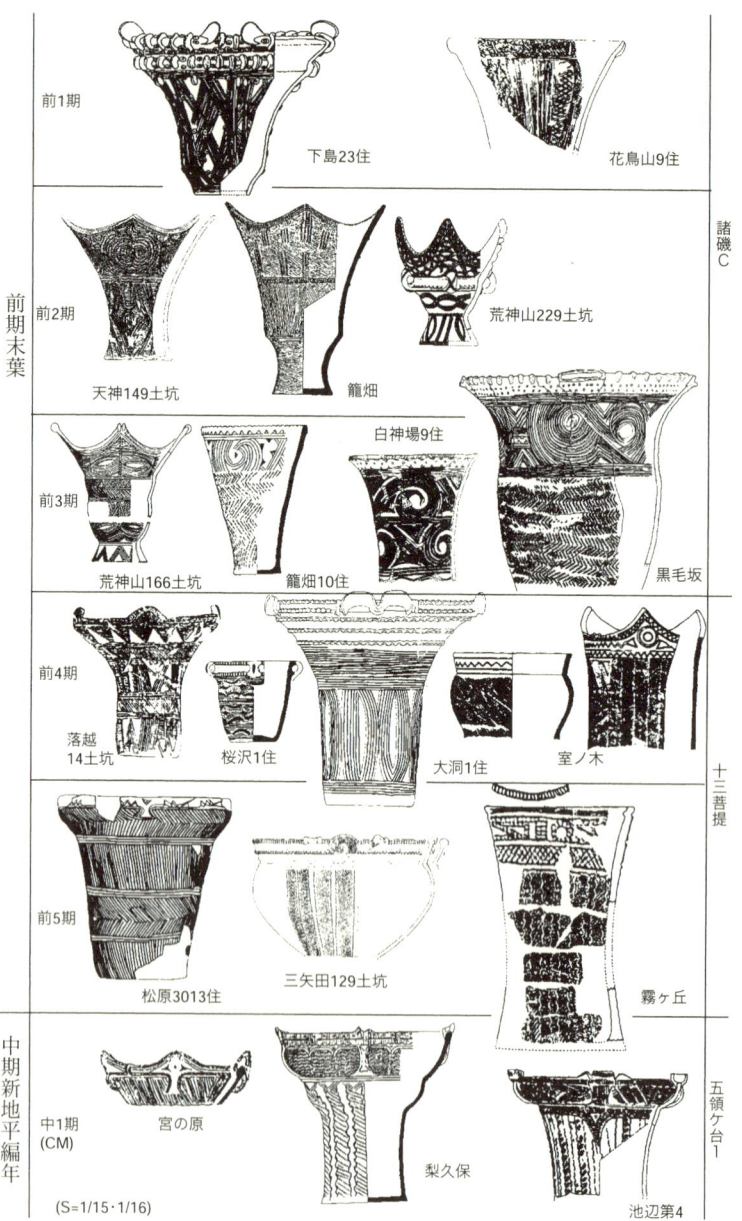

第7図　関東・中部の中期時期設定(1)

1節 土器型式の相対編年 25

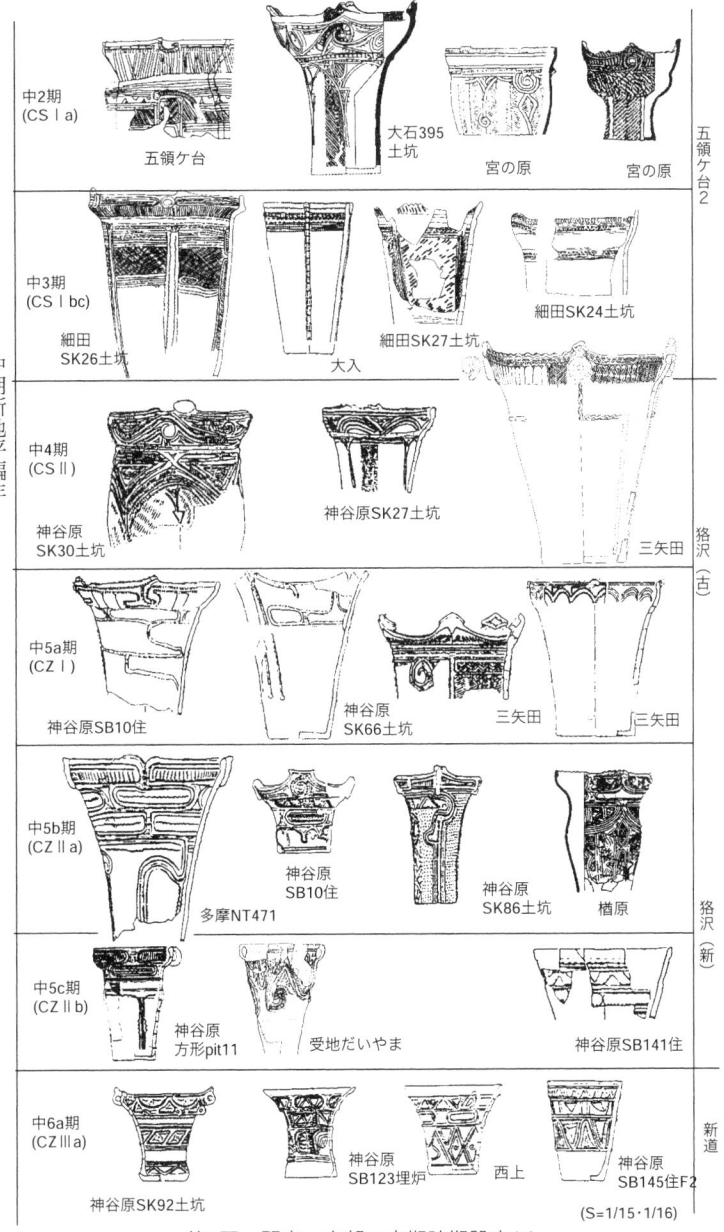

第8図　関東・中部の中期時期設定(2)

た時期区分を設定する。以下、本書では「北陸○期」と表記する。

**1期** 結節浮線紋（Ra-TⅡbハ）と口縁部上部に細半裁竹管による半隆起線（Ⅰbロ'）・半隆起状結節線紋（Ⅰ・Ⅱbハ'）を配し、口縁部文様帯に入り組み状・渦巻き状モチーフ、胴部は横位の縄紋を施す。小島の福浦上層古式（小島1986）、加藤の福浦上層Ⅰa式（加藤1997）に当る。

**2期** 口縁部上部に三角印刻・鋸歯状文（Nニ・イ4）を加え、胴部は横位縄紋を施す。諸磯c式との関係が考えられる口唇上の耳状突起（RⅡa1）が出現する。集合沈線間に凹線（TⅠbロ-Ⅰaロ）やモチーフ間に切削（Naニ）もみられる。加藤の福浦上層Ⅰb式に当たる。

**3期** 口縁部文様帯に細い半裁竹管による半隆起線（Ⅱbロ'）か半隆起状結節線紋（Ⅱbハ'）による渦巻き文が配される。新しいタイプとして、加藤のいう陽刻状の鋸歯状紋、口縁部上端に結節浮線紋（RⅠa-TⅡbハ）、口唇上には跨ぐような浮線が貼り付けられ（RⅡa2）、縄紋が付されていた胴下部にもレンズ状モチーフなどの文様帯をもつものが出現する。小島の福浦上層式の新しい部分である。文様要素からは同一時期であるが、文様帯構成などにみられる型式変化が時期差である可能性から、加藤の福浦上層Ⅱa式に相当する3a期、Ⅱb式に相当する3b期とに区分する。

**4期** 浮線紋（RⅠa）を特徴とする時期である。真脇式は、縄紋地に浮線紋を器面がやや乾いた状態で貼り付けており、結節浮線紋（RⅠa-TⅡbハ）は少なく、ほとんどがソーメン状のRⅠaである。胴部がくびれる器形の上からも十三菩提式、大木6式古段階との類似性は明らかである。小島の真脇式の大部分が当たるとともに、加藤のいうように福浦上層Ⅱc式がここに含まれる可能性がある。従来の朝日下層式の内、浮線紋が多用され結節浮線紋が併用されるタイプ

第1表 編年の対比

| | 関東地方 | |
|---|---|---|
| 新地平 小林・中山1995 | 小林 1991・1995 | |
| | 前期末1 | 諸磯c古 |
| | 前期末2 | 諸磯c新 |
| | 前期末3 | 十三菩提古 |
| | 前期末4 | 十三菩提新 |
| | 前期末5 | |
| 中期1 | CM | 五領ケ台Ⅰ |
| 中期2 | CSⅠa | 五領ケ台Ⅰ古 |
| 中期3 | CSⅠb・c | 五領ケ台Ⅱ中 |
| 中期4 | CSⅡ | 五領ケ台Ⅱ新 |
| 中期5a | CZⅠ | 洛沢古 |
| 中期5b | CZⅡa | 洛沢中 |
| 中期5c | CZⅡb | 洛沢新 |
| 中期6a | CZⅢa | 新道古 |
| 中期6b | CZⅢb | 新道新 |

1節　土器型式の相対編年　27

| 北陸地方 ||||||||| 本書 |
|---|---|---|---|---|---|---|---|---|---|
| 加藤 1995・1997 | 小島 1979ほか | 真脇遺跡 高堀1986 | 徳前CIV 西野1983 | 南　1985 | 辰口 布尾 1995 | 富山県 神保 1976 | 柏崎市 中野1996 || (小林2001 による) |
| 福浦上層Ⅰa | | 福浦上層古 | | | | | | 1 | 北陸1期 |
| 福浦上層Ⅰb | | | | | | | | 2 | 北陸2期 |
| 福Ⅱa・b | | 福浦上層新 | | | | | 福浦上層古 | 3 | 北陸3期 |
| 真脇・福Ⅱc | | (真脇) | | 朝 | | | 福浦上層新 | 4 | 北陸4期 |
| 朝日下層 | 朝日下層 | 朝日下層 | 朝日下層 | 朝日下層 | ・新保様式 | | 真脇・朝日 下層式 | 5 | 北陸5期 |
| 新保Ⅰ段階 | | | | | | | 新保Ⅰ | | 北陸6期 |
| 新保Ⅱ段階 | | 新保Ⅰ式 | 新保式 | 新保式 | | 厳照寺Ⅰ | 新保Ⅱ | 6 | 北陸7期 |
| 新保Ⅲ段階 | | 新保Ⅱ式 | 徳前遺跡 | 徳前C | 1期 | | 新保Ⅲ | 7 | 北陸8期 |
| 新保Ⅳ段階 | 新崎Ⅰ式 | 新保Ⅱ式新 | 中平式 | 中平式 | 2期 | | | | 北陸9期 |
| 新崎Ⅰ段階 | | 新崎Ⅰ式 | 新崎 | 新崎Ⅰ式 | 新崎Ⅰ | 3期 | 厳照寺Ⅱ | | 北陸10期 |
| 新崎Ⅱ段階 | 新崎Ⅱ式 | 新崎Ⅱ式 | 様式 | | 新崎Ⅱ | 4期 | | | 北陸11期 |
| 新崎Ⅲ段階 | 新崎Ⅲ式 | 上山田Ⅰ式 | | 新崎Ⅱ式 | 上山田Ⅰ | 5期 | | | 北陸12期 |
| 上山田古 | 上山田 | | | | | | | | |

----- 前期と中期の境界　　　　　　　　　　　小林2001に加筆

（第3図13〜16）は4期になろう。縄紋地横位方向が多いが、結節縄紋、木目状撚糸紋など縦位の地紋が出現する。真脇では、西日本の土器は3期に北白川下層Ⅲ式、4・5期に大歳山式が伴う。

**5期**　4期と類似した浮線紋（RⅠa）も多いが、むしろ半隆起状平行沈線（Ⅱbロ'）が主要文様要素である。また集合平行沈線（Ⅱbロ、ロ'）が多用される。朝日下層式の大部分が比定されよう。

**6期**　浮線紋を消失し、半隆起状の集合沈線を主要文様要素とする（Ⅱbロ、ロ'）。地紋は5期と同じく縦位施紋の縄紋、結節縄紋、木目状撚糸紋か、集合沈線紋である。前期までと同じく部分的に、モチーフ間に切削（Ⅳaニ）や、口縁部上や筒状の把手などに浮線紋、結節浮線紋、円形貼付紋（RⅡb）などが付されることもある。朝日下層式の一部、加藤1995の新保式第Ⅰ段階が比定される。浮線紋消失という、文様要素としては前後と大きな差異があり、6期とまとめたが、地紋など他の要素は5期とほぼ同一であり、時期的に独立するかどうかは一層の検討が必要である。

**7期**　主要文様要素は半隆起状の集合沈線（Ⅲbロ、ロ'）で、前期と比べ太くなる。明瞭な隆線（RⅠb）で区画され、口唇上や隆線上に爪形文が施される

(ＲⅠｂ－ＴⅢａハ)。「の」の字状、「し」の字状突起などがある。加藤1995の新保式第Ⅱ段階が相当する。加藤の新保Ⅰ期のうち、口唇上刻み・爪形文を有す例は、7期であろう。真脇では、西日本系の鷹島式が伴う。後述する関東地方中期の新地平1期にあたる。

**8期** 軌軸紋（Ⅳａイ4－Ⅳａロ）（第5図39など）を特徴とする。口縁部第2文様帯には縦位の平行沈線が1本づつ施文される（Ⅲａロ）。すなわち、集合沈線紋はほぼ消滅する。加藤1995の新保式第Ⅲ段階が相当する。徳前Ｃ遺跡（西野1983、米沢1986）の主体を占める時期である。関東地方中期の新地平2・3期にあたる。

**9期** 小三角の抉り取りを上から連続的に行い余白部に細線を引き並べる（彫刻蓮華文 南1976）（Ⅳａイ4－Ⅳａロ）（第5図44・45）。口唇上爪形（第5図42）が目立つ。加藤1995の新保式第Ⅳ段階、長山遺跡（島田1985）、中平式（沼田1976）、厳照寺Ⅰ（神保1976）の多くが対応する。関東地方中期の新地平4期にあたる。

**10期** 半裁竹管半円形刺突（Ⅱａイ1）と細沈線による刻印蓮華紋（南1976）を特徴とする。加藤1995の新崎式第Ⅰ段階が相当する。加藤は、縦位木目状撚糸紋、結節縄紋も消失し、他地域の影響から脱却したと評価するが、資料が少なく時期としての存在には検討が必要としている（加藤1995）。関東地方中期の新地平5ａ期にあたる。

**11期** 刻印蓮華紋（Ⅱａイ1－Ⅳａロ）を特徴とする。頸部の横位無紋帯の上下に刻み目（Ⅳａイ1）（関東で言う裁痕紋）（第6図53など）を並列させる。加藤の新崎式第Ⅱ段階が相当する。関東地方中期の新地平5ｂｃ期にあたる。

**12期** 刻印蓮華紋、隆線上爪形紋、半隆起状平行沈線（Ⅲａロ'）など、前期までと基本的に同じ文様要素であるが、新たに隆線沿いに三角形連続刺突紋（Ⅶハ）、連続爪形紋（Ⅳａハ）＋三角形連続刺突紋を施文する土器が出現する（第6図60～62）。加藤は新崎式第Ⅲ段階、南は上山田Ⅰ式と評価が分かれる。加藤は、新道系土器の浸透を時期区分の要因としている。関東地方中期の新地平6ａ期にあたる。

### b）関東・中部地方中期土器の型式学的検討

　関東・中部地方の中期前半勝坂式・阿玉台式土器について、相対編年である型式学的組列を検討する。五領ケ台式から勝坂式（小林1984ではB群土器と呼称）、阿玉台式（同じくA群土器）[1]を、文様要素・文様帯構成・文様区画の要素に分けて、地域によって[2] 型式学的に順序を仮定し、その組み合わせをセリエーションとして配列することで、型式学的な編年を試行し得る（小林1984）。ここでは、勝坂式・阿玉台式成立期を第Ⅰ期～第Ⅵ期に時期区分しているが、適宜に新地平編年に対比して記しておく。

### ⅰ）中期土器の型式学的組列（第9～15図・第2～5表）

**文様要素**（文様工具と施文方法）（第9図）

　土器器面上に展開される個々の文様要素[3]は特定の文様工具により、特定の施文方法で施文される。勝坂式土器は、文様工具に竹管（Ⅰa種）・半裁竹管（Ⅱa種）・ヘラ状工具（Ⅲa種）・先端を三角形に加工した工具（Ⅲd種）を用いる（図5上）。施文方法として、刺突（イ）、単に工具を器面に当て引いた沈線（ロ）、工具を押し引いた連続刺突紋（ハ）の方法がある。これを半裁竹管の裏面、半裁されて凹状になった面（U面）で引くと平行沈線紋（Ⅱauロ）となる。Ⅰaを連続刺突すれば角押紋（Ⅰaハ）、Ⅲdを連続刺突すれば三角形連続刺突紋（Ⅲdハ）、Ⅲaを用いれば爪形紋・キャタピラ紋（Ⅲaハ）となる。五領ケ台2式ではⅡauロが施文されており、また勝坂式最盛期ではⅢaハが用いられる。よってその中間期は第9図のように仮定されよう。五領ケ台直後の第Ⅰ期（新地平3期）ではⅡauロと沈線のⅠaロが使われ、第Ⅱ期（新地平4期）になるとⅠaロのみが単独で用いられる様になる。第Ⅲ期（新地平5a期）に連続刺突紋であるⅠaハがⅠaロの中に部分的に現れるが、器面全体を飾るには至らず、共に用いられる。ついで、Ⅰaハのみが使われる第Ⅳ期（新地平5bc期）になる。このⅠaハの先端が加工される様になるが、第Ⅴ期（新地平6a期）では三角形に加工したⅢdハが施文され、勝坂最盛期直前の第Ⅵ期（新地平6b期）では、これにⅢaハが加わり、ともに使用される様になると考えられる。これらは、第Ⅲ期連続刺突紋の発生期に、隆線両側に沿って施されるものが現われ、第Ⅳ期から一般化する。第Ⅵ期では隆線に沿ってⅢaハ、その横位にⅢdハが施される。

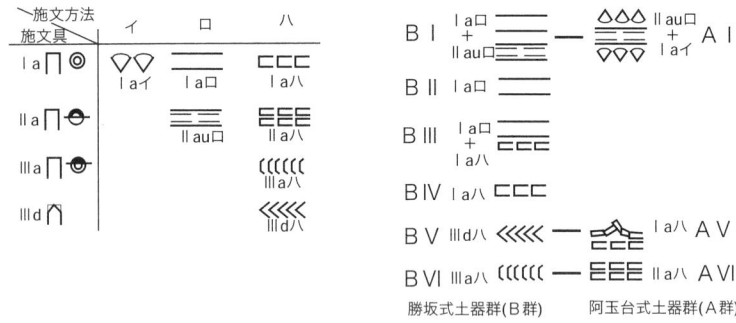

第9図　中期前葉土器の文様要素

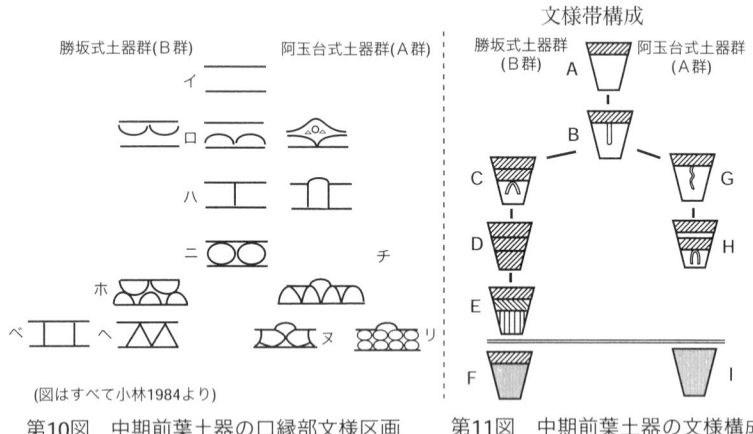

第10図　中期前葉土器の口縁部文様区画　　第11図　中期前葉土器の文様構成

また第Ⅵ期以降は区画内に充填する手法も用いられる。

**口縁部文様区画**（第10図）

　口縁部文様区画は、土器の第一文様帯の区画のされ方である。五領ケ台式土器では、口縁部区画は意識されていない。第Ⅰ期では口縁部・体部間の隆線・沈線による区画で、口縁部文様帯が意識されるが、文様区画はなされない。これをイとする。次のロは、隆線・沈線による半弧状の区画が横位に連なるもので、三角形に近いモチーフや渦巻を配するものもある。区画が次第に明確になり、ハでは垂下する隆線等で４分割に区画され、ニは楕円形に４区画される。ホは楕円形区画２段が１段に収縮し、連弧状のモチーフが横位に連なりその間に三角形のモ

チーフが組みこまれるもの、ヘは三角形または四角形の幾何学的で単純なモチーフである。このうち、イ～ハは従来五領ケ台式、ニは狢沢式、ホ・ヘは新道式の特徴とされてきたものである。

**文様帯構成**（第11図）

文様帯構成は口縁部・頸部・胴部等の各文様帯の構成のされ方である。五領ケ台式では文様帯が不明確であるが、まず口縁部と胴部の文様帯が明確に構成され、次第に器面に何段も重ねられる重帯化の傾向を持つ。Aは口縁部文様帯と胴部文様帯による構成、Bは胴部文様帯の垂下等の文様が加えられ、口縁部文様帯の横に展開する区画と胴部文様帯の縦に展開する区画が明確に対比されるもの、Cは口縁部文様帯が二段以上重帯し、その下に胴部文様帯が構成されるもの、Dは口縁部文様帯と同じ文様区画が全体に二段以上重帯し、胴部文様帯と同化するもの、Eは口縁部文様帯と異なった文様区画が重帯化するもので、最も重帯化の進んだものである。これらと別に、胴部文様帯に縦区画のような隆線による渦状モチーフなどによる文様帯構成をFとした。Fは、勝坂最盛期の縦区画系統の土器に連なる可能性を持つが、A～Eの型式学的連続の中に位置づけることはできない。

ⅱ）**勝坂式土器（B群土器）の各要素の組み合わせ**（第13・15図、第4～5表）

前項で分析した3つの要素が、実際に組み合わさり、土器器面上に展開するのだが、各要素の組み合わせにより無数のタイプができる。ここで、文様要素・口縁部文様区画・文様帯構成の各組み合わさり方を検討する。

**文様帯構成と口縁部文様区画の組み合わせ**

文様帯構成はA～Fの6種、口縁部文様区画はイ～ヘの6種があり、36通りの組み合わせが考えられる。実際の資料を分析した結果、第4表に示した様に18通りであった。基本的な文様帯構成であるAは、口縁部文様区画のイ～ホに組み合わさる。しかし、数を見ると、Aの時イである割合は56％を占める。逆に最も単純な口縁部文様であるイは、文様帯構成にA・Bをとるがイの時Aである割合は62％を占める。即ち、Aとイは最も相関が高い組み合わせである。同様に、Bとロ、Cとハ、Cとニ、Dとニ、Eとホ、Fとホは相関が強く、組み合わせの場合の数が多い。かつ、古い要素から新しい要素へと組み合わさっていくことが認められる。よって前項で検討したA→B→C→D→Eとイ→ロ→ハ→ニ→

32　1章　考古学的手法による研究と問題点

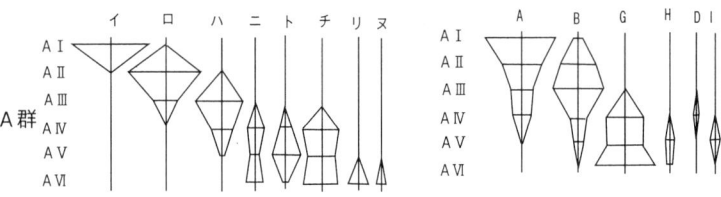

第12図　A群土器（阿玉台式）の要素間の組み合わせと時期的変化

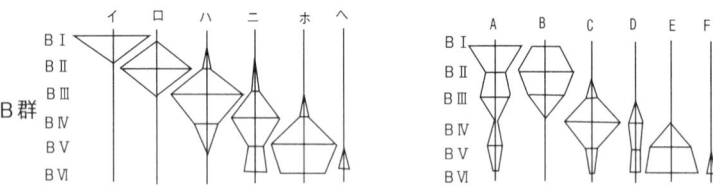

第13図　B群土器（勝坂式）の要素間の組み合わせと時期的変化

第2表　A群土器の口縁部文様区画と文様構成

|   | A | B | D | G | H | 計 |
|---|---|---|---|---|---|---|
| イ | 20 | 2 |   |   |   | 22 |
| ロ | 6 | 9 |   |   |   | 15 |
| ハ | 9 | 6 |   |   |   | 15 |
| ニ |   |   | 5 | 1 | 4 | 1 | 11 |
| ト |   |   |   | 8 | 4 |   | 12 |
| チ |   | 2 |   | 24 | 2 |   | 28 |
| リ |   |   |   | 4 |   |   | 4 |
| ヌ |   |   |   | 1 |   |   | 1 |
| 計 | 35 | 24 | 1 | 41 | 7 |   | 108 |

第3表　A群土器の文様要素と口縁部文様区画

|   | イ | ロ | ハ | ニ | ト | チ | リ | ヌ | 計 | A | B | G | H | D | I | 計 |
|---|---|---|---|---|---|---|---|---|---|---|---|---|---|---|---|---|
| AI | 22 |   |   |   |   |   |   |   | 22 | 20 | 2 |   |   |   |   | 22 |
| AII |   | 11 |   |   |   |   |   |   | 11 | 6 | 5 |   |   |   |   | 11 |
| AIII |   |   | 4 | 8 |   |   |   |   | 12 | 3 | 9 |   |   |   |   | 12 |
| AIV |   |   |   | 6 | 5 | 2 | 12 |   | 25 | 6 | 5 | 13 |   | 1 |   | 25 |
| AV |   |   |   | 1 | 3 | 9 | 9 |   | 22 |   | 3 | 14 | 5 |   | 4 | 26 |
| AVI |   |   |   |   | 3 | 1 | 7 | 4 | 1 | 16 |   |   | 14 | 2 |   | 1 | 17 |
| 計 | 22 | 15 | 15 | 11 | 12 | 28 | 4 | 1 | 108 | 35 | 24 | 41 | 7 | 1 | 6 | 113 |

第4表　B群土器の口縁部文様区画と文様構成

|   | A | B | C | D | E | F | 計 |
|---|---|---|---|---|---|---|---|
| イ | 28 | 17 |   |   |   |   | 45 |
| ロ | 7 | 17 |   |   |   |   | 24 |
| ハ |   | 7 | 12 | 19 |   |   | 38 |
| ニ | 1 |   | 27 | 13 | 15 |   | 56 |
| ホ | 7 |   | 8 | 3 | 34 | 4 | 56 |
| ヘ |   |   |   | 4 | 2 |   | 6 |
| 計 | 50 | 46 | 54 | 20 | 51 | 4 | 225 |

第5表　B群土器の文様要素と口縁部文様区画

|   | イ | ロ | ハ | ニ | ホ | ヘ | 計 | A | B | C | D | E | F | 計 |
|---|---|---|---|---|---|---|---|---|---|---|---|---|---|---|
| BI | 45 |   |   |   |   |   | 45 | 28 | 17 |   |   |   |   | 45 |
| BII |   | 23 | 2 |   |   |   | 25 | 6 | 19 |   |   |   |   | 25 |
| BIII |   | 1 | 19 | 1 |   |   | 21 | 8 | 10 | 3 |   |   |   | 21 |
| BIV |   |   | 17 | 37 | 3 |   | 57 | 1 |   | 45 | 11 |   |   | 57 |
| BV |   |   |   | 9 | 31 |   | 40 | 6 |   | 4 | 5 | 25 |   | 40 |
| BVI |   |   |   | 9 | 22 | 6 | 37 | 1 |   | 2 | 4 | 26 | 4 | 37 |
|   | 45 | 24 | 38 | 56 | 56 | 6 | 225 | 50 | 46 | 54 | 20 | 51 | 4 | 225 |

ホ→へが流れとして仮定される時、Aイ→Bロ→Cハ→Cニ→Dニ→Eホ→Fホの流れが示される。

**文様要素と口縁部文様区画の組み合わせ**

文様要素はⅠ～Ⅵの6種、口縁部文様区画はイ～への6種があり、組み合わせは36通り考えられるが、実際は14通りであった（第5表）。このうち、Ⅰの時イの割合が100％、Ⅱの時ロが92％、Ⅲの時ハが90％、Ⅳの時ニが66％、Ⅴの時ホが77.5％、Ⅵの時ホが59％で、Ⅰイ→Ⅱロ→Ⅲハ→Ⅳニ→Ⅴホ→Ⅵホの流れが想定できる。これをグラフで示したのが第13図である。Ⅰ→Ⅵの流れと、イ→への流れが仮定される時、第13図の様なセリエーションとしての消長が得られ、互いの流れの仮定について妥当性が強いことを示している。

**文様要素と文様帯構成の組み合わせ**

この組み合わせも36通り考えられるうち、19通りが存在する（第5表）。このうち、ⅠA、ⅡB、ⅢB、ⅣC、ⅤE、ⅥE、ⅥFの相関が高い。第13図はそのグラフである。

以上の3要素の組み合わせのあり方の検討の結果、仮定した各要素の流れが互いによく合い、その妥当性の強さが示された。よって前述の様に最も型式的な差を示し易い、鋭感的な要素である、文様要素で時期設定することが可能である。

iii）勝坂式土器（B群土器）の分類と時期設定（第13・15図、第4～5表）

3つの要素の組み合わせは6×6×6＝216通り考えられるが、実際には29通りの組み合わせがある。これをB群土器のタイプとし、各要素それぞれの中で時間的に先行する諸要素の組み合わせから、新しい組み合わせの順に、Ⅰ～Ⅵ期に編成した。例えば、文様要素Ⅱauロ＋Ⅰaロの第Ⅰ期は、口縁部文様区画イ、文様帯構成Aのタイプと、イとBのタイプを持つが、前者のタイプは第Ⅰ期の62％を占め、第Ⅰ期の典型的形態と言える。第Ⅱ期は文様帯構成B・口縁部文様区画ロの組み合わせが66％を占める。第Ⅲ期は文様帯構成B・口縁部文様区画ハ、第Ⅳ期は文様帯構成C・口縁部文様区画ニ、第Ⅴ期は文様帯構成E・口縁部文様区画ホ、第Ⅵ期は文様帯構成E・口縁部文様区画ホの組み合わせが多く、各時期における典型的タイプと言える。

以下にB群土器の変遷をまとめておく（第15図）。

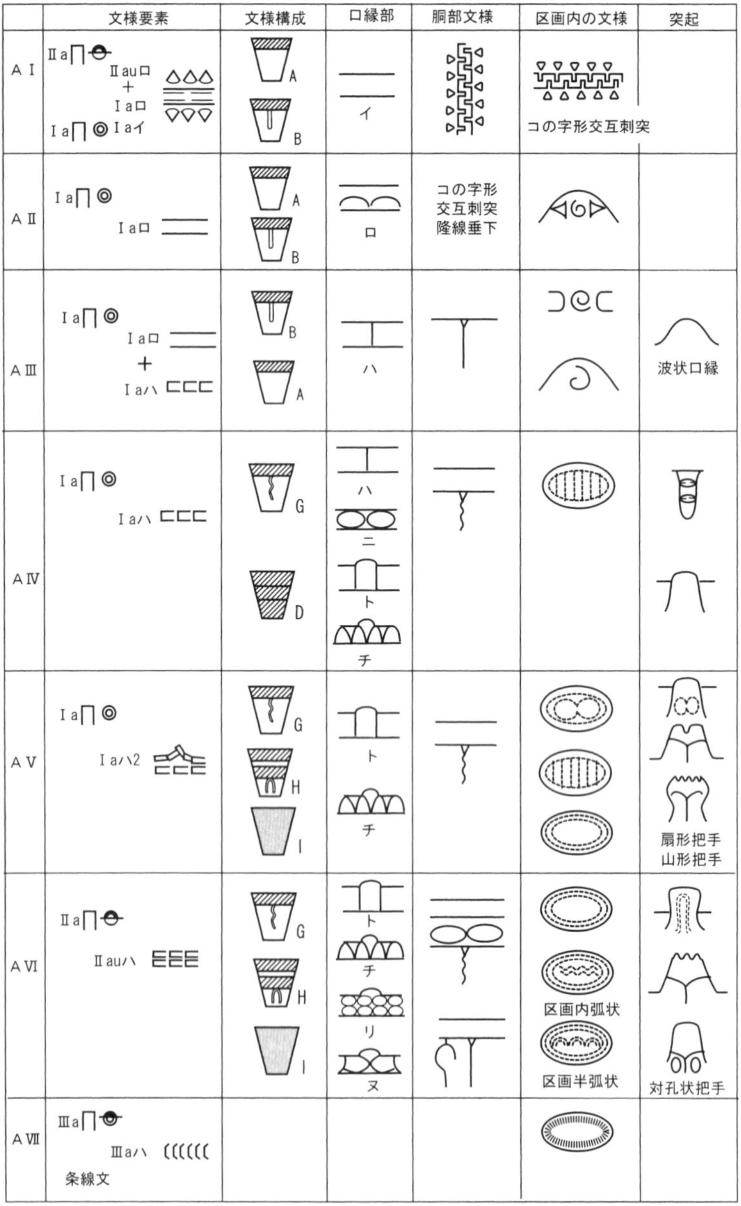

34　1章　考古学的手法による研究と問題点

第14図　A群土器(阿玉台式)の変遷

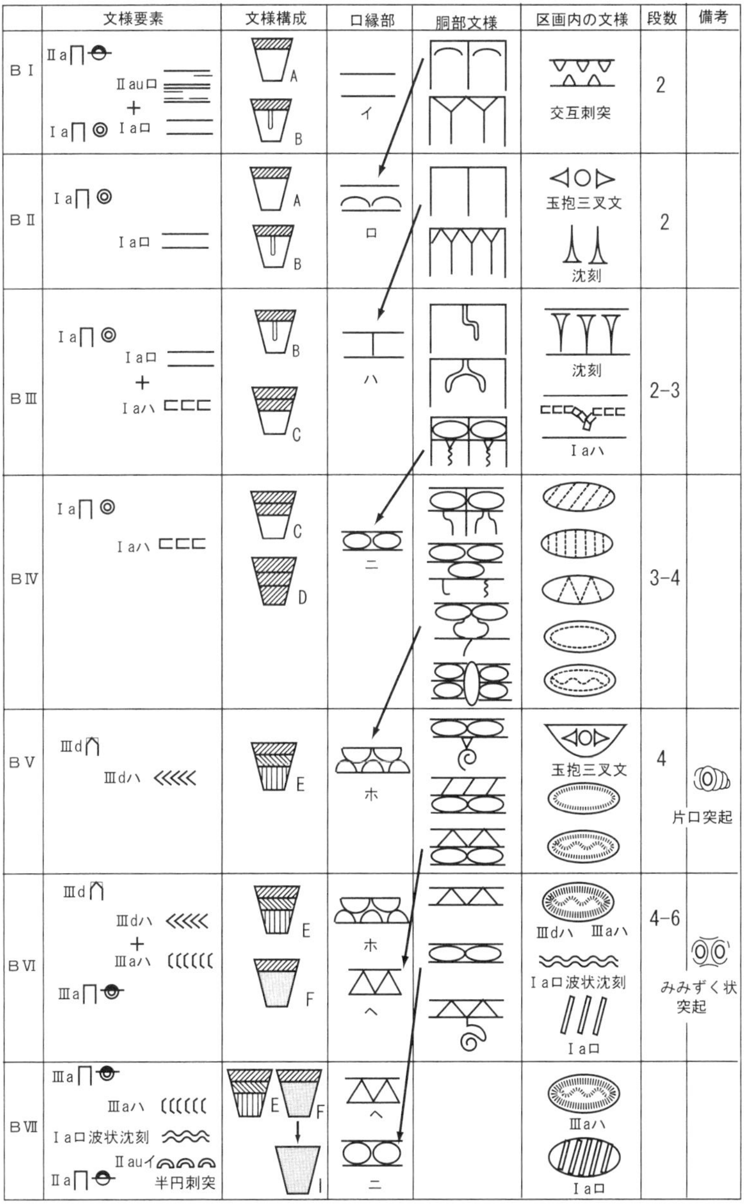

第15図　B群土器(勝坂式)の変遷

**第Ⅰ期** 文様帯構成にⅡauロとⅠaロ、文様帯構成にA・B、口縁部文様区画にイが用いられる。胴部は沈線または隆線の垂下で柱状区画され、区画内に半弧状の沈線・Y字状文が配される。口縁部区画内に、コの字状文互刺突紋が施されるものもある。結果的に、後述する新地平編年の3期に対比される。

**第Ⅱ期** 文様要素Ⅰaロ、文様帯構成B・A、口縁部文様区画ロを用いる。胴部は前段階と同様の区画がされるが、隆線の区画が多い。口縁部区画内に、玉抱き三叉文が現れ、ヘラ状工具による沈刻も多用される。新地平編年の4期に対比される。

**第Ⅲ期** 文様要素にⅠaハが出現するが、Ⅰaロも残存する。口縁部文様区画はハ、文様帯構成はBが多いがCも見られる。胴部はカギ状・ハの字状の隆線が垂下する。中部地方を中心に、人体文たとえば人面や手を模したモチーフもある。口縁部区画内に沈刻や角押紋の文様が施される。新地平編年の5a期に対比される。

**第Ⅳ期** 文様要素にⅠaハが多用され、文様帯構成はC・Dが多く、口縁部文様区画はニが多いが、ハも残る。胴部はカギ状等の隆線垂下や、文様帯構成Dを採る。渦状のモチーフも持っている。器形はやや口の開いたものが多いが、寸づまりの器形もある。文様帯は重帯し、3・4段が多いが、2段のものや5段のものもある。口縁部区画内は、隆線に沿ってⅠaハが廻り、区画内はⅠaハが波状や、斜位、縦位に充填されることが多い。突起類は少ない。新地平編年の5b・c期に対比される。

**第Ⅴ期** 文様要素に加工された工具のⅢdハが用いられ、文様帯構成はEが多く、C・Dもみられる。口縁部文様区画はホが多く、ニも使われる。胴部文様は、三角形・惰円形の区画の重帯や渦状のモチーフが用いられる。口縁部区画内はⅢdハの充填や玉抱き三叉文が施される。文様帯の段は4段が多いが、5段以上のものもある。新地平編年の6a期に対比される。

**第Ⅵ期** 文様要素にⅢdハとヘラ状工具によるⅢaハが用いられ、文様帯構成にF、口縁部文様にへが加わる。全面に方形区画が重帯する特異な土器など、バリエーションも増す。新地平編年の6b〜7a期に対比される。

以上のように、型式学的な検討により、土器の時間的変化を仮定し、組列とす

る。これらにつづく勝坂2・3式、加曽利E式土器群も、文様要素や文様自体は変わっても、基本的には同様な変化の方向性をたどる。阿玉台式土器（A群）についても、第12・14図、第2・3表のように、同じような変化を辿りえる。

旧稿（小林1984）では、型式学的検討の後に、住居跡出土例など層位的出土状況を検討し、特に重複住居での先後関係をチェックして、特に大きな矛盾がないことを確認してある。住居覆土中出土例では、廃棄行為の結果、時期的に幅のある土器群を含むことも多い（小林1994ほか）。よって、出土状況を数多く集め、かつ前後する時期が含まれる場合は整合的であると捉える。また、重複関係のある住居では、極力、炉体土器や埋甕、床面出土土器など、住居自体または住居廃絶直後に伴う土器の関係を見ることとした。こうした結果、型式学的に仮定された序列と矛盾しない場合が多いか否かを確認した。即ち、型式学的な検討と、層位学的な検討との間でクロスチェックを経ている。

### c）通期的な土器型式学的細別時期設定

前項でみたような、前期末葉[4]から中期初頭、さらに中期前葉から中葉までの、文様要素をもととした編年作業を、中期中葉以降の時期についても適用することで、中期土器の相対的序列を定めることができる。

南関東地方、特に武蔵野台地・多摩丘陵の縄紋中期土器については、小林と黒尾和久、中山真治との共同作業による武蔵野多摩地域の新地平編年（黒尾・小林・中山1995）13期31細別として、すでに提示している。これは、縄紋研究の中でも最も細別した土器編年研究であると評価も受け、現在までのところ、全面的な否定ないしは逆転等の指摘は受けていない。南和久、今福利恵、山本典幸らによる部分的な土器組列への批判はあるが、別稿において反論すべき点は論じたので、本書では略す。ここでは、その概略を以下に示し、本書における土器編年基準とする。

### i）武蔵野多摩地域の新地平編年（第16・17図）

武蔵野台地〜神奈川県地域の土器資料を中心として設定された土器編年である多摩・武蔵野中期編年（通称として「新地平編年」）は、中期全体を13期31細別（黒尾・小林・中山1995）する。これは、縄紋中期集落研究の前提作業として、

主に型式学的方法により設定された時期設定である。今村啓爾の五領ケ台編年（今村1985）、井戸尻編年（藤森1965）、加曽利E式の既編年案（神奈川編年、東京・埼玉編年、埼玉事業団編年など）との研究史的整合性や、具体的な時期内容は、下記の各文献に譲り、時期の概略を記しておく。

**1期** 中期最初頭五領ケ台Ⅰ式期。abに2細分可能である。今村啓爾の五領ケ台Ⅰ式である（今村1985）。筆者の五領ケ台編年（小林1995ｂ）CM段階（宮の原段階）である。

**2期** 中期初頭五領ケ台Ⅱ式古段階。今村啓爾の五領ケ台Ⅱa式期にほぼ相当する。筆者の五領ケ台編年（小林1995ｂ）CS段階Ⅰa期である。

**3期** 中期初頭五領ケ台Ⅱ式中段階。abに細分可能である。今村啓爾の五領ケ台Ⅱb式及びⅡc式の一部を含む。筆者の五領ケ台編年（小林1995ｂ）CS段階Ⅰb・c期である。

**4期** 中期初頭五領ケ台Ⅱ式新段階。abに細分可能。今村啓爾の五領ケ台Ⅱc式を含む。筆者の五領ケ台編年（小林1995ｂ）CS段階Ⅱ期である。

**5期** 中期前葉狢沢式期（勝坂1a式）。

　5a期　神谷原式（今村1985）、大石式、阿玉台Ⅰa式を含む、狢沢式成立期。筆者の勝坂式成立期（小林1994ｃ）CZⅠa〜Ⅰb期である。

　5b期　狢沢式古段階である。筆者の勝坂式成立期（小林1994ｃ）CZ（Ⅰb〜）Ⅱa期である。

　5c期　狢沢式新段階である。筆者の勝坂式成立期（小林1994ｃ）CZⅡb期である。

**6期** 中期前葉新道式（勝坂1b式）である。

　6a期　新道式古段階。筆者の勝坂式成立期（小林1994ｃ）CZⅢa期である。

　6b期　新道式古段階。筆者の勝坂式成立期（小林1994ｃ）CZⅢb期である。

**7期** 中期中葉　藤内Ⅰ式期（勝坂2式）である。

　7a期　隆帯区画＋幅広角押紋＋三角押紋崩れの波状沈線施文。

　7b期　隆帯区画＋幅広角押紋＋波状沈線文。

**8期** 藤内Ⅱ式期（勝坂2式）である。

　8a期　無調整隆帯区画＋幅広角押紋＋波状沈線紋（武蔵野台地）と隆帯脇を

沈線でなぞった区画文＋縦位沈線紋（中部〜多摩西部中心）が並存する。
　8ｂ期　縦位沈線の他に細かい爪形紋が発達し、三叉文と組合わさる。頸部横帯楕円区画文の盛行。胴下半の縄紋施文顕著。縦位区画文系パネル文崩れ（武蔵野タイプ）となる。

**9期**　井戸尻Ⅰ〜Ⅲ式期（勝坂3式）である。
　9ａ期　区画隆帯沿いの沈線が太く、交互刺突紋が粗大化。中帯文土器、小型円筒形土器多い。人体文（弧状文）は中部〜多摩西部中心。
　9ｂ期　隆帯の幅広扁平化、半肉彫状の曲線的モチーフ中心。中帯文系と口縁文様タイプ。口縁部無文直立、屈折底、大型把手、Ｊ字状懸垂文が多い。
　9ｃ期　勝坂式最終末期。褶曲文系土器、喜多窪タイプ、狐塚タイプの盛行期。地文に撚糸紋や条線紋多用する。加曽利Ｅ式系の土器が成立しつつある時期である。

**10期**　加曽利Ｅ1式期である。黒尾和久の加曽利Ｅ編年（黒尾1995ａ）のⅠａ〜Ⅰｃ期に対応して細分される。
　10ａ期　胴部の撚糸地紋が卓越し、勝坂式の文様要素を消失した口縁部に横Ｓ字モチーフを配した「武蔵野台地型」の加曽利Ｅ式が盛行。曽利Ⅰ（古〜新）式がみられる。
　10ｂ期　胴部に撚糸地紋と隆起帯による懸垂文。大型把手を持つキャリパー形がみられ、頸部の無文区画が普遍化する。沈線地紋による同心円モチーフの土器が盛行。曽利系は減少するが曽利Ⅰ式（新）平行と捉ええる。
　10ｃ期　縄紋地紋と隆起帯による懸垂文が多くなる。口縁は平縁化、頸部無文区画は存続。多摩・武蔵野台地では、曽利Ⅱ（古）式平行の加曽利Ｅ式文様類似の縄紋地紋・粘土紐貼付の土器が伴う。

**11期**　加曽利Ｅ2式期である。胴部に沈線の懸垂文。黒尾1995ａの中期後葉2ａ〜2ｃ期。
　11ａ期　太く深い沈線による口縁部渦巻文土器の成立。単節縄紋が地文の加曽利Ｅ式系が主体で、頸部無文区画も存続。曽利Ⅱ（古）式並行の土器が伴う。
　11ｂ期　連弧文土器出現期。渦巻つなぎ弧状・枠状の口縁部文様区画。縄紋地

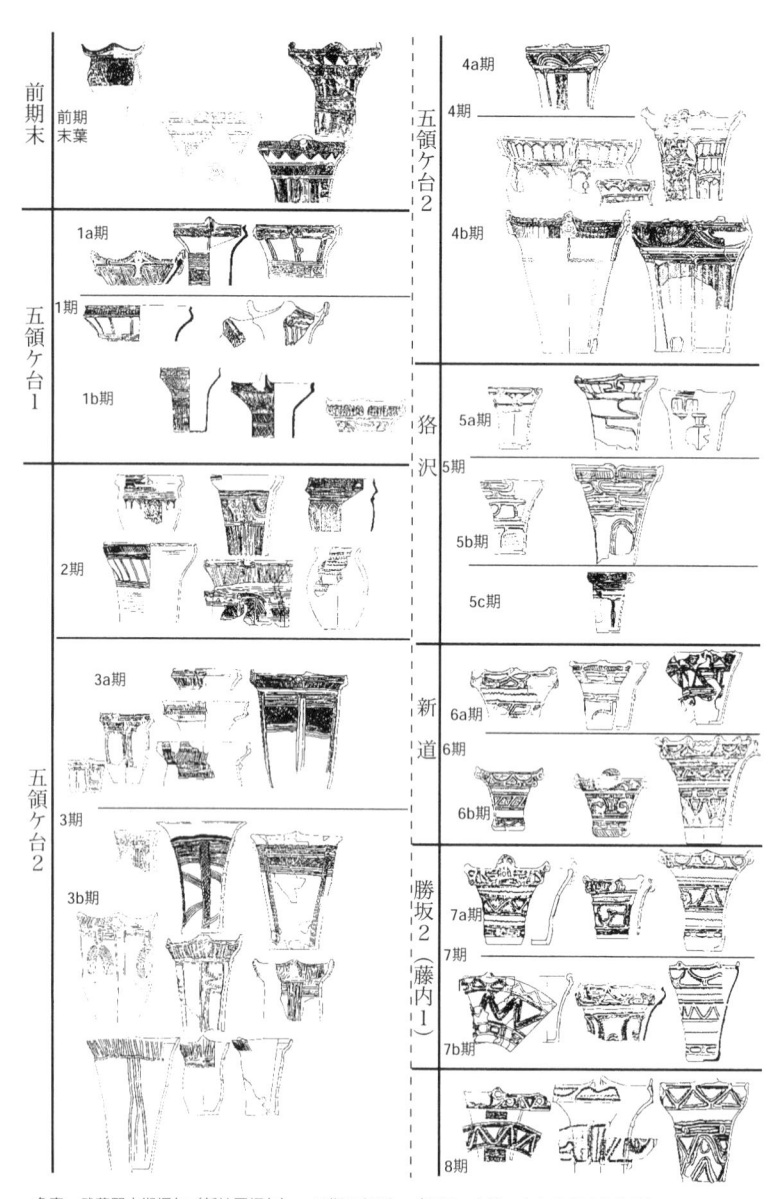

40　1章　考古学的手法による研究と問題点

多摩・武蔵野中期編年（新地平編年）　13期31細別　（黒尾・小林・中山1995より改変）

第16図　縄紋前期末葉〜後期初頭の土器細別時期1

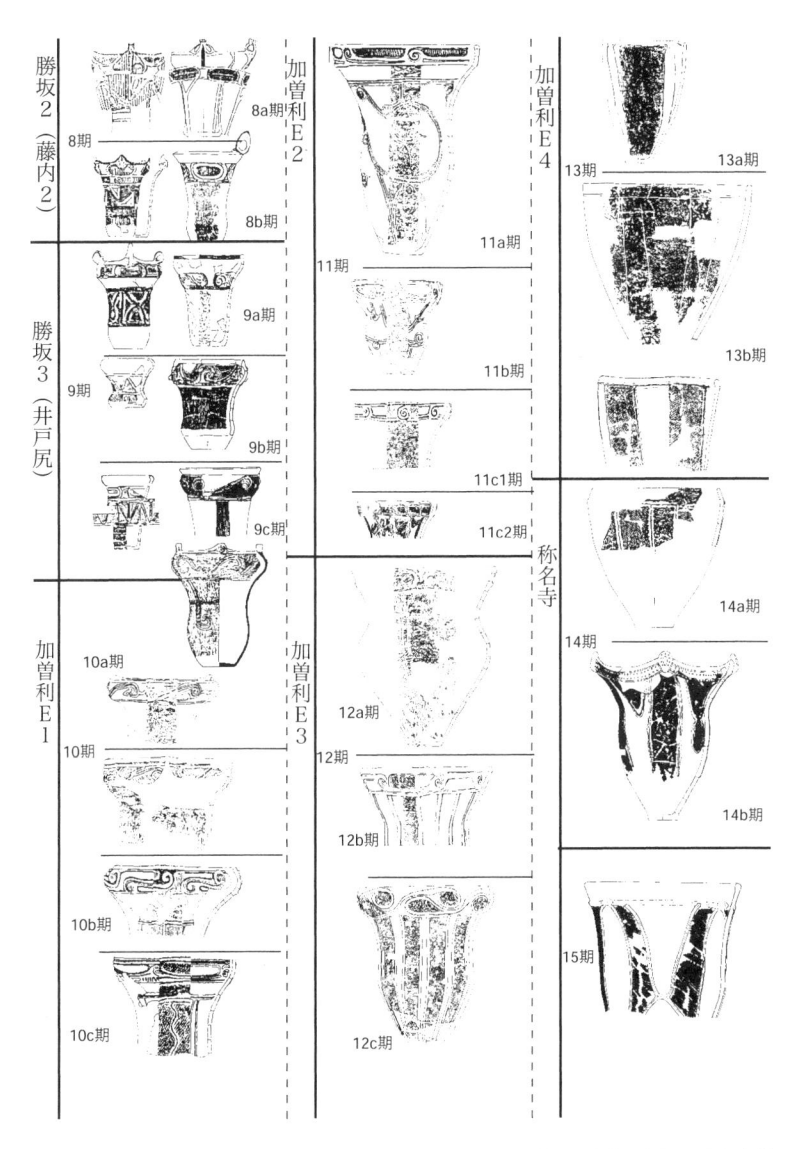

1節　土器型式の相対編年　41

多摩・武蔵野中期編年（新地平編年）　13期31細別　（黒尾・小林・中山1995より改変）

第17図　縄紋前期末葉〜後期初頭の土器細別時期2

紋とともに、山梨県域の曽利縄紋系土器・斜行沈線文土器の成立に関連すると思われる、撚糸、条線地紋土器も目立つ。頸部の無文区画は弛緩しやがて衰退する。

11ｃ期　連弧文土器の盛行期。曽利Ⅲ（古）式、「折衷土器」が盛行する。連弧文により２細別も可能。

11ｃ１期　連弧文が３本一組の連弧状・波状が基本で、口縁部及び胴部の２帯文様帯構成が多く、地文に撚糸紋・条線紋が用いられる。

11ｃ２期　連弧文が２本一組の波状モチーフなどに変化し、地文に縄紋が多用される。

12期　加曽利Ｅ３式期である。胴部文様帯に磨消縄紋。

12ａ期　曽利Ⅲ（新）式に平行する沈線地文の「折衷土器」の盛行が持続。連弧文土器は衰退。

12ｂ期　口縁部渦巻文の加曽利Ｅ式が盛行し、「胴部隆起帯文土器」も見られる。武蔵野台地では、「斜行・重弧文土器」が部分的に見られる他は曽利系は激減し、西多摩・西相模地域では、地文に沈線・条線を用いる山梨県域の曽利Ⅲ（新）〜Ⅳ式土器を伴う。後半期には波状口縁土器、蕨手状懸垂文などが見られる。

12ｃ期　口縁部文様帯の消失期で、前半期では口縁部区画のある土器とない土器が伴出。蕨手文が盛行し、懸垂する沈線は太い。曽利Ⅴ（古）式に平行する。

13期　加曽利Ｅ４式期である。口縁部文様帯、胴部蕨手文などが消失。従前の加曽利ＥⅣ式に相当する。

13ａ期　口縁部を単沈線で幅狭い無文帯と縄紋帯に区画しつつ、対向Ｕ字区画の土器が出現。

13ｂ期　微隆起線紋が文様要素として一般化。細い沈線による対向Ｕ字区画が盛行する。

14期　後期初頭称名寺Ⅰ式。石井寛（石井1992）の称名寺式古段階（石井の７期区分の１〜３期）に相当する。

中期については、以上の１−13期（以下、新地平編年○期と記す）の細別時期

を基準に土器編年を記すが、前期末葉については、前期末葉Ⅰ～Ⅴ期を用いる（中期初頭の新地平1期に繋がる）。また、中期についても、後述する佐久地方の焼町土器や、群馬県地域の加曽利E式成立期の土器、東北地方の大木式土器などについては、南西関東地方と編年的に整合性がとれていない部分もあり、従来の土器型式編年を用いたり、地域によって別途に筆者が時期設定している場合があるが、極力、南西関東地方の新地平編年に対比させることとし、編年的に問題を残す場合は地域ごとの型式名・時期名の後ろに（ ）で新地平編年での細別時期を記すこととする。

### d）土器型式による相対編年の限界

　日本考古学においては、土器型式編年が、唯一の「実用的な」時間軸であると考えられてきた。しかし、縄紋集落の時間的整理の研究のなかから土器編年に対する期待感と失望感が表明されてきたことと、炭素14年代の精緻化を初めとした土器編年以外の時間軸の設定が現実味を帯びてきたことの2つの面から、必ずしも土器編年による相対時間が無二の時間的単位という訳ではない、という認識が現れてきた。

　前者についてみるならば、集落研究が求める時間軸と、土器型式が表す時間とが、必ずしも一致しないことが、認識されてきた。例えば、土器による型式時期では、同時存在住居を捉えるための時間的単位として長すぎるという不満や、逆に土器型式ごとに集落を横切りすると住居数が少なくなりすぎるという不満が存在している。集落研究の中からは、遺構間接合やライフサイクル論を応用した時期分けや、竪穴住居の形態や入口方向などの何らかの規格性を捉えるなどの手段による時期区分が求められる。

　相対的年代である土器型式の時間と、遺構重複等での時間との差異についての議論も様々に行われるようになってきた。例えば、長崎元広による土器型式編年論の系譜と展望という研究史的整理にもみることができる（長崎1998）。

　日本考古学、特に関東地方を中心とした東日本の縄紋土器研究では、高度経済成長期以来の、豊富な発掘調査成果の蓄積を背景とし、また山内清男による土器型式編年網の整備という指針が共有されることによって、精緻な編年研究が重ね

られてきた。特に、関東地方の縄紋中期については、土器資料の豊富さもさることながら、土器自体に装飾性が強く、時間的変化に鋭感的な属性（Rouse 1972）を多く有しているという特性があった。また、集落遺跡が多く調査され、しっかりした掘り込みをもつ竪穴住居跡とその中に多量に伴う一括出土土器という擬似的な「フンド」と見なし得る考古学的な資料があり、さらに「井戸尻編年」に代表される住居重複関係による相対的序列という手法が重ねられることで、型式学的にも、層位学的にも相対的序列が確かめられるという利点があった。

　上記に取り上げた、前期末葉〜中期末葉までの関東地方の土器編年は、資料も豊富であるばかりか、研究者も多い。その中でも、筆者による前期末葉から中期前葉の編年作業と、それを発展させる形で、見解をともにする研究者との共同作業によってまとめた「新地平編年」は、筆者らとは「集落論」において明らかに見解を異にする研究者からも、最も精緻な土器細別編年として評価を得ている（安孫子 1997、谷口 1998 b など）。

　しかしながら、それでも研究者間の共通理解としての編年作業には完成した形ではみえていないばかりか、研究者間の意見の相違が大きいことで、研究の進展に阻害をなしている点もある。さらにいうならば、たとえ究極の相対編年が完成したとしても、考古学的な問題を解決して行くには、限界がある。

　まず、現状での土器編年の最大の問題点は、研究者の見解によって、土器型式、時期設定の内容が異なるという点である。その好例は本章で論じた前期末葉の土器編年であろう。集落遺跡が乏しいことから、研究者による見解の相違が激しく、北陸・中部・東北・関東の研究者間で、前期と中期の境も食い違う結果となっている。多くの場合、土器型式が逆転するような錯誤は、ほぼ正されてきたものと思われるが、時期区分の細別を進める「細別屋」と、大きくまとめる姿勢をもつ「大別屋」とは、型式の設定が異なるし、時期区分についても相違が生じる。例えば、諸磯 c 式期と十三菩提式期の関係については、諸磯 c 式期から十三菩提期へ連続するという意見（今村 2000）と、並行するという意見（細田 1996 ほか）とがながく議論を重ねている。こうした現状においては、土器型式編年のみが、日本列島の歴史を語る上での、共通の土俵としての時間軸を提供するということにはならない。

次に、相対年代自体が宿命的に有する問題点として、先史時代については、実年代は明らかにし得ない、という点がある。文字資料から暦年代を明らかにし得る大陸との関係によって、縄紋時代の暦年代を明らかにする努力も行われているが、明確な見通しがたっているとは言い難い。また、広域降下火山灰を用いて層序による交差年代を求める方法も有効であるが、その火山灰の年代を決め得るのは、炭素14年代測定法であろう。

 炭素14年代測定法として加速器質量分析法（AMS法）を主体にした高精度の編年研究は、1990年代後半からは、すでに無視できない成果をあげてきた。例えば、三内丸山遺跡[5]での木炭による補正炭素14年代測定値（較正していない測定値）を土器型式にまとめると、円筒下層ａ式5145〜4732 $^{14}$C yrBP、同ｂ式4970 $^{14}$C yrBP、同ｄ式4680〜4570 $^{14}$C yrBP、円筒上層ａ式は $^{14}$C 4640yrBP、同ｂ式4560〜4430 $^{14}$C yrBP、同ｄ式4470〜4400 $^{14}$C yrBP、同ｅ式4490〜4330 $^{14}$C yrBP、榎林式4100〜3910 $^{14}$C yrBP、最花式3880 $^{14}$C yrBPとまとめられている（辻ほか 1998）。この報告の中でも指摘されているが、もちろん、試料の取り上げや試料部位の選別（長期の樹齢を持つ材の場合、部位によって測定値に樹齢幅の測定値の幅が生じる）など、炭素14年代測定自体の精度を高める以外にも問題があり、これだけで縄紋時代のタイムスケールとして一般化できるものではない。しかしながら、今後の研究の進展・蓄積によって、絶対年代によるタイムスケールが完成することは、少なくとも1998年頃からは、目標とされて進められてきたのである（辻ほか 1998、佐原ほか 2000 など）。

 このような暦年代・実年代による高精度編年がより正確に、より簡便になった場合、土器型式による相対編年は不要となるであろうか？　もちろん、地域性の摘出や伝統・系統や遺跡間の関係を探る上での土器型式研究の必要性は変わらなくとも、これまで土器研究の第一の使命とされてきた時間的尺度については、土器編年から何らかの科学的手段（炭素14年代測定でなくとも、例えば年輪年代や貝輪年代でもよい）に替わることも、まったくは否定できないと、過去において筆者自身も危惧を感じたことがある（小林 1999ｄ）。例えそうだとしても、そのタイムスケールの変換をスムーズに行い得るように、現行の土器型式編年をよりよく整備しておく必要があり、少なくても、旧来のデータについては、土器型式

を介在させて、暦年代・実年代と対比させていく以外にない。

　現時点における筆者の結論から言うならば、炭素14年代のみによって、土器型式編年の役割が果たせることはあり得ない。土器自体に炭素14年代測定を行うのではなく、付着炭化物などに対して行うものであり、すべての土器に炭素が伴う訳ではない。むしろ、まれであると言える。また、炭素14年代が測定できても、単独での測定では、測定誤差も大きく、また暦年較正の性格上、幅のある暦年較正年代しか推定できない。たとえ測定誤差が小さくなっても、時期によっては、数百年の幅でしか、暦年較正年代を把握できない。本論で論じていくように、土器型式編年と炭素14年代を併用することによって、はじめて有効な年代観を得ることができるのである。

　別視点だが関東地方の土器型式研究を代表する谷井彪が、近年、時間的属性についてやや偏った見方ながら、性格の異なった考古学上の時間が存在するという、興味深い議論を行っている（谷井 2001）ので紹介しておきたい。谷井は、「考古学の時間」として編年研究における「究極の細分派と一括性重視派の違い」や、谷井の造語した「具体としての土器」と型式との関係を論ずるなかで、筆者の発言（小林 2000bc など）を引用し、住居跡出土土器の層位的検討の必要性を確認し、筆者の方法論ないしは認識において「型式学的分析が優先している」としている。「型式優先」うんぬんは、ある側面からはそのとおりであるが、そもそも型式と層位とがどちらかが優先するという議論こそが間違いである。層位的出土状況が、型式的な先後関係と矛盾する場合には、両方からのクロスチェックが必要である。地域的なバリエーションや型式的な変異の中に収まるかどうかなどの検討や、混入・廃棄などの出土状況からのコンテクストの検討、他事例の積み重ねによって、土器自体の編年的位置づけも、また出土状況自体の歴史的意味づけ、即ち、意識的に異なる時期のモノが同時に廃棄された場合や、明らかに時期の異なるモノが遺存するに至る状況、集落内での行為の時間的復元につながるのである。そうした意味から言うと、谷井が主張するように、考古学の時間が「相違の認識可能な時間が考古学の時間」という言い方は、「型式的分析または層位的方法を用いた考古学者が」という主語を置いた方が谷井の意図を理解し得ると思うのだが、「自然の流れに基づく時間ではあり得ない」という発言には、単純には

賛同できない。考古学（ここでは先史考古学）には「型式」、「（住居重複や評者のライフサイクルを含む）層位・出土状況」による相対的時間と、物理的・自然科学的測定による物理年代、さらにはそれらから較正される暦年較正年代がある。特定の考古学的事象、例えばある集落の遺構の廃絶順序と廃棄遺物の製作順序を時間的に位置づける場合には、土器としての時間と、集落内での時間（谷井の言う具体としての土器も関連しよう）とにおいて考古学的に再構成され、最終的に・または便宜的にモデルとしてでも、自然時間へとフィードバックされて理解されなくては、人間の行為として復元を果たすことはできないはずである。

絶対年代と相対年代の異なる時間的属性が存在し、土器型式による時間・集落や遺構の相対時間・絶対年代（時間）の3者の時間それぞれが、考古学的事象の解釈に必要とされるものと思える。そのためにも、炭素14年代測定の結果を、土器研究者が積極的に検証し、適用していく必要があるのではないだろうか。

## 2節　遺構間の関係にもとづく集落景観復元

集落論の前提となる集落の相対編年については、従来は出土土器によって、すなわち土器編年を援用して比定することが一般的であった。しかしながら、土器型式での時間幅と、集落の時間幅とが一致するかどうかについては、意見の相違があった。土器型式の継続期間と、集落の時間単位の基本となる住居の居住期間についても、どちらが長いのか見解の相違があった。しかし、1型式に属する複数の重複住居が存在することは、土器型式の時間幅に比べて、総じて1軒の住居の使用期間が短かったことを明らかに示している。例えば、同じ加曽利E3式古手の土器を埋甕炉に用いる2軒以上の住居が切り合って構築されているような例である。しかも、このような例は、関東地方の前期・中期集落においては、きわめて一般的であり、いちいち事例をあげるまでもない。もちろん、重複の少ない、比較的短期的な居住の痕跡と思われる集落も多数あるが、少なくてもいわゆる大規模集落とされるような、100軒以上の竪穴住居が残される集落では、重複住居が多数存在する。したがって、土器型式による編年によって、集落の変遷をおおまかに示すことはできるが、細かな変遷をたどることはできないし、同時に何軒の住居が同時存在しているのかを明確にすることはできない。

土器型式のみに頼らずに集落の変遷を明らかにする試みの一つは、小林による竪穴住居のライフサイクルモデルによるフェイズ設定である。前提条件の整備として、概念規定と本書での初期条件を、以下のように提示しておく。これらは、小林1994、1996、1998、1999、2000、2001、2002による成果である。

### a）　竪穴住居・住居跡のライフサイクル（第18図）

住居として用いられた地点は、竪穴住居の計画・構築・使用・修復・廃絶・跡地利用・埋没など、様々な形で利用され、時に改修・改築や新たな新築という形でフィードバックしながら、フローチャートをなす。こうした流れを整理し、調査の結果である考古学的痕跡から復元していくことは、相対的な時間の再構成につながる。それには、シファーによる物質のライフサイクルのモデル（M. B. Schiffer 1972）を、遺構または特定の場所・地点の使われ方の理解に利用することが有効である。ここでは、シファーのいうsystemic contextの部分を主に問題とし、廃棄後の遺跡形成過程については踏み込まない。具体的な作業においては、シファーのいう遺跡形成過程でのC変換、特に当時の居住者による人為的な構築・使用・廃棄と再利用・転用・維持の行為によるサイクルに関する部分を検討する。埋没後

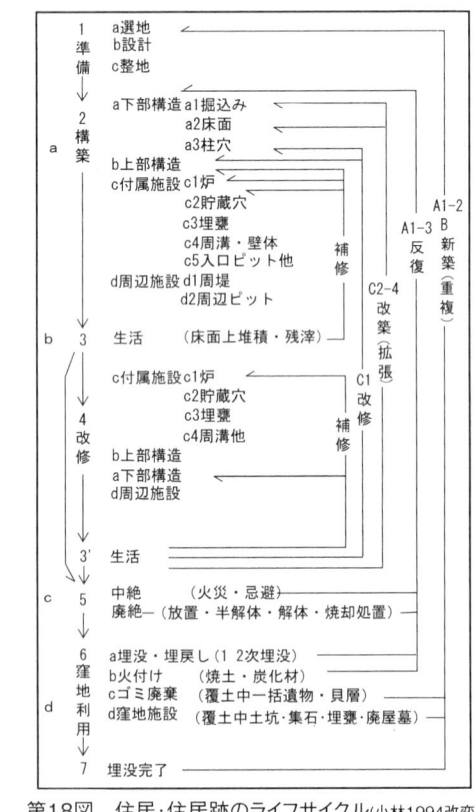

第18図　住居・住居跡のライフサイクル (小林1994改変)

第19図　住居関係模式図

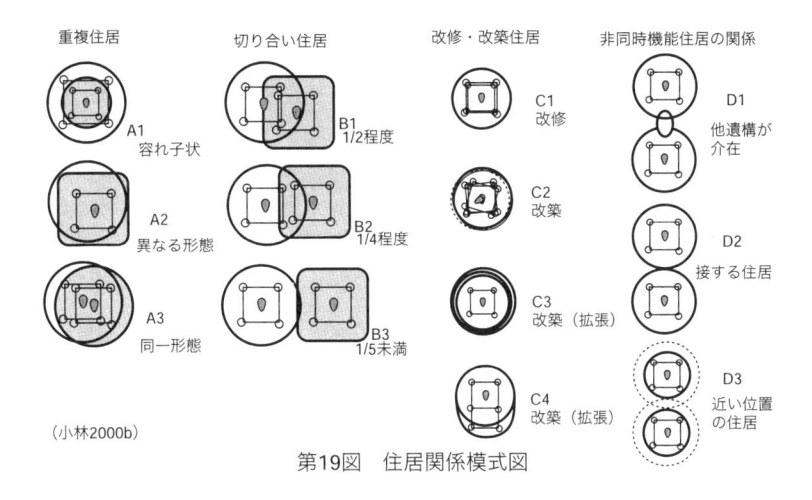

の自然的要因による移動などについては、問題が大きくなりすぎるため、今回は検討から外すものである。シファーのライフサイクルモデルについては、旧稿（小林1996a）において紹介しているので参照されたい。

「縄文住居の一生」という観点からのライフヒストリーとしての観察・記述は、小林達雄（小林達雄1965）、山本暉久（山本1978）、小杉康（小杉1985・1990）により試みられている。こうしたフローチャートは、住居以外の遺構・活動痕跡にも当てはめることができ、各遺構間の関係を探る上でも重要な示唆を与えてくれる。システマチックなモデルとしての検討により、さらに集落構造の分節解明へと止揚することが可能であり、集落というセツルメント自体のライフサイクルの解明へと進むこともできよう。以上、ライフサイクルのモデルについては、旧稿（小林1994b・1995・1996ab）を参照されたい。

b）同時存在・同時機能

同一土器型式を出土する住居群でも、住居が重複する住居が多々みられる。また、重複しなくとも、近接しすぎていて、同時には存在し得ない住居もある（第19図）。そうした条件を排除して、土器等の上から同時期に属し、かつ同時に存在可能な住居を「同時存在住居」とする。さらに、同時期に存在するだけでなく、

構築・使用されている状態と捉え得る場合（どのようにして捉えるかは、接合関係等による）を、「同時機能住居」とする。

　居住施設という機能に縛られず、竪穴住居跡と化した窪地となった状態をも含めた、空間的な地点としてのセツルメントのライフサイクルという点からみるならば、居住施設としての廃棄後の、「廃屋儀礼」や「もの送り」などの行為の可能性を含む「複合的廃棄活動の場」や「廃屋葬」といった埋葬の場、石器製作の場またはそれに伴う不要な砕片の廃棄場としての住居跡地、窪地化後の「廃棄場」「集積場」としての空間、凹地を利用した集石遺構の構築など、多様な利用のされ方をしているのであり、そういった機能を含めれば「同時存在」の幅は大幅に広がる。建石徹の分析によれば、南関東の縄紋集落でも、住居跡埋没後も「微窪地」（建石1995）として、数百年以上のオーダーで窪地が残っている状況が推測できる。こういった微窪地が、活動エリアとして積極的に評価されていたかどうかは別としても、集落の景観復元を考える場合、当時の生活者に認識できたであろう微窪地の存在を無視することはできない。そのように考えると、「利用する活動場所」という意味では、居住施設として機能している住居と、居住施設以外に転化した住居跡地、さらに利用の場として避けられている微窪地の組み合わせでみるべきである「一時的景観」の復元が、本来的には必要である。しかし、本書では一時点での居住施設数（居住単位数）の把握を目的とするため、住居構築から使用までの状態にある住居を対象とすることにする。

　また、遺跡によっては集石遺構などにおいても、礫の接合状況・構成礫の被熱・破砕の度合いの比較等から、礫の再利用をトレースし、使用の頻度や構築順序・使用サイクルが復元し得る場合があり、同時に機能した集石と住居の組み合わせも接合関係などから復元し得る場合がある。しかしながら、特に集石では土器の出土が乏しく、また礫の接合作業は土器のそれよりも困難なため、必ずしも総ての遺構について検討することはできない。本書では、第一に居住施設としての住居について、同時機能の遺構群の検出を検討する。

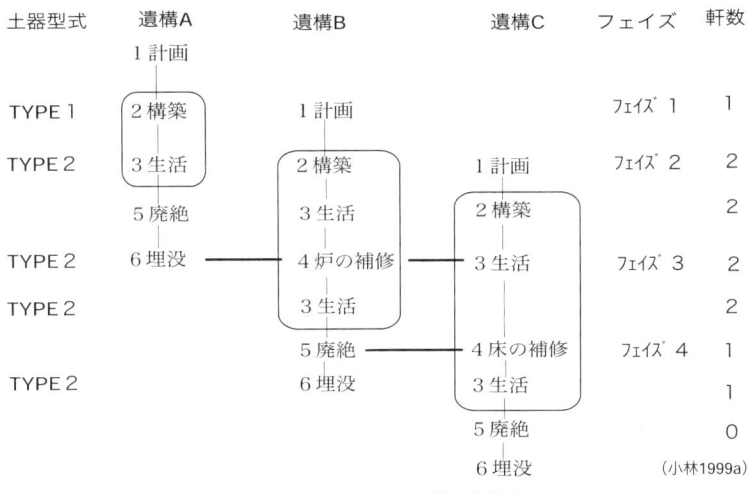

| 土器型式 | 遺構A | 遺構B | 遺構C | フェイズ | 軒数 |
|---|---|---|---|---|---|
| | 1 計画 | | | | |
| TYPE 1 | 2 構築 | 1 計画 | | フェイズ1 | 1 |
| TYPE 2 | 3 生活 | 2 構築 | 1 計画 | フェイズ2 | 2 |
| | | 3 生活 | 2 構築 | | 2 |
| | 5 廃絶 | 4 炉の補修 | 3 生活 | フェイズ3 | 2 |
| TYPE 2 | 6 埋没 | 3 生活 | | | 2 |
| TYPE 2 | | 5 廃絶 | 4 床の補修 | フェイズ4 | 1 |
| TYPE 2 | | 6 埋没 | 3 生活 | | 1 |
| | | | 5 廃絶 | | 0 |
| | | | 6 埋没 | (小林1999a) | |

第20図　集落のフェイズ設定模式図

## c）居住の同時性・一時的景観の復元（第20図）

　出土土器・遺構形態などから１土器型式時期に属する遺構群を摘出した上で、ライフサイクルのモデルを用い、住居Aの構築後廃絶前までの分節と住居Bの構築～埋没完了までの分節の間に、遺構の切り合い等による新旧関係や遺物の接合による相互の関係が捉えられれば、ある時点でともに機能していたかどうかを決めることができる。これを集落内の遺構相互に検討できれば、どの住居が同時に上屋構造が保持されていたかを把握することができ、一時的景観の積み重ねを得ることができるであろう。状況によっては、住居のみならず、集石・貯蔵穴・墓坑などの他の遺構との関係も明らかにしえる。

　ライフサイクルの分節を比べるに際し、各分節毎の時間経過を概ね一定と仮定する。例えば、住居Aと住居Bの耐用年数や、改築・改修のサイクルが極端に時間幅が異なることはないとしておく。

　また、住居群のみを検討するのではなく、集石・貯蔵穴・墓穴などの付帯施設、廃棄場・石器製作の場・儀礼的行為の痕跡など、接合関係によって関連づけられていく遺構や場を、複合的な遺構群として捉えていくことが可能であれば、さらに具体的な集落の一時的景観が把握できるはずである。連続的・断続的という要

素については、別途検討方法を探らなくてはならないが、一時的景観の集積として復元できるであろう集落内の同時機能遺構群の組み合わせの時間的序列が整理されれば、それぞれを瞬間的（at time）な時間的まとまりとして、（集落の）「フェイズ」と規定し、遡り得る最古の段階から、フェイズ１、フェイズ２と順に名前づけていくこととする。ただし、大橋集落のフェイズ４でみられるように接合関係がないなど証左の不足から前後関係が明確でない場合や、同時機能住居自体に変化がない微妙な時間的単位などは、フェイズ４ａ・ｂとしておく。

各分節ごとの同時機能を決するのは、炉・埋甕や床直遺物など包含遺物の接合関係を重視し、先後関係については、遺構自体の重複などの切り合い関係や接合遺物のレベル差をもって決定することとする。こうした遺構の同時・先後関係の集成を、集落内のフェイズとして整理する。埋設土器自体の土器型式時期や、遺構形態なども、各遺構の大枠としての時期決定に用いるほか、このフェイズの決定にも参照する材料としている。

遺構間接合例などを個別に説明していくと、膨大な記述を必要とするので、ここでは典型的な例のみを紹介する。

### ⅰ）ＳＦＣ遺跡のフェイズ設定とセツルメントの性格

神奈川県藤沢市慶応義塾湘南藤沢キャンパス内（以下、ＳＦＣと略記する）遺跡は、多摩丘陵南端の高座丘陵に位置する。合計13万㎡が対象地域であり、発掘調査では、Ⅰ区、Ⅱ区、Ⅲ区、Ⅴ区とした調査地点から縄紋時代中期の居住痕跡が検出されている。（第21図）

Ⅰ区は、ＳＦＣ遺跡中央の溺れ谷を望む標高35ｍを測る舌状台地上の集落遺跡で、勝坂３式古期（新地平９ａ期）の住居４軒（ＳＦＣⅠ区Ｃ１集落と称する）と加曽利Ｅ３式期の住居１軒（ＳＦＣⅠ区Ｃ２集落と称する）とが存在する。前者は２期にわたる小規模集落、後者は単期の単独住居である。

Ⅱ区は、相模川支流の小出川を望む標高34ｍを測る舌状台地南部に存在する勝坂３式新期（９ｂ期）の住居４軒が認められる、２期にわたる小規模集落である。

### １）ＳＦＣⅠ区Ｃ１集落（第22・24図）

台地南端部に４軒の住居が直線的に配置され、外側を20基以上の集石遺構が巡っている。出土土器からは、全て同一の勝坂３式古期（９ａ期）に位置づけられ

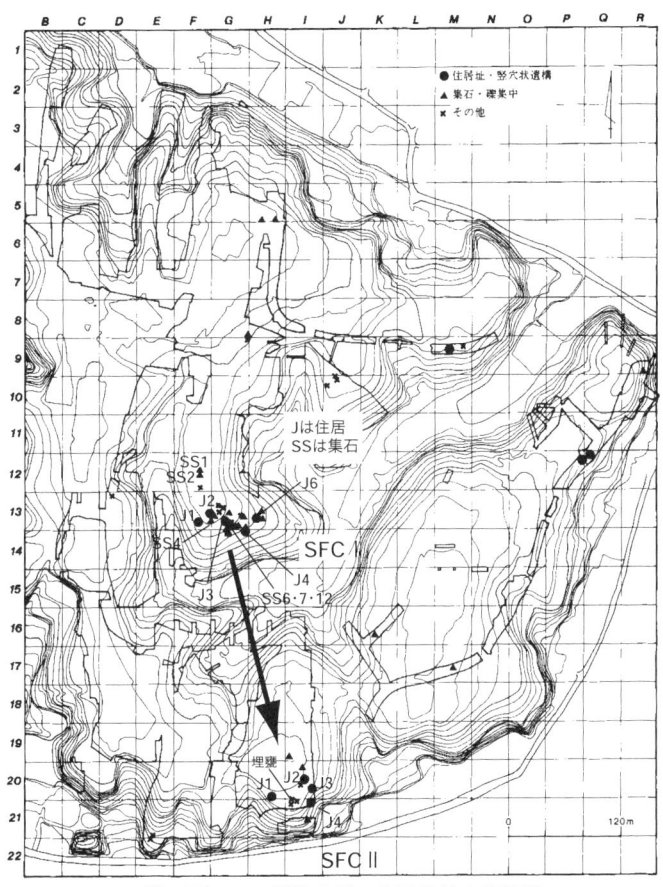

第21図　SFC遺跡Ⅰ区・Ⅱ区縄紋中期集落

る。炉体土器がある2号住居は縦位区画を胴部に残すやや古い要素を持つ9a期の炉体土器、3号住居は口縁部のみに文様が集約するやや新しい要素のある9b期に近い9a期の土器を炉体（炉側埋設）としている。1号住居・4号住居は埋設土器を持たないが、炉内・柱穴内などから9a期の土器片が出土している。遺構間の接合関係を遺構のライフサイクルに併せて位置づけていくと、SFCⅠ区C1集落では、まずフェイズ1として2号住居が設営される。次にフェイズ2として1・4号住居が加わり、かつ2号住居も機能していることから3軒が居住されている段階がある。フェイズ3として、前段階の住居群が廃絶後、3号住居が構築され6〜8号集石とともに機能していたと考えられる。さらに、3号住居覆土中出土礫と接合関係のある23・24号集石は、3号住居廃絶後に利用されていた集石であると捉えられ、居住活動はみられないため今回は設定してないがフェイズ4と捉えることも可能である。集落廃絶後も引き続き生業活動のためのキャンプサイトなどに利用されていたと考える。2号及び3号住居は、床面に炭化物層が広がり、床面上に燃焼痕跡のある被熱住居（いわゆる焼失住居）であるが、不慮の火災か廃絶直後の焼去か不明である。

2）SFCⅡ区集落（第23・25図）

　勝坂3式新期（9b期）の住居4軒と集石、屋外埋甕などが、台地南端に半弧状に配置されている。ただし3号住居は半分以上が調査区外にかかるため、詳細は不明である。

　これら4軒の住居では、出土土器からみると1号住居が、北側谷向かいに位置するSFCⅠ区集落と同一時期の勝坂3式古期（9a期）の土器を炉体土器としており最古に位置づけられる。1号住居は、貯蔵穴中にも焼土が落ち込み、不慮の火災による被熱住居の可能性がある（小林1999b）。2号住居は、その次の段階である勝坂3式新期（9b期）の炉体を持つ。床面から覆土下層に炭化材を多量に残し、火付け片づけ住居と捉えた（小林1999b）。4号住居は埋設土器を持たないが、床面出土土器には勝坂3式終末期（9c期）の土器があり、集落最新の住居と考えられる。遺構間接合等を検討すると、最初は、最も古い炉体土器を持つ1号住居1軒が構築されている（フェイズ1）。この1号住居床面と2号住居床面出土の被熱破砕礫が接合し、さらに1号集石出土礫と接合する。このことか

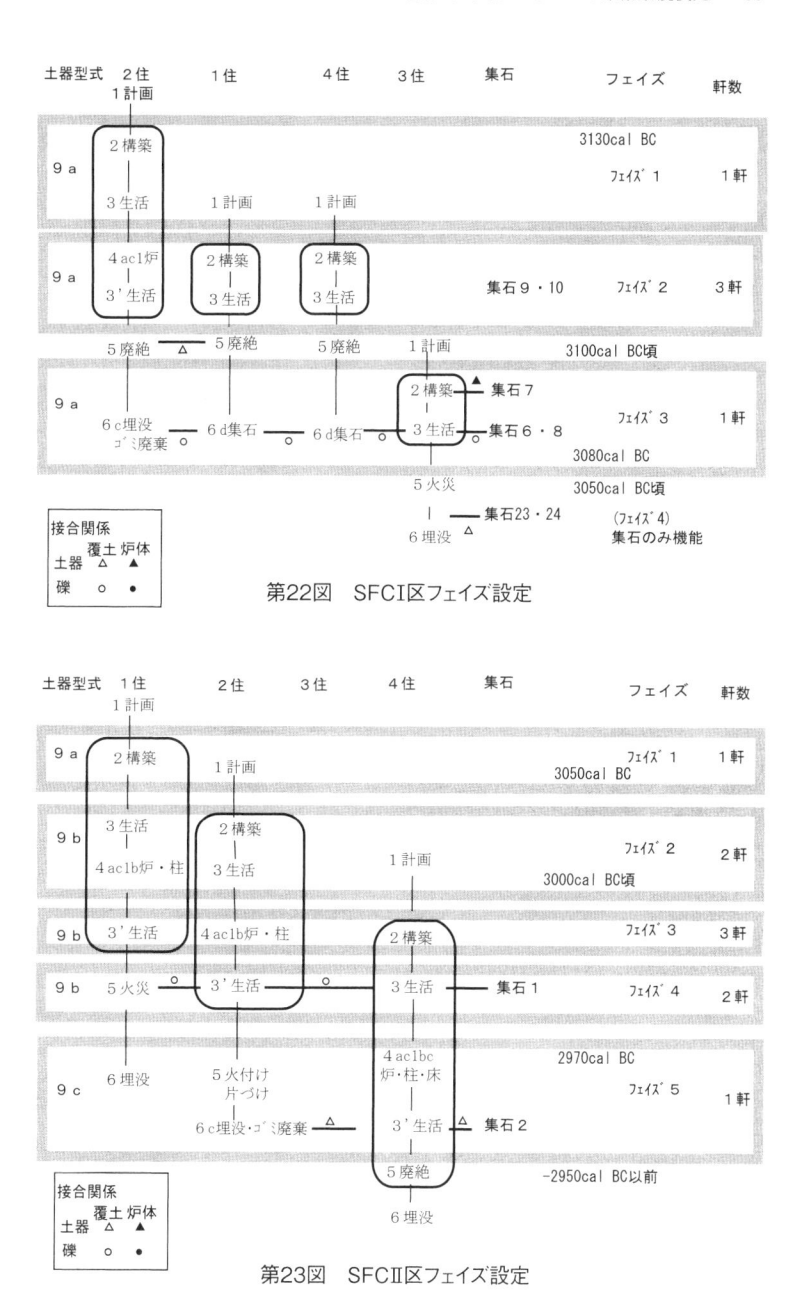

2節 遺構間の関係にもとづく集落景観復元　55

第22図　SFCI区フェイズ設定

第23図　SFCII区フェイズ設定

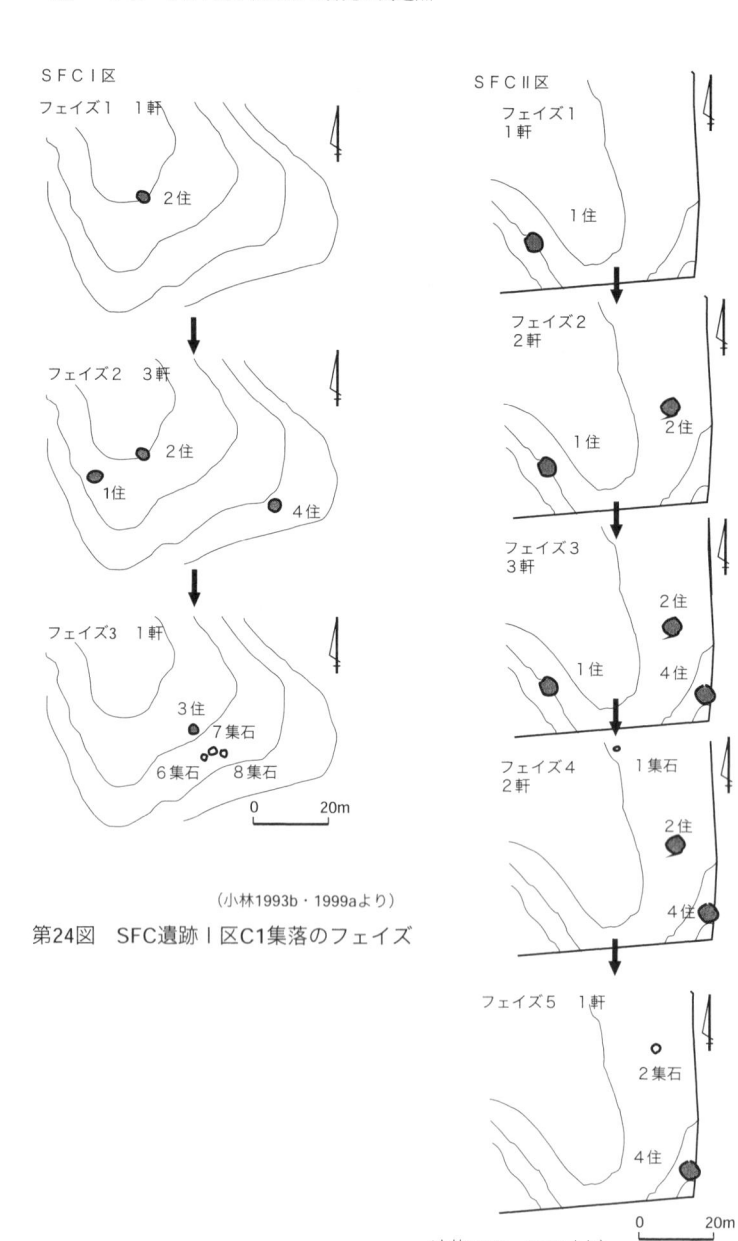

56　1章　考古学的手法による研究と問題点

(小林1993b・1999aより)

第24図　SFC遺跡Ⅰ区C1集落のフェイズ

(小林1993b・1999aより)

第25図　SFC遺跡Ⅱ区C1集落のフェイズ

ら、1号住居・2号住居・1号集石が、同一時に機能していたと捉えられる（フェイズ2）。2号住居上面には、完形に復元可能な土器が廃棄されているが、そのうちの1個体の口縁部小破片が4号住居床面より出土しており、接合する。4号住居床面出土礫と2号集石出土礫が接合することから、4号住居と2号集石が同一時に機能していたことがわかり、2号住居埋没後に4号住居が機能していたと捉えられ、1・2・4号住居が同一時に機能していたフェイズ3と、2号住居・4号住居が同一時に機能していたフェイズ4、最後に4号住居のみが機能しているフェイズ5に区分する。この4号住居では、床面出土の土器内面付着炭化物SFC17と、炉内出土の炭化物SFC16の2点を測定しており、後者の方が古い$^{14}$C年代の測定値であるが、暦年較正年代で見ると、3090－3010cal BCの年代において、両者が重なり合う。よって、この年代の範囲に、勝坂最末期に廃絶されている4号住居の使用から廃絶が行われた可能性が指摘できる。

　土器からは勝坂3式新段階（新地平9b－c期）で基本的に同じタイプであり、住居を時期区分することは難しいが、接合関係を見ていくと、同時には存在し得ない組み合わせが明らかである。2号住の覆土上層から住居外にかけて廃棄されていた、ほぼ完形に復元できるSJ102K1の土器は、約10m離れた4号住の床面に口縁部破片が遺存していたが、これは4号住居の居住者が、4号住居内において破損した土器を、既に半ば埋もれていた廃棄場である2号住居跡地付近にほとんどの破片を捨てたという行為の結果である。よって、同じタイプの土器を伴う2住と4住では、2住が先行しており、少なくとも2住が埋没した段階においても、4住において床面が露出しており、そこで生活されていたことが明らかで、この両住居の機能していたフェイズが異なることがわかる。

3）SFC I 区 C 2 集落

　I区6号住居のみが、加曽利E2式連弧文系土器（新地平11c期）を埋甕及び炉体土器としている。炭化材が多量に床面に遺存する被熱住居で、生活中の不慮の火災痕跡と捉えられる（小林1999b）。中期後半期における単独の居住施設である。6号住居炉体土器の内面付着炭化物SFC6と、火災住居面の炭化材SFC5とを測定した。両者の暦年較正年代をみると、2810－2670cal BCの暦年において、最も高い確率で重なり合う。その年代のうちのいずれかの時期において、加曽利

E2式後葉連弧文期に属するこの6号住居が使用され、焼失したと考えられる。

ⅱ）大橋遺跡の概要（第26図）

　東京都目黒区大橋遺跡は、目黒川流域の舌状台地上約12,000㎡が調査され、中期に属す遺構として93基の住居跡・竪穴状遺構と、多数の集石・屋外埋甕・墓壙が検出された（吉田・横山1984、吉田・小林1998）。集落全体の約75％の住居跡を調査と推定する。調査区の南は、東邦大学付属病院によって若干削られているものの、概ね崖線に近く、集石が存在するが、これ以上の住居の広がりはない。北東側は、現駒場高校グランドに用いられている支谷が存在し、高校テニスコート改装に伴う試掘では、北側では早期条痕紋土器が出土したが、大橋集落に近い側では遺物の出土はみられない。谷をはさんだ北東台地上、駒場川と目黒川の分岐点を望む氷川神社付近では、目黒区史地名表に加曽利E式土器出土の記載がある。大橋集落の東側には、小さい埋没谷が存在するが、上部削平も受けるものの、斜面部等を観察しても、台地東側には遺構・遺物の広がりは薄い。集落西側には、現在機動隊宿舎が存在し、目黒区による試掘調査でも縄紋中期加曽利E式土器の存在が認められ、西に20mほどの集落の広がりが予想できる。南東部には北へ向けて谷が入っており、西側は、目黒区による第3機動隊・交通機動隊内の試掘や、世田谷区による池尻住宅試掘においても、遺跡の存在は確認されていない。集落の北は、現東京都立芸術高校、駒場高校があり、駒場野台地に続く。

　縄紋土器は、「新地平編年」（黒尾・小林・中山1995）11c期〜13期で12b期を中心とし、90％以上は12期（加曽利E3式期）に当たる、比較的短期間のやや大規模な集落である。

　縄紋集落の実態を明らかにするには、土器型式細分による時間軸以上の細かい序列が必要である。現在もっとも細かい土器による新地平編年（黒尾他1995）で中期約1000年間（小林・今村・西本・坂本2002a）を31細別、1細別時期約30年となる。それでも、同一細別時期内に重複住居が営まれる（小林2000ab）ことから考えて、竪穴住居の寿命の方が短く、土器型式では集落の時間的変化を追いきれない。遺構間接合の検討と竪穴住居・住居跡のライフサイクルの考え方を用いて、同時存在の遺構群を摘出し、それらの前後関係を組み上げ、一時的集落景観の上での変化を分節点としたフェイズを設定し、集落の細かな動態を復元

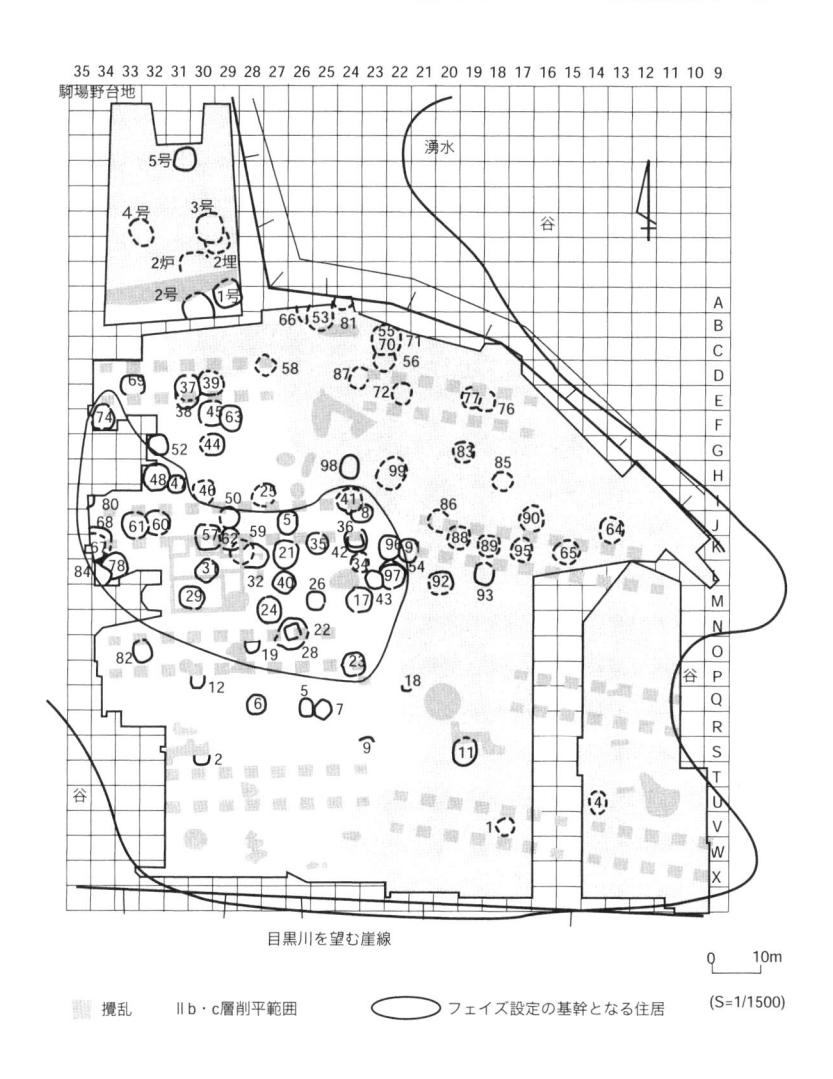

2節 遺構間の関係にもとづく集落景観復元　59

第26図　大橋遺跡住居跡分布

する作業が必要である。

1）住居のライフサイクルと遺構間接合による同時存在の摘出（フェイズ設定）

竪穴住居のライフサイクル（小林1994 a）（第18図）のうち、考古学的痕跡として認められる分節として、a 構築・改築（床面の構築に伴う埋設土器など）→ b 生活（炉体土器の破損・床面残置など）→ c 廃絶（住居廃絶直後の儀礼的行為ほかの複合的廃棄行為など）→ d 埋没（窪地へのゴミ廃棄など）の流れを整理する。大橋遺跡では、同一地点に同一掘込みでの床面改修は、同一住居跡（SJ○のNo.）とし、床面の構築または主柱穴の完全な作り替えを生活面（時間的に新しい順にSJ○-1、SJ○-2）として計115面を把握した[6]。上部構造が変化しない炉の作り替えや部分的な柱穴の改修・補修は、SJ○a, bとして整理し、同一の生活面の中での行為と理解した。即ち、連続したイベントと捉え、居住の時間上の単位としては一連のものとする。以下、SJ○住と略記する。

竪穴住居・住居跡のライフサイクルと、遺物の遺構間接合とを組み合わせることによって、同時存在住居群が把握可能であり、その住居群毎の組列によって細かな集落変遷とすることができる。同時存在住居群の組成が変化する（住居の組み合わせが変わる）間隔をフェイズとして整理すると、住居造り替えのサイクルに近い集落の時間軸が得られる[7]。

遺構間の接合関係については、代表的な例を示しておく。

SJ74K201（第27図）　SJ74住炉体土器（No.1）とSJ80住上層出土破片（No.2）と接合している。SJ74住炉体は正位の埋甕炉で、土器上部にNo.2が接合していることより、炉使用時から住居廃絶時にかけて、SJ80住上層が埋没していたことがわかる。

SJ43K202（第28図）　SJ17住上層出土土器片No.5とSJ43住埋甕が接合している。この埋甕No.4は胴部下半を切り取って正位に埋設されており、破片No.1～3は埋甕掘方からの出土で、自然に割れて遺存したものか、人為的に埋設土器の固定材として使用されたものかは不明である。しかし、同様に埋甕下部に接合するSJ17住上層出土破片No.5は、埋甕設置時に廃棄された不要部分破片である可能性が強い。

SJ43・97住は直接切り合っており、遺構の切り合いからはSJ97住が古くSJ43

2節 遺構間の関係にもとづく集落景観復元  61

SJ74

1
炉体土器

調査区外

32.50m

32.50m

32.50m

SJ74K201（炉体土器）

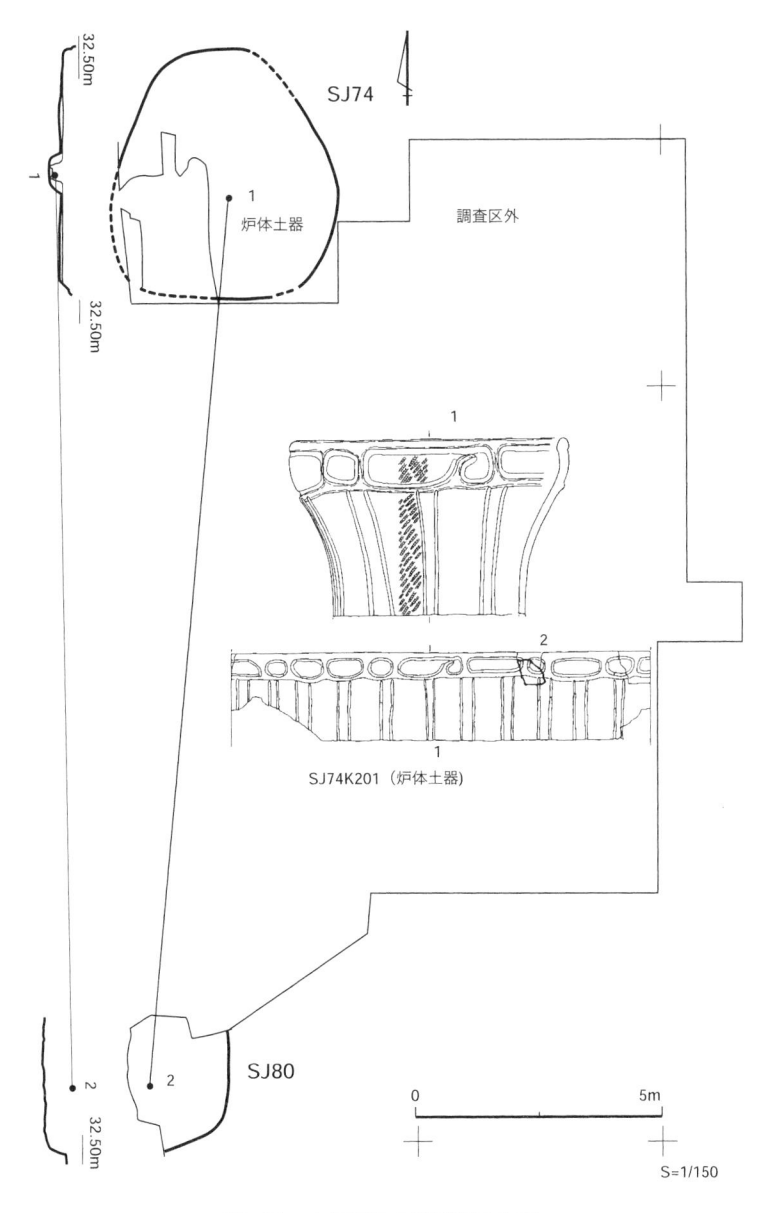

2
SJ80

0　　　　　　5m
S=1/150

第27図　大橋遺跡の遺構間接合(1)

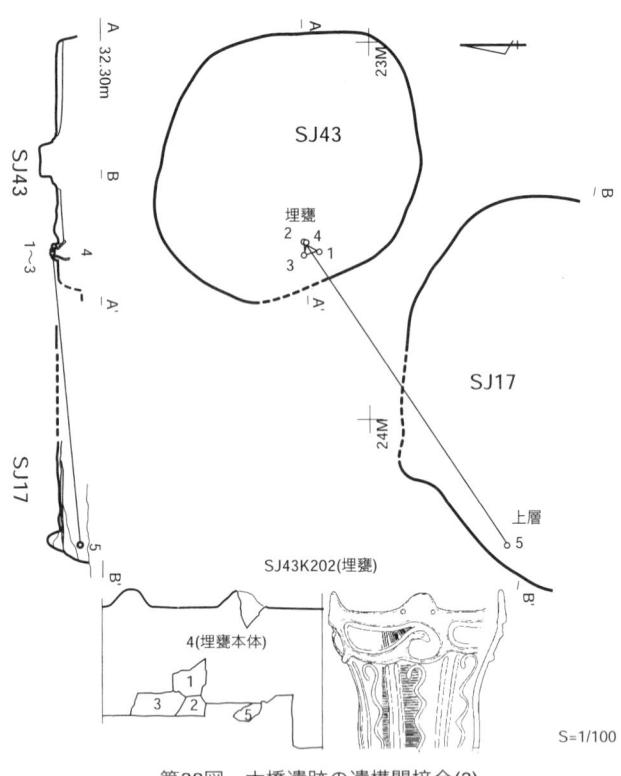

62　1章　考古学的手法による研究と問題点

第28図　大橋遺跡の遺構間接合(2)

住が新しい。このSJ43住の約70cm南西にSJ17住が位置し、さらにSJ17住の約8m南にSJ23住が存在する位置関係にある。SJ17・43・97住の覆土からは多量の土器が出土しており、遺構間接合も多くみられた。ただし切り合い関係のあるSJ43住とSJ97住からは、直接接合関係がある個体は認められず、同個体の破片も両住居とも上層出土の小破片のものが多く、ある程度まとまった個体として復元できたものはない。これは明らかに廃棄時期が異なったため混ざり合うことも少なかった結果と考えて間違いないといえる。そこで近隣のSJ17・23住との接合関係からみると、SJ43住は埋設土器・床直出土・下層出土に対しSJ17・23住は上層～最上層出土であることより、埋没の古い順にSJ23・17住→SJ43住といえ、SJ17住とSJ97住については古い順にSJ97住→SJ17住であるといえる。SJ23住と17住も、SJ17K13等より、埋没がSJ23住が先と考えられるので、SJ23・97住→SJ17住→SJ43住の関係が導き出せ得る。

　各住居・生活面の、ある分節における土器破片と、他遺構出土破片との接合関係を集め、それらの間の時間的関係を、以下の手順で検討する。
a．遺存状況が良好で遺物の出土も多い大橋集落南西～南部を中心に、遺構重複・遺物接合関係による相対序列を整理する（小林・大野1999）。
b．同時機能の住居グループを1つのフェイズ[8]として、フェイズ1～10を設定。各フェイズ毎の床面レベル・位置関係・廃棄行為の復元を検討。フェイズ4について、重複・接合関係はつかめないものの、廃棄場とする窪地との位置関係からa，bに細分。
c．その他の地域の住居について検討。出土土器や住居形態、入口方向、位置など状況証拠から各フェイズに比定。状況的にやや古い2遺構はフェイズ0とした。

　全体の過半以上の64面の住居については、接合関係などにより合理的な序列を整理したが、その他の住居（小林2000bにおける不確定住居）については、遺存状況・検討手段両者の不備から、仮定的な位置づけにすぎない。なお、遺存不備・出土土器なし等手がかりがない8基は検討より除外した。

　大橋集落、フェイズ0～10計12細区分した。集落の中心をなす新地平編年12b期が、フェイズ2～7で7フェイズに区分されたことになる。12b期は、他の時期に比べて比較的長い可能性があり（小林・今村・西本・坂本2002a）、2期分

と考えておくと、細かな土器編年による細別時期（新地平編年で概略30年）での2期分が、最大7フェイズに区分され、10年未満の時間区分となる。従来100年ほどのスパンで考えていた集落変遷を、短い時間単位の変化の連続体と復元し得る。

2）大橋遺跡のフェイズ別の住居分布

　フェイズ0は、加曽利E2式後半期（新地平編年11c1期）とやや古く、若干断絶した可能性を持つ。フェイズ1の加曽利E3式（新地平編年12a期）に継続集落が始まり、加曽利E3式期後半（新地平編年12b期）のうちに最盛期を持つ、連続した集落の営みと捉えられる。加曽利E4式期フェイズ9（新地平編年13期）には、再び断続的に小規模な集落が営まれる。

**フェイズ1**　集落南部のSJ54住、17－3住、23－2住と、集落西部のSJ48住、60住の2群に分かれる。特に集落南の3軒は、目黒川や対岸の東山集落を望む南西部に入口方向を持つことが興味深い。

**フェイズ2**　前期に引き続き、集落南部のSJ97、17－2、23－1、28、5住の5基と集落西部のSJ39住、48住の2基、の2群が想定される。特に集落南部の5基は、入口を南西方区から西方向に向けている。このうちのSJ28住とSJ23住は、ともに方形のプランで埋甕と対ピットを配する張り出し部をもつが、SJ28住が床面積27.48㎡と大型、SJ23－1住は床面積14.73㎡と小型である。SJ23住は、フェイズ1期のSJ23－2住とフェイズ2のSJ23－1住とでは、住居プラン・入り口方向が変化しているものの床面はほぼ共有されており、改築と考える。北西部のSJ39住とSJ48住は、互いに入口を概ね向き合う方向に向けている。SJ54住とSJ97住は重複関係A2（第19図）であるが、住居規模・プランも比較的類似し、同一の居住者の作り替えの可能性もある。

**フェイズ3**　南部の住居群はやや環状の内側に移ると共に分散し、全体に環状を配している。前フェイズに機能していた住居跡地のうちSJ28・23・48住などは多量の遺物を覆土に包含し、廃棄場として利用されていると考える。住居群の配置はそれを避けて分布していると考える。住居分布をみると、SJ38住とSJ52住の西部のグループ、SJ25住、29－2住、40住及SJ17－1住の集落南西部のグループ、および遺存状況が不良で確実にこのフェイズかは不明瞭ながら北部の

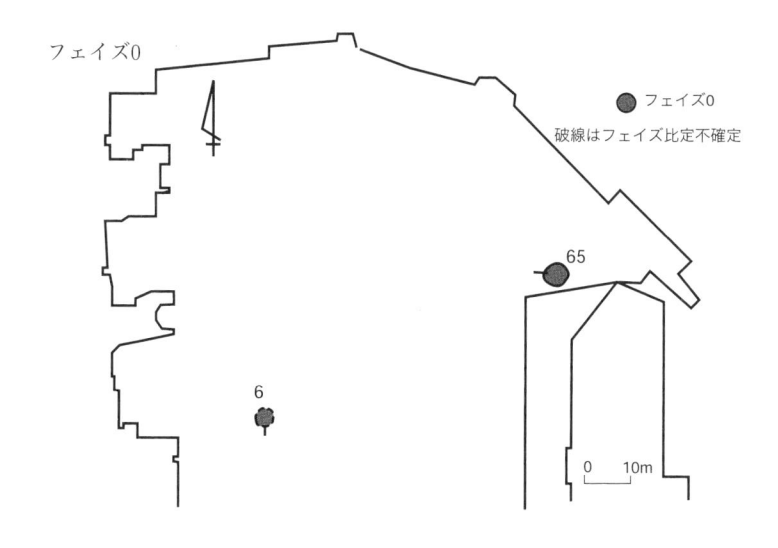

2節 遺構間の関係にもとづく集落景観復元 65

フェイズ0

● フェイズ0
破線はフェイズ比定不確定

65

6

0  10m

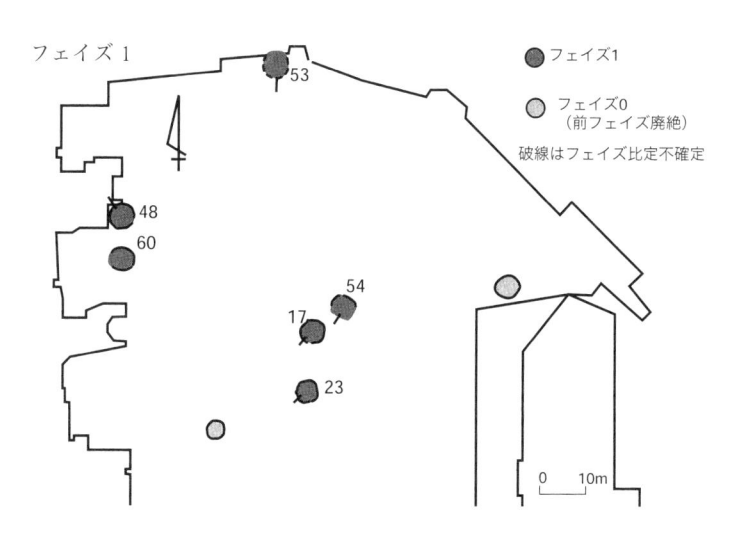

フェイズ1

53

● フェイズ1
○ フェイズ0
　（前フェイズ廃絶）
破線はフェイズ比定不確定

48
60

54
17

23

0  10m

第29図　大橋遺跡フェイズ毎住居分布(1)

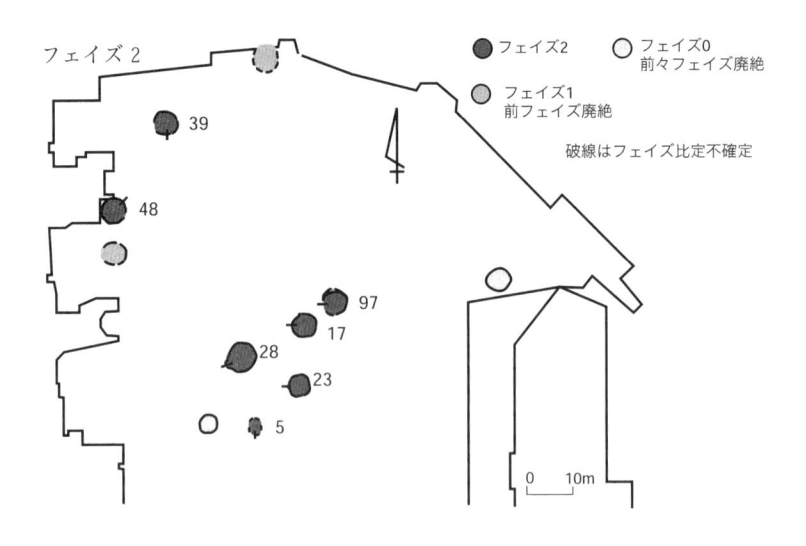

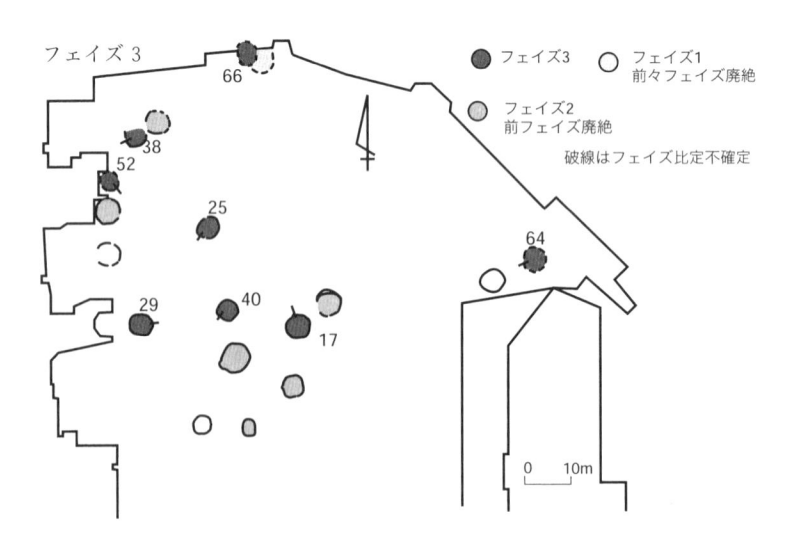

66    1章　考古学的手法による研究と問題点

第30図　大橋遺跡フェイズ毎住居分布(2)

2節　遺構間の関係にもとづく集落景観復元　67

第31図　大橋遺跡フェイズ毎住居分布(3)

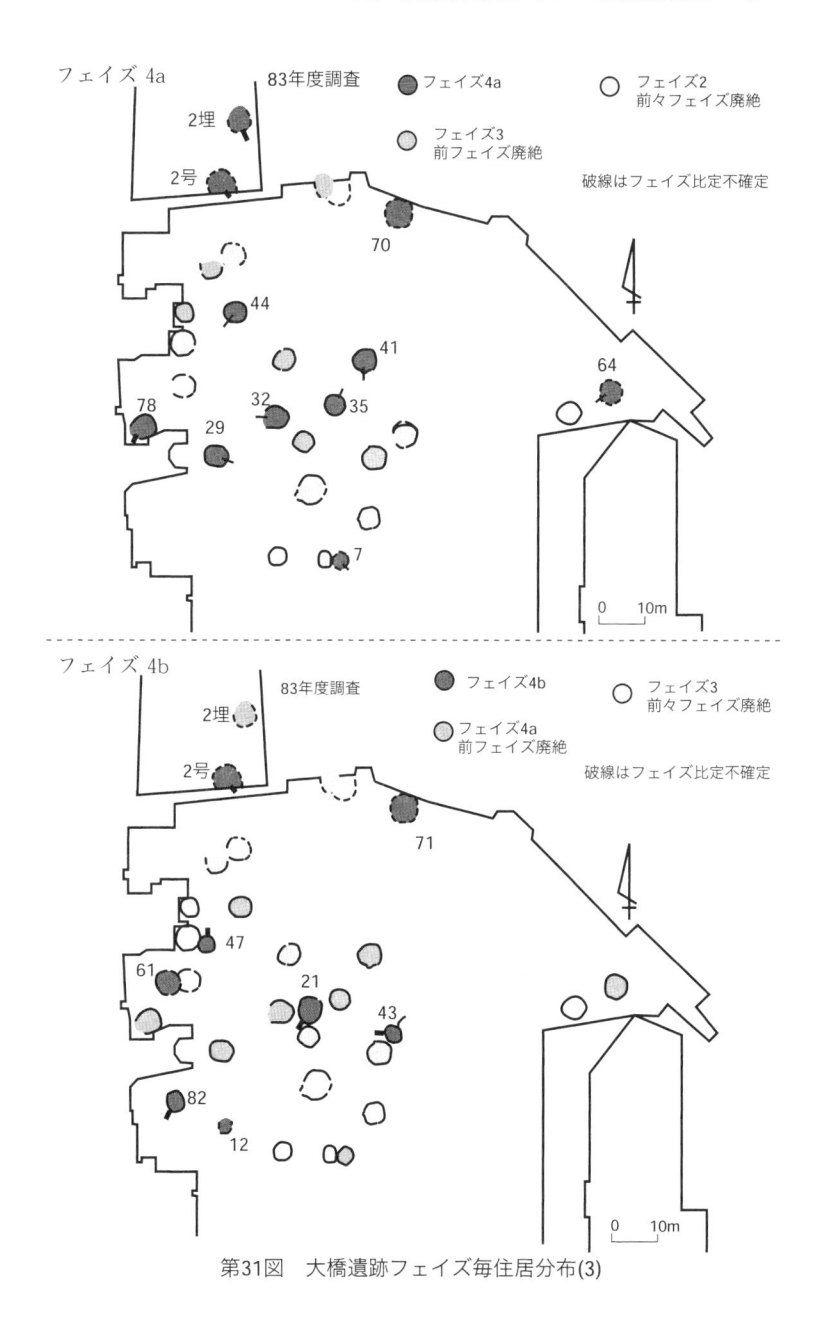

68    1章　考古学的手法による研究と問題点

第32図　大橋遺跡フェイズ毎住居分布(4)

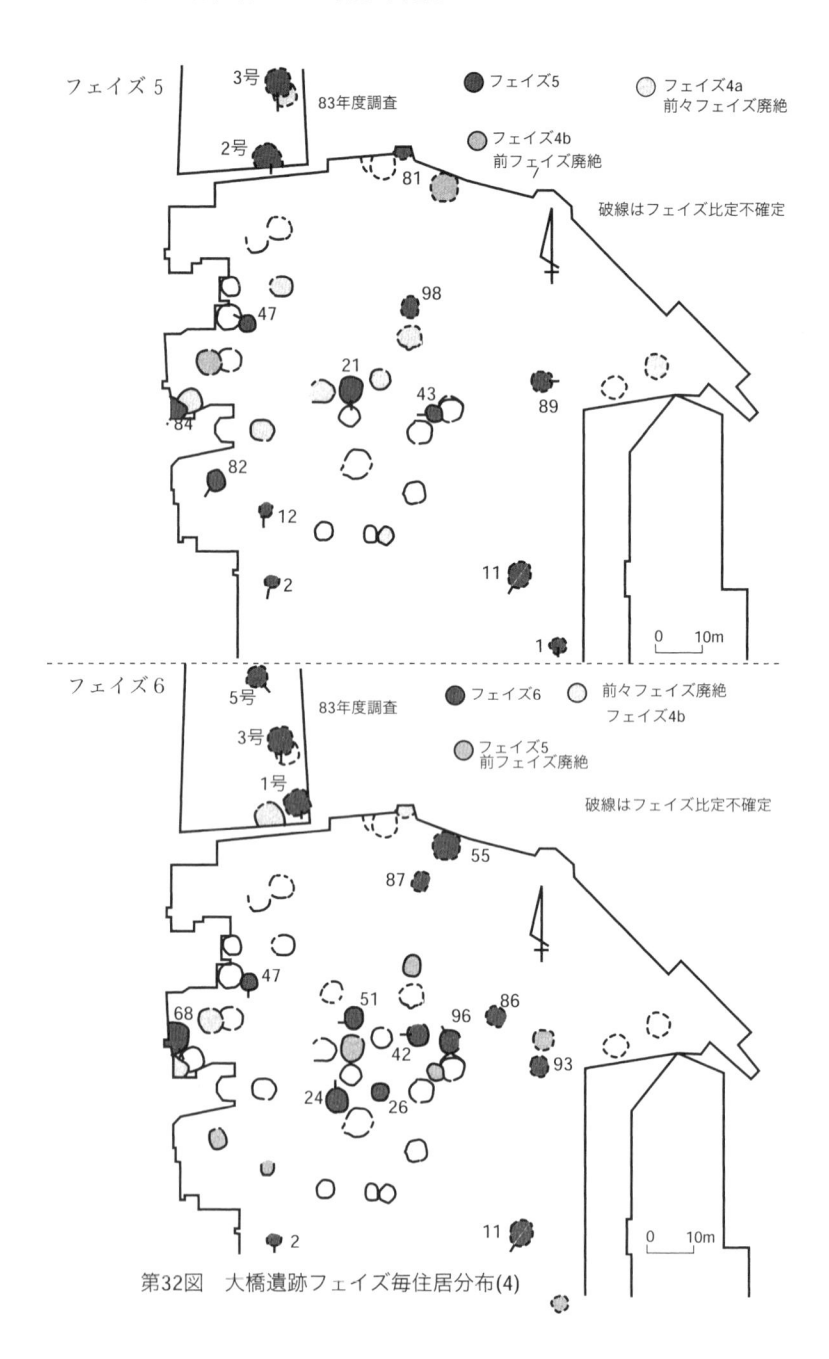

2節　遺構間の関係にもとづく集落景観復元　69

第33図　大橋遺跡フェイズ毎住居跡分布(5)

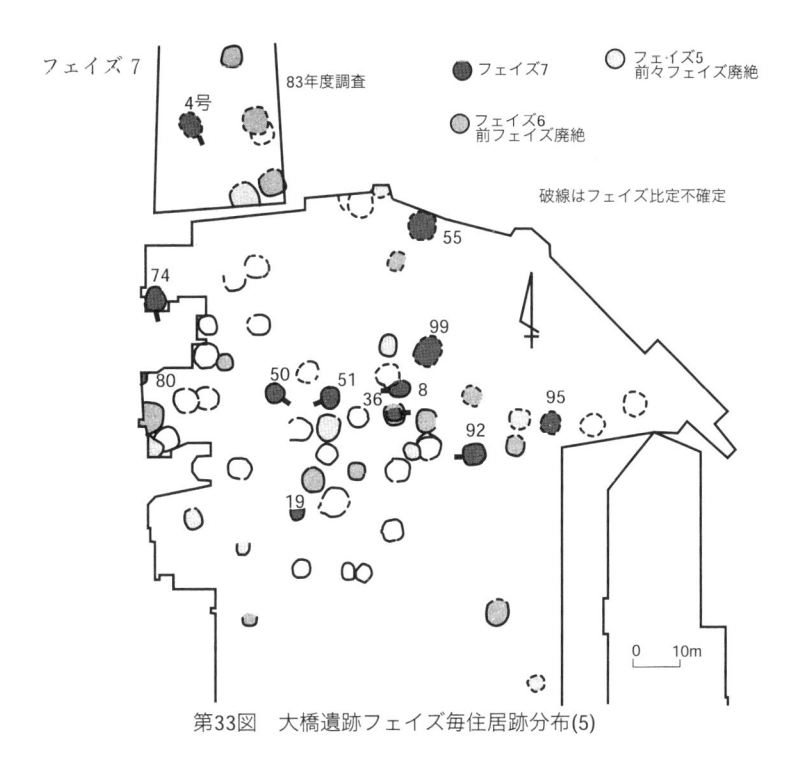

SJ66住、東部のSJ64－2住がみられる。特にSJ25、40は入口方向を南西に向け、並んで配されているようにみえる。SJ38・25・40住は南西方向を向き、それに対峙するようにSJ52住は南東方向、SJ29－2住は東を向き、この間に道が存在するのではないかと推測させる。SJ17－1住は、SJ28住に大きさも類した張出部付きの住居で、SJ28住居住者との関係が考えられる。

**フェイズ4a**　前フェイズに比べ、住居数が増え、分布もさらに拡散しているようにみえる。SJ40住、17住跡地に多量の土器が廃棄される。集落西側のSJ44住、SJ78住は入口方向を南西に向け、南西部のSJ29－1住と32住、及び南東部のSJ41住と35住は、それぞれ概ね互いに向き合うようにみえる。なお、南部にやや離れて堅穴状遺構の可能性があるSJ7住が1基存在する。北側については、遺存状況の不良から時期的にはやや不明瞭ながら、北部のSJ70住、東部のSJ64－1

70　1章　考古学的手法による研究と問題点

第34図　大橋遺跡フェイズ毎住居跡分布(6)

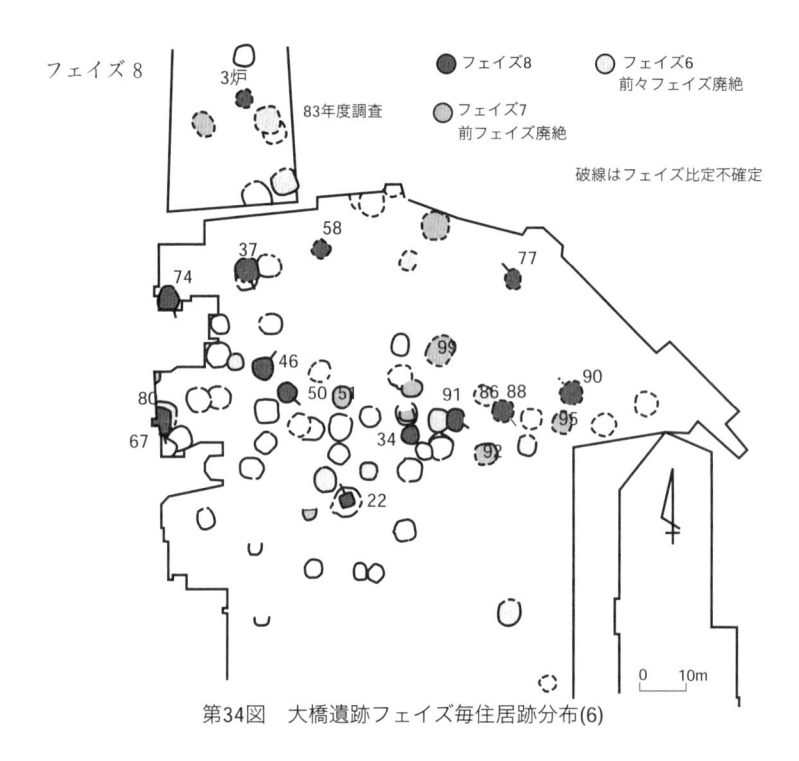

住、さらに北西部の83年度2住、2埋の2基が当該フェイズに該当すると考える。SJ41住は、SJ28住・SJ17-1住に大きさも類した張出部付きの住居で、SJ17-1住居住者との関係が考えられる。

**フェイズ4b**　前フェイズと比べ、住居数は減る。住居分布としては、西部のSJ47-3住、SJ61住（竪穴状遺構）、南西部のSJ82-2住、12-1住、南部のSJ21-2住、43-2住、および遺存状況不良から時期比定の不明瞭な、北側の83年2-3住、SJ71住が含まれると考える。このうち、SJ21住、43住、82住の入口方向は、西から南西方向に向いている。SJ32住、29住、78住跡地が廃棄場として利用されているほか、SJ35住に焼土を伴う複合的な廃棄行為が認められる。

**フェイズ5**　住居数は再び増加し、分布範囲は前フェイズを継承しつつ南に大きく広がる。西部のSJ47-2住、SJ84住、南西部のSJ82-1住、12-1住、中央南部のSJ21-1住、43-1住の3グループは、ほとんど前フェイズから連続し

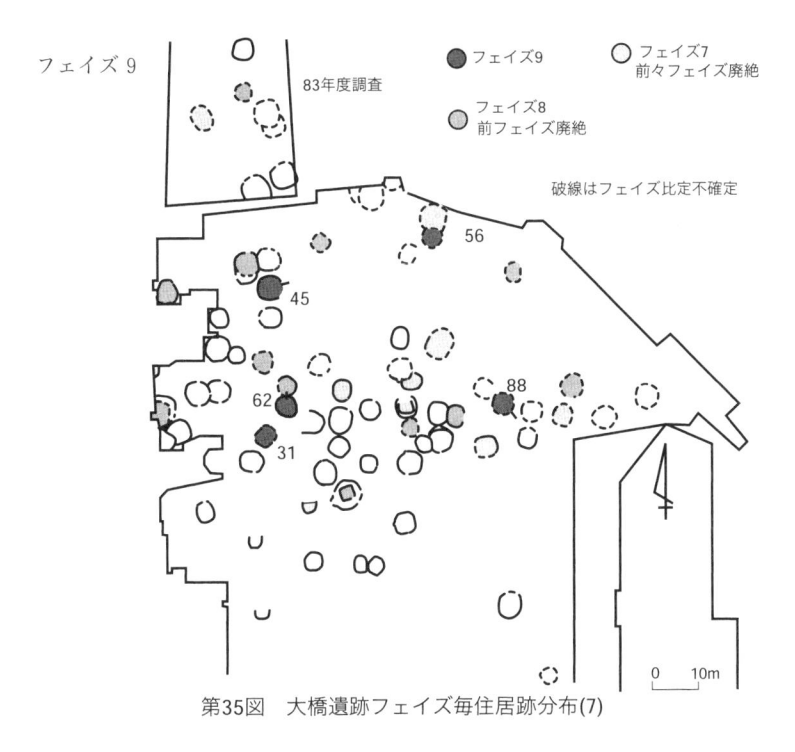

2節 遺構間の関係にもとづく集落景観復元　71

第35図　大橋遺跡フェイズ毎住居跡分布(7)

ており、さらに時期的にはやや不明瞭ながら北部（83年2－2住、3－2住、SJ81住）、中央部（SJ98住）、東部（SJ89住）、さらにこれまで住居の存在しなかった南部（南東部にSJ1住、11－2住および南西部にSJ2－2住）が広がるようである。南部の住居は南に入口を向けるほか、SJ43住をのぞき西部のSJ47住、84住は西～南西、東部のSJ89住は東と、集落の外方向を向くものが多いのに対し、北部の83年2－2住、3－2住などは外側でなく南に入口を向ける。これは、他のフェイズにおいても認められる傾向であり、大橋集落が基本的には目黒川・東山集落を望む南方向を向いた集落であることを示唆しよう。前フェイズから引き続きSJ29住、32住跡地が廃棄場として利用されている可能性がある。

**フェイズ6**　最も住居が多い時期である。分布範囲は前フェイズを継承しつつ密度が濃くなる様相を示す。西部のSJ47－1住、68住、中央南部のSJ51住、42住、96住、24住、26住（竪穴状遺構）、時期不明瞭ながら北部の83年1住、3－1住、

72　1章　考古学的手法による研究と問題点

第36図　大橋遺跡フェイズ毎住居跡分布(8)

5住、北東部のSJ55－2住、87住、東部のSJ86住、93住、南部のSJ2－1住、11－1住が認められよう。SJ43住跡地に完形・半完形の条線系曽利の土器が集中的に廃棄されているほか、SJ21住、84住跡地には破片を中心に大量の土器が廃棄される。

**フェイズ7**　住居数は再び減少し、分布域も狭まるとともに、前フェイズまでと若干ずれる位置になる。西部のSJ74－2住、80住、中央南のSJ50－2住、51－1住、8住、36住（SJ42住を焼去し埋め立てて構築）、南部のSJ19－2住、東部のSJ92住、時期不明瞭ながら北部の83年4住、北東部のSJ55－1住、東部のSJ95住、99住が想定される。SJ21住、24住跡地に多量の土器片が廃棄される。中央南のSJ50住と51住、SJ36住と92住が東西に向き合い、入口もほぼ向き合わせている。

**フェイズ8** 住居数は12基と前フェイズと変わらないが、継続的な住居はSJ50住、74住と少なく、新たな住居が若干位置を変えて営まれる。東部のSJ74－1住、やや内側にSJ37住、46住、50－1住、南部にSJ22住、34住（高位面住居）、時期不明瞭ながら北部に83年3炉、SJ58住、東部にSJ77住、88住、90住が想定される。入口方向はこれまでと異なり、SJ46住、22住、90住など北方向を向く住居が現れ、南東方向を向くSJ37住、74住とあわせ、集落の中央部を向く住居が多いように見える。廃棄場としては前フェイズを継承し、SJ21住、24住跡地を利用しているものと思われ、当該期に比定される新地平12ｃ期の土器が、これらの中に含まれている。また、SJ40住跡地を掘り込んで旧床面レベルに伏甕状に土器を設置している。SJ74住覆土に多量の黒曜石砕片が包含されるが、SJ74住廃絶直後に何らかの複合的廃棄行為を行った可能性が考えられる。

**フェイズ9** 住居数は激減し、前フェイズからの継続的な住居はSJ88住が想定される以外には認められず、分布的にも異なりを感じさせる。西部にSJ45住、南西部にSJ62住、31住（竪穴状遺構）、時期不明瞭ながら南東部にSJ91住、88住、北部にSJ56住が想定される。SJ50住跡地の覆土上層面に配石遺構を構築する他、SJ91を廃絶後火付け行為を行い、さらに石棒片を散布させるなど複合的廃棄行為を行っている。入口方向はばらばらであるが、SJ45住が集落内側、SJ91住、88住が南東方向を向いている。分布的には中央に当該期の新地平13期の土器を埋設する土坑墓・屋外埋甕炉を配しつつ、周辺に住居が環状に分布する。

**フェイズ10** 西部のSJ63住、南西部のSJ57住、59住、時期不明瞭ながら北東部のSJ72住、76が想定される。前フェイズと継続する住居はなく、逆に前フェイズの住居跡地に部分的に重複する住居が構築されている。明らかにこれまでのフェイズと異なったあり方であると言えよう。前フェイズと同じく、入口方向はばらばらで、SJ57住と59住、SJ72住と76住のように背中合わせのように背き合う入口方向が認められる。分布的には中央に当該期の新地平13期の土器を埋設する土坑墓・屋外埋甕炉を配しつつ、周辺に住居が環状に分布する。

　各フェイズにおいて、前フェイズに廃絶された住居跡の窪地を廃棄場と用いる場合が多く、まれに前々フェイズ以前の跡地が廃棄場に使用され続ける場合もある。SJ40住跡地はフェイズ4ａに集中的に廃棄されるがフェイズ5にも廃棄さ

れる。SJ21住跡地は、フェイズ6において多数の住居から集中的に廃棄される。SJ43住跡地は、フェイズ6においてSJ24住からのみ廃棄され、これらの一括廃棄土器群は、条線鉢を多量に含む特徴的な土器組成である。

3）大橋集落の変遷

以上の細かな時間軸の設定により、集落の継続・断絶、構成員数の変化、住居形態の変化、住居の環状配置の形成過程、廃棄行為の復元など、さまざまな検討が行い得る（小林2000b・2001a・2002d）。

**フェイズ設定と道の復元**

フェイズ別の住居分布（第29～36図）から、住居配置の並びや、入口方向が近い住居群で同一方向を向く、または互いに向き合うような状況が認められる。集落内には、当然に通路としての「道」が存在していると考えられるが、硬化面や杭列など、具体的な考古学的証左としては示すことはできない。

仮説的に、1）入口方向が対峙するように向き合う住居間に道が通る、2）2軒以上の住居が同一方向を向いて並んでいる場合にその部分に道が通る、3）前フェイズに機能していた住居または廃棄場として利用した住居跡地の上は通らない、4）そのフェイズに機能する住居、廃棄場に利用する住居跡窪地の近くをなるべく通る、5）なるべく前フェイズの道を踏襲する、というように考え、さらに大橋遺跡における地形的な状況から、北側の駒場野台地に繋がる平坦面と、西側の谷・東側の谷のいずれか方向に抜ける方向性及び、集落の遺構配置から南側の集石群と住居とを結ぶ方向性を考慮すること、中央の土坑墓群を迂回するように考慮することを含め、「道」の存在を推定した（第37～38図の太線）。なお、集落当初段階のフェイズ1まで、および断絶があると推定した集落末期のフェイズ9・10については、材料不足から推定しなかった。

集落内の道については、シピボーコニボーでのエスノアーケオロジー調査（Warren and Donald 1979）において、道部分は清掃により、ゴミ分布は他に比べ少ないこと、土器片が他の地点に比べ小さいことなどが指摘されている。こうした点から、遺物分布、土器大きさ別分布なども検討する必要がある。ただし、民族誌・民族考古学調査例の場合は、at timeな状況を記録できるが、考古遺跡の場合、最終段階は集落使用時の状況を留める可能性もあるが、少なくとも古い

時期の景観は失われている、すなわち清掃の状況が残るとは思われない。また、集落最終時の姿が埋没したとしても、埋没後のシファーのいうC変換・N変換による遺物移動（Schiffer 1975）が生じている可能性がある。道自体を調査時に把握することも難しいと思われ、あくまで仮説的な考えに過ぎない。

第37～38図に、フェイズ毎の住居入口方向から想定する道、廃棄場の分布を示す。各期に廃棄場が存在し、機能住居間と集落内の道がつなぐ（小林2000b・2002d）。

フェイズ1～8までの間は、若干の増減を繰り返しつつ、住居大きさ別の構成は類似し、改築関係より連続した居住がなされたと考える。配置も直線的配置・入口が外に向いた配置から、廃棄場とした窪地を避けつつ環状の住居配置になる。

なお、旧稿（小林2002d）では、さらに土器分布と推定した道や住居・廃棄場等の分布を検討した。ただし、継続的集落の途中の段階では、土器分布は攪乱を受けている度合いが多いと考えられるし、第一に集落の主体をなす新地平編年12b期の土器を伴う集落は7つのフェイズに区分され、各フェイズに伴う土器を明らかにすることはできない。継続的な集落の営みの最後の段階であるフェイズ8において、その時期に属する可能性が高い新地平編年12c期の土器分布をみることで検討する。12c期の土器分布を重ねると、概ね推定した道に沿って土器が分布するような傾向が見て取れる。そうしたなかでも、推定した道の真上にも、土器は分布するものの多くはない。若干の後世の攪乱等は考慮するべきであるが、おおむね土器分布と推定された道の位置とは、整合的と考える。

**住居のゴミの廃棄行為**（第40図）

3章において、大橋遺跡の住居毎の出土遺物から$^{14}$C年代を求めていく際、炉体土器・埋甕など、住居構築・使用時に直接関わると予想される土器に関連する炭化物であれば、問題は少ないが、そういった良好な試料ばかりではない。焼失住居の炭化材や炉体土器・埋甕を第一優先とし、それ以外でも、炉内出土・柱穴内出土遺物を優先した。次いで床面出土試料を用い、それも認められない場合は、覆土中出土試料を用いる。その際にも、覆土下層出土試料を優先したが、どうしても覆土上層出土の土器・炭化物のみしか認められない住居の方が、むしろ多い。すなわち、住居廃絶後の廃棄物であるが、これらにも、住居居住者と何らかの関

第37図　大橋集落の推定(1)

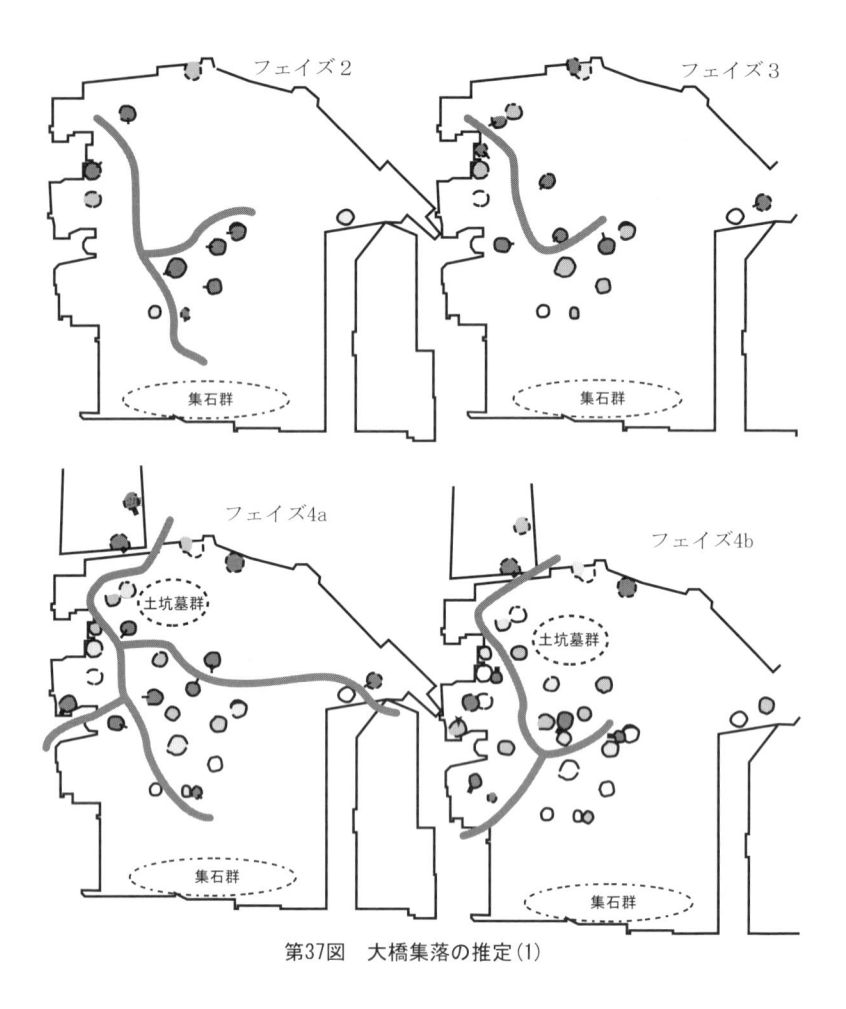

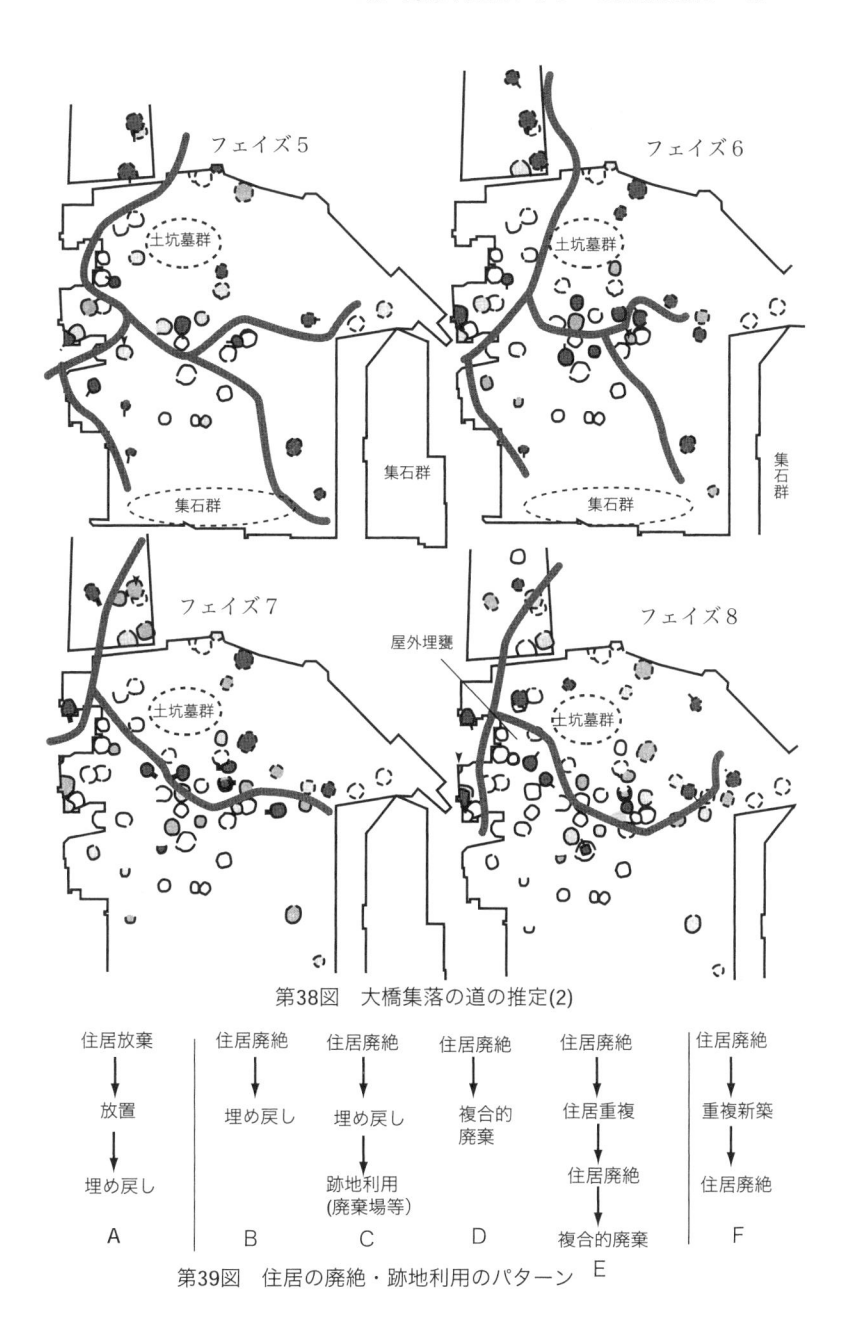

2節 遺構間の関係にもとづく集落景観復元 77

第38図 大橋集落の道の推定(2)

第39図 住居の廃絶・跡地利用のパターン

A: 住居放棄 → 放置 → 埋め戻し
B: 住居廃絶 → 埋め戻し
C: 住居廃絶 → 埋め戻し → 跡地利用(廃棄場等)
D: 住居廃絶 → 複合的廃棄
E: 住居廃絶 → 住居重複 → 住居廃絶 → 複合的廃棄
F: 住居廃絶 → 重複新築 → 住居廃絶

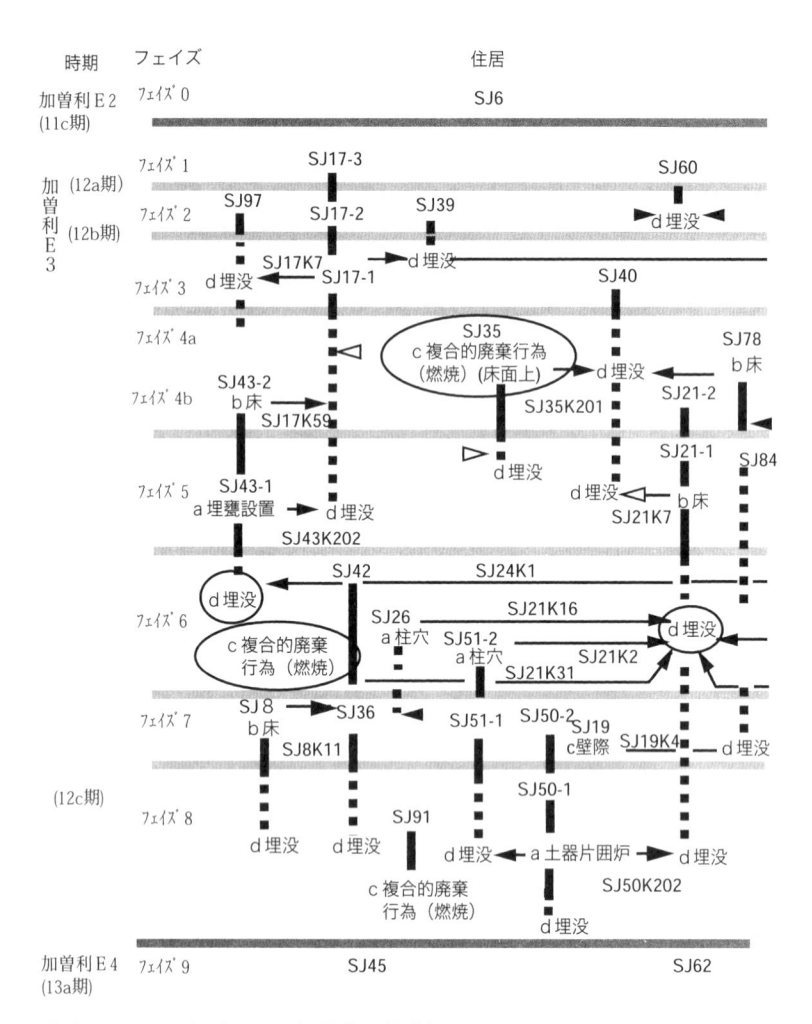

78　1章　考古学的手法による研究と問題点

| 時期 | フェイズ | | 住居 | |
|---|---|---|---|---|
| 加曽利E2<br>(11c期) | フェイズ0 | | SJ6 | |

加曽利E3
(12a期)　フェイズ1　　　SJ17-3　　　　　　　　　SJ60
　　　　　　　　　SJ97　　SJ17-2　　SJ39
(12b期)　フェイズ2　　　　　　　　　　　　　　　→d埋没←
　　　　　　　　　　　→d埋没　　　SJ17K7
　　　　フェイズ3　　d埋没←SJ17-1　　　　　　SJ40
　　　　フェイズ4a　　　　　　SJ35　　　　　　　SJ78
　　　　　　　　　　　　c複合的廃棄行為　　→d埋没←b床
　　　　　　　　　SJ43-2　　（燃焼）（床面上）　　SJ21-2
　　　　フェイズ4b　b床→　　SJ17K59　　SJ35K201
　　　　　　　　　　　　　　　▷d埋没　　SJ21-1　SJ84
　　　　フェイズ5　SJ43-1　　　　　　　　　d埋没⇐b床
　　　　　　　　　a埋甕設置→d埋没　　　　　SJ21K7
　　　　　　　　　SJ43K202
　　　　　　　　　　　　SJ42　　SJ24K1
　　　　　　　　　d埋没←　　　SJ26　SJ21K16　　d埋没
　　　　フェイズ6　　　　　　　a柱穴　SJ51-2
　　　　　　　　　c複合的廃棄　　　　a柱穴　SJ21K31　SJ21K2
　　　　　　　　　行為（燃焼）
　　　　　　　　　SJ8→SJ36　　　SJ51-1　SJ50-2　SJ19　SJ19K4
　　　　フェイズ7　b床　　　　　　　　　　　　c壁際　→d埋没
　　　　　　　　　　SJ8K11
(12c期)　　　　　　　　　　　　SJ91　SJ50-1
　　　　フェイズ8　d埋没　d埋没　d埋没←a土器片囲炉→d埋没
　　　　　　　　　　　　c複合的廃棄　　　　　　SJ50K202
　　　　　　　　　　　　行為（燃焼）　　d埋没

加曽利E4　フェイズ9　　SJ45　　　　　　　　　SJ62
(13a期)

住居のライフサイクルからみた時間的位置（分節）
　a：構築または改修・改築→b：生活→c：住居廃絶または直後→d：埋没または窪地

第40図　大橋集落におけるフェイズ設定と廃棄行為

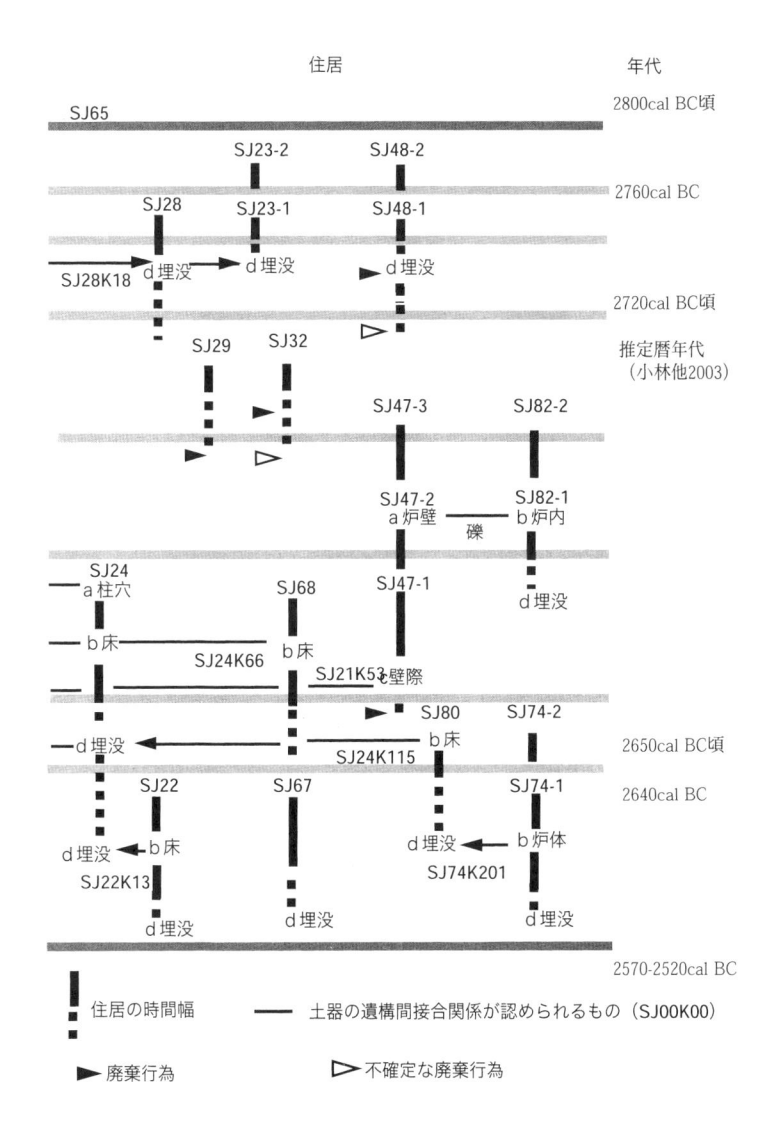

2節　遺構間の関係にもとづく集落景観復元　79

| 住居 | 年代 |
|---|---|
| SJ65 | 2800cal BC頃 |
| SJ23-2　SJ48-2 | |
| SJ28　SJ23-1　SJ48-1 | 2760cal BC |
| SJ28K18 →　d埋没　d埋没　d埋没 | |
| | 2720cal BC頃 |
| SJ29　SJ32 | 推定暦年代（小林他2003） |
| SJ47-3　SJ82-2 | |
| SJ47-2　SJ82-1 a炉壁　礫　b炉内 | |
| SJ24 a柱穴　SJ68　SJ47-1 | |
| b床　b床　d埋没 | |
| SJ24K66　SJ21K5 壁際 | |
| d埋没 ←　SJ80　SJ74-2 b床 | 2650cal BC頃 |
| SJ24K115 | |
| SJ22　SJ67　SJ74-1 | 2640cal BC |
| d埋没 ← b床　d埋没 ← b炉体 | |
| SJ22K13　SJ74K201 | |
| d埋没　d埋没　d埋没 | |
| | 2570-2520cal BC |

■ 住居の時間幅　── 土器の遺構間接合関係が認められるもの（SJ00K00）

▶ 廃棄行為　▷ 不確定な廃棄行為

係が考えられるような住居廃絶直後と考えられるケース、住居廃絶後でも比較的短期間に一括廃棄されたケース、長期にわたり廃棄場に使用されていたケースまで、多様なあり方がある。利用する試料の由来を押さえ、なるべく時期的に限定できる試料を用いる必要がある。そのため、以下に住居の廃絶とゴミ廃棄について、検討を加える。

住居の廃絶のあり方、住居跡窪地への廃棄行為の内容について、やや特殊と捉え得る例をみると、時期的にも、空間的にも特異なあり方をしていることが指摘できる。以下に事例を挙げていく。第39図にA〜Fのパターンを記すが、あくまで便宜的区分である。

A　特殊な住居廃絶例：廃屋放置（SJ 6 竪穴状遺構）

　小林1994 a でもとりあげ、両角まり（両角1994）や建石徹も取り上げている（建石2000）。上屋がある程度放置された、または柱が立ったまま埋め戻されたと考えられる廃絶住居である。千葉県の貝層を持つ住居跡で、貝層に認められる柱痕などからも指摘されるあり方である。大橋遺跡の放置住居は、住居分布帯の外縁部に位置し、時期的にもフェイズ0とした、大橋中期後半集落の最初の住居でかつ、その後に断続があると考えられる住居である。SJ 6 号遺構は、SJ65住と2軒、または単独での、継続的定住集落になる前の居住痕跡であり、その廃絶は、廃屋として放置されたことが想定できる。もちろん、すべての単独・短期的キャンプサイトなどの住居が、同様な廃絶のされ方をしているとは言えず、SFC I 区の加曽利E 2 式期の単独住居であるSFC I 区 6 号住居は、床面上に炭化材が遺存する火災住居となっており、不慮の火災である可能性がある（小林1999 b ）。廃屋のまま放置する、または火災により焼け落ちたまま放置するような状況が、どのような局面で認められるか、事例を蓄積して検討していく必要があるが、単独の居住セツルメントで特徴的に見られる可能性が指摘できる。

D　特殊な住居廃絶例：火付け片付け・火付けを伴う複合的廃棄（SJ35住）

　大橋遺跡SJ35住は、覆土下層直上に、鉢形土器を据えて炉状に燃焼し、明瞭な焼土と部分的に炭化材を遺存する住居跡地である。竪穴住居廃絶後に上屋解体のあと周堤埋め戻しを行い、何らかの燃焼行為を下層上面で行っている。その性格は不明ながら、何らかの儀礼的行為が行われた可能性は高い。小杉康が指摘し

たような、廃屋儀礼の可能性もあり得る。

D　特殊な住居廃絶例：重複前の火付け片付け・火付けを伴う複合的廃棄（SJ42住）

　SJ42住は、ほとんど同じ形でわずかに縮小するプランの、30cm程度の高さの差をもって貼床されたSJ36住として反復される。この間の時期差は短い（小林・今村・西本・坂本2002aでの較正暦年からの推定で10年ほど）と考えられる。この反復される際に、SJ42住床面ほぼ全面に、厚さ10cmほどの炭化物層が形成され、その上にSJ36住が構築されている。住居構築材と思われる炭化材は検出されておらず（蒸し焼き状などにより、材は崩壊した可能性もある）、いわゆる火災住居とは異なり、住居廃絶後の何らかの儀礼的行為としての火付け行為であろう。上述のSJ35住例と異なるのは、すぐに新たに住居が構築されている点であるが、ここでは両者のあり方とも、パターンDとしてまとめておく。

E　特殊な住居廃絶例：火付け片付け・火付けを伴う複合的廃棄（SJ91住）

　この住居については、間間俊明（間間1995）や、筆者も旧稿（小林1999b）において何度も触れており、省略するが、儀礼的行為と捉え得る複合廃棄が行われたことは間違いない。年代測定・較正暦年からの推定（小林・今村・西本・坂本2002a）で100年間ほどの間、おそらくは9回ほどにわたり、住居の改築・重複が重ねられている地点の、最終局面であることが着目される（図20）。すなわち、数世代にわたって利用されてきた地点を対象とした、いわば空間祭祀である可能性が想定される。行為の内容全貌は不明であり、祭祀とは言いきれないが、特殊な複合的廃棄行為であることは強調していきたい。

F　非継続的集落の住居廃絶状況（SJ32住、小林2000a）

　大橋遺跡の居住最終段階であるフェイズ9・10の竪穴住居では、既に埋没している古い住居跡地に重複して構築される例が多く認められる。しかしながら、掘込みが浅いという中期末葉の竪穴住居の特性もあろうが、特に被火災の状況も、放置の状況も観察されない。

C　日常的な廃棄例：住居跡地への不要物（ゴミ）の廃棄（SJ40住）

　竪穴住居跡地半埋没状態の窪地へのゴミ廃棄については、山本暉久、黒尾和久による議論をはじめ、小林も数度にわたり論じてきているので、再述は避けるが、SJ40住跡窪地を、典型的なゴミ廃棄例として示しておく。完形・半完形の土器

もあるが、むしろ土器破片が主であり、破片重量別の分布をみると（小林2002d）、20g以下の破片が相当量を占める。また、土器以外の石器類、特に打製石斧・石鏃などが廃棄され、日常的な不要物の廃棄と捉えられる。

C' 特殊な廃棄例：不要物ではない土器の一括廃棄例（SJ43住）

SJ40住との比較により、筆者（小林1996b）や合田恵美子（合田1997）が触れているように、完形土器を中心に、明らかに大型破片（小林2002d）を、覆土下層直上に、一括して廃棄している廃棄場である。さらに、土器自体が、条線鉢、寒風台タイプ等と称される東京湾岸系の、条線地文で装飾要素の少ない曽利系鉢・深鉢の極めて類似したタイプの土器であることが注目される。これらは、土器の類似性からみて、同一の製作者が、短期間に製作した土器である可能性が高い。

廃棄行為について認識しておくことは、年代測定のための資料選択の上でも注意を促す。今回行った研究の基となる年代測定においては、大橋遺跡SJ91住など廃屋儀礼的な一括性の高い行為に伴う試料、SJ43住跡地への廃棄のような、一括性の高い廃棄物に含まれる試料を優先し、SJ21住跡地のような、長期にわたり、日常的なゴミ廃棄場として利用された地点出土の試料は、極力用いないようにするよう、注意することとした。

### d) 現状の集落論の問題点

縄紋時代の集落論を簡単に述べることはできないが、和島誠一による南堀貝塚（和島1955）以来、数多くの成果をあげてきたことは、精緻な土器編年網とともに、改めて言うまでもない。そうした成果と問題点は、例えば2001年に行われた、縄文時代文化研究会のシンポジウム「縄文時代集落研究の現段階」（縄文時代文化研究会2001）において、この20年間の集落研究が、改めて浮き彫りとなり、示された。その討議における成果と問題点を紹介することで、縄紋集落研究の現状をみることとしたい（小林2002g）。

議論の中心は、いわゆる「定型的環状集落論vs見直し論」の問題であり、シンポジウムでも、両方の立場の研究者による議論の平行線が認められた。「水掛け」論的な集落論へ至る研究シーンには、3つの誤りがあったと考える。山本暉久が

いう「横切り派への誤解」という認識は妥当だが、それだけでなく、各論派・または各人にそれぞれ誤解があるようにも思える。1つは、方法論としての問題で、集落研究を行う上での時間軸の問題である。土器型式の時間軸と集落の時間軸は、互いにフィードバックすべきものではあっても、本質的に異なるものである。それを、「土器型式と住居の耐用年数とどちらが長いか」というような問題と捉えるのは、「層位と型式のどちらが優先するか」という愚問と等しい。先の問いにおいては、事象面としていえば、1型式の時間幅における住居の重複・切り合いが多く見られることから自明のことではある。が、そもそも、住居覆土中一括遺存土器群の時間幅の問題も含めて、土器の変化の時間的経過と、集落・遺構・覆土の形成や堆積の過程とは、別途に捉えるべき時間軸である。時間軸としての性質のみならず、型式組成や土器の機能的な問題としても、土器論と集落論は、互いに独立した立脚点を持ちつつも、相互にフィードバックしていくべきである。

2つめに対象の問題であるが、個々の集落のみを相手とした集落論に立脚するべきではない。周辺、領域、遺跡群を含めた「セツルメント論」であるべきである。

3つめに、研究者の認識の問題であるが、「定型的環状集落論 vs 見直し論」という構図で学界を捉えるのは間違いである。まして、定型集落論＝広域調査＝大集落＝定住と、見直し論＝ドット調査＝1時期数軒＝移動という構図の理解は、論点を矮小化する結果しかもたらさない。同様に「横切り集落論」という捉え方もおかしい。どのような論であれ、見直して検証を重ねるのは当然であり、動態を探る上で時間軸を定めるのは当然である。そうした意味で言うならば、小林も「見直し論」に含まれ、また最も先端的な「横切り」派であることは喜ばしいが、矢野建一（矢野2001）がまとめる「（石井寛の）移動の頻度の高さに賛同する研究には黒尾和久氏、羽生淳子氏、小林謙一氏」というくくり方をみると、少々違和感を覚える。小林のSFC集落など短期的小規模集落や、大橋遺跡での13期中期末葉における非継続的な集落動態の分析からの位置づけと思うが、それを縄紋集落全体に普遍化した覚えはなく、同時存在住居の解明による継続的・大規模集落の分析を進めているつもりである。縄紋集落およびセツルメントシステムの多様性は、2元論的に律されるのではなく、まして研究者の色分けに使うべきではな

い。ドット調査についても、ドットが重要なのではなく、検証可能な調査・分析が重要だと言うことである。本来は、ドットをとらなくてはだめ、ということでも、ドットなんて意味がない、ということでもない。

　20世紀（正確には世紀末である80年代以降を中心とするか）の集落研究のまとめとしての議論が端的に現れていたと感じられるのは、石井寛、黒尾和久と谷口康浩との間で交わされた、時間的単位に対する議論であろう。2000年の帝京大学山梨文化財研究所研究集会での谷口の発表への、石井寛、黒尾和久、さらに私を加えた3名の会場からのそれぞれ撚糸紋期、前期、中期の集落理解に対する質疑（畑大介編2002『ムラ研究の方法』岩田書院収録）が、そのまま持ち越されてきた格好である。究極まで細分すべき土器編年での時間軸に最低でもすりあわせて細分しなくては集落の実態は明らかにし得ないと考えるか、細部を追求することは全体を見失わせるとしてあえて型式的に細分せず大きく傾向をつかむか、の2つの立場が、依然として平行線をたどってきたことがわかる。両者の視点とも必要であるが、この場合、目的に即した方法はどちらなのかという問題である。

　もう一つ、現時点における研究成果の到達点としてみるべき、羽生淳子のセツルメントシステムの研究についてみておこう（Habu 2002）。羽生は、縄紋前期諸磯式期の集落の継続性や生業との関わりについて、議論を行った。上記でも記したように、縄紋前期から中期段階において、主に東日本に高密度に残されている複数土器型式にまたがる100〜数百軒の住居が検出される集落遺跡の性格について、一時に100軒もの大規模な集落が数千年の長きに渡って継続的に定住されたのか、1時期は1軒から数軒の小村で季節毎・数年・数十年などのスパンで断続的に移動生活が回帰的に営まれた結果なのか、という議論がされてきた。前者の大規模定住集落論が、日本考古学における主流であったが、羽生を含む若手研究者によって、後者の論調（「見直し派」と呼ばれる）も次第に増えてきた。現在も盛んに論争されているし、また両者の中間的意見や別意見も多い。

　羽生の主張は、伝統的な日本考古学に対して、プロセス考古学的なアプローチの（日本考古学の調査成果を題材とした）実践例として、初めての試みとなり、かつ、これまで主流となっていた発展段階論的な歴史理解にたいするアンチテーゼとして、大きなショックを与えた。それに対する、日本考古学研究者の対応と

しては、山本暉久や佐々木藤雄による批判に代表される。それは、端的に言えば、民族考古学的な接近法や、ビンフォードのフォーレジャ・コレクターモデルを適用することへの反発である。日本においては北海道アイヌに関する民族誌が若干存在するが、アイヌと縄紋時代人との直接的な比較は難しいし、イヌイットや北米先住民との直接比較はもちろん行えない。羽生が採用したような、ビンフォードによる中位理論についても、ホダーをはじめ、多くの批判がある。日本の考古学者からも疑問が提出されているわけであるが、これに対する羽生のリコメントは、十分に行われていないのは残念である。

　例えば、フォーレジャーシステムは、貯蔵システムを持たないことが、大きな特性とされる。しかし、関東地方縄紋前期末葉十三菩提式期は、羽生も指摘しているように、小規模集落が散在し移動的な居住形態で、フォーレジャーシステムに近いと、小林自身も感じるが、十三菩提式土器文化の小規模集落は、かなり大きな貯蔵穴を持つ。日本列島の自然環境に適応した形での複雑な生業・セツルメントシステムが想定されるのではないか。また筆者の研究成果によれば、関東地方中期前葉では、地域によりコレクターシステム的な拠点集落を中心としたセツルメントと、小規模集団が頻繁に移動するフォーレジャシステムのセツルメントとが、狭い地域に隣接して展開していると考えられる。

　羽生の研究は1000にのぼるデータを整理した点でも、敬意に値するものである。ただし、羽生は、諸磯期の集落を大中小に分けているが、その時期区分は、大別型式による諸磯ａ・ｂ・ｃ式の３区分でしかない。Habu 2002の２章で述べているように、羽生自身が６期区分しているのであって、もっと細分しなければ同時存在住居は捉えられない。小林としては、６期区分してもまだ不足と思う。実年代で言えば細別しても100年の時間幅を持つと考えられ、季節的移動どころの時間幅ではない。住居軒数での集落規模の捉え方についても、羽生は、以前に示した議論（羽生1989など）では、諸磯期の集落についてせいぜい一時期数軒の、小規模集落が大部分であることを示したのに、Habu 2002では10軒以上の集落の存在を許容しているのは、疑問を持つ。時間幅のピッチを粗く替えた結果、10軒以上の集落が存在するという算出になった可能性もあるのではないだろうか。

　筆者も、問題意識としては羽生らと共有しており、セツルメントシステムの解

明から生業論へと論を重ねるために、inter-siteの分析として、西本豊弘・津村宏臣らとともに縄紋集落の生態論へと分析を進めている（西本・津村・小林ほか2002、津村・小林ほか2003、小林・津村ほか2003）。武蔵野台地東部の集落群を対象に、GISを用いた立地や周辺環境、遺跡間の空間的関係の把握をもとに、遺跡群毎のセツルメントシステムを探るとともに、同時存在集落（及び個々の集落での同時期存在住居の推定）を検討しているが、現時点においては、土器型式細別時期による集落の同時期存在の可能性の把握に留まっている。

　いずれにせよ、集落理解の上において、いかに時間軸を設定するかは、きわめて重要な問題である。この点について、上にみたように、多くの研究者が様々な立場から挑戦してきた。筆者自身、遺構のライフサイクルモデルと遺構間接合による、同時存在の住居群を把握する試みを行い、ある程度の成功を納めたと自負している。しかしながら、それは集落調査における膨大な出土遺物をすべて記録し、接合作業を行うという、大きなコストを必要とし、多くの集落調査に適用できるものではなかった。また、SFC遺跡、大橋遺跡という、筆者による分析が成功した例においても、実年代が不明なことから、その細別基準がどの程度の妥当性をもつのか、また集落や住居の継続性においてどの程度の連続性があるのか、または断絶があるのかどうかは、検討できなかった。そうした点において、炭素14年代測定を利用した検討を行うことは、有効ではないだろうか。

　個々の住居、集落を実時間としての姿で理解した上で、集落間の関係に基づくセツルメントシステムにも進むことができる。さらに、地域文化における集落数の増減や、文化要素の移動に関するような文化論にも到達し得るものと考える。

## 2章　年代的枠組みと土器の時間

　1章1節で検討した、縄紋中期の土器型式による相対編年を、暦年代に置き換えることを検討する。小林が関与して測定したAMS炭素14年代とその暦年較正年代を用いて、小林らによる土器型式編年に適用させ、土器型式ごとの暦年代比定を試みる。最初に、較正曲線が比較的なだらかに降下する年代に近く、暦年較正年代が求めやすいと期待できる、a）前期末と中期初頭の境、b）中期末と後期初頭の境をまず定め、中期の大枠を定めたい。ついで、その中間にあたる中期の各階梯について、多数の測定例を較正曲線自体に重ねて検討し、c）その中間の中期の年代的枠組みを確定する。さらに、d）項で地域的な土器型式と広域編年との関係を暦年代から捉え直すような作業のケーススタディとして、東信地域から群馬県西部に特徴的に分布する焼町土器の年代的位置づけを取り上げる。

　最後に、中期における細別型式時期別の実年代決定と型式の継続期間について、検討を加える。

### 1節　東日本中期土器の年代的再編成

　本書で検討する縄紋中期の年代研究は、関東地方を中心とした本州島東側の地域の、主に縄紋時代前期〜後期の遺跡を対象として収集した試料のうち、前期末葉の十三菩提式期から後期初頭の称名寺式期の土器、または編年的にそれらに並行する土器型式に比定される土器に伴う付着炭化物、住居出土炭化材の約150試料の測定値を扱う。主要なデータは、巻末に付表として炭素14年代、較正年代を提示する。

　個々のデータについては、遺跡の調査途中のため未報告資料が多く、現時点において個別の測定値を記すことができる試料は多くはない。個別のデータは逐次個別の発掘調査報告書などに提示しつつあるが、将来的には、上記の理由で今回省略したデータも含めて、全測定試料について提示していきたい。詳細は別の機会に委ね、以下では測定値と暦年較正年代および比定される土器型式によって個

々の試料を提示することとする。

なお同一時期とされる1群の年代値の中で大きく年代値がかけ離れる値が得られた例が、これまでに測定結果を得ている360例中で30数例認められている。これらは、同一の編年的位置づけがされる試料群と比べて、単独でいずれも300年以上の開きがあり、測定の統計的な揺らぎでは説明できないデータで、測定値には含めず編年を議論する。上記の150試料は、これらを除いた上での試料数である。この特異な数値を示したうちの大半は、炭化材や種子のサンプルで、明らかに新しく、廃棄時に時期の異なる炭が混ぜ込まれていたか、土器の埋没後に時間を経て混入したものと思われる。また土器付着物で、炭素含有率の割合が極端に低い試料の場合、古い年代を示した例があり、コゲの試料に含まれていた鉱物に内包された炭酸塩か、土器胎土に由来する古い炭素が影響した可能性、調理の煮炊きによる焦げ以外の炭化物であった可能性が考えられる。これらについては、次項で議論する。

第41図に、関東甲信越北陸および福島県の$^{14}$C年代データの一部を示す。左端は新地平編年の細分時期である。土器編年に対比した場合の資料の相対的位置づけが不明なもの（粗製土器や漆容器に使用された無紋土器など）は、図には省略した。なお同一試料から複数の測定を行った場合や、同一試料からの採取ではないが同一遺跡出土で編年上の相対的位置が同一かつ$^{14}$C年代が同一の場合、すなわち図において全く同じ位置に同じ数値が並ぶ場合には、1つにまとめてある。例えば勝坂3式期のSFC遺跡や加曽利E3式期の大橋遺跡では、多数の同一細別時期の試料を測定しているが、同一年代の測定値がいくつも得られており、すべてをプロットすることはできない。結果的に図示されたデータは約120試料の半分位である。第42図・第6表は、主要なデータ50例について、第41図の$^{14}$C年代に基づいて計算した較正年代を、95％信頼限界を含む範囲で計算して示したものである。第43図は、第41図に示したデータと同じデータについて、暦年較正年代を横線で表した図である。

以下、本章では、まとまった測定例があり、かつ較正曲線のあり方から暦年推定が求めやすい前期末葉と中期初頭の境、および中期末葉と後期初頭の境をもとめ、中期の枠組みを定める。次に、土器型式・集落内の情報による考古学的な序

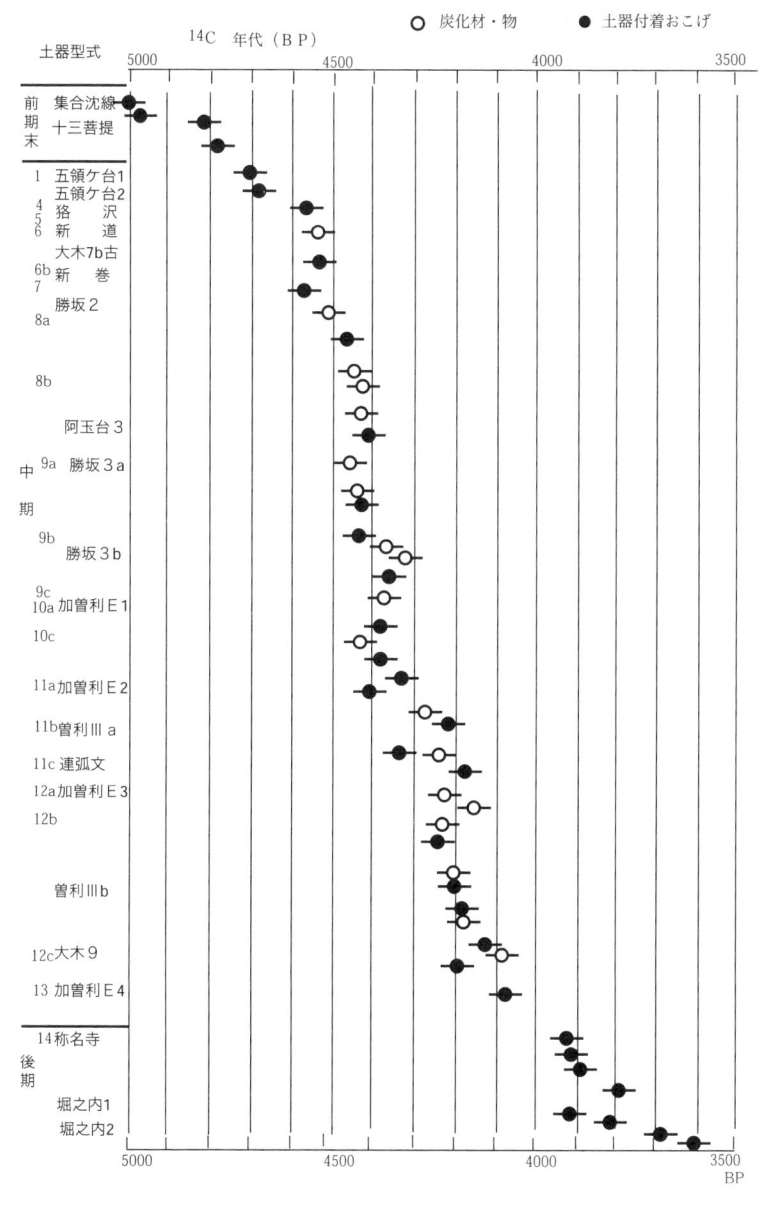

1 節　東日本中期土器の年代的再編成　89

第41図　縄紋時代中期土器の炭素年代（関東・中部・北陸）

列と較正曲線の関係をもとに、細かな暦年較正年代を、樹木試料での年輪年代との交差におけるウイグルマッチングの手法に準じて、土器型式別の暦年代の推定を試みる。さらに、中期の土器型式群における年代的再構成のケーススタディとして、焼町土器群の年代測定を取り上げ、土器型式の暦年較正年代による編年的位置づけについての有効性を検討する。最後に、土器型式の継続期間について、考察を加える。

第6表 中期の $^{14}$C年代（補正値）

| No. | 型　式 | BP | ± | 42図 |
|---|---|---|---|---|
| Beta-160326 | 踊場 | 4950 | 40 | 50 |
| Beta-168199 | 大木6 | 4880 | 40 | 49 |
| Beta-157925 | 朝日下層古 | 4780 | 40 | 48 |
| Beta-160325 | 十三菩提 | 4760 | 40 | 47 |
| Beta-160327 | 十三菩提 | 4750 | 40 | 46 |
| Beta-167431 | 大木6 | 4700 | 40 | 45 |
| Beta-171769 | 朝日下層新 | 4660 | 50 | 44 |
| Beta-158772 | 新保1 | 4680 | 40 | 43 |
| Beta-171771 | 新保1 | 4640 | 40 | 42 |
| Beta-173515 | 五領ケ台II | 4660 | 40 | 41 |
| Beta-164506 | 五領ケ台II | 4560 | 40 | 40 |
| Beta-160113 | 大木7b古 | 4530 | 40 | 39 |
| Beta-164507 | 狢沢 | 4550 | 40 | 38 |
| Beta-171633 | 狢沢 | 4530 | 40 | 37 |
| Beta-159758 | 新道 | 4560 | 50 | 36 |
| Beta-162293 | 勝坂2a | 4460 | 40 | 35 |
| Beta-162292 | 勝坂2a | 4440 | 40 | 34 |
| Beta-154798 | 勝坂2b | 4430 | 40 | 33 |
| Beta-154808 | 勝坂2b | 4420 | 40 | 32 |
| Beta-157916 | 勝坂3a | 4430 | 40 | 31 |
| Beta-157923 | 勝坂3b | 4340 | 40 | 30 |
| Beta-163299 | 勝坂3b | 4370 | 40 | 29 |
| Beta-167423 | 勝坂末 | 4350 | 40 | 28 |
| Beta-167427 | 加曽利E1 | 4360 | 40 | 27 |
| Beta-168190 | 加曽利E1 | 4350 | 40 | 26 |
| IAAA-30068 | 加曽利E1 | 4340 | 40 | 25 |
| Beta-154801 | 曽利IIIa | 4250 | 40 | 24 |
| Beta-157913 | 加曽利E2 | 4230 | 40 | 23 |
| Beta-158197 | 加曽利E2 | 4170 | 40 | 22 |
| Beta-160115 | 加曽利E3 | 4140 | 40 | 21 |
| Beta-159262 | 加曽利E3 | 4220 | 40 | 20 |
| Beta-159267 | 加曽利E3 | 4200 | 40 | 19 |
| Beta-159265 | 加曽利E3 | 4140 | 40 | 18 |
| Beta-159268 | 加曽利E3 | 4210 | 40 | 17 |
| Beta-158770 | 加曽利E3 | 4220 | 50 | 16 |
| Beta-159269 | 加曽利E3 | 4120 | 40 | 15 |
| Beta-159264 | 加曽利E3 | 4170 | 40 | 14 |
| Beta-159261 | 加曽利E3 | 4220 | 40 | 13 |
| Beta-159266 | 加曽利E3 | 4060 | 40 | 12 |
| Beta-159271 | 加曽利E3 | 4180 | 40 | 11 |
| Beta-161101 | 加曽利E3 | 4160 | 40 | 10 |
| Beta-159270 | 加曽利E3 | 4140 | 40 | 9 |
| Beta-159272 | 加曽利E3 | 4060 | 40 | 8 |
| IAAA-30464 | 加曽利E4 | 4030 | 50 | 7 |
| IAAA-30475 | 大木10a | 4010 | 50 | 6 |
| Beta-164146 | 関沢類型 | 3900 | 40 | 5 |
| IAAA-11635 | 称名寺1 | 3890 | 30 | 4 |
| Beta-160111 | 大木10c | 3870 | 40 | 3 |
| IAAA-30034 | 堀之内1古 | 3790 | 40 | 2 |
| IAAA-30041 | 堀之内1 | 3760 | 40 | 1 |

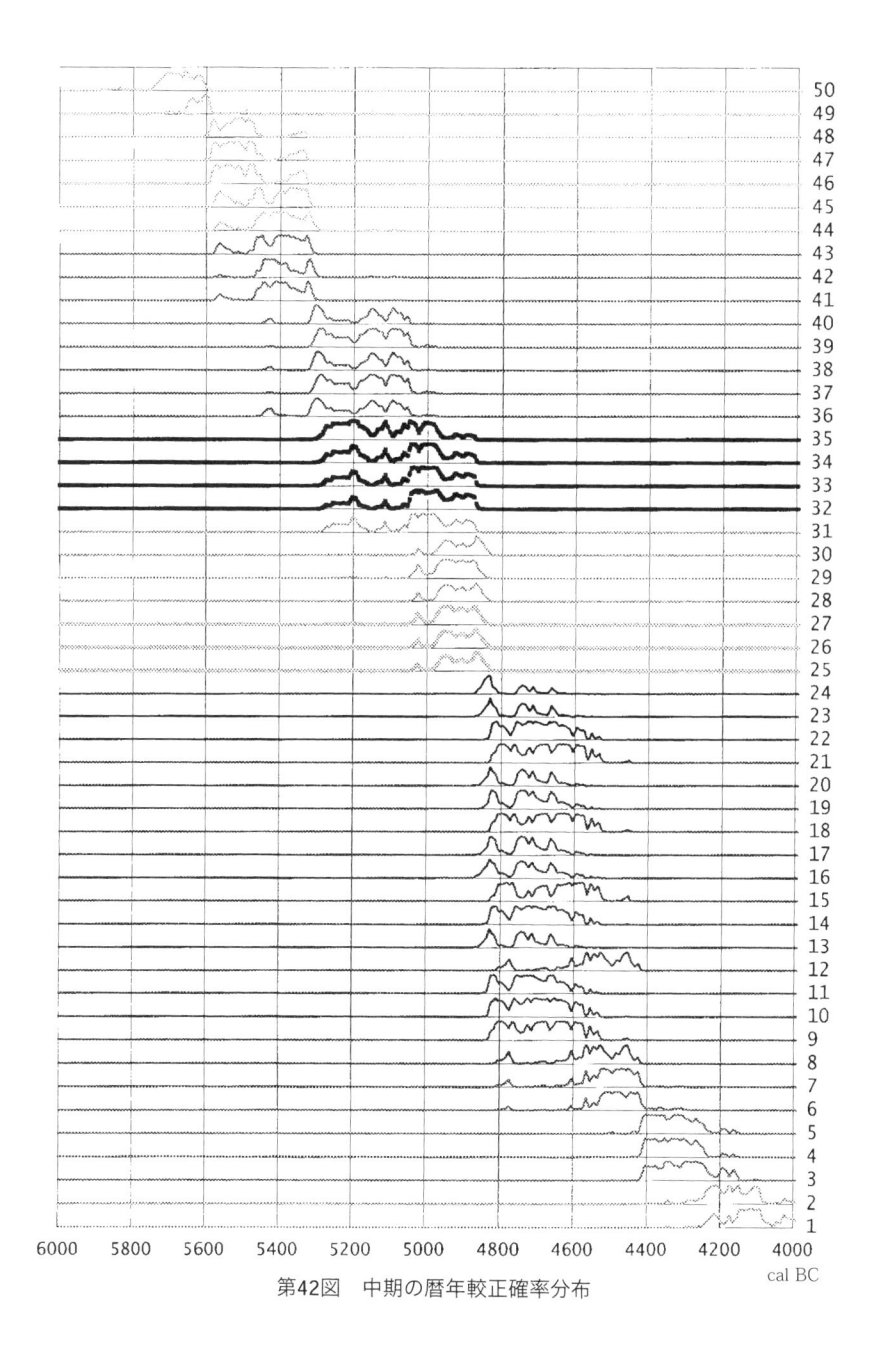

1節　東日本中期土器の年代的再編成　91

第42図　中期の暦年較正確率分布

2章 年代的枠組みと土器の時間

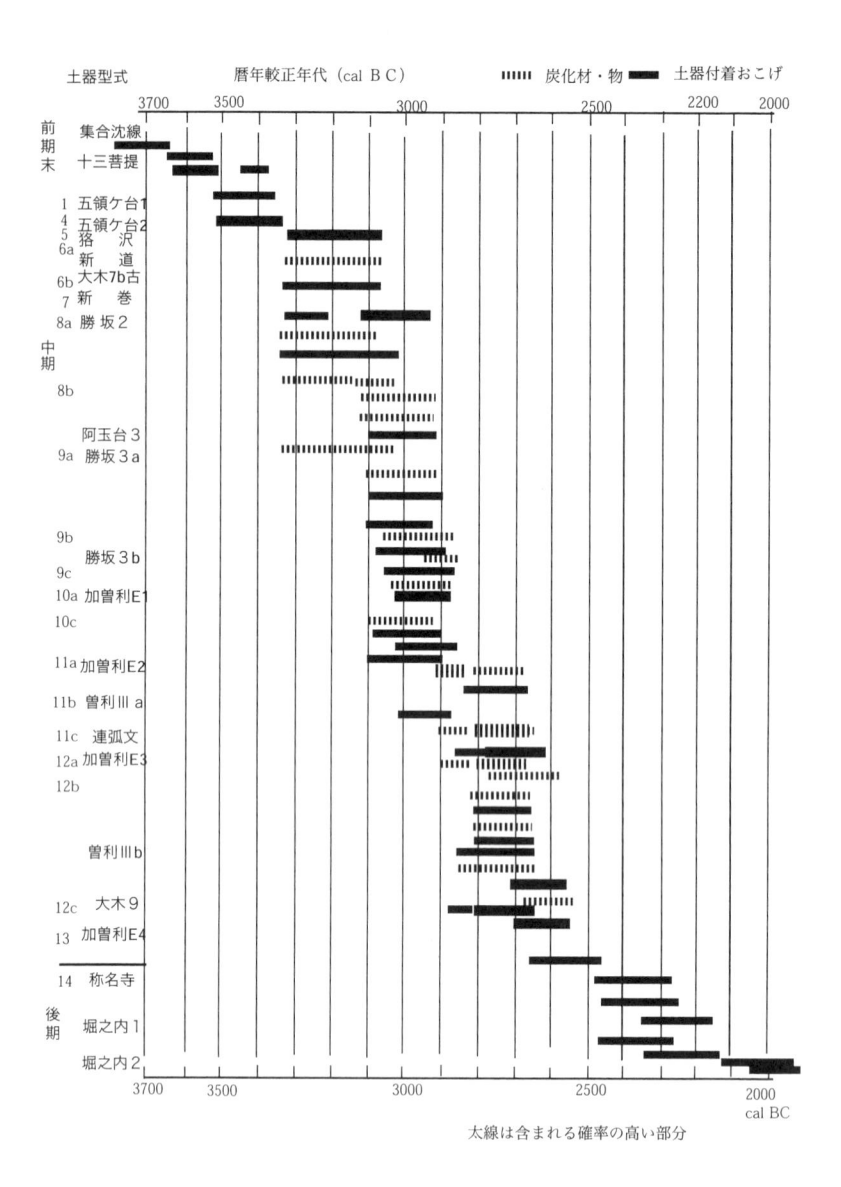

| 土器型式 | 暦年較正年代 (cal BC) |
|---|---|

凡例: ::::: 炭化材・物  ━━ 土器付着おこげ

前期末
- 集合沈線
- 十三菩提

中期
- 1 五領ケ台1
- 4 五領ケ台2
- 5 狢沢
- 6a 新道
- 6b 大木7b古
- 7 新巻
- 8a 勝坂2
- 8b
- 阿玉台3
- 9a 勝坂3a
- 9b
- 勝坂3b
- 9c
- 10a 加曽利E1
- 10c
- 11a 加曽利E2
- 11b 曽利Ⅲa
- 11c 連弧文
- 12a 加曽利E3
- 12b
- 曽利Ⅲb
- 12c 大木9
- 13 加曽利E4

後期
- 14 称名寺
- 堀之内1
- 堀之内2

太線は含まれる確率の高い部分

第43図 縄紋時代中期土器の暦年較正年代（関東・中部・北陸）

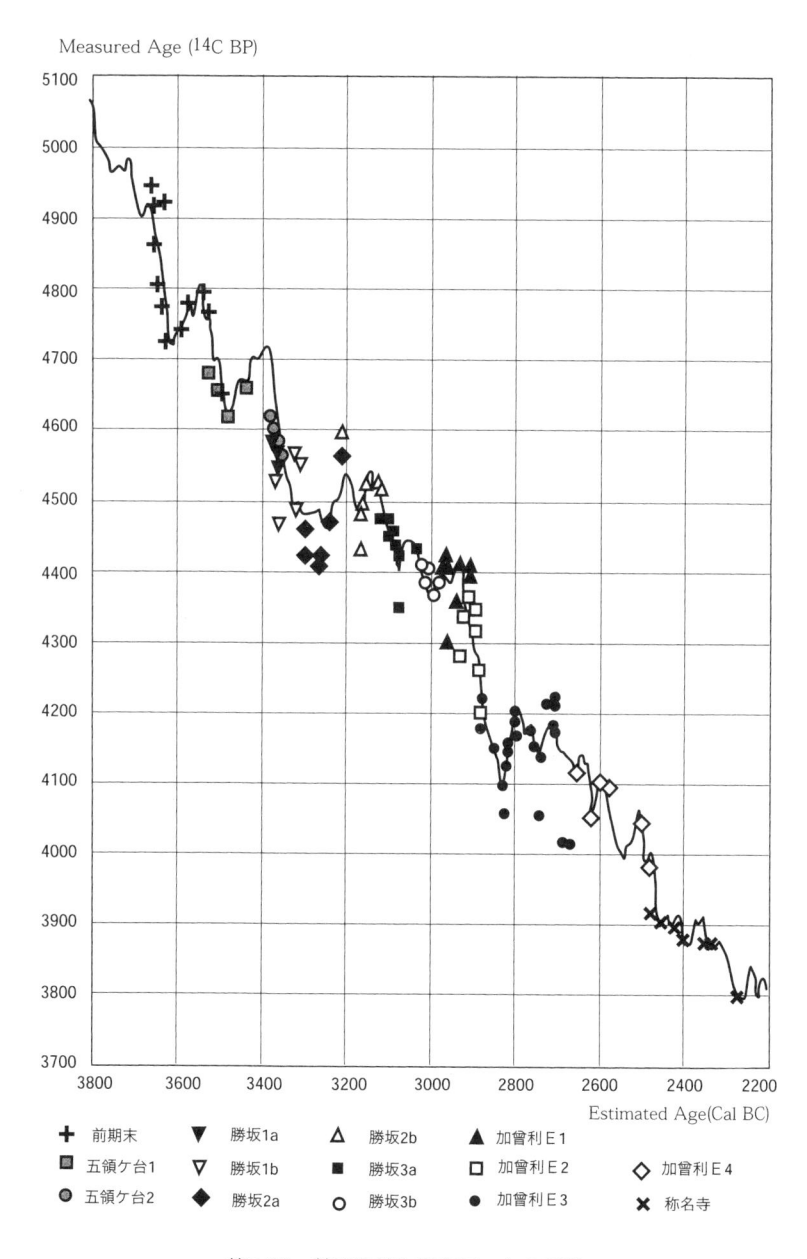

1節　東日本中期土器の年代的再編成　93

第44図　較正曲線と測定データの相関

## a）前期末葉と中期初頭の境―金沢市上安原遺跡の分析―
### i）石川県上安原遺跡での年代測定（第45図・第7表）

　真脇遺跡と並んで、北陸地方の前期末葉の良好な遺跡として注目される石川県金沢市上安原遺跡からは、低地包含層から、縄紋時代前期末葉～中期初頭の良好な土器が多く出土しており、北陸地方を中心とした前期末葉～中期初頭土器の年代的位置付けの基準となる遺跡である。小林は、前期末葉の$^{14}C$年代を求めるため、縄紋時代前期末葉～中期初頭の土器付着炭化物22点を採取し、年代測定を行った（小林・今村2003ｄ）。略号はISKとした。また、別に名古屋大学の山本直人により、数点の土器付着炭化物が採取されており、2点の試料（HY01および03）について名古屋大学年代測定総合研究センターにおいて測定され、報告されている（小田・山本2000）。このデータも含めて検討する。その結果、前期末葉から中期初頭にかけての16点の年代測定結果を得た。

　試料の由来や埋没後の環境、調査・整理さらに測定において、ほぼ同一の条件が期待できる一連の試料において、集中的に年代測定することのメリットは大きい。第一に、特定の試料における汚染や取り扱い上の誤りが生じる危険を少なくし得る。第二に、単独の測定では$^{14}C$年代や較正暦年の統計的誤差に幅が生じてしまうが、同一の時期である試料群に対して、複数の測定を行い、その結果を重ねることで、年代幅を絞ることが期待できる。第三に、試料の取り扱いによって誤った年代結果を得たり、付着物自体が土器使用時の付着でない場合や、そもそも型式認定など資料の選択に問題があって目的とする年代と異なる結果を得たり、統計的誤差によって、本来の年代より大きく外れた測定値が得られてしまった場合などについて、複数の試料を測定していることから、チェックすることができる。以上の点より、できるだけ、一遺跡より多数の測定を行うようにしているが、実際には良好な試料を揃えられる遺跡は多くはない。その点で上安原遺跡は、非常に良好な遺跡であった。ただし、当該期の遺構がなく、すべて包含層出土試料であること、土器付着物以外の炭素試料、例えば炭化材・種実類・漆などが測定できれば、さらにチェックができるが、その点では土器付着物しか対象とし得なかった点は、残念である。遺跡の状況からして致し方ないものと思われる。

　試料自体の観察や測定時における経過、測定結果及び、その暦年較正について

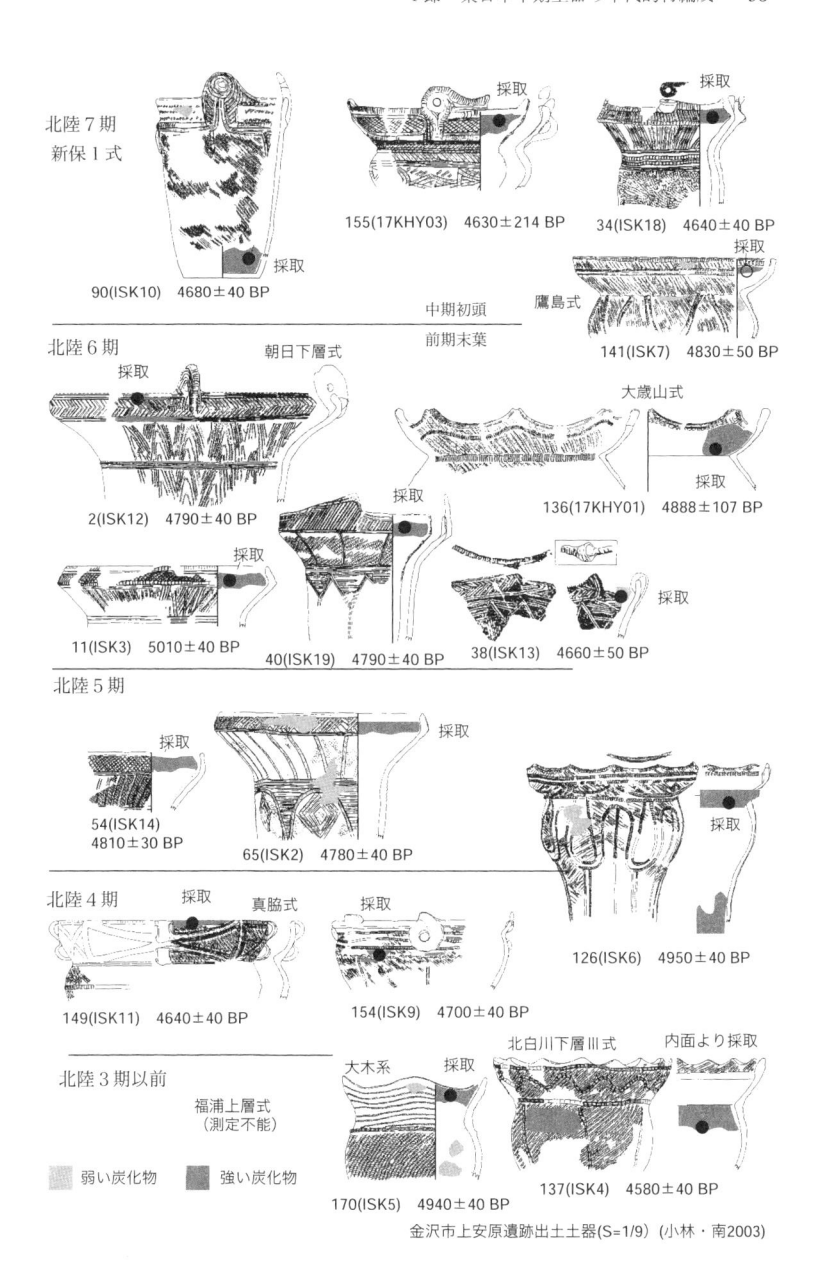

1節　東日本中期土器の年代的再編成　95

北陸7期
新保1式

90(ISK10)　4680±40 BP
155(17KHY03)　4630±214 BP
34(ISK18)　4640±40 BP

中期初頭
前期末葉

鷹島式
141(ISK7)　4830±50 BP

北陸6期　朝日下層式

大歳山式

2(ISK12)　4790±40 BP
136(17KHY01)　4888±107 BP

11(ISK3)　5010±40 BP
40(ISK19)　4790±40 BP
38(ISK13)　4660±50 BP

北陸5期

54(ISK14)　4810±30 BP
65(ISK2)　4780±40 BP

北陸4期　真脇式

126(ISK6)　4950±40 BP

149(ISK11)　4640±40 BP
154(ISK9)　4700±40 BP

北陸3期以前
福浦上層式
（測定不能）

大木系
北白川下層III式
内面より採取

弱い炭化物　強い炭化物

170(ISK5)　4940±40 BP
137(ISK4)　4580±40 BP

金沢市上安原遺跡出土土器(S=1/9)（小林・南2003）

第45図　前期末葉から中期初頭土器の年代測定

第7表　上安原遺跡 (ISK) ほか北陸地方前期末葉～中期初頭年代測定一覧

| 図No. | 試料No. | 型式 | δ13C | 炭素年代BP | 較正暦年calBC |
|---|---|---|---|---|---|
| 90 | ISK10 | 新保1 | -26.0‰ | 4680±40 | 3620-3580 (11.0%) ,3520-3360 (84.1%) |
| 155 | 17KYH3 | 新保1 | -26.1‰ | 4630±214 | 3930-3870 (1.3%) ,3860-3860 (0.1%) , |
|  |  |  |  |  | 3800-2870 (93.1%) ,2790-2780 (0.2%) |
| 34 | ISK18 | 新保1 | -24.4‰ | 4640±40 | 3610-3610 (0.6%) ,3520-3340 (94.7%) |
| 141 | ISK7 | 鷹島 | -25.3‰ | 4830±50 | 3690-3620 (45.5%) ,3600-3520 (49.5%) |
| 38 | ISK13 | 朝日下層（新） | - | 4660±50 | 3620-3580 (8.8%) ,3560-3560 (0.4%) ,3530-3350 (86.2%) |
| 2 | ISK12 | 朝日下層（新） | -25.8‰ | 4790±40 | 3650-3510 (90.7%) ,3410-3380 (4.6%) |
| 40 | ISK19 | 朝日下層（新） | -22.8‰ | 4790±40 | 3650-3510 (90.7%) ,3410-3380 (4.6%) |
| 11 | ISK3 | 朝日下層（新） | -23.1‰ | 5010±40 | 3940-3830 (37.1%) ,3820-3700 (57.7%) |
| 54 | ISK14 | 朝日下層（古） | -26.0‰ | 4810±30 | 3650-3620 (28.3%) ,3590-3520 (67.0%) |
| 65 | ISK2 | 朝日下層（古） | -24.7‰ | 4780±40 | 3640-3510 (87.9%) ,3410-3380 (7.0%) |
| 136 | 17KYH1 | 大歳山 | -25.1‰ | 4888±107 | 3940-3500 (90.3%) ,3430-3370 (4.9%) |
| 126 | ISK6 | 大歳山 | -23.9‰ | 4950±40 | 3880-3880 (1.0%) ,3790-3650 (93.8%) |
| 154 | ISK9 | 真脇 | -25.0‰ | 4700±40 | 3630-3570 (20.1%) ,3570-3560 (0.9%) , |
|  |  |  |  |  | 3530-3480 (20.9%) ,3470-3360 (53.0%) |
| 149 | ISK11 | 真脇 | -26.0‰ | 4640±40 | 3610-3610 (0.6%) ,3520-3340 (94.7%) |
| 137 | ISK4 | 北白川3 | -26.9‰ | 4580±40 | 3500-3430 (18.1%) ,3370-3300 (36.0%) , |
|  |  |  |  |  | 3290-3280 (1.1%) ,3260-3260 (0.4%) ,3230-3160 (20.8%) |
| 170 | ISK5 | 大木5 | -24.3‰ | 4940±40 | 3780-3640 (94.6%) |
| IAAA-30050 | FMT8149 | Z5北白川下Ⅱc | -21.0‰ | 5270±50 | 4220-4170 (18.4%) ,4170-3970 (76.4%) |

は、報告書に記した。ここでは、14C年代と較正暦年について、第45図に示す。なお、図No.は報告での番号、ISK・17KYHの略号は、年代測定における番号（前者は小林、後者は山本による採取・測定）であるが、本書では報告書の図番号で記述する（第45図のNo.、第7表の図No.）。

　土器群の編年的位置づけについて、小林と上安原遺跡担当者の南和久とにおいて、若干の考えの違いがある（第1表；小林2001b・2002eと南2001ほか）が、以下では小林の土器編年によって記述する（第3～7図）。137・170が前期後葉の新しい段階にあたり、その他のものは前期末葉～中期初頭に相当しよう。

　北白川系土器と考えられる137は、最も古い年代でも3500-3430cal BCと、想定される前期後葉よりも新しい年代である。土器をみるかぎり、北白川下層3式よりも新しいとは考えにくく、測定した付着物が埋没中に後から付着した可能性や汚染の可能性を含め、検討する必要がある。横位の押圧縄紋を口縁部に持つ大木5b式（芳賀1985）と考えられる170は、小林の北陸編年の3期に相当すると考えられ、3780-3640cal BCと、前期後葉で妥当な年代を示す。

　前期末葉から中期初頭の土器群は、真脇式の149・154が3520-3340cal BCの年

代で重なる。これらは、小林の北陸4期と捉えたい。朝日下層式の65・11・2・38・54・40では、11が3820－3700cal BCとやや古い年代を示すものの、他は3640－3510cal BCの年代を含み、前期末葉と中期初頭の境と考えている3500cal BC（小林・今村・西本・坂本2002 a）の付近に相当する。このうち、浮線紋を持つ朝日下層式古段階（小林2001 bの北陸5期）と考える54・65は、3590－3530cal BCで重なる。平行沈線文のみが認められ加藤三千男が新保式1段階に含めたような土器である2・11・38・40は、朝日下層式の新段階と捉えられ、新保式との間をつなぐ土器であり、小林は北陸6期と捉える。この段階の存在は微妙であるが、型式学的には、浮線紋の消失という点から想定され、前期末葉に含めるか、中期初頭の新保式に含めるか位置づけが難しい土器である（小林2001 b）。年代測定で見ると、11のみが、古い年代を示してしまっている。炭化物自体は、口縁屈曲部内面に顕著におこげ状に付着していた炭化物であり、この土器の使用に伴うものと捉えられる炭化物である。この土器は、口唇上に原体押圧を持つなど、前期末葉の新しい段階の特徴を持っているが、胴部のモチーフが確認されず、朝日下層式の古い段階の土器である可能性もある。いずれにせよ、検討を要する。この土器以外では、2・40は3650－3510cal BC、38は3530－3350cal BCで、3つの土器すべてが含む年代に絞ると3530－3510cal BCとなり、小林が考える前期最末葉と中期初頭の境を含む年代から古い方の年代となる。よって、これらの土器群を、前期最末葉の土器として考えることは、整合的である。

　中期初頭新保1式と考える90・34・155は3520－3340cal BCの年代を含み、中期に相当する。これらの新保1式土器は、口唇上の爪形紋や胴部のY字状区画などに、中部・関東地方の中期最初頭（小林1995 bのCM段階Ⅰ期、新地平編年の1 a期）に共通した特徴を有している。

　前期末～中期初頭の関西系の土器である大歳山式・鷹島式の126・141・136の中では、Σ状の連続刺突が明瞭な126及び136が古手と考えられ、3790－3650cal BCの年代を含む。半隆起状爪形紋がやや平たい、新しい様相をもち鷹島式と考えられる141は3600－3520cal BCの年代の中に含まれる可能性が最も高く、前期最末葉の年代である。

## ⅱ) 土器型式としての前期と中期の境

　前期末葉土器群について、小島俊彰は、朝日下層式は真脇式との差異が大きく、「口縁部の装飾などにも従前の土器とは一線を引くことができ」、新保式・新崎式との連続性が強いとして「朝日下層式を中期の始まりに据えれば北陸での収まりはよい」（小島 1986-89頁）とした。1章1節ａ　ⅱ（14頁）でみたように、真脇遺跡での成果による「真脇式」の設定と、朝日下層式の2分及び一部または全体の中期への組み込みは表裏一体の関係である。元来、時期大別である前期と中期の枠組みは、その前後で大きな変化があるという文化的な枠組みではなく機械的な区分である。また、凡日本列島で共通した相対年代上の大別時期として設定されるべきで、北陸のみで区分するべきではない。

　大別区分とは別としても、真脇式の設定については批判もある。新潟県の中野純は、真脇遺跡でのⅠ区イルカ層北半での混在例などより出土状況だけからは、真脇式と朝日下層式の分離は不可能で、型式的にも共通する要素が大きいとする（中野 1996）。頸部のジグザク波状浮線紋の共通性から、真脇式と朝日下層式が一部重複すると示唆するが、筆者も同様の見解を持つ。なお、西野秀和は真脇式を福浦上層Ⅱｂ式に含める案を提示（西野 1987）している。結節浮線紋をもつ一部の土器が時期的に遡る可能性はあろうが、西野が根拠とする、大木6式系が卓越することが、大木6式の最も古い段階に平行するのみの福浦上層Ⅱｂ式に含まれることにはならない。胴部の張る器形をみると、大木6式の中でも中段階以降に対比されるのではないか、と考える。

　同時に中野は、朝日下層式と新保式の分離を「粘土紐貼付文」と「半隆起線文」という相違で区分する点について、逆に「粘土紐貼付文と半隆起線文は併存している」という朝日下層式においては当然の結論に立ち戻った結果、新保式と共通する浮線紋をもつ一部の朝日下層式土器を新保式に組み入れる考えを示している（中野 1996）。これらの土器（第4図-17・19）は、新保式と共通するのではなくて、浮線紋を持たないことより朝日下層式から分離されて新保式第Ⅰ段階とされた後、中期へと組み込まれた土器なのであって、これを前期へ戻すのが正道でないか、と考える。

　筆者は、真脇報告で新保式に組み入れられている半隆起線紋による朝日下層式

類似モチーフの新保式比定土器は、関東地方前期末葉5期や大木6式新に比定可能なことより、朝日下層式に上がる（前期に納める）と捉えたい。筆者の時期設定でいえば、北陸4～6期までが前期で朝日下層式（関東の前期末葉4・5期に対応）、北陸7期が中期で新保1式、関東の新地平編年1期並行となる。

ⅲ）暦年較正年代による前期と中期の境（第7表・第46図）

　上安原遺跡の測定結果（第45図）について、他遺跡の測定結果と対比させるため、南関東地方神奈川県藤沢市南鍛冶山遺跡下の根地区出土の前期末葉十三菩提式・集合沈線文系土器付着炭化物などをみてみる（小林・今村2003c）。

　下の根出土前期末葉の踊場系土器KFS180（小林1986の前期末4または5期）に含めて考えるべき土器が、暦年較正での37940～3650cal BCに含まれる年代幅のうち、3650cal BCに近い年代の可能性が高い。なお、KFS180のδ$^{13}$C値が－23.5‰と、他の試料に比べ高いことから、炭化物自体の由来に依存して、やや古い年代が示されている可能性はある。十三菩提式KFS101・474は、3640～3500cal BCに含まれる可能性が高く、土器から考えるとKFS101は小林1986の前期末葉3期の土器、KFS474は、前期末葉5期に相当する土器の2点と考えられるので、前者は3640cal BCに近い年代、後者は3500cal BCに近い年代である可能性が高い。

　東北地方大木6式については、北上市滝ノ沢遺跡・横町遺跡で多数の測定を行っている。大木4式の滝ノ沢遺跡IK18は、5390±40$^{14}$C BPである。これによっても、大木6式が3600-3520cal BCころであることは明らかである。

　以上のように、北陸地方及び関東・中部地方、東北地方の土器群の暦年較正年代を型式順に並べると、いくつかの例外を除き、おおむね整合的に推移する。五領ケ台1式の細線紋系土器を新保1式、大木7a式と平行と考え中期の最初と捉えると3520cal BCころ（3550～3500cal BC）に、前期末葉朝日下層式・十三菩提式・大木6式の土器群との境が想定できる。前期と中期の境については、キャリブレーションカーブも、直線的に推移している時期であり、暦年代を比定しやすい。すなわち、前期末葉と小林が考える土器は、ほとんどが3520cal BCより古く、中期に属すと捉える土器は、これより新しい。このことから、3520cal BCが、前期と中期の境である可能性は極めて高いと考える。縄紋時代前期のこれ以前の年

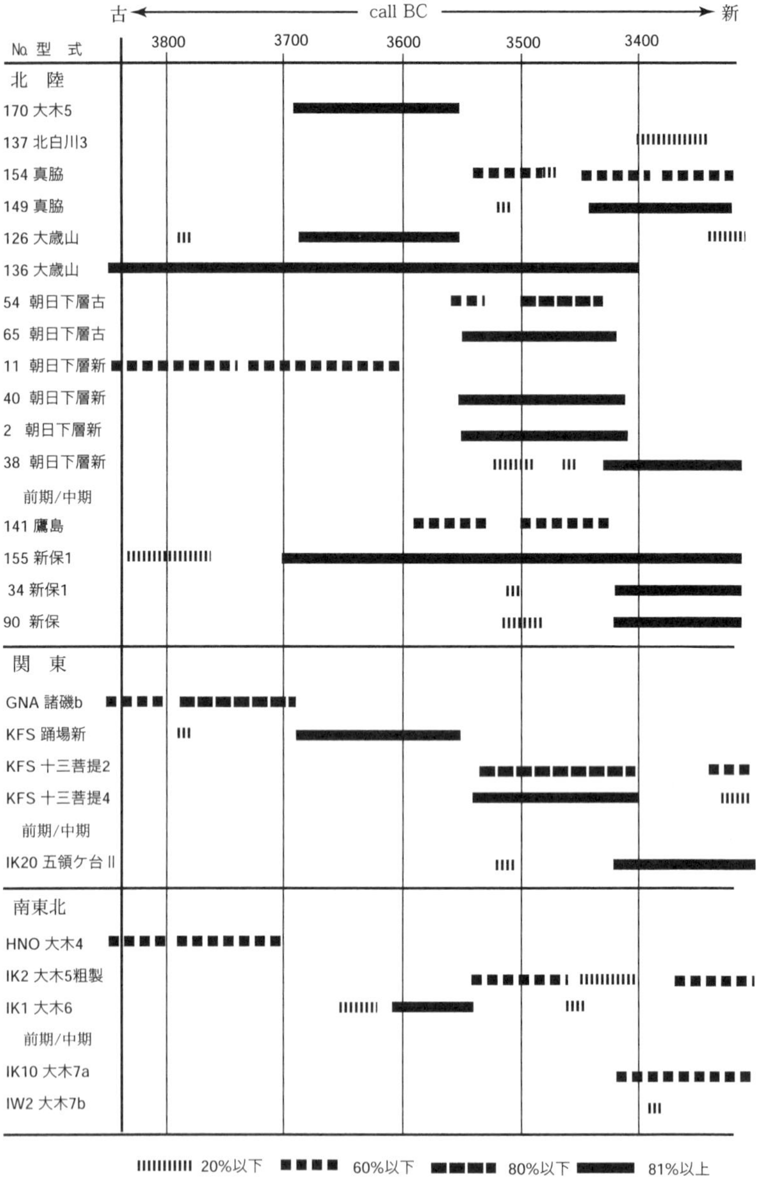

100　2章　年代的枠組みと土器の時間

第46図　前期末〜中期初頭の暦年較正年代

代や中期中葉以降の年代から考えても、これまでの筆者らの測定値から検討するならば、前期・中期の境は3520－3500cal BCに含まれる可能性が高い（小林・今村・西本・坂本2002a）。

**b）中期末葉と後期初頭の境―加曽利E式・大木式後半期の検討―**

　中期末と後期初頭については、キャリブレーションカーブは、直線的に推移している時期であり、年代を求めやすいが、南西関東地方でも特に遺跡が激減する時期であり、これまでに年代測定した遺跡では、単一の遺跡で中期から後期のシリーズが明確にとれる遺跡もない。しかし、単純遺跡を含めて多くの測定例を得ており、かつ中期後葉までは大橋遺跡での集落での年代測定があり、後期前葉では分谷地A遺跡や稲荷山遺跡などの年代測定の好例を得ており、いわば年代の頭としっぽは押さえている。よって、以下に、これまで測定した中期末・後期初頭の事例を集成し、暦年代を検討してみたい。

　福島県浜通地方では、多くの中期後半の集落が存在するが、近年、常磐自動車道の延長計画に伴い、多くの遺跡が福島県埋蔵文化財センターによって調査され、そのうちのいくつかの遺跡で大木式後葉〜末葉の土器の年代測定を行うことができた。福島県前山遺跡（MYA）・馬場前遺跡（BBM）は、縄紋時代中期の良好な集落が検出されており、土器が多く出土している。同時に測定を行った福島県高木遺跡（NMTK）と併せることで、中期後半大木8〜10式土器の年代的位置づけの基準となる試料である。

　福島県前山遺跡MYA2（小林・今村2003d）は、漆のパレットに用いられた文様の少ない小型土器の底部破片であって、土器型式による時期的な位置づけは不明瞭であるものの、共伴する土器から考えても大木9式に属する。このMYA2の較正暦年ではNMTK1・3の高木遺跡大木9式土器の較正暦年におおよそ整合的である。MYA3は、大木8b式土器であるが、馬場前遺跡・高木遺跡の結果と重ねると、大木9式土器に近い暦年である。土器としても、馬場前遺跡大木8b式土器のBBM1よりも、口縁部文様などに新しい要素を持ち、大木8b式の中でも新しい段階と捉えられ、暦年の上からもおおよそ整合的と考えられる。同一の土坑から出土したMYA1・5は、同じ値を示しており、上記の結果とも

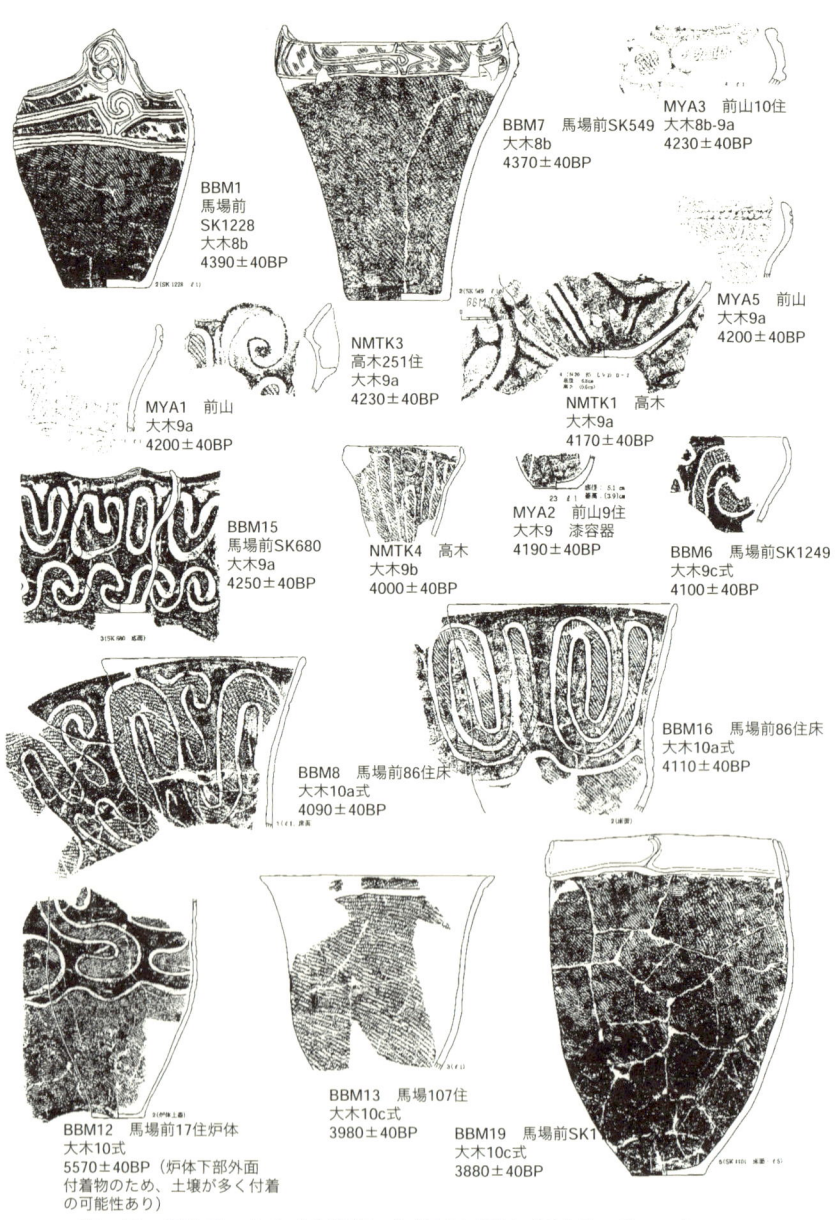

102  2章 年代的枠組みと土器の時間

BBM1 馬場前SK1228 大木8b 4390±40BP

BBM7 馬場前SK549 大木8b 4370±40BP

MYA3 前山10住 大木8b-9a 4230±40BP

MYA1 前山 大木9a 4200±40BP

NMTK3 高木251住 大木9a 4230±40BP

NMTK1 高木 大木9a 4170±40BP

MYA5 前山 大木9a 4200±40BP

BBM15 馬場前SK680 大木9a 4250±40BP

NMTK4 高木 大木9b 4000±40BP

MYA2 前山9住 大木9 漆容器 4190±40BP

BBM6 馬場前SK1249 大木9c式 4100±40BP

BBM8 馬場前86住床 大木10a式 4090±40BP

BBM16 馬場前86住床 大木10a式 4110±40BP

BBM12 馬場前17住炉体 大木10式 5570±40BP（炉体下部外面付着物のため、土壌が多く付着の可能性あり）

BBM13 馬場107住 大木10c式 3980±40BP

BBM19 馬場前SK1 大木10c式 3880±40BP

第47図 福島県の大木式後半期の年代測定試料（測定値は$^{14}$C BP）

第8表　東北南部・関東地方の中期後葉〜後期初頭の年代測定

東　北

| 図No. | 試料No. | 遺　跡 | 考古年代 | | $^{14}$C BP | 暦年較正 cal BC |
|---|---|---|---|---|---|---|
| 3 | NMTK | 高木 | 大木9a | 12b期 | 4230±40 | 2910-2840 (35.5%), 2810-2670 (59.7%) |
| 15 | BBM | 馬場前 | 大木9a | 12期 | 4250±40 | 2920-2850 (54%), 2810-2730 (31.5%) |
| 1 | NMTK | 高木 | 大木9b | 12c期 | 4170±40 | 2880-2820 (20.2%), 2820-2650 (68.2%) |
| 4 | NMTK | 高木 | 大木9c | 12c期 | 4000±40 | 2600-2450 (89.4%) |
| 23 | GNA | 上ノ久保 | 大木9c | 12c期 | 4000±30 | 2570-2460 (95.1%) |
| 6 | BBM | 馬場前 | 大木9c | 12c-13期 | 4100±40 | 2860-2800 (21.8%), 2780-2760 (10.4%), 2710-2560 (56.2%) |
| 8 | BBM | 馬場前 | 大木10a | 13期 | 4090±40 | 2860-2800 (19.1%), 2700-2550 (57.8%) |
| 16 | BBM | 馬場前 | 大木10a | 13期 | 4110±40 | 2860-2800 (23.3%), 2760-2710 (12.6%), 2710-2560 (53.3%) |
| 11 | HK | 町B | 大木10b | 13期 | 4090±40 | 2860-2800 (19.1%), 2700-2550 (57.8%) |
| 13 | BBM | 馬場前 | 大木10粗製 | 13期 | 3980±40 | 2570-2400 (89.6%), 2370-2350 (4.1%) |
| 19 | BBM | 馬場前 | 大木10c | 14期 | 3880±40 | 2460-2270 (86.7%) |
| 4 | IK | 横町 | 大木10c | 14期 | 3920±40 | 2550-2530 (1.93%), 2490-2280 (92.7%) |
| 1 | HK | 馬場小路2次 | 大木10c | 14期 | 3870±40 | 2460-2270 (82.5%) |

関　東

| 157 | KMA | 油壺 | 加曽利E4 | 12c期 | 4170±40 | 2880-2820 (20.2%), 2820-2650 (68.2%), 2650-2620 (6.8%) |
|---|---|---|---|---|---|---|
| 18 | OH | 大橋 | 加曽利E3 | 12c期 | 4140±40 | 2870-2790 (28.4%), 2790-2610 (62.1%) |
| 4 | OH | 大橋 | 加曽利E3 | 12c期 | 4160±40 | 2870-2650 (85.8%) |
| 16 | KYKN | 二の丸チ3 | 加曽利E4 | 13a期 | 4050±40 | 2850-2840 (1.5%), 2840-2810 (5.3%), 2670-2460 (88.5%) |
| 11 | GH | 陣場 | 関沢類型 | 14期 | 3900±40 | 2470-2280 (91.5%), 2250-2230 (2.6%) |
| 22 | GNA | 道前久保 | 称名寺1 | 14期 | 3890±30 | 2460-2280 (95.6%) |

整合的である。

　福島県楢葉町馬場前遺跡の測定値（小林・今村2003 a）を、土器型式別にみると、中期後葉の大木 8 b 式古段階のBBM 1 が4390±40$^{14}$C BP、暦年に較正すると3000±100cal BCとなる。ほぼ同時期であるBBM 7 も4370±40$^{14}$C BP、較正暦年で3090−2890cal BCと、同様な時間幅を示す。中期後葉大木 9 式BBM15が4250±40$^{14}$C BP、暦年に較正すると2920−2850cal BCに54％の確率で含まれ、100年ほど新しい年代といえる。中期末葉の大木10式では、土器からみてやや古い大木10式古のBBM 6 が、4100±40$^{14}$C BP、暦年較正で2710−2560cal BCに56％の確率で含まれる。より新しい大木10式中頃のSI86出土の 2 個体であるBBM 8 とBBM16が、それぞれ4090±40$^{14}$C BP、4110±40$^{14}$C BPで、暦年較正でみるとそれぞれ2700−2550cal BCに58％、2710−2560cal BCに53％の確率で、この点ではBBM 6 とほぼ重なっている。大木10式の住居出土の粗製土器であるSI107のBBM13も3980±40$^{14}$C BP、較正暦年で2570−2400cal BCと、概ね重なる。今回の土器の中では最も新しい大木10 c 式(新)であるBBM19は、3880±40$^{14}$C BP、暦年較正で2460−2270cal BCに86％の確率で含まれ、明らかに新しく、年代的には後期に属する可能性が高い。 1 つだけ、大木10式の炉体土器であるBBM12のみは、5570±40$^{14}$C BPと、前期に相当する$^{14}$C年代が測定された。改めて炭化物をみると、かなり土っぽく、付着部位も炉体として埋設された胴部下部の外面であり、地土に埋め込まれていた部分である。土器使用時の吹きこぼれやススではなく、埋設された土に由来する付着物である可能性が考えられる。なお、同時に分析を行った前山遺跡、高木遺跡の測定結果を含めて、東北地方中期大木土器に関する、矛盾のない年代組列が得られており、福島県浜通地方の大木 8 b 式から10式の年代観を得ることが、概ね可能となったといえよう。

　新潟県分谷地A遺跡（NKW）では、中期末葉〜後期初頭の大木10式の新しい段階であるNKW 2 が$^{14}$C年代で3870±40$^{14}$C BP、暦年較正で2460−2270cal BCに82.5％の確率で含まれ、後期初頭〜前葉ころの年代を示している。土器型式の上で次に新しい後期初頭三十稲場式の新しい段階と評価されるNKW 4 が$^{14}$C年代で3790±40$^{14}$C BP、暦年較正で2340−2130cal BCに88.7％の確率で含まれる。

　以上の他、関東・東北（第47図）において、数多くの測定を重ねている。個々

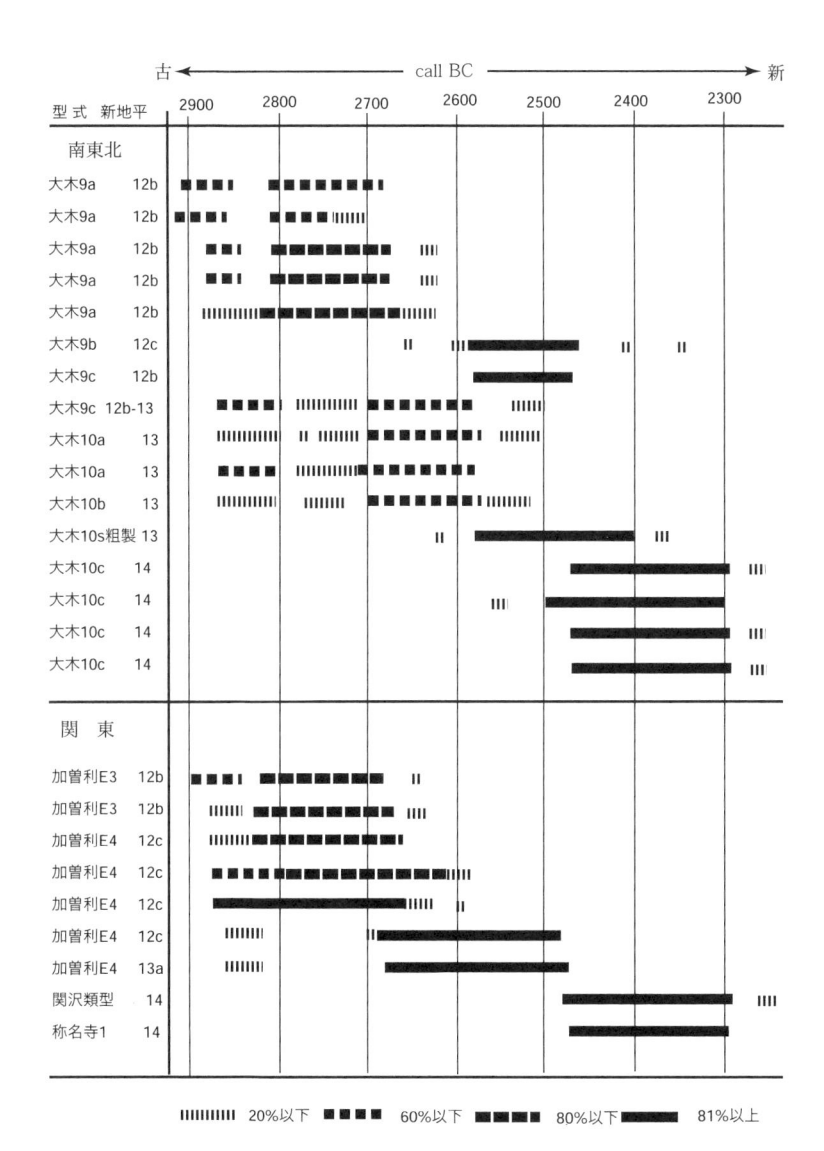

1 節　東日本中期土器の年代的再編成　105

第48図　中期末〜後期初頭の暦年較正年代(南東北・関東)

のデータは個別の報告を参照していただき、細別時期別の暦年較正を、第 8 表・第48図にまとめた。これにみるように、関東の加曽利 E 4 式〜称名寺式・関沢類型土器、及び福島県の大木式土器群の暦年代を並べると、整合的に推移する。称名寺式土器成立をもって後期とすると、2470cal BCころ（2500〜2450cal BC）に、境が想定できる。大木10式の新しい土器は、称名寺式と同一の年代を示す。

　中期と後期の境の暦年代については、称名寺式土器の成立すなわち、称名寺式の古い土器の年代で議論することとする。その結果、第48図に示すように、加曽利 E 4 式単純出土遺跡は、2470cal BCより古い較正暦年代を示すのに対し、称名寺式は2470cal BCより新しい年代である。よって、2470cal BCに中期と後期の境を設定したい。この結果、大木式土器は、大木10式の中間で、中期と後期の境があり、胴部文様帯が縄紋施文のみなどの大木10 c 式（丹羽 1981）は、称名寺式と同一年代であることから後期に属すると捉えたい。

　大木10式の位置づけについては、石井寛などが、後期前葉まで平行する見解を示し、議論されている。大木10式の位置づけによっては、例えば山本暉久がまとめている敷石住居の空間的展開（山本 2002）に関しても、山本は中期に含めて検討しているが、このうちの一部が後期に属するものであるならば、その文化的要素の理解も若干の変更を要することとなろう。同様に、敷石住居埋甕などでの称名寺式との共伴例（調布市下布田遺跡例など）から、後期に属する加曽利 E 系土器の存在も指摘されており、石井寛・稲村晃嗣・加納実らは加曽利 E 5 式と呼称している（石井 1992）。今回の測定例の中には、該当するような後期の加曽利 E 式は含まれなかったが、今後、南西関東地方での後期初頭の事例を重ねていけば、大木10式後半の問題と同じく、加曽利 E 式土器についても、単純に中後期の枠では割り切れないような、位置づけも明らかになるものと予想している。ある時期を境に土器が一斉に替わるというような状況は考えにくい。年代測定を重ねていくことによって、称名寺式などが西日本の影響を受けて、ある程度急激に出現した段階においても、以前の土器も併存していくような、土器のあり方の実態が明らかにできるのではないかと考える。

### c）中期土器型式ごとの暦年較正年代

　第44図は、これらのデータを土器編年から想定される順番で、適度に間隔を空けて配列したものと、INTCAL98の較正曲線とを並べ比較したものである。$^{14}$C年代と実年代の錯綜による変動するグラフの波の形が、較正曲線と実際のデータの配列とでよく類似し、この縄紋中期を中心とした試料群が、整合的な配列をなしていることが肯定されよう。ただし、中期初頭や中期末葉などは、他の時期に比べデータの間隔がやや広げた場合が多いが、集成したデータの粗密が一定でないため（中期初頭や中期末葉がやや少ないため）である可能性がある。

　第41図は$^{14}$C年代値を土器型式の編年順に並べて図にしたものである。これをみると、おおむね土器型式の順序にそって年代的に測定値が並ぶ部分と、わずかに変動する部分とがあることが分かる。第41図は、あくまで$^{14}$C年代の測定値であって実年代ではなく、これによって、たとえば五領ケ台2式と勝坂1式土器とが年代的に逆転するとか、並存することを示しているのではない。第43図の暦年較正した年代でみると、明らかに他の測定値とはずれる試料がいくつかみとめられるものの、むしろそれらは例外的な測定値であって、全体としては、土器型式の組列と暦年代とが逆転する事例は認められない。むしろ、五領ケ台2式から勝坂2a式、加曽利E2式から4式にかけて、幅広く同じような暦年代の確率分布が示される時期があることが認められる。

　この理由には、並べ方の基準である土器型式編年の問題か、この期間における暦年較正曲線の特性による結果の2つの可能性がある。前者では、土器型式の相対的な序列が細かな点で間違っているか、または土器型式の変化でなく、土器型式変換期に新旧の土器が長く共存している可能性が考えられる。前者について、資料とした土器の帰属土器型式の認定や、前提となる土器型式編年の議論に、まったく誤りがないとはいえないが、考古学的な土器論としての議論は別に譲ることにして、むしろ後者の可能性について検討する。

　後者の可能性は、暦年較正曲線の特性に基づくもので、過去において大気中の炭素14濃度が一定ではなかったことを反映しているとするものである。

　第44図をみると、その年代値の振幅と想定される暦年代の順序がよく合致することが示されている。若干の例外とすべき、較正曲線からややずれた試料が、

各時期に存在するが、これらは全体としては5％程度であり、測定誤差によるゆらぎの範囲と考えられる。よって、それらを除いて考えれば、土器型式から相対的な順番が決められている測定値を、同一土器型式期の範囲内で並べなおし、また土器型式の時間的間隔を調整しつつ測定値を配列していくと、おおむね較正曲線と一致するように配置できる。これは、土器型式の並び方と、較正曲線とがよく一致していることを示唆している。

細かくみると、土器型式の五領ケ台2式から勝坂2a式の時期にあたる範囲は、較正曲線との一致の悪い時期である。五領ケ台2式については3400cal BCころの較正曲線の谷間に当たる年代が測定値には認められず、逆に勝坂1式から勝坂2a式にかけて3300cal BCころに、実際の測定値において、較正曲線上で$^{14}$C年代が4〜50年新しくなる部分が認められる。3400cal BCころの谷間については、ちょうどその期間にあたる土器を測定していない可能性がある。実際に、資料的制約から、五領ケ台2式前半段階の土器については、ほとんど測定できていない。今後、中期前葉について、測定を増やして検討することが課題である。

しかしながら、その他の時期については、土器型式編年による順序と、較正曲線上での炭素値の動向がきわめてよく一致していると考える。特に、測定が多くなされている勝坂3式以降は、較正曲線の波行と、実際の試料の測定値が、よく一致していることは、興味深い。勝坂3式以降については、土器型式としての順番も細かく検討されており、かつ時期によっては、住居の重複順序など、相対的な順序がよく定まっている。すなわち、間隔については、一定の時間幅とはいえないが、順序が定められているという点では、年輪年代のウイグルマッチングに相当するアプローチが実験されていると捉える。

さて、第44図に示したアプローチをもとに、縄紋時代中期の土器型式の暦年代を、かなり絞り込んで議論することが可能である。ただし、縄紋時代中期の編年については、別稿で個々の土器資料の型式論も含めて詳細に議論する計画であるので、ここでは一部概略を述べるにとどめる。

縄紋時代前期と中期の境の年代については、十三菩提式・朝日下層式土器群と、五領ケ台1式・新保1式土器群の測定値をならべると、較正曲線が少し波行した谷間にあたる3500−3550cal BCころにあたると考えられる。五領ケ台1式および

並行期の土器付着物は、測定例が少なく、なおデータの蓄積を図ることが望まれる。

　縄紋時代中期と後期の境に相当する年代については、2500〜2450cal BCころには加曽利E4式から称名寺式に変化していると読みとることができる。

　勝坂1a式が属する年代については、暦年代とともに、$^{14}$C濃度が大きく変化する時期に相当するので、年代を非常に正確に推定できる一方、五領ケ台2式から勝坂2a式についてはやや合致しない部分がある。これは前述した較正曲線の地域差を若干反映した結果である可能性もある。今後、測定例を増やすことと、年輪年代資料などを用いてこの時期の較正曲線を検討する必要があり、今後の課題としたい。

### d）「焼町土器」の年代的検討（第49図）

　豊富な測定データによって、関東地方の縄紋中期の基幹的な土器編年に実年代での秩序が与えられれば、特殊な土器・地域的な土器など、型式学的操作によって年代的な位置づけを確定することに限界がある、または意見の相違が著しいような場合において、暦年較正年代での検討が、指標となり得る場合も考えられる。

　ここでケーススタディとして、焼町土器と称される地域的な土器系統について、その年代的位置づけを、$^{14}$C年代測定と暦年較正から検討する作業を行う。「焼町土器」と称される特徴的な土器群は、中期中葉の長野県東北部、浅間山麓の佐久郡としてまとめられる地域を中心とした千曲川流域に展開する曲隆線文土器で、新潟県地方の火炎土器（馬高式）や、北陸地方上山田式土器群との関係が考えられる土器である。

　この土器については、寺内隆夫（寺内1997）をはじめ、多くの土器研究者が着目し、検討を行っている。しかしながら、土器型式として定立し得るものであるかどうかについては研究者によって見解が分かれ、特に古い段階における曲隆線文的な土器を、焼町土器の系統的理解に即して理解する寺内隆夫の立場と、阿玉台系土器との関係を重視し、群馬県域に主体的に展開した地域的タイプとして、「新巻類型」と捉える山口逸弘の立場とが、長く議論を重ねている。その結果、個々の土器の編年的位置づけについては大枠としては異論はないものの、時間的

にも系統的に連続し、地域的にも領域をもっていて土器型式として認定するべきであると主張する立場の寺内隆夫でさえ、「焼町式」として設定することに踏み切れず、「焼町土器」として中途半端な位置づけがなされてきた。

　近年においては、土器型式及び胎土分析両面から、焼町土器のあり方を検討しようとする共同研究も行われた[1]。その共同研究の一環として、焼町土器の年代的位置づけを検討するため、群馬県・長野県の焼町土器及び中期中葉土器について、AMSを用いた放射性炭素同位体比の測定を行った。その結果、「焼町土器」が、土器型式として定立し得るような、時間幅を有していること、同一の系統にある可能性がある古手の「新巻タイプ」と、典型的な「焼町タイプ」とが、時間的に重複せずに連続する位置づけがなされることを確認できた。土器研究における炭素年代測定の有効性をみる典型例として、あげておきたい。

i）測定対象資料と炭化物の状態

**長野県御代田町川原田遺跡**（試料番号REK530 - 5～10）（堤隆・寺内隆夫・山口逸弘・水沢教子ほか1997）　縄紋中期中葉の集落遺跡である。新巻・焼町土器及び中期中葉土器の付着炭化物6点を採取した。うち2点は、炭化物が少ないため、アルカリ溶解物からフミン酸等を摘出して測定した。他に2点について結果を得た。

**長野県茅野市長峯遺跡**（試料番号NM - 1～41）（長野県埋蔵文化財センター2000）　縄紋中期初頭～後葉の集落遺跡である。土器付着炭化物41点を採取した。今回、そのうちの焼町土器を含む中期中葉土器を分析した。現時点において、4点の結果を得ている。なお、NM40については、1回目の測定値が明らかに古かったため、もう一度前処理からやりなおした。特に、肉眼観察によりべたべたした感じが残っていたので、アセトンによる処理を繰り返し、再処理した。その測定結果をNM40再とする。

**新潟県津南町道尻手遺跡**（試料番号NT - 1～39）　縄紋中期中葉～後葉の集落遺跡である。土器付着炭化物39点を採取した。今回、そのうちの焼町土器を含む中期中葉土器を分析した。

**群馬県赤城村東峰遺跡**（試料番号GA - 1～14）　縄紋中期中葉の集落遺跡である。土器付着炭化物14点を採取した。今回、そのうちの焼町土器を含む中期中葉

1節　東日本中期土器の年代的再編成　111

REK5　J4住-33
焼町　4410±40¹⁴C BP

REK6　J4住-34
焼町
4410±40¹⁴C BP

REK10　D83土坑-192
焼町
4590±50¹⁴C BP

REK8　J50住-25
新巻類系
4600±50¹⁴C BP

川原田遺跡

REK1
曽利系　4170±40¹⁴C BP

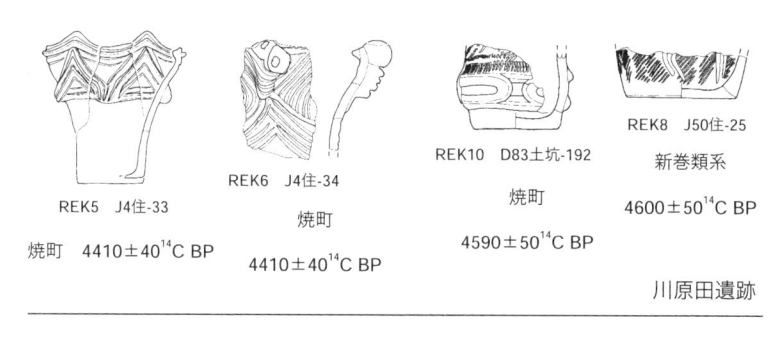

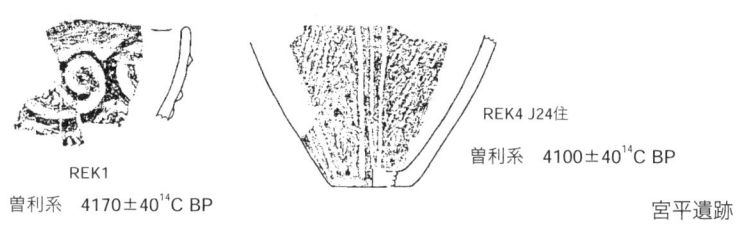

REK4　J24住
曽利系　4100±40¹⁴C BP

宮平遺跡

第49図　川原田・宮平遺跡の測定試料

土器を分析した。現時点において2点について結果を得ている。ただし、焼町土器については、炭化物の量が少なく測定できなかった。

**群馬県富士見村旭久保C遺跡**（試料番号GH－1～7）　縄紋中期中葉の集落遺跡である。土器付着炭化物7点を採取した。今回、そのうちの焼町土器を含む中期中葉土器を分析した。現時点において2点について結果を得ている。ただし、焼町土器については、炭化物の量が少なく測定できなかった。

　解析した暦年較正は、次のようになる。なお、統計誤差は2標準偏差、95%信頼限界で計算した。年代は、「較正された西暦 cal BC」で示す。（ ）内は推定確率である。暦年較正プログラムは、OxCal Programに準じた方法で作成したプログラムを用いている。なお、REK530－5は、炭素量が少なくδ¹³C値が得られていないが、同じ住居より出土している同時期のREK530－10をはじめ、川原田遺跡の土器付着炭化物のδ¹³C値がおおむね－25‰付近であることからみて、特に問題ないものと捉えたい。

　測定の結果、新巻土器・プレ焼町土器と呼ばれる古手のタイプについては、茅

野市長峯遺跡の4例及び川原田遺跡の1例の暦年較正が、3370－2910cal BCの年代に収斂しており、よくまとまっている。さらにこれらまとまった年代を示す新巻タイプの3例について、共通する年代である3100－3090cal BCを中心とする年代幅が含まれている可能性が高い。これは、これまでの測定データとあわせて考えると、新道式土器新期から藤内Ⅰ式（新地平編年6－7期）の年代に共通すると言える。

　つぎに、典型的な焼町土器である川原田 J 4 住の深鉢2例は、共通の測定値を示しており、暦年較正で3100－2900cal BCの年代幅の中に含まれる。これらの土器は、勝坂2・3式（藤内Ⅱ式～井戸尻Ⅲ式）（新地平編年8－9期）に相当するが、測定値自体でいえば$4410±40^{14}C$ BPという数値は、勝坂3ａ式（新地平編年9ａ期）に最も近い。今回の測定資料で言えば、GA14の阿玉台Ⅲ式よりは新しく、GH 4 の勝坂系土器が極めて類似している。即ち、勝坂3式古手の年代と考えてよいと思われる。

　なお、川原田遺跡のJ 4 住の焼町土器は、付着炭化物自体はAAA処理の結果、炭化物として回収できなかったため、アルカリ溶液に溶解した成分を抽出して測定した。同様にアルカリ溶液溶解成分を測定する方法で行った御代田町宮平遺跡J24住の加曽利E 3式土器（新地平編年12ｂ期）の土器の測定値が、$4160±40^{14}C$ BP、および$4100±40^{14}C$ BPと、これまでの加曽利E 3式土器の測定値と矛盾ない数値を示していることから、ある程度の信頼性がおけるものと考える。なお、宮平24住の2つの土器（1つは佐久系と報告される）が、同一の時間幅の中に含まれるのであれば、両者が共有する時間幅であり、かつ同様な土器のこれまでの測定資料と共通する範囲に収まると仮定でき、暦年較正での2710－2650cal BCに相当する可能性が高い。即ち、この住居に捨てられた2つの加曽利E 3式土器の付着物は、この60年間のいずれかの時間幅のなかで土器に吸着した可能性が高い。

　以上のように、編年的に議論されてきた、新巻類型・焼町土器2つのタイプの土器群の年代について、概ね把握することができた。寺内隆夫が型式的に検討してきた編年案とほぼ対応し、新巻類型と呼ばれる古手のタイプは、新道式（新地平編年6期）から藤内式（新地平編年7期）に対応し、焼町土器と呼ばれる最盛

期の土器は井戸尻式（新地平編年 9 期）に対応する。寺内が焼町最末期におくようなタイプは、曽利初頭期にも残るようである。

　新巻と焼町の両者を繋ぐ土器群も存在が予想され、その年代も測定することを今後の 1 つの課題としたい。また、GA 6 やGH11などの加曽利 E 初頭期に相当する年代の焼町土器の末裔が存在するかどうかも資料を探して検討したい。

　検討課題として問題点をあげると、焼町土器の付着炭化物の少なさがある。群馬県の焼町土器について、数度にわたり採取を試みたが、十分な量は取れなかった。長野県の焼町にしても、最盛期の典型例の土器からは、炭化物そのものは回収できなかった。器面調整や胎質の状態により炭素が付着しにくい、または残存しにくいということか、焼町土器が特殊な使用状況にあるのか、これだけでは判断できないが、なおも炭化物の採取およびアルカリ溶解成分の測定を含めて、再度測定を試み、暦年較正年代についての検討を重ねていく必要がある。

### e）中期土器群の年代的再構成と土器型式の時間幅

　以上の他、向郷遺跡20次調査 1 号土坑での藤内 2 式期の一括出土土器及び共伴炭化物での年代測定（第50図）（小林・今村 2002 b）や、川尻遺跡群川尻中村遺跡・原東遺跡での藤内式期及び加曽利 E 1 式期の住居の年代測定、多摩ニュータウンNo.520遺跡での加曽利 E 1 式期と連弧文式期の住居の年代測定、油壺遺跡敷石住居での加曽利 E 4 式期の年代など、集落における年代測定を、多く重ねてきた。集落分析で後述するSFC遺跡、大橋遺跡の年代測定も、それぞれ勝坂 3 式期と加曽利 E 3 式期の年代比定の重要な指標となっている。こういった住居ごとに押さえられる年代と、さらに個別の測定も数多く行っている。個別の測定とは、まさに東日本全域にわたって、数点・時には 1 点の土器付着炭化物を測定し、蓄積してきた。すなわち関東地方を中心としたある程度まとまりのある集落での事例と、各地での個別の測定結果を重ねることにより、より合理的な$^{14}$C 年代測定とその暦年較正による、縄紋時代の暦年での再構成が可能となる。

　立川市向郷遺跡20次調査では、勝坂 2 式土器が集中的に出土した中で、勝坂 2 式の完形・半完形土器 2 個体が出土した 1 号土坑の 2 個体の土器付着炭化物・共伴炭化物及び周辺の勝坂 2 式土器に伴う試料複数を測定した。その暦年較正の最

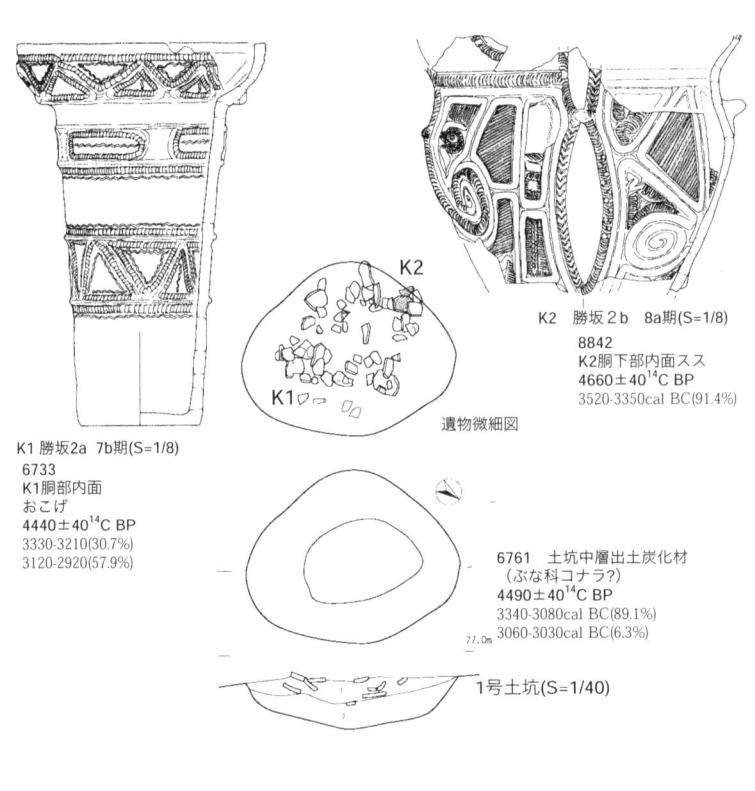

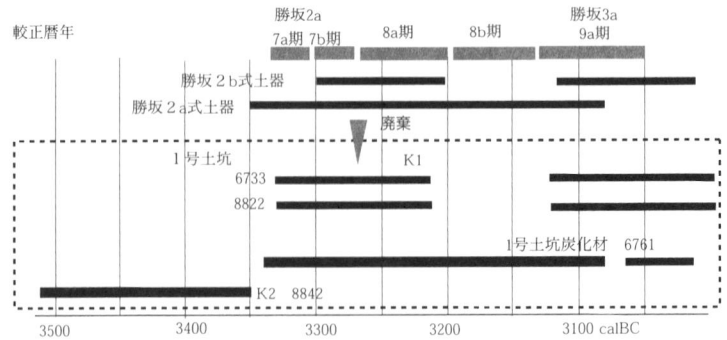

114　2章　年代的枠組みと土器の時間

K1 勝坂2a 7b期(S=1/8)
6733
K1胴部内面
おこげ
4440±40 $^{14}$C BP
3330-3210(30.7%)
3120-2920(57.9%)

K2 勝坂2b 8a期(S=1/8)
8842
K2胴下部内面スス
4660±40 $^{14}$C BP
3520-3350cal BC(91.4%)

遺物微細図

6761　土坑中層出土炭化材
（ぶな科コナラ？）
4490±40 $^{14}$C BP
3340-3080cal BC(89.1%)
3060-3030cal BC(6.3%)

1号土坑(S=1/40)

（小林・今村・坂本・大野2003）

第50図　向郷遺跡20次1号土坑の年代測定

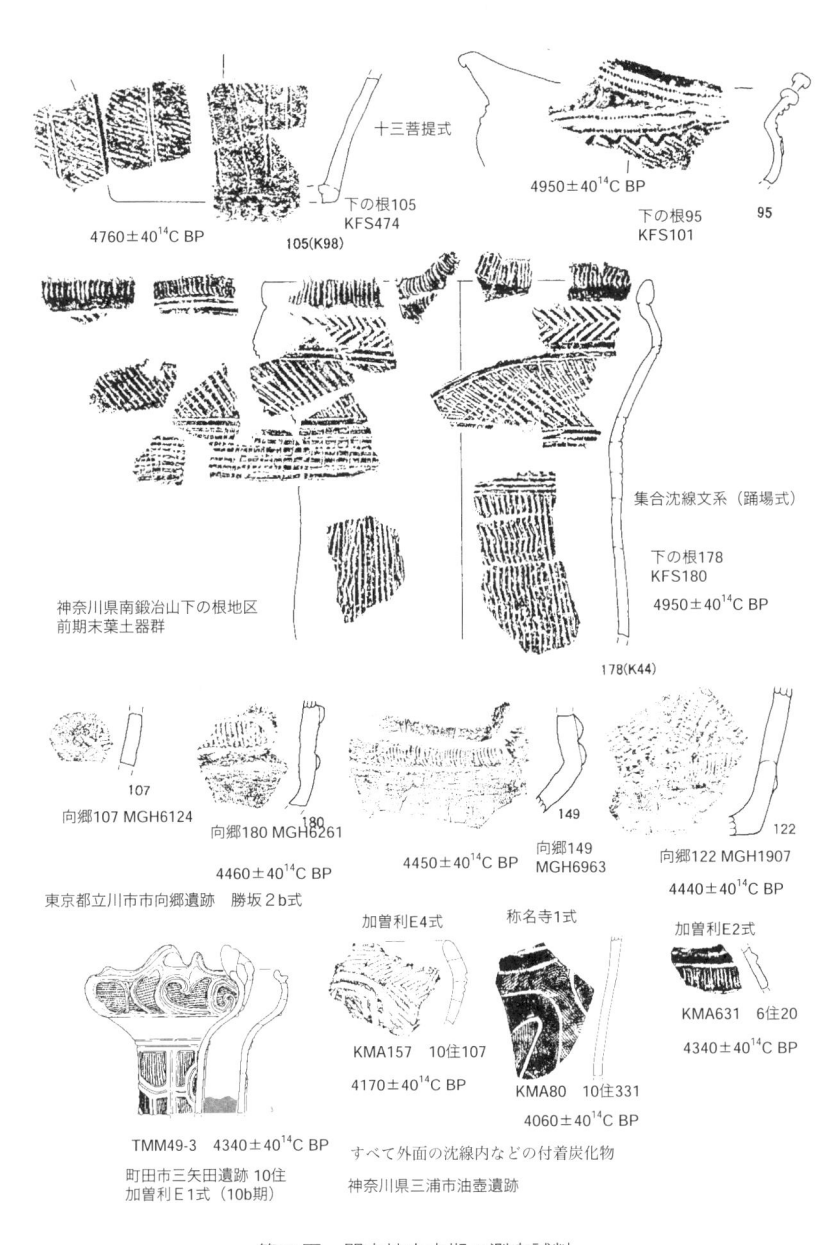

1節　東日本中期土器の年代的再編成　115

十三菩提式
下の根105 KFS474
4760±40 $^{14}$C BP
105(K98)

下の根95 KFS101
4950±40 $^{14}$C BP
95

神奈川県南鍛冶山下の根地区
前期末葉土器群

集合沈線文系（踊場式）
下の根178 KFS180
4950±40 $^{14}$C BP
178(K44)

向郷107 MGH6124
107

向郷180 MGH6261
4460±40 $^{14}$C BP

向郷149 MGH6963
4450±40 $^{14}$C BP

向郷122 MGH1907
4440±40 $^{14}$C BP

東京都立川市市向郷遺跡　勝坂2b式

加曽利E4式
KMA157　10住107
4170±40 $^{14}$C BP

称名寺1式
KMA80　10住331
4060±40 $^{14}$C BP

加曽利E2式
KMA631　6住20
4340±40 $^{14}$C BP

TMM49-3　4340±40 $^{14}$C BP
町田市三矢田遺跡　10住
加曽利E1式（10b期）

すべて外面の沈線内などの付着炭化物
神奈川県三浦市油壺遺跡

第51図　関東地方中期の測定試料

もよく重なる年代である3330－3210cal BCに勝坂2式期が含まれること、勝坂2式の古い段階に比される1号土坑が3330cal BCに近い年代であることを示した（小林・今村2002b）。

　神奈川県油壺遺跡（KMA）（第51図）では、中期後半の土器付着物を測定した。加曽利E2式後半と考えられるKMA631の暦年は、3020－2880cal BCのうち、新しい年代の2880cal BCに近い時期と考えられる。加曽利E3式の終わりから加曽利E4式のはじめに位置づけられるKMA157は、2820－2650cal BCのうち、新しい年代の2650cal BCに近い時期と考える。後期最初頭と考えられるKMA80は、2470cal BCに近い暦年であろう。

　町田市三矢田遺跡TMM49－3（第51図）は、中期後葉加曽利E1式初頭、多摩・武蔵野中期土器編年（新地平編年）10b期に相当する土器である。暦年較正年代で3020－2880cal BCとなり、これまでの筆者の測定結果と整合的である。

　第9表に、現時点における、地域ごとの細別時期別の$^{14}$C年代測定値を記す。横軸は、伝統土器群の分布圏にほぼ対応する地域を配し、縦軸には中期の土器細別時期を配する。地域間の土器編年の対比には、細かな議論も必要であるが、ここでは関東地方を基軸として、やや無理矢理に横並びにしてある。中には、各地域毎の土器型式を記した。その左側に、各地域の測定値を記す。単独の測定しかない場合は、測定誤差を付した測定値を$^{14}$C BPで記す。同一地域・同一細別時期に対して複数の測定値が得られている場合は、その測定値の平均値を記す。よって、較正年代ではなく、あくまで現時点における目安に過ぎない。この表9をみても、測定が関東と南東北地方に集中していることが明かで、各地域間の関係を追っていくには、まだまだ測定例が不足していることを認めざるを得ない。

　しかしながら、特に関東地方中期後半のデータは相当数が蓄積されており、細別時期ごとの暦年代表示による継続期間や時間軸の推定も可能である。たとえば、資料が多く蓄積された勝坂式後半では、$^{14}$C年代で勝坂3式古（9a期）が4490±40〜4430±40 $^{14}$C BP、勝坂3式新（9b期）が、4460±40〜4340±40 $^{14}$C BPの値であるが、より古い勝坂2式（8期）が4510±40〜4420±40 $^{14}$C BP、より新しい加曽利E成立期9c・10a期が4350±40〜4370±40 $^{14}$C BPであるから、その間で絞り込むことが可能である。暦年にして8b期が3100cal BCころ以

前と推定すれば、9a期はそれ以降3030cal BCころまで、9b期がそれ以降2950cal BCころ、9c期が2900cal BCころと推定できる。12a－c期に細分される磨消縄紋の加曽利E3式では、12a期が4220±40$^{14}$C BPを中心とし、12b期が4230±40～4060±40$^{14}$C BP、12c期が4100±40～4000±40$^{14}$C BP位にまとまり、それぞれ100年以内の幅に比定する事が可能と考える。暦年較正では、12a期は2800cal BCころ以降2700cal BCころまでのいずれかの時期、12b期が2650cal BCころまで、12c期が2550cal BCよりも古い時期までの時間幅であり、細別時期が実年代で50－100年間くらいの幅またはそれよりも短い幅に絞り得る。第52図は、細別時期別の暦年代である。

第52図によれば、縄紋中期の土器細別時期ごとの実年代は、筆者が細別編年当初に予想したように、一律の長さに区分されるものではないことが確実である。当初は、文様要素なり、文様帯構成の変化なり、一定の基準に基づいて細別を行っている以上、おおむね一定の実年代に区分されるものと考えていた。具体的には、おおむね一世代をイメージし、25～30年程度が、究極の細別となるものと予想した。

しかし、実際には、勝坂2式から3式や加曽利E3式など、明らかに長い時期があり、細別時期でも70－90年間は存続している時期がある。これらの時期は、遺跡数も多く土器も多い。集落も住居も多く、よって測定試料も豊富である。その結果、これだけの存続期間は確実に見込むことができる。

これに対し、五領ケ台式期や勝坂1式期などは、20年程度の時間幅で土器が変化しているとしか考えられない。これらの時期は、遺跡数は少なく、特に集落は少ない。遺跡における出土土器量も多くはない。従って、測定数も多くはないが、各遺跡は単純遺跡が多く、また較正曲線も比較的単純に降下する時期なので、測定や較正暦年自体には自信がある。第一に、前期末中期初頭の時期は、前述の上安原遺跡の測定他により、3520cal BCに確定している。同様に、勝坂2式期についても、立川市向郷遺跡や藤沢市SFC遺跡の測定によって、3330cal BCで確定しているといってよい。その間190年間に、五領ケ台1式から新道式までの土器変化は確実であり、この間の変化の時間が短いことは間違いない。土器自体を考えてみると、五領ケ台式（1期）から新道式（6期）・藤内1式（7期）までの施

### 第9表　縄紋中期土器型式の枠組みと型式別炭素14年代測定値

| 時期 | | 西関東 | | 東関東 | | 山梨・諏訪 | |
|---|---|---|---|---|---|---|---|
| 前期 | Z1 | 諸磯c | | 興津 | | 諸磯c | 4830±30 |
| | Z2 | | | | | | |
| | Z3 | 十三菩提 | 4950±40 | 古和田台 | | 集合条線 | |
| | Z4 | | 4812.5 | | | | |
| | Z5 | | 4760±40 | | | | |
| 中期初 | 1a | 五領ケ台1 | 4755 | 八辺1 | | 梨久保 | |
| | 1b | | | | | | |
| | 2 | 五領ケ台2a | 4660±40 | 八辺2 | | 五領ケ台2a | |
| | 3a | 五領ケ台2b | 4565 | 八辺3 | | 五領ケ台2b | **4580** |
| | 3b | | | | | | 4560±40 |
| | 4a | 五領ケ台2c | 4530±40 | 八辺4 | 4480±40 | 五領ケ台2c | |
| | 4b | | 4560±40 | | | | |
| 前葉 | 5a | 狢沢 | 4495 | 阿玉台1a | | 狢沢 | 4550±40 |
| | 5b | | 4530±40 | | | | |
| | 5c | | | 阿玉台1b | **4490±40** | | 4550±40 |
| | 6a | 新道 | 4555 | | 4410±30 | 新道 | 4560±50 |
| | 6b | | 4465 | 阿玉台II | 4390±40 | | |
| 中葉 | 7a | 藤内1 | 4503 | | | 藤内1 | 4580±40 |
| | 7b | | 4460 | | 4460±40 | | 4480±40 |
| | 8a | 藤内2 | 4460±40 | | | 藤内2 | |
| | 8b | | 4455 | 阿玉台III | 4390±40 | | 4400±40 |
| | 9a | 井戸尻1 | 4455 | | 4410±40 | 井戸尻1 | |
| | 9b | 井戸尻3 | 4371 | 阿玉台IV | **4425±40** | 井戸尻3 | **4350±25** |
| | 9c | 勝坂末 | 4340±40 | 中峠 | 4360±40 | 梨久保B | 4350±40 |
| 後葉 | 10a | 加曾利E1 | 4367 | 加曾利E1 | 4400±50 | 曽利1 | 4310 |
| | 10b | | 4380±50 | | | | 4360±40 |
| | 10c | | 4350±40 | | | 曽利2 | 4300±40 |
| | 11a | 加曾利E2 | 4276 | 加曾利E2 | | 曽利3古 | |
| | 11b | | 4250±40 | | | | |
| | 11c1 | | 4285 | | | | 4240±50 |
| | 11c2 | | 4230±40 | | | | 4250±40 |
| | 12a | 加曾利E3 | 4220±40 | 加曾利E3 | | 曽利3新 | 4220±40 |
| | 12b | | 4184.6 | | | | |
| 末葉 | 12c | 加曾利E4 | 4140±40 | 加曾利E4 | **4030±35** | 曽利4 | 4190±50 |
| | 13a | | 4055 | | | 曽利5 | 4140±30 |
| | 13b | | 4060±40 | | | | |
| 後期 | 14 | 称名寺 | 3845 | 称名寺 | 3900±40 | | |

単独の数値は測定例が1例の土器型式、複数測定の場合は平均にして記す（誤差は省略）。

| 補充注文カ[ー] |
| 貴店名（帖合） |

| 発行所 | 六一書房 |
| 書名 | 普及版 **縄紋社会研究の新視点** ―炭素14年代測定の利用― |
| 著者名 | 小林 謙一 著 |
| | 本体価格2,500円 |
| 注文数 | |

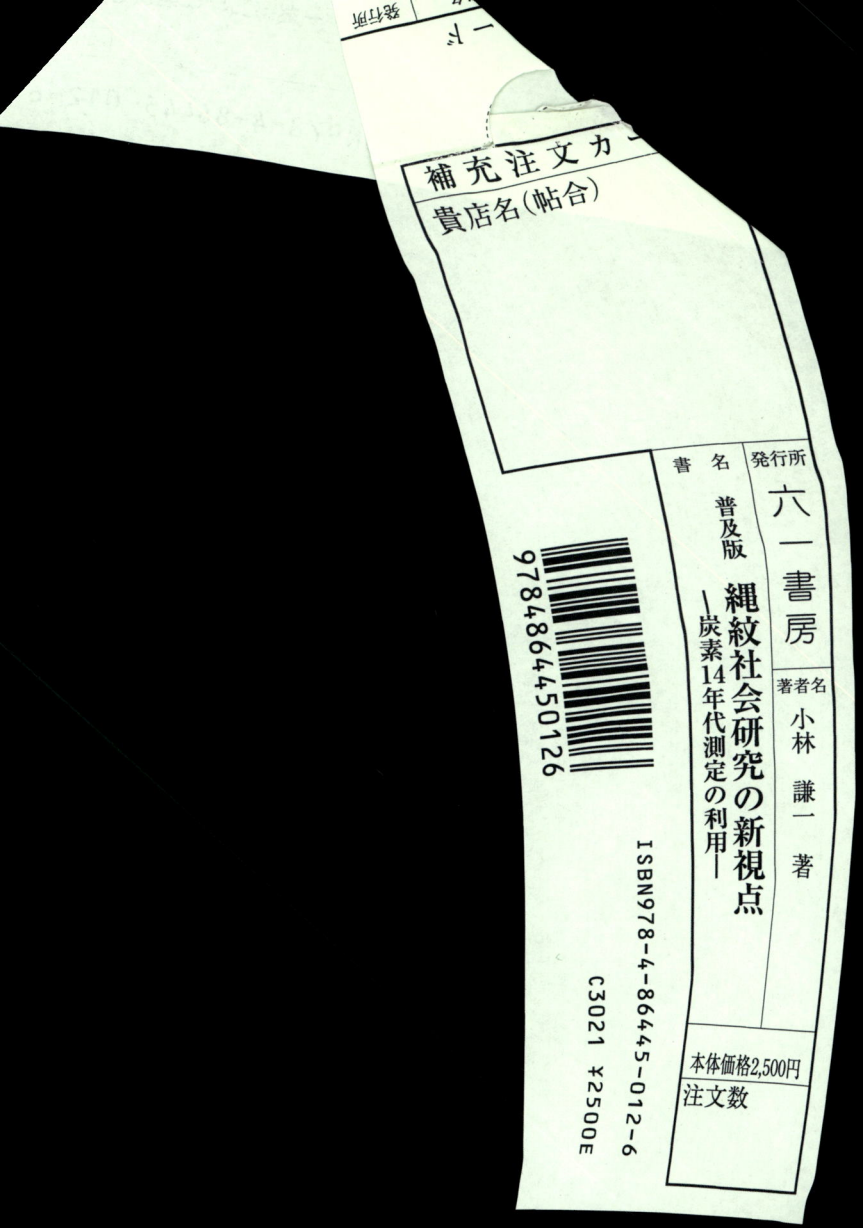

9784864450126

ISBN978-4-86445-012-6

C3021 ¥2500E

ISBN978-4-86445-012-6

文工具の変化は単系統の変化（半截竹管から竹管、さらに先端加工竹管へ変化し、加工方法が変化）すること、五領ケ台2式（4期）と新道式（6期）との間で、文様区画の復活がみられること、玉抱き三叉文など、複数細別時期にまたがり存続する文様単位が存在すること（3期から7期）など、この間の時間経過が比較的短いことを示唆しているといえる。

　総じて、遺跡数が多く、集落が継続的で、土器も多量で大型の土器が作られる時期は、土器型式の時間が長い傾向があり、逆に遺跡数が少なく、かつ単純遺跡が多く、土器も少ない時期は、短い傾向がある。おおまかにいえば、中期前半は短く、後半は長い。後半でも、勝坂最末期（9c期）から加曽利E成立期（10期）という、土器型式変化の時期は、前後に比べ短い。

　以上のように、土器型式によって、変化の時間幅が異なることが明らかになった。その理由については、次節において、土器文様の変化という観点から整理してみたい。また、3章においても文化的状況や集落の継続性を絡めて、別途検討していきたい。

## 2節　土器の時間

　前節において、土器型式・細別時期の継続期間が、土器型式・細別時期によって異なることを示した。本節では、土器型式の変化、または交替、すなわち新旧の土器のタイプが変わるときの時間的な長さについて、具体的な事例の検討を行う。それによって、型式の異なる土器の共存があるとして、どのくらいの時間幅と捉えられるか、を検討したい。

　次に、土器細別時期の時間幅に長短があることの背景を検討したい。ここでは、特に文様要素の変化や文様帯構成の変化を、実年代としてのスピードとして捉え直し、その長短をスタイルの変化として説明してみたい。

### a）細別型式の異なる土器の共伴と年代測定

　時期が異なる、特に連続する型式にまたがるような複数の土器の共伴という状況は、考古学的にはよく認められる現象である。このような状況は、土器型式が変化する際に、新旧の型式が時間的に共伴するのか否かというような問題とし

重要である。その好例として、立川市向郷遺跡20次調査1号土坑の年代測定（第50図）について検討しておきたい。

　土器の変化が、一定地域で一斉に起こったという保証はない。実際にも、勝坂最終末期と加曽利E初頭期の土器については、共伴して出土する事例も多いし、$^{14}$C年代の上でみても、第44図に示されるように、どうしても交錯してプロットされる場合がある。これについては、大木系土器の影響を受けやすい北関東および東関東では、よりはやく加曽利E式土器成立期の土器群が出現し、曽利系土器の影響を受ける南西関東では勝坂系土器が残存しているため、勝坂式と加曽利E式土器が地域によって一時的に共存する現象が生じるためと思われる。こうした顕著な事例以外でも、古い要素をもった土器と新しい要素をもった土器とが共伴する向郷遺跡1号土坑の事例は、検討する上での好例となろう。向郷遺跡1号土坑は、向郷遺跡の勝坂期集落の縁辺部の埋没谷に位置し、廃棄場として使用と推測される地域である。完形に復元される土器1と、口縁・底部を欠く土器2の2個体が、浅い楕円形の土坑内に横倒し状に出土し、墓壙の可能性がある。この1号土坑出土の2個体に付着した炭化物、土坑内出土の炭化材、さらに周辺出土の同一時期の土器付着炭化物など複数の$^{14}$C年代を測定した。その結果、最も新しいと考えた土器2の付着炭化物がやや古い$^{14}$C年代であったが、他はほぼ一致し、土坑の埋没は、暦年較正年代で3330-3210cal BCの間で、3270cal BCを中心とした暦年であろう。なお、この古い年代を示した土器2の付着は、採取時の観察によってもススの付着が弱かった上、他の試料に比べ極端に炭素含有率が低く、土器自体の胎土が測定に影響を与えていた可能性が高い。横帯区画重帯の文様構成である土器1と、縦区画パネル状はめ込み文の土器2は、系統的に違いがあるが、施文文様要素からみて土器1が連続爪形紋など古い要素を持ち（新地平7b期比定）、土器2が半隆起状平行沈線・半円形刺突など新しい要素を持つ（新地平8a期比定）。土器の使用・廃棄及び土坑の埋没には、ほとんど時間差はなく、かつ2個体は同時、すなわち8a期に埋設と考える。細別時期で1時期程度の違いの土器は、同時に製作されるのか、製作時は異なるが土器の寿命が長い場合があって同時に使用・廃棄されたのか、墓壙の副葬という特殊な状況で新旧の土器が意識的に組み合わされたのか、類例を重ねて検討したい。

ここでは、直接的に新旧の土器が、使用時点とは限らないものの、確実に同時に存在したと捉えられる例は、向郷遺跡1号土坑の1例のみである[2]が、次章で検討する集落遺跡の中には、竪穴住居窪地利用の廃棄場が多数存在しており、そうした際に、住居自体に用いられていた土器と、覆土中に廃棄された土器との時間差をみることも検討し得る。

## b）土器細別時期の時間幅の長短についての背景

　第10表の五領ケ台～勝坂1式期については、単発的な測定値の集合であり、まだ細別時期毎の暦年代を確定し得ない。よって、中期前葉については、前期との境と勝坂2式期との間を、細別時期数で割った数値で平均値的な年代幅であり、中葉以降のそれぞれの細別時期ごとに直接測定値から推定した暦年代ではない。なお、中期1050年間を、新地平編年31細別時期で、均等に区分すると1時期約33年となる。

　第10表に示すように、中期土器でも、時期によって年代幅に差がある。五領ケ台式・勝坂1式は、1細別時期20年以下で区分されることになり、短い時間の中で激しく変化していると考えざるを得ない。加曽利E式成立期（10期）も、中期前葉ほどではないが、比較的短い時間幅で変化する。これに対し、勝坂3式（9期）や加曽利E3式（12期）は、細別しても70－90年に及ぶ比較的長い暦年のあいだ1時期が続く。すなわち、土器の変化が緩やかで、考古学者側が土器のスタイル変化を区分できないことを意味する。

　さらに細かい編年単位ごとの年代幅を検討する。南西関東地方を中心に中期土器細別型式毎の時間幅をみると、中期前半の五領ケ台式から勝坂1式にかけてや勝坂最終末から加曽利E1式にかけては、20～30年間で細別時期が変化する（土器研究者が区分できる）のに対して、勝坂2～3式や加曽利E2～4式期は、1細別時期が60～90年間ほど続く場合があることが明らかになった。前者は、集落も小規模で継続性が乏しく、土器の変化が激しい時期であるのに対し、後者は集落も大規模化する上、集落数も個々の集落の継続性も増す、いわば安定期であり、土器の変化が緩やか（編年的に区分しにくい）ことが反映していると考えられる。また、土器文様装飾技法の時間的変化という視点から見ると、いくつかのトピッ

クが拾える。中期土器1050年間では、前葉期に縄紋施文をほぼ失い、中葉に至って復活する。西関東・中部地方では狢沢式期の60年間、東関東では阿玉台Ⅰa～Ⅲ式の約150年間は縄紋施文は途絶え、その後再び隆盛する。なお、西関東では、勝坂3式後半新地平9b期から加曽利E1b式新地平10b期までは撚糸紋が優勢となるが、その時間は80年間以上となろう。すなわち、縄紋土器の少なくとも前期以降の約5000年間ほどの間、大きな特徴であり続ける縄紋施文は、中期土器の変遷の中で、2－3世代以上、おそらくは1人の最大寿命を越える期間、断絶があり、再びフィードバックしていることが確認できる。おそらくは、大木系なりの他地域に縄紋施文が存続しており、そこからの影響によって、縄紋施文が復活した可能性が考えられよう。文様のフィードバックという点で考えるならば、五領ケ台Ⅱ式後半に盛行する口縁部連続弧状隆線モチーフは、狢沢式期60年間は姿を消した上で、再び狢沢式末期から新道式の6a期に復活する。ただし、この場合は、狢沢式の楕円形重帯の中から改めて文様区画が変化して成立してきた流れがトレースでき（小林1984）、縄紋施文の復活とは異なろう。

　また、勝坂式土器前半期の文様施文の特徴は、竹管加工工具による連続刺突紋であるが、おおまかにいえば、新地平4期沈線文→5期角押紋→6a期三角形連続刺突紋→6b期連続爪形紋＋三角形連続刺突紋→7期連続爪形紋＋半円刺突・波状沈線など→8期隆線上の連続爪形紋という変化を遂げるが、前半と後半では、その要素の変化に異なった時間感覚が認められそうである。特に5c期から6期、さらに7期への変化は、約20年間隔での短いスパンで、施文具の先端の加工方法や施文技法が細かな変化を連続的に重ね、かつ古い文様要素をあまり残さない（新しい要素に斉一的に交代していく）のに対し（この点、東関東地方の阿玉台式土器群も同様の変化を遂げる）、7期以降、特に西関東地方では、数十年から100年近く古い要素が残存しつつ、暫時新しい文様要素に変化していく、8・9期には文様要素の多くのバリエーションが共存するに至るという差異がある。こういったあり方も、長期に渡る技術的変化のあり方として、整理することも必要であろう。

## c）文様の変遷からみた土器変化のスピード

　上述の、土器型式の継続期間の長短について、文様の変化のスピードという観点から捉えなおしてみたい。

　第52・53図は、型式変化と、小林が仮設している細別時期別の暦年代、一細別時期ごとの継続時間を提示してある。土器に施される装飾要素の最小単位である文様要素を、施文に用いる工具である施文具と、それをどのように器面に当て用いるかという施文方法という2つの面から規定し、区分すると、第52図に図示したように、中部・西関東地方の縄紋中期細別時期の前半段階（1期の五領ケ台1式から10期の加曽利E1式まで）については、文様要素の変化がスムーズにたどれる。これを暦年代でみていくと、ほとんどの時期は20－30年単位で変化しており、特に前半段階は竹管という同一の施文工具を、単純に引く施文方法から連続刺突化し、さらに施文具を加工していくという一連の型式変化で、この単位がほぼ同一の時間幅で変化していく状況を示唆している。ただし、前述のように、2期から6期については、各細別時期の実年代は、やや根拠の乏しい時期であることは留意しなくてはならないが、変化のスピードという点を考える上では、おおきな齟齬はないと思われる。

　こうしたあり方が、勝坂式最盛期を迎える7期以降、主要文様要素が沈線から隆線に変わり、立体装飾の隆盛する9b期まで、一細別時期が70～80年間と、一気に長期になる。勝坂2式期には、装飾自体が立体化するとともに、縦区画系やパネル状はめ込み文など、文様装飾自体が複雑化する。同時に、文様要素自体のバリエーションが増え、逆に言えば新たに出現した文様要素に転換するのではなく、口縁部・胴部などやパネルや把手部などの文様帯装飾単位ごとに、複数の文様要素が多用される時期であり、土器の装飾の原理が異なる時期である。なお、この時期は、中部・関東地方では集落や住居数が急増する時期であり、同心円状に重複する反復住居が多い時期であるが、こうした状況についても実年代での期間が長くなっている時期であることを反映している可能性がある。

　この後、加曽利E1式、曽利I・II式に変化する時期をみると、特に曽利式土器では、波行隆線など隆線自体の装飾や隆線上の爪形紋加飾など、隆線を基軸とした型式変化となる。これは前半段階での沈線紋での一系的変化に類したあり方

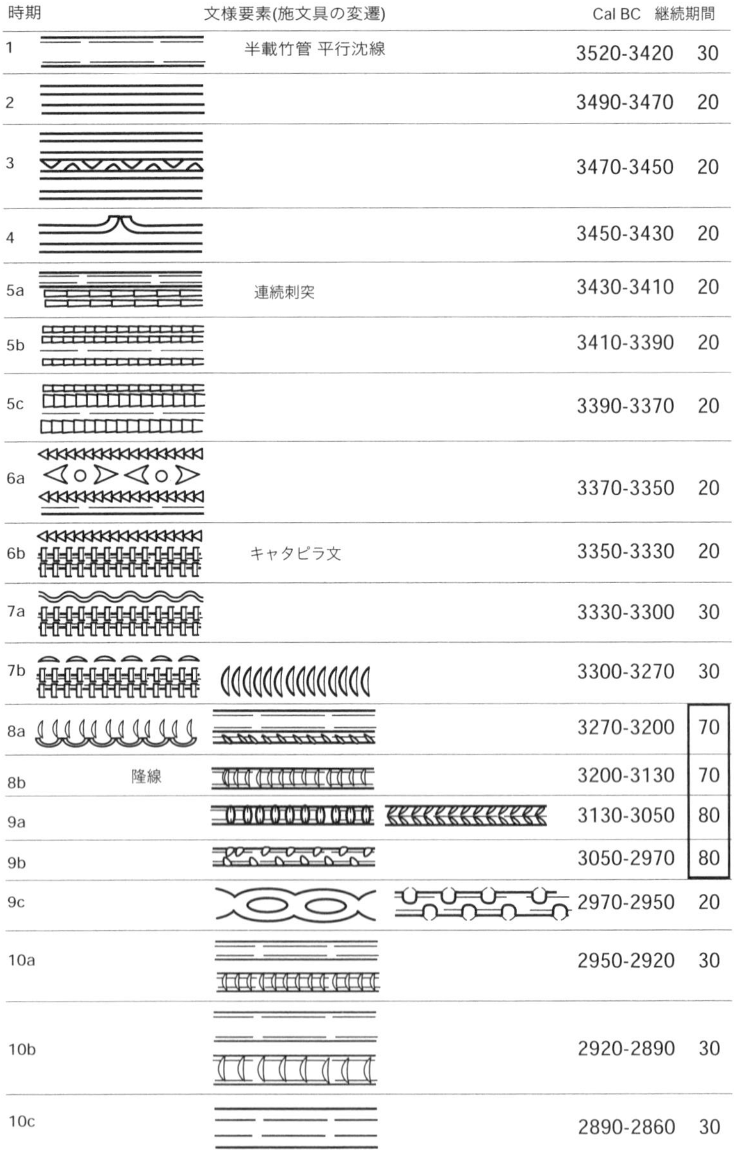

126　2章　年代的枠組みと土器の時間

| 時期 | 文様要素(施文具の変遷) | Cal BC | 継続期間 |
|---|---|---|---|
| 1 | 半截竹管 平行沈線 | 3520-3420 | 30 |
| 2 |  | 3490-3470 | 20 |
| 3 |  | 3470-3450 | 20 |
| 4 |  | 3450-3430 | 20 |
| 5a | 連続刺突 | 3430-3410 | 20 |
| 5b |  | 3410-3390 | 20 |
| 5c |  | 3390-3370 | 20 |
| 6a |  | 3370-3350 | 20 |
| 6b | キャタピラ文 | 3350-3330 | 20 |
| 7a |  | 3330-3300 | 30 |
| 7b |  | 3300-3270 | 30 |
| 8a |  | 3270-3200 | 70 |
| 8b | 隆線 | 3200-3130 | 70 |
| 9a |  | 3130-3050 | 80 |
| 9b |  | 3050-2970 | 80 |
| 9c |  | 2970-2950 | 20 |
| 10a |  | 2950-2920 | 30 |
| 10b |  | 2920-2890 | 30 |
| 10c |  | 2890-2860 | 30 |

第52図　中期前半文様要素の実年代変化

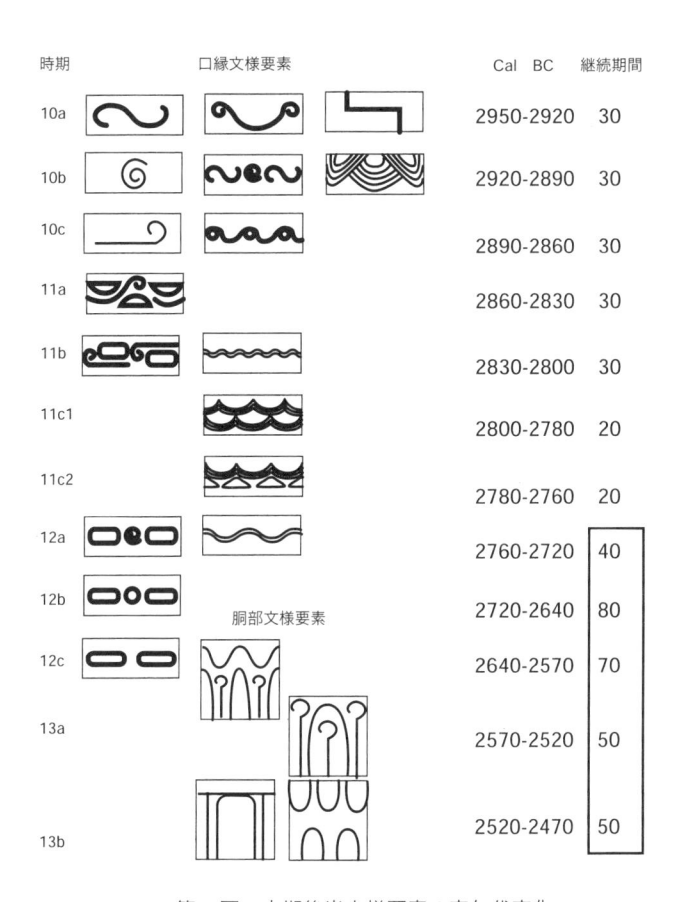

2節　土器の時間　127

| 時期 | 口縁文様要素 | | | Cal BC | 継続期間 |
|---|---|---|---|---|---|
| 10a | | | | 2950-2920 | 30 |
| 10b | | | | 2920-2890 | 30 |
| 10c | | | | 2890-2860 | 30 |
| 11a | | | | 2860-2830 | 30 |
| 11b | | | | 2830-2800 | 30 |
| 11c1 | | | | 2800-2780 | 20 |
| 11c2 | | | | 2780-2760 | 20 |
| 12a | | | | 2760-2720 | 40 |
| 12b | | 胴部文様要素 | | 2720-2640 | 80 |
| 12c | | | | 2640-2570 | 70 |
| 13a | | | | 2570-2520 | 50 |
| 13b | | | | 2520-2470 | 50 |

第53図　中期後半文様要素の実年代変化

に戻ったとみることもでき、やはり実年代としてみても、短期的な変化のスピードに戻っていることが興味深い。なお、この後の中期後半期は、文様要素の変化自体は乏しくなり、主に文様帯構成や文様モチーフの変化が主となるため、同一の基準では論じられず、後述する。前半期の文様単位でも、前期末葉・中期初頭の三角文に発すると考えられる三叉文は、玉抱き三叉文や沈線状三叉文に変化しつつも、3期から9期の500年間近く、存続し続けるモチーフとして認められ、この間における土器装飾上の伝統の存在も想定できる。

　中期後半については、南西関東地方の加曽利E式土器群を例にとって検討しよう。文様モチーフ自体の変化について口縁部文様帯を中心に第53図に示す。ただし、加曽利E3式期には口縁部文様帯が体部に吸収され、一体化し、消失するため、胴部文様帯を例示する。11期には連弧文系モチーフも例示する。これらをみると、口縁部文様帯が次第に結束し、横帯文様帯として完成し、逆に単純化していく12期までの流れは比較的スムーズで、30年程度の時間幅での変化が読みとれる。また連弧文系土器が加曽利E2式期に出現した際も、その連弧文のモチーフは急激に変化し加曽利E式土器の文様帯へ比較的短期間に吸収される。加曽利E3式期に口縁部文様帯が横帯楕円区画として完成すると、一時期70-80年と、とたんに変化のスピードは緩やかになり、類似した文様が続いて型式区分が難しくなることを示唆している。加曽利E4式期に胴部文様帯になり、一時期50年程度と、以前に比べると長いものの、やや短期的な変化のサイクルへと移行する。

　なお、中部・関東地方の加曽利E3式期は、集落数や住居数が、縄紋時代を通じて最大になる時期であるが、時間幅が長いことも加味して考える必要があろう。ただし、時期の長さを勘案しても、他の時期に比べて集落数が増えている時期で、かつ安定性が強い時期であると捉えられ、土器の型式変化が緩やかになること自体が、社会的成熟や定着性の高まりを反映した結果と考えられる。

# 3章　集落の時間

　本章では、縄紋集落の時間的側面について、検討を加える。もちろん、前章で検討した土器型式編年の実年代比定を、集落にもちこみ、集落の時間軸とすることも検討するが、1章でもみたように、土器型式よりも住居の改築の方が短期間であり、さらに細かな年代について、議論する必要がある。

　南西関東地方中期集落の、居住開始から集落廃絶直前までの住居に関わる出土試料の年代を測ることで集落の継続性について、また重複する住居・住居群の各段階の$^{14}$C年代をみることで住居建て替えの時間幅を検討する。住居の構築または廃絶の年代に近い値を得るため、火災住居の炭化材・炉内出土炭化材、炉体等埋設土器の土器付着を中心に、内容解明の進んでいる集落から集中的に測定を行った。なお、住居出土の土器付着炭化物・土器付着漆を測定したが、大橋集落では、一部の住居以外では土器への付着物はそれほど良好な例がなく、炭化材が中心となった。また、炉など遺構施設内出土の炭化材が得られなかった遺構では、炉内・炭化物集中箇所の水洗選別による炭化物を用いた場合がある（試料No.SFC－1など）。

## 1節　短期的集落における移動の時間的関係―SFC集落―

### a）SFC集落の暦年較正と集落の年代（第54～59図）

　SFC遺跡は、Ⅰ区に勝坂3式古期（9ａ期）小集落、谷を挟んでⅡ区に同新期（9ｂ～ｃ期）の小集落が存在する。なお、勝坂式土器小片が出土し中期と考えていたⅠ区集石9・10が、早期末の同地区の集石と同じ年代を示した（試料SFC－15・33）。当初、中期と考えて炭化材試料を測定したⅠ区集石10について、参考として同時に測定した早期末葉期（東海地方早期末葉石山式～天神山式平行の隆帯文土器）の同地区の集石11と同じ年代を示し、帰属時期の再検討を促した。その結果、この集石10は、掘込み面の形態・規模、礫の形状で破砕が少ない等において早期末葉集石と同一の特徴を持ち、かつ同様に早期末葉の年代が示された

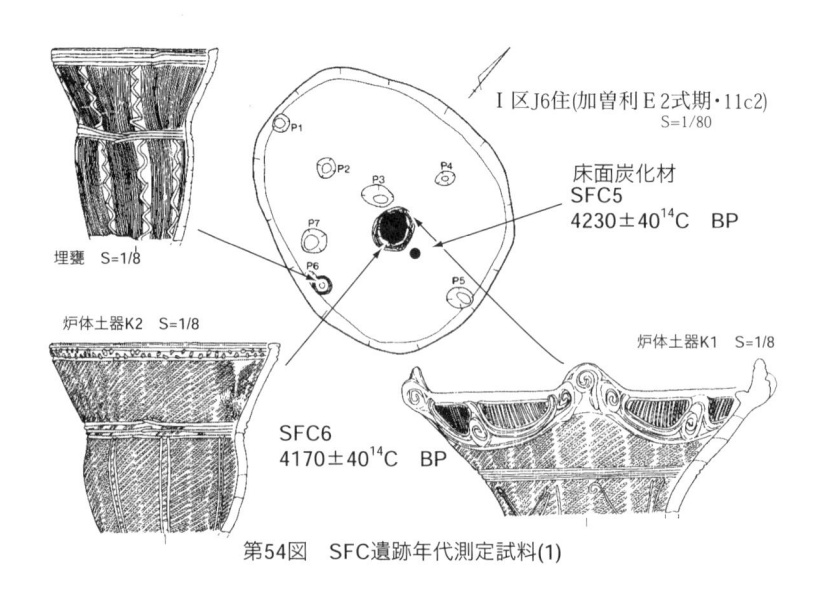

130　3章　集落の時間

第54図　SFC遺跡年代測定試料(1)

（図中注記）
埋甕　S=1/8
Ⅰ区J6住(加曽利E2式期・11c2)　S=1/80
床面炭化材　SFC5　4230±40 $^{14}$C BP
炉体土器K2　S=1/8
SFC6　4170±40 $^{14}$C BP
炉体土器K1　S=1/8

　集石9と礫の接合が認められたことから、中期土器が混入していた可能性が高いと考えられる。これは、本論の研究目的には含まれない成果であったが、考古学的な証拠からの年代位置づけと年代測定結果とが矛盾する場合、特に再検討結果においても年代測定結果の方が整合性が高い場合の好例となり得る。すなわち、考古学的資料における年代測定は、相対的序列という点でも、考古学的な土器編年のみに頼るべきではなく、年代測定による結果も加味して検討すべき事例があることを、明らかにした事例と評価できる。

　第66図に、SFCⅠ区2住・6住出土炭化材およびⅠ区6住炉体土器付着炭化物の$^{14}$C年代測定結果の較正年代の確率分布密度を示す。第11表には、年代測定結果及び較正年代の一覧を示す。

　第56図は、SFCⅠ区集落の同時機能遺構群のグルーピングと、各遺構出土試料の$^{14}$C年代である。第57図は、それを暦年較正した結果を図示する。

　第58図は、SFCⅠ区、Ⅱ区集落の各遺構の暦年較正確率分布である。同時機能住居群のグルーピングと、遺構間接合による相対序列によって並べた上で、各フェイズの資料ごとに、それらを重複したり遺構間接合から見て新しい遺構群より

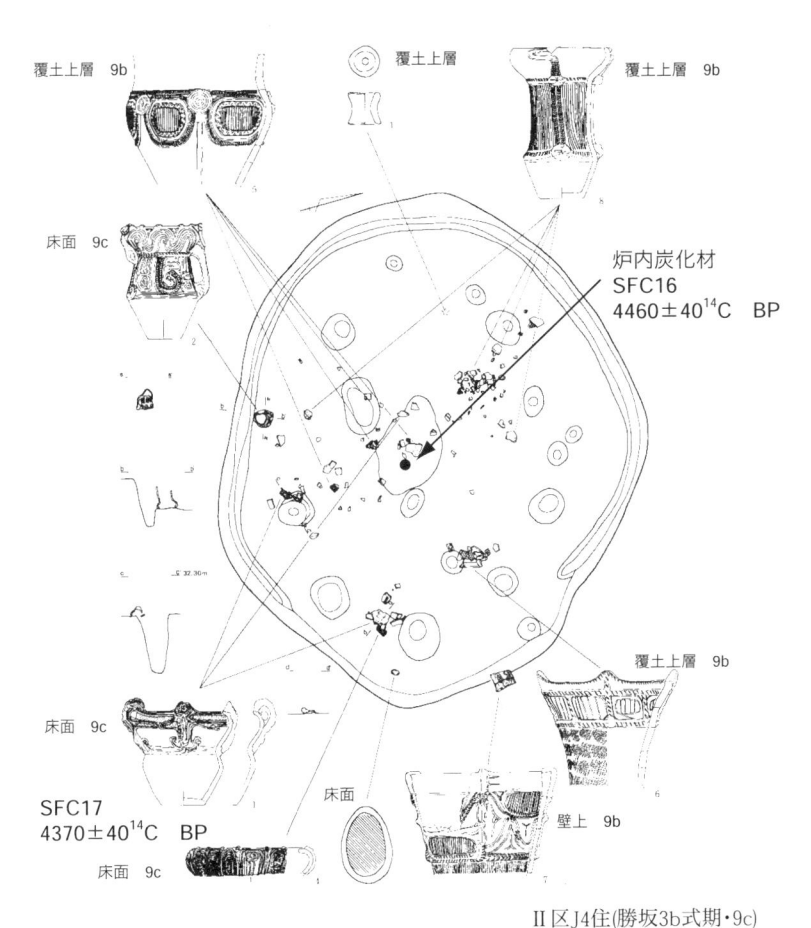

1節　短期的集落における移動の時間的関係　131

覆土上層 9b

覆土上層 9b

覆土上層 9b

床面 9c

炉内炭化材
SFC16
4460±40¹⁴C BP

SFC17
4370±40¹⁴C BP

床面 9c

床面 9c

床面

壁上 9b

Ⅱ区J4住(勝坂3b式期・9c)
S=1/80

第55図　SFC遺跡年代測定試料(2)

は当然ながら古く、逆にそれらの遺構群に重複されたり遺構間接合から見て古い遺構群よりは新しくなることを考慮して、統計的な解析を行ったものである。

第59図は、細別時期であるフェイズごとに遺構群をまとめて図示したものである。これによれば、SFCⅠ区集落のフェイズ1・2は、土器型式では勝坂3式古段階（新地平編年9a期）に属するが、一部に縦区画系の土器も出土する（2号住出土土器など）ことから勝坂2式期新段階（新地平編年8b期）にはじまる可能性もある、竪穴住居3軒程度の小規模集落の当初段階である。ただし、当初段階は集石1・2など、集石遺構のみが営まれ、その後に1・2号住居などの居住活動が展開した可能性が高い。これらの遺構群を、第59図のグラフには勝坂3式古（9a期古）としてまとめた。暦年較正年代をみると、3350－3130cal BCに相当する。確率的には3300cal BCころに分布のピークを示す。

2章で示した他遺跡の測定結果を含めて検討すると、勝坂2式新段階（新地平8a期）の土器を副葬する墓壙と考えている立川市向郷遺跡20次調査1号土坑が、3330－3210cal BCの間で、3270cal BCを中心とした暦年代に埋没していると考えられる（小林・今村・西本・坂本2002）。これらの年代測定結果などからみて、3300－3200cal BCは、勝坂2式期（新地平8a期）に属する年代と考えており、SFCⅠ区集落頭初段階は、勝坂2式新段階（新地平8b期）の終わりごろから勝坂3式古段階（新地平編年9a期古）に開村したと捉えられ、その暦年代は、確率分布の範囲の新しい時期である3200－3130cal BCに対比させたい。次いで、SFCⅠ区集落の後半段階であるフェイズ3は、竪穴住居1軒程度の小規模居住であるが、勝坂3式土器古段階の土器を用い、前段階と基本的には同一の土器型式であるものの、土器がやや新しい要素を持ち（新地平9a期新）、遺構でも重複関係などから新段階であることが確実な遺構群（3号住居と集石）である。これらの暦年較正年代は3300cal BCから3000cal BCころまでとやや幅広い年代に確率分布する。この原因の一つは、5号集石・7号集石が、後続するSFCⅡ区集落の営まれる時期に属する時期の、やや新しい集石を含んでいる可能性があるためと考える。考古学的な調査所見から、前述のSFCⅠ区フェイズ1よりも新しいことは確実であるから、3130cal BCよりも新しい段階と捉えたい。

さらに、個別の遺構の暦年較正年代をあわせていくと、礫の接合関係などから

1節　短期的集落における移動の時間的関係　133

フェイズ2
フェイズ3
礫

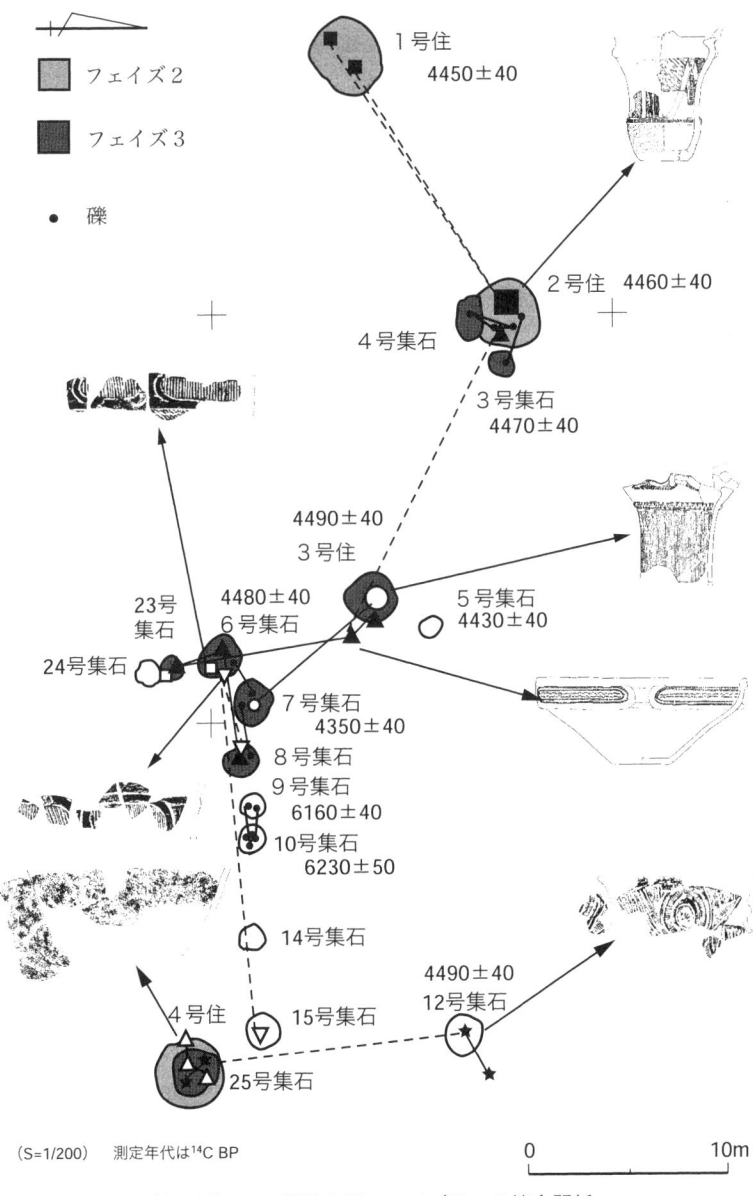

1号住
4450±40

2号住　4460±40

4号集石

3号集石
4470±40

4490±40
3号住

23号集石
4480±40
6号集石
24号集石

5号集石
4430±40

7号集石
4350±40

8号集石

9号集石
6160±40

10号集石
6230±50

14号集石

4490±40
12号集石

4号住
15号集石

25号集石

(S=1/200)　測定年代は¹⁴C BP

0　　　　10m

第56図　SFC遺跡Ⅰ区フェイズ2・3接合関係

134　3章　集落の時間

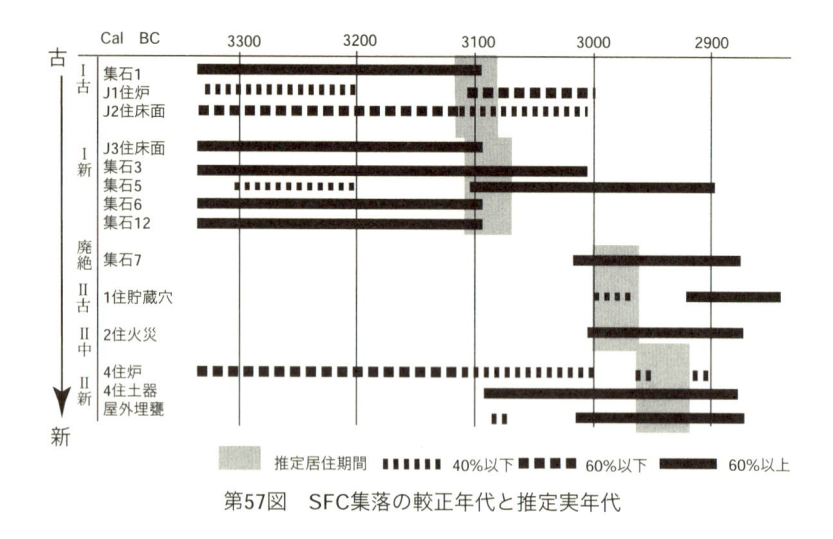

第57図　SFC集落の較正年代と推定実年代

　同時機能と捉えられる集石や住居のグループのうち、3号住居の火災による炭化材や、同時期である集石の燃料材の年代測定から暦年代の下限が、3080cal BCであることから、Ⅰ区集落での居住の最後（フェイズ3の最後）は、3080cal BCと捉えられる。よって、SFCⅠ区集落は、上限は3200cal BCごろまで遡る可能性はあるが、確実に居住された実年代は3130－3080cal BCの50年間であり、その前後に集石のみが構築・使用される形で、空間利用されていた段階があったと捉えられる。

　次に、土器の上からは、それに連続する勝坂3式新段階（新地平9ｂ期）の集落であるSFCⅡ区集落は、$^{14}$C年代測定の上からも、おおよそ後続する時期であることが示されている。Ⅱ区集落の古段階であるフェイズ1から3は、竪穴住居1から3軒の小規模集落で、暦年較正年代でみると、3100－2950cal BCである。さらに詳しくみると、前段階の土器に文様構成が近いやや古い土器を埋甕炉に用いており、最も古いと考えられるⅡ区Ⅰ号住居の貯蔵穴内出土炭化物の暦年較正年代からみて、3010cal BCより新しいといえる。逆に、Ⅱ区集落の新しい段階フェイズ4・5である4号住居出土土器付着炭化物や、勝坂式最末期（新地平9ｃ期）の土器を埋納している1号屋外埋甕内出土の炭化物の$^{14}$C年代測定からの暦

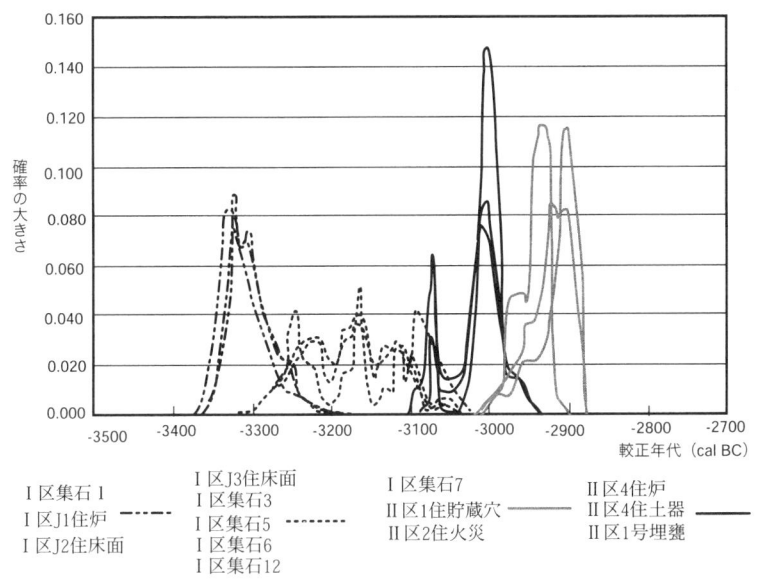

1節 短期的集落における移動の時間的関係　135

第58図　SFC遺跡遺構別の暦年較正年代確率分布

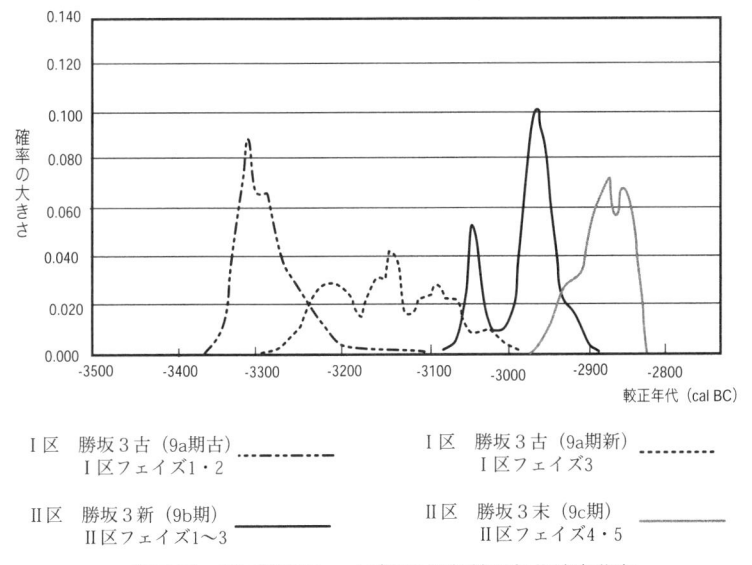

Ⅰ区集石1
Ⅰ区J1住炉
Ⅰ区J2住床面
Ⅰ区J3住床面
Ⅰ区集石3
Ⅰ区集石5
Ⅰ区集石6
Ⅰ区集石12
Ⅰ区集石7
Ⅱ区1住貯蔵穴
Ⅱ区2住火災
Ⅱ区4住炉
Ⅱ区4住土器
Ⅱ区1号埋甕

Ⅰ区　勝坂3古（9a期古）
　　　Ⅰ区フェイズ1・2
Ⅱ区　勝坂3新（9b期）
　　　Ⅱ区フェイズ1〜3
Ⅰ区　勝坂3古（9a期新）
　　　Ⅰ区フェイズ3
Ⅱ区　勝坂3末（9c期）
　　　Ⅱ区フェイズ4・5

第59図　SFC遺跡フェイズ別の暦年較正年代確率分布

年較正年代でみると、2900cal BCよりは古いといえる。さらに他遺跡での検討結果を加味すると、SFCⅡ区集落では出土していない曽利Ⅰ式の土器（新地平10a期）の暦年較正年代は2950cal BCが下限と考えており、SFCⅡ区集落はこのころより古い可能性が高い。Ⅱ区1号住居の暦年較正年代の上限が2930cal BCであるので、そのころがⅡ区集落全体の下限年代と捉えておきたい。よって、Ⅱ区集落の居住痕跡は、3010－2930cal BCの範囲内であると捉えられよう。暦年較正の確率分布でみても、Ⅱ区集落の前半段階の遺構群（新地平9b期の遺構群）のピークは3000cal BCころ、後半段階の遺構群（新地平9c期）のピークは2950－2940BCころにあり、整合的である。

### b) SFC集落の再構成と集落移動

　SFCⅠ区集落の$^{14}$C年代は4490±40〜4430±40 $^{14}$C BPに、SFCⅡ区集落は4370±40〜4280±40 $^{14}$C BPに集中する。遺物の接合状況から同時に存在した遺構について、暦年較正年代で重なる時間幅をみると、Ⅰ区集落は3130－3080cal BC（確率的には3300cal BCころからであるが3150cal BCころ以前は勝坂2b式期と推定されⅠ区に出土しないため除外する）、Ⅱ区集落は3010－2930cal BCの時間を中心に居住され、住居は時期的に重複しない（Ⅰ区の集石7はⅡ区集落に重なる時期であり、Ⅰ区での居住に伴わず、Ⅱ区集落に移ってから改めて構築されたと捉えたい）。即ち、短期的な居住の後、Ⅰ区からⅡ区へ移住した可能性が高い。

　また、遺跡調査の際には、土器の連続性や集落規模が類似することからみて、Ⅰ区集落からⅡ区集落へ連続的に移動したと考えた（小林1993a）が、今回の結果から考えると、Ⅰ区集落とⅡ区集落の居住の間には、70年間程度のブランクが存在することも考えられ、住居の形態や土器のあり方から、居住者に系統的な関連性があるとしても、SFC遺跡の位置する台地上の狭い地域の中で完結する移動を行っていたのではなく、周辺地域を含めて数十年で拠点を移動していたか、または近隣に母集落があって、そこから特定の時期にそれぞれ分村された可能性が考えられる。

## 2節　継続的集落にみる住居改築の時間幅—大橋集落—

### a）同時存在住居・重複住居の年代

　大橋遺跡中期集落（以下、本章で中期集落部分を指すときは大橋集落と表記）では、第12表に示すような$^{14}$C年代測定値を得た。これらは、フェイズ1－8の遺構群における代表的な遺構から試料を選択した。大橋遺跡では、遺構施設内出土試料のない住居については床面・床下・柱穴内出土試料を選び、それもない場合、覆土中出土炭化材を用いた。この場合、ドット取り上げの炭化物・炭化材から、ある程度の大きさ（目安として1cm以上）で、なるべく出土レベルの低い（なるべく床面に近いレベル）のものを選んだ。覆土中出土試料については、遺構自体よりも新しい可能性があるため、大橋集落フェイズ比定において、「'」を付して区分した。

　第62図は、大橋集落の代表的な重複住居群[1]である、SJ17（3回の改築）、43（2回の改築）、54、91、96、97号竪穴住居跡（以下、SJ○住と略記）の平面図である。このうち、いくつかの住居より出土した炭化材・土器付着炭化物を年代測定している。第63図は、大橋集落のフェイズに対応する$^{14}$C年代測定試料の暦年較正確率分布を図示した。中央の枠線で囲った部分は第62図に示した重複住居群の測定試料である。このほかにも、SJ8住とSJ41住、SJ28住とSJ22住（第60図）、SJ36住とSJ42住（第61図）など、多数の重複関係を有す遺構出土試料の年代測定例がある。

　これらの$^{14}$C年代測定結果は、おおむね考古学的な調査所見と整合的であるが、一部の資料において、明らかに年代的に矛盾のある結果も得られた。OH460（OHは試料№.）は、SJ43住覆土中出土土器の胴下部内面付着の炭化物試料であるが、その結果はこれまでに得られている加曽利E3式土器の年代としては200年程度古く、勝坂3式期の年代である。同一住居の炭化材試料であるOH16と比べても、明らかに古い。OH460は、炭素回収率が2.5％で、土器胎土からの古い炭素の影響を拾っていると判断される。逆に、住居覆土中出土の炭化材のうち、OH22とOH24は明らかに新しい。これらは、上部からの混入であった可能性が高い。よって、以上の3点について、今回は除外して検討することとした。

第64図は、大橋集落各竪穴住居跡の暦年較正年代の確率分布について、筆者による同時機能住居群のグルーピングと、遺構間接合による相対序列によって並べた上で、フェイズごとに、それらを重複したり遺構間接合から見て新しい遺構群よりは当然ながら古く、逆にそれらの遺構群に重複されたり遺構間接合からみて古い遺構群よりは新しくなることを確率分布の計算に取り入れ、結果を図示した。

　第65図は、第64図の遺構群を、フェイズ毎にまとめて図示したものである。フェイズ1または2に相当する古い遺構であるSJ17住（試料№.OH2）・SJ28住（OH8）および最も古い住居であるSJ62住を切るSS20集石（OH811）が、もっとも古い定住集落開始期であるフェイズのグループと考えられる。次に、フェイズ3の遺構群としてSJ17住（OH2、住居は3期にわたり改築されるが最も新しい床面段階でフェイズ3に属する）・SJ40住（OH13）、次のフェイズ4の遺構群としてSJ41住（OH14）、SJ35住（OH10）、SJ78住（OH23）とまとめられる。集落の後半段階として、フェイズ5の遺構群にSJ43住（OH16）、SJ12住（OH28、床面出土漆土器）、次のフェイズ6の遺構群にSJ24住（OH6）、SJ42住（OH15）、SJ47住（OH17）、フェイズ7の遺構群にSJ8住（OH1）、SJ51住（OH19、1回の拡張があり古い住居の柱穴内出土の炭化材である）、SJ36住（OH11）がまとめられる。定住的集落の最終段階であるフェイズ8の遺構群は、火付け片付け住居（小林1999b）と想定できるSJ91住（OH27）、SJ22住（OH4）、SJ50住（OH18）がまとめられる。これらのフェイズにまとめられる測定データについては、例えばフェイズ3よりフェイズ4の遺構群の方が新しく、さらにフェイズ5の遺構群の方が新しいという関係が確認されている。

　代表的な例として、5軒・床面で6面分の住居が切り合い、かつ近接して3回建て替えられた住居1軒が存在する住居群の例を示す（第62図）。第63図は、それを暦年較正した結果を示した。出土土器・重複関係から最も古い（12a期）SJ17住から新しいSJ91住まで、矛盾のない測定値が得られた。それぞれ同時存在と考えられる遺構グループの測定値をあわせみることで、年代を絞り得る。第66図には、大橋遺跡SJ36住柱穴内出土炭化材の$^{14}$C年代測定結果の較正年代の確率分布密度を示す。第12表には、年代測定結果及び較正年代の一覧を示す。

　この例以外にも重複住居例をはじめ、遺構間接合から先後関係が確定している

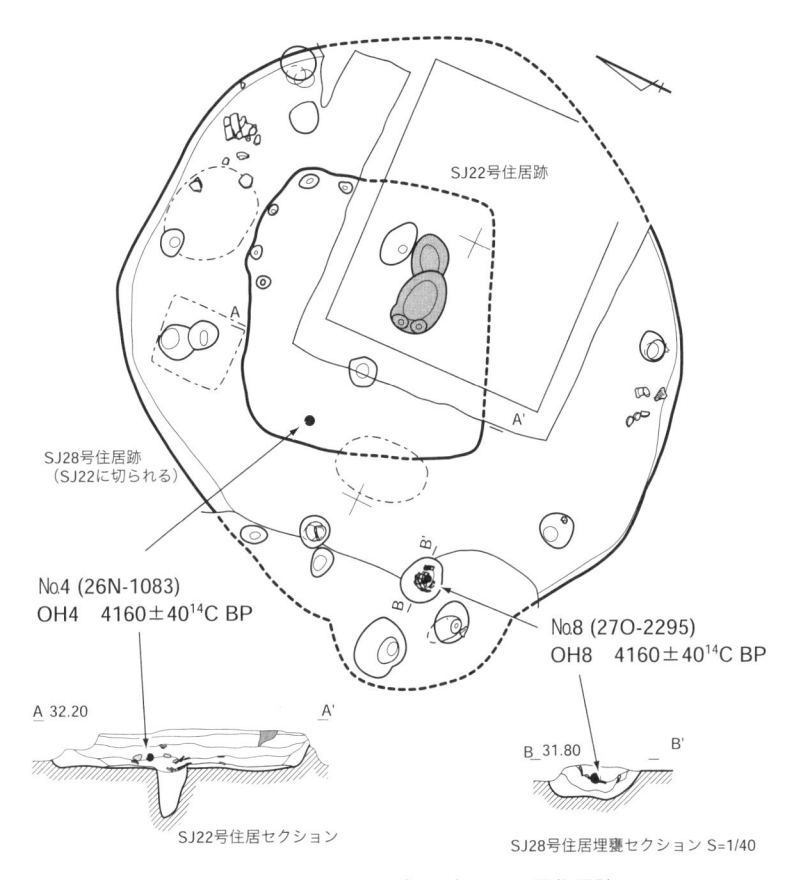

2節 継続的集落にみる住居改築の時間幅 139

SJ22号住居跡

SJ28号住居跡
(SJ22に切られる)

No.4 (26N-1083)
OH4 4160±40 $^{14}$C BP

No.8 (27O-2295)
OH8 4160±40 $^{14}$C BP

A 32.20  A'

SJ22号住居セクション

B 31.80  B'

SJ28号住居埋甕セクション S=1/40

試料No.4・No.8出土位置 SJ22号住居跡・SJ28号住居跡 S=1/80

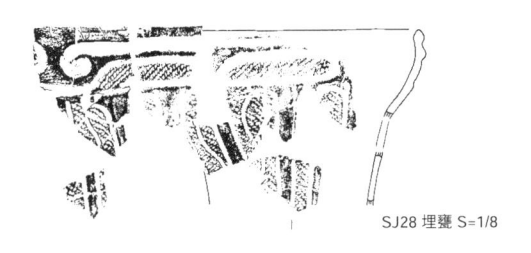

SJ28 埋甕 S=1/8

第60図 大橋遺跡炭素14年代測定試料(1)

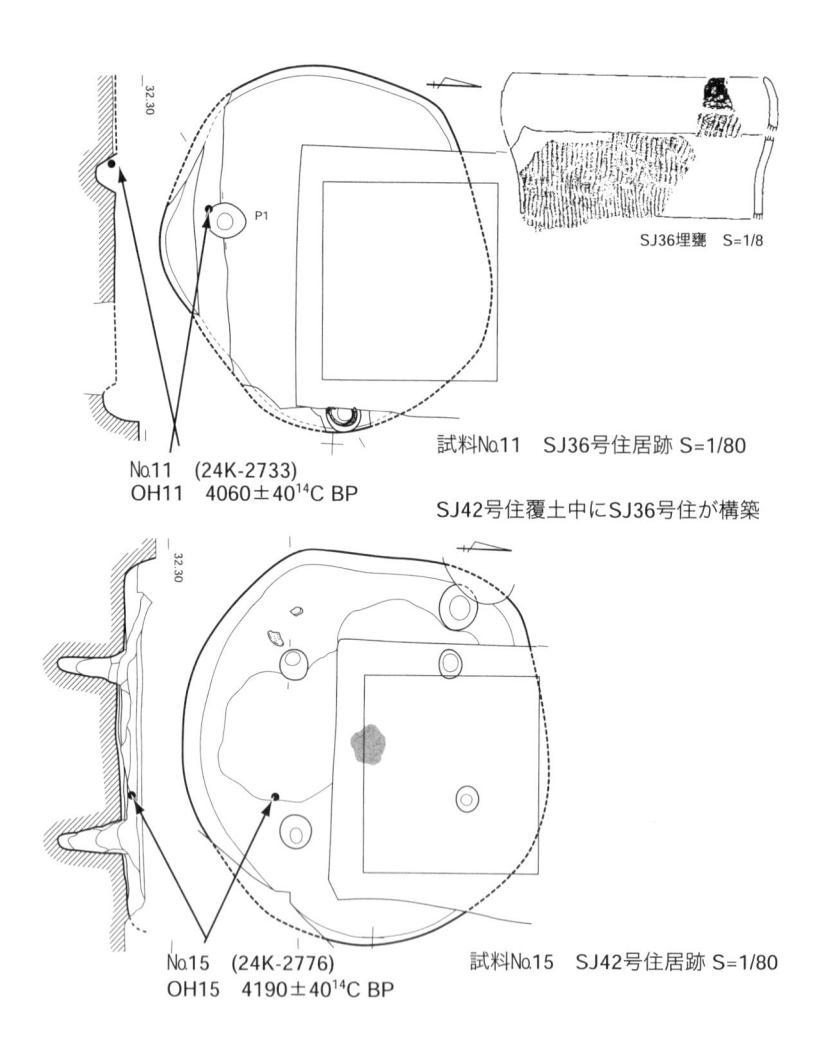

140　3章　集落の時間

SJ36埋甕　S=1/8

No.11　(24K-2733)
OH11　4060±40 $^{14}$C BP

試料No.11　SJ36号住居跡 S=1/80

SJ42号住覆土中にSJ36号住が構築

No.15　(24K-2776)
OH15　4190±40 $^{14}$C BP

試料No.15　SJ42号住居跡 S=1/80

第61図　大橋遺跡炭素14年代測定試料(2)

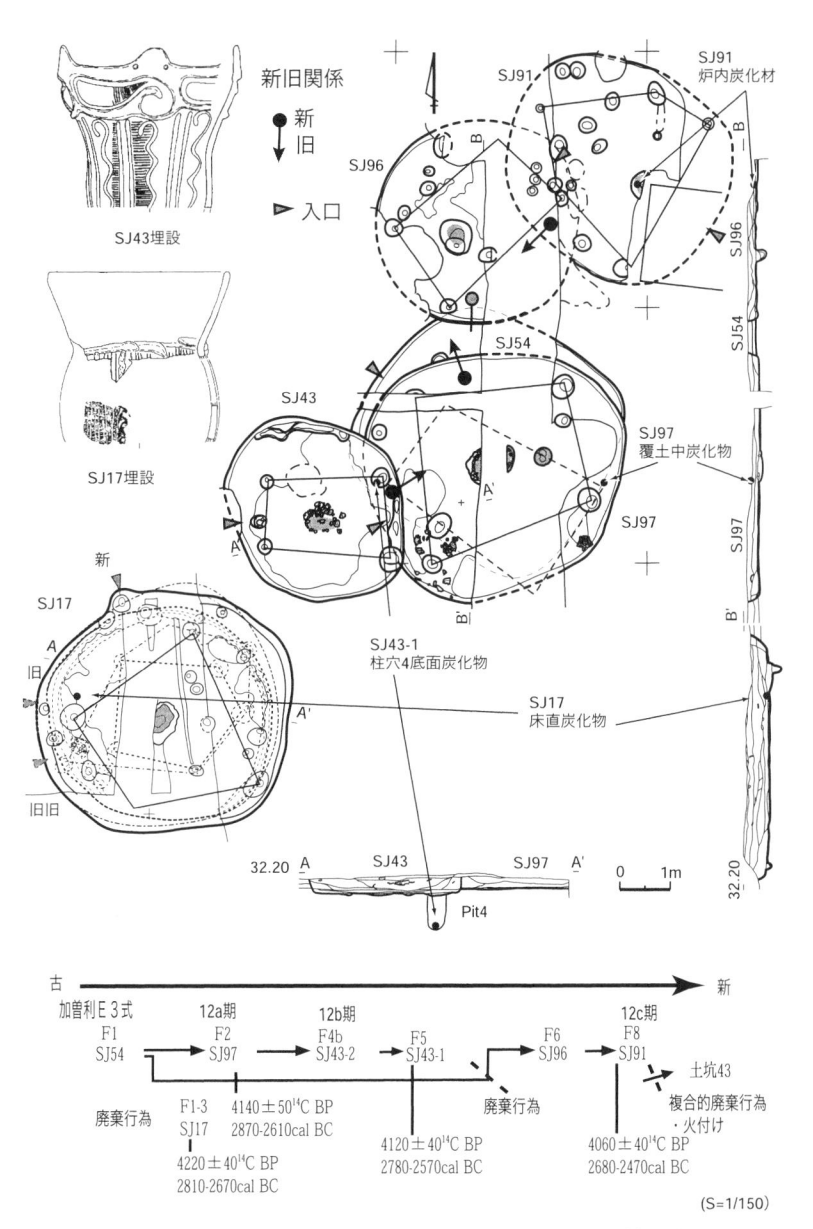

2節　継続的集落にみる住居改築の時間幅　141

第62図　大橋遺跡SJ17・43・54・91・96・97号住居跡重複関係
（Fはフェイズ、期は新地平編年）

142　3章　集落の時間

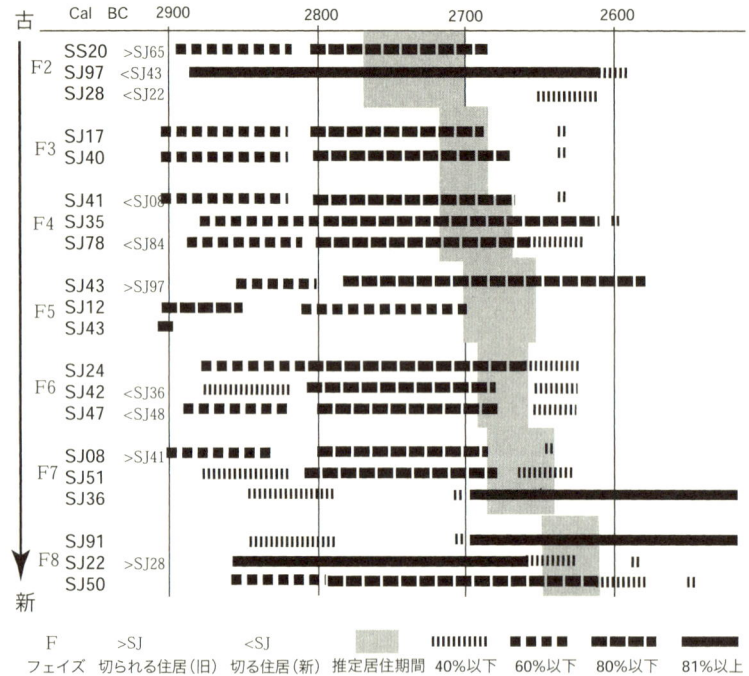

第63図　大橋集落の較正年代と推定実年代

　遺構群について年代測定しており、それらの結果を整理すれば、フェイズ毎の細かな暦年代を想定することが可能となる。ただし、第65図などで行っているフェイズ毎の暦年較正年代の統計的処理では、やや幅が広い年代把握となっている。定住的集落としての最初のフェイズ1については、それより古い遺構群の年代が示されていないため、確率計算の際に古い年代の遺構による制約をうけず、実年代での上限がフェイズ1の遺構群の暦年較正年代での古い年代を示す傾向となる。逆に、定住的集落の最も新しい段階と考えるフェイズ8については、より新しい遺構群の$^{14}$C年代測定が行われていないため、下限についてはフェイズ8の遺構群における較正暦年のうち、新しい年代に引っ張られることになる。
　他遺跡での事例等を加味すると、ここでの上限値は、大橋遺跡には遺構の認められない加曽利E2式期に相当し、逆に下限の年代は、大橋遺跡フェイズ8より

は明らかに新しい加曽利E4式期に含まれてくる年代にかかってきているので、さらに短く絞り込むことは可能である。連弧文土器を用い加曽利E2式に伴うSFC I 区 6 号住居などでの測定例をもとに考えると、大橋集落の継続的居住の前段階である加曽利E2式後半段階（新地平11c期）の暦年代は、2800〜2760cal BCころが想定される。大橋遺跡では、古いタイプの連弧文土器はほとんど出土せず、少なくともフェイズ2以降の住居はそれより新しいことは確実であるから、フェイズ2の暦年代は、確率分布する範囲での最も新しい時期である2760cal BCころであることは間違いない。

　逆に、大橋集落最末期の住居群であるフェイズ9・10は、加曽利E4式土器を出土するが、この加曽利E4式の土器付着物や遺構（中期末には敷石住居など特徴的な遺構が存在する）出土試料の$^{14}$C年代測定結果からは、2570cal BCから新しい暦年代が加曽利E4式と考えている。よって、大橋集落の継続的居住痕跡の最後であるフェイズ8の遺構群からは、加曽利E3式の新しい土器が多く出土しているのであることから、この2570cal BCを下限とすることは妥当である。さらに重複住居について詳しくみるならば、最も新しいと考えられるSJ91住は、出土土器や土器接合関係などからフェイズ8に属し、SJ22住、SJ50住と同時期に居住されていたと捉えるべきである。このフェイズ8に属す遺構群のうち、SJ22住出土炭化材の暦年較正は2870-2650cal BCであるから、このフェイズ8に属すSJ22住の年代の下限は2650cal BCと捉え得る。よって、SJ91住の火付け片付けにおける住居構築材からの年代測定の較正暦年のうち、2680-2650cal BCが、この炭化材の年代に近いはずである。よって、大橋集落のフェイズ2から8にかけての居住期間を、2760-2650cal BCの間の110年間程度に圧縮できるであろう。

　これ以外の大橋集落の住居重複例も、きわめて整合的である。SJ42住→SJ36住（第61図）は、ほとんど重なる重複住居で、暦年較正で見ると、12b期のSJ42住が2820-2660cal BCの年代である確率が70％以上あり、それを切る12c期に近いSJ36住は2680-2470cal BCの確率が80％以上と高い。以上の二つを合わせ考えると、2660〜2680cal BC頃に12b-c期の境が想定できる。SJ41住→SJ8住では、$^{14}$C年代では数値が逆転するが、これらは住居ピット内の出土炭化材で、暦年較正でみれば2810-2670cal BCが65％以上の確率であり、そのうちの新しい

年代と考えれば整合的である（なお、2900−2840cal BCの年代も20％以上の確率を示すが、年代的に加曽利E1式期の暦年であり、このころにおける較正曲線の振幅のためであって、無視してよいと考える）。重複関係から、より新しく12c期の可能性があるSJ8住については、2640cal BCの可能性もあり、やはり加曽利E3式後半12b−c期境頃の暦年と想定できる。SJ28→SJ22住（第60図）では、両者の住居出土炭化物が、同じ$^{14}$C年代値を示し、近接した時間差である可能性を示唆しているものの、土器接合関係などからは、両住居は数フェイズの時期差があることが判明している。大橋集落の場合は、1フェイズの時間が極めて短いことを反映しているのであろう。ただし、SJ28住の試料は埋甕内出土であるのに対し、SJ22住出土例は覆土中位での出土であるので、この場合は、SJ28住の炭化物が重複時にSJ22住へと移動した可能性も否めない。

　加曽利E2式期や加曽利E4式期については、神奈川県川尻遺跡群や多摩ニュータウンNo.520遺跡での測定結果から、3節で議論を行う。連続する時期を示す他遺跡での事例を含めた上で、より細かく検討するべきだが、大橋遺跡の状況が最も良好であり、住居の建て替え期間については以上の例から検討できる。大橋集落フェイズ1〜8（フェイズ4はさらに2細分される）の9フェイズ間（土器編年では12a期新段階から12c期にかけての土器である）で、約100年間ほどと考えている。フェイズ8は、新地平12c期の土器と捉えられるが、前段階のフェイズ7までは基本的にその前時期の土器である新地平12b期の土器が圧倒的な量で出土しており、遺跡の状況より居住の連続性が強いと考えられることから、フェイズ8も12c期の当初段階と捉えるべきである。そのように考えると、フェイズ8に属す暦年較正年代確率分布の幅の中で、フェイズ7の年代と近い2640cal BCに近い時期が下限であると捉えられ、さらに大橋遺跡の中での測定結果で検討すると、重複関係で最も新しいSJ91住と同時機能の住居であるSJ22住出土試料の暦年較正年代の下限が2650cal BCであり、それに揃えることも考えられる。よって、大橋集落フェイズ2から8の時期幅は、2760−2650cal BC前後の約100年前後、やや長くとって2760−2640cal BCの120〜140年程度（上限下限それぞれに10年程度の幅を含める）の時間経過の中で、この重複住居群は9回以上の住居建て替えのサイクルを含むと捉えられる。よって、大橋集落での、住居の

建て替え期間に等しいとも考えられる、同時機能住居群の時期的まとまりである1つのフェイズは、おおよそ10～15年程度、平均して約13年の時間幅を想定できる。

b）大橋集落における重複住居のあり方

　第19図で示した重複・切り合いの住居のあり方（小林2000b）と、重複する2住居の時間的な関係を整理しておく。重複関係とした住居関係Aでは、土器編年（新地平編年）上の時期差は、1期または時期差なしであるのが殆どであるが、住居関係A1（第19図）とした容れ子状の重複関係（例：SJ28住→SJ22住（第60図））においては、数時期の時期差が含まれるものがみられる。大橋遺跡でのフェイズ設定による時間差をみると、フェイズ差1の時間差の場合と数フェイズの間隔を有すものとがある。連続的（ないし、ごく短い断絶後）に住居を構築した場合と住居廃絶後しばらくたった窪地に新たに住居を選地した結果である場合との2者が存在する可能性が考えられる。

　切り合い住居とした住居関係Bについては、これまでの検討（小林2000b）において、土器編年での時期差なしから時期差6時期まで、様々な場合が認められたが、大まかに言うと重複の度合いの大きい住居関係B1は時期差の大きい場合が比較的多く、重複の度合いの少ないB3には土器編年上の時期差のみられない場合も存在する。時期差と重複面積比率の間の相関が小さいことを考えると、Bの場合は基本的には時期差がある（旧住居が埋まっている）場合に多いのであるが、重複としては偶然切り合った、または地形的に狭いという条件や密度の濃い集落で仕方なく重複した場合が多いのであって、意識して部分的に切り合わせたことはないと考える。この点で、少なくてもAとは意味が大きく異なる。

　さらに大橋遺跡で検討したように、集落内でのフェイズ設定という土器による区分以上の時間軸でみると、さらに特徴的である。住居関係A1（容れ子状の重複）では、大橋SJ28住→SJ22住のように、重複住居の形態が大きく異なるような重複では、両者の間に時期差（フェイズ差）が大きく、住居の形態や特徴が類似するような大橋SJ42住→SJ36住の重複（第61図）では、両者の時間差は小さい（フェイズ差で1）。若干位置がずれて連続的に構築したような住居関係A2

146　3章　集落の時間

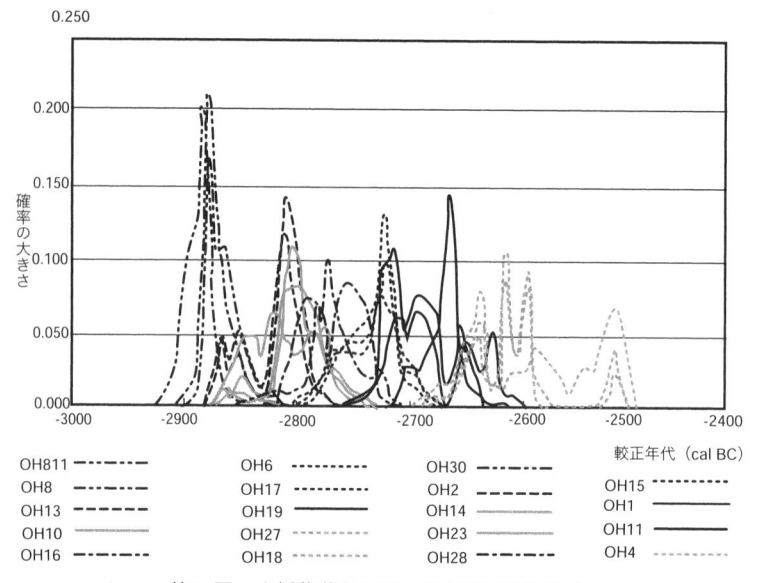

第64図　大橋集落住居別の暦年較正確率分布

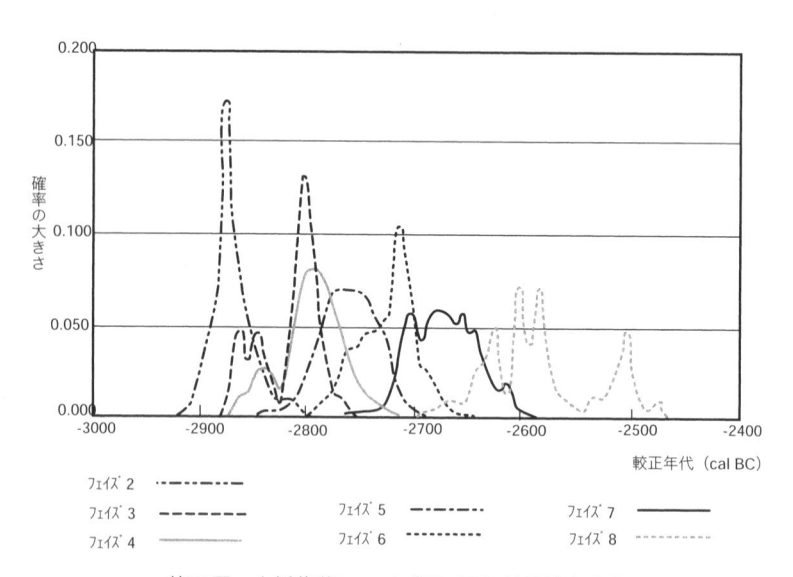

第65図　大橋集落フェイズ別の暦年較正確率分布

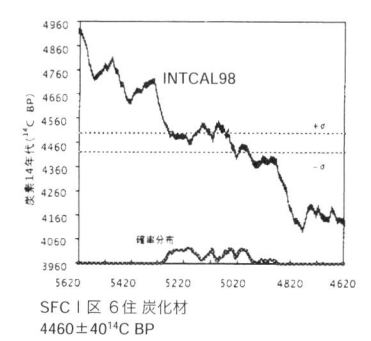

2節 継続的集落にみる住居改築の時間幅 147

**SFC I区 6住 炭化材**
4460±40 $^{14}$C BP

解析結果
$t_{media}$ = 5120 cal BP
95% range
3340 cal BC ~ 3140 cal BC (55.9%)
3140 cal BC ~ 3010 cal BC (35.9%)
2970 cal BC ~ 2960 cal BC (1.6%)
2940 cal B ~ 2930 cal B (1.6%)

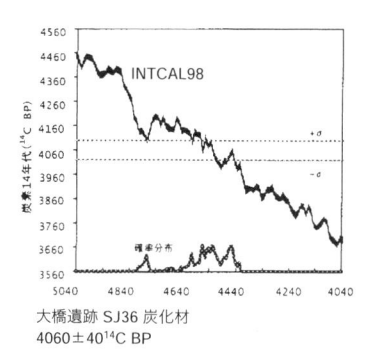

**大橋遺跡 SJ36 炭化材**
4060±40 $^{14}$C BP

解析結果
$t_{media}$ = 4540 cal BP
95% range
2850 cal BC ~ 2810 cal BC (9.9%)
2690 cal BC ~ 2470 cal BC (85.2%)

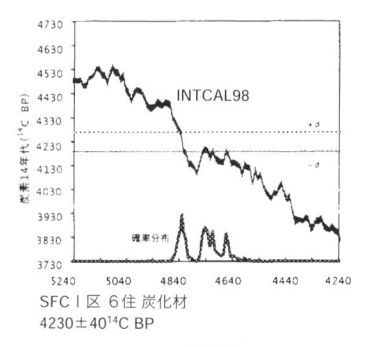

**SFC I区 6住 炭化材**
4230±40 $^{14}$C BP

解析結果
$t_{media}$ = 4740 cal BP
95% range
2910 cal BC ~ 2840 cal BC (35.5%)
2810 cal BC ~ 2670 cal BC (59.7%)

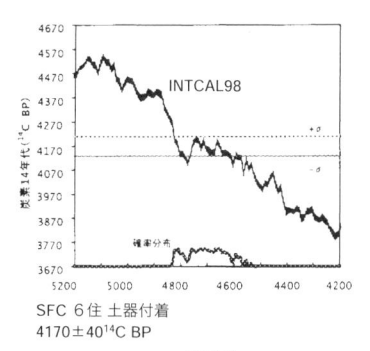

**SFC 6住 土器付着**
4170±40 $^{14}$C BP

解析結果
$t_{media}$ = 4700 cal BP
95% range
2880 cal BC ~ 2820 cal BC (20.2%)
2820 cal BC ~ 2650 cal BC (68.2%)
2650 cal BC ~ 2620 cal BC (6.8%)

第66図 SFC・大橋遺跡の暦年較正確率分布

## 第11表　SFC遺跡炭素年代測定および較正暦年

| 試料名 | 測定機関番号 | 種類 | 遺構 | | 注記No. | | | | フェイズ |
|---|---|---|---|---|---|---|---|---|---|
| SFC 1 | Beta-157910 | 炭化材 | I区 | 1住炉 | SJ1 | 中期 | 勝坂3a | 9a期 | I-1・2 |
| SFC 2 | Beta-157911 | 炭化材 | I区 | 2住火災住居 | SJ2炭C1 | 中期 | 勝坂3a | 9a期 | I-1・2 |
| SFC 4 | Beta-157912 | 炭化材 | I区 | 3住火災住居 | SJ3炭化物集中 | 中期 | 勝坂3a | 9a期 | I-2 |
| SFC 5 | Beta-157913 | 炭化材 | I区 | 6住 | SJ7炭化物集中 | 中期 | 加曽利E2 | 11c2期 | |
| SFC 6 | Beta-158197 | 土器付着 | I区 | 6住土器 | SJ7-K2 (56図2) | 中期 | 加曽利E2 | 11c2期 | |
| SFC 7 | Beta-157914 | 炭化材 | I区 | 集石1 | SS1炭7 | 中期 | 勝坂3a | 9a期 | I-1 |
| SFC 9 | Beta-157915 | 炭化材 | I区 | 集石3 | SS3炭 | 中期 | 勝坂3a | 9a期 | I-1・2 |
| SFC 10 | Beta-157916 | 炭化材 | I区 | 集石5 | SS7炭15 | 中期 | 勝坂3a | 9a期 | I-1・2 |
| SFC 11 | Beta-157917 | 炭化材 | I区 | 集石6 | SS8No.114 | 中期 | 勝坂3a | 9a期 | I-1・2 |
| SFC 12 | Beta-157918 | 炭化材 | I区 | 集石7 | SS9炭 | 中期 | 勝坂3a | 9a期 | |
| SFC 13 | Beta-157919 | 炭化材 | I区 | 集石11 | SS12炭 | 早期 | 早期末 | 石山・天神山 | |
| SFC 14 | Beta-157920 | 炭化材 | I区 | 集石12 | SS13C1 | 中期 | 勝坂3a | 9a期 | I-1・2 |
| SFC 33 | Beta-166519 | 炭化材 | I区 | 集石9 | SS18集石 | 早期 | 早期末 | 石山・天神山 | |
| SFC 15 | Beta-157921 | 炭化材 | I区 | 集石10 | SS16No.362 | 早期 | 早期末 | 石山・天神山 | |
| SFC 16 | Beta-157922 | 炭化材 | II区 | 4住炉 | SJ101炉址b | 中期 | 勝坂3b | 9c期 | II-3-5 |
| SFC 17 | Beta-163299 | 土器付着 | II区 | 4住床面土器 | SJ101-K1 (396図1) | 中期 | 勝坂3b | 9c期 | II-3-5 |
| SFC 18 | Beta-157923 | 炭化材 | II区 | 2住火災住居 | SJ102No.139 | 中期 | 勝坂3b | 9b期 | II-2-4 |
| SFC 21 | Beta-157924 | 炭化材 | II区 | 1住貯蔵穴 | SJ104サンプルNo.5・6 | 中期 | 勝坂3ab | 9a-b期 | II-1・2 |
| SFC 35 | Beta-166518 | 炭化材 | II区 | 2号屋外埋甕 | UG1 (410図) | 中期 | 勝坂末 | 9c期 | II-5 |

## 第12表　大橋遺跡炭素年代測定及び較正暦年

| 試料名 | 測定機関番号 | 種類 | 住居 | 部位・層位 | 注記No. | | | | フェイズ |
|---|---|---|---|---|---|---|---|---|---|
| OH 1 | Beta-159261 | 炭化材 | SJ8 | 柱穴 | 23I24 (0.1g) | 中期 | 加曽利E3 | 12b期 | 7 |
| OH 2 | Beta-159262 | 炭化材 | SJ17 | 床直 | 24M3111 (0.2g) | 中期 | 加曽利E3 | 12b期 | 2-3 |
| OH 4 | Beta-161101 | 炭化材 | SJ22 | 壁際 | 26N1083 (0.1g) | 中期 | 加曽利E3 | 12c期 | 8 |
| OH 6 | Beta-159264 | 炭化材 | SJ24 | 下層 | 27N3411 (0.5g) | 中期 | 加曽利E3 | 12b期 | 6 |
| OH 8 | Beta-167432 | 炭化材 | SJ28 | 埋甕内 | 27O2295 (0.2g) | 中期 | 加曽利E3 | 12a期 | 2 |
| OH 10 | Beta-159265 | 炭化材 | SJ35 | 下層 | 25K1721 (19.0g) | 中期 | 加曽利E3 | 12b期 | 4a |
| OH 11 | Beta-159266 | 炭化材 | SJ36 | 柱穴 | 24K2733 (1.1g) | 中期 | 加曽利E3 | 12b期 | 7 |
| OH 13 | Beta-159267 | 炭化材 | SJ40 | 下層 | 26L3245 (0.6g) | 中期 | 加曽利E3 | 12b期 | 3 |
| OH 14 | Beta-159268 | 炭化材 | SJ41 | 床直(SJ8床下) | 24I1114 (0.1g) | 中期 | 加曽利E3 | 12b期 | 4a |
| OH 15 | Beta-167503 | 炭化材 | SJ42 | 下層 | 24K2776 (6.8g) | 中期 | 加曽利E3 | 12b期 | 6 |
| OH 16 | Beta-159269 | 炭化材 | SJ43 | 柱穴 | 23L3041 (0.7g) | 中期 | 加曽利E3 | 12b期 | 5 |
| OH 17 | Beta-167433 | 炭化材 | SJ47 | 上層 | 31H1391 (0.6g) | 中期 | 加曽利E3 | 12b期 | 6' |
| OH 18 | Beta-159270 | 炭化材 | SJ50 | 上層 | 29J1003 (0.1g) | 中期 | 加曽利E3 | 12c期 | 8' |
| OH 19 | Beta-159271 | 炭化材 | SJ51-2 | 柱穴 | 27J3081 (0.1g) | 中期 | 加曽利E3 | 12b期 | 6 |
| OH 22 | Beta-167434 | 炭化材 | SJ74 | 床面 | 34F2143 (0.1g) | 中期 | 加曽利E3 | 12c期 | 8' |
| OH 23 | Beta-167435 | 炭化材 | SJ78 | 覆土 | 33K一括 | 中期 | 加曽利E3 | 12b期 | 4a' |
| OH 24 | Beta-167756 | 炭化材 | SJ82 | 床面 | 32O819 (0.3g) | 中期 | 加曽利E3 | 12b期 | 5' |
| OH 27 | Beta-159272 | 炭化材 | SJ91 | 炉内 | 22K1389 (2.6g) | 中期 | 加曽利E3 | 12c期 | 8 |
| OH 28 | Beta-158770 | 土器内漆 | SJ12 | 床面 | 30P985 | 中期 | 加曽利E3 | 12b期 | 5 |
| OH 30 | Beta-160115 | 炭化材 | SJ97 | 上層 | 22L1166 (0.4g) | 中期 | 加曽利E3 | 12b期 | 2' |
| OH 460 | Beta-163457 | 土器付着 | SJ43 | 覆土 | K210 | 中期 | 加曽利E3 | 12b期 | 5' |
| OH 811 | Beta-160329 | 土器付着 | SS20 | 床面 | K203 | 中期 | 加曽利E3 | 12b期 | 2? |

| δ¹³C(‰) | 補正値 BP | 較正暦年代 | cal BC | | | | |
|---|---|---|---|---|---|---|---|
| -25.9 | 4450 ±40 | 3330-3200 37.3% | 3190-3140 9.3% | 3130-3000 40.1% | 2980-2920 8.6% | | |
| -26.2 | 4460 ±40 | 3340-3140 55.9% | 3140-3010 35.9% | 2970-2960 1.6% | 2940-2930 1.6% | | |
| -25.9 | 4490 ±40 | 3340-3080 89.1% | 3060-3030 6.3% | | | | |
| -25.3 | 4230 ±40 | 2910-2840 35.5% | 2810-2670 59.7% | | | | |
| -26.1 | 4170 ±40 | 2880-2820 20.2% | 2820-2650 68.2% | 2650-2620 6.8% | | | |
| -25.8 | 4490 ±40 | 3340-3080 89.1% | 3060-3030 6.3% | | | | |
| -25.5 | 4470 ±40 | 3340-3010 95.0% | | | | | |
| -27.3 | 4430 ±40 | 3320-3210 23.7% | 3180-3150 4.2% | 3120-2910 67.3% | | | |
| -26.5 | 4480 ±40 | 3340-3070 85.9% | 3060-3020 9.0% | | | | |
| -27.6 | 4350 ±40 | 3080-3060 6.4% | 3030-2880 88.4% | | | | |
| -25.2 | 6230 ±40 | 5300-5050 95.1% | | | | | |
| -27.0 | 4490 ±40 | 3340-3080 89.1% | 3060-3030 6.3% | | | | |
| -26.2 | 6140 ±40 | 5250-5240 1.6% | 5220-5220 1.2% | 5210-5160 20.0% | 5140-4940 71.7% | 4860-4860 0.7% | |
| -25.8 | 6230 ±50 | 5290-5190 47.3% | 5180-5130 22.1% | 5130-5060 25.4% | | | |
| -25.8 | 4460 ±40 | 3340-3140 55.9% | 3140-3010 35.9% | 2970-2960 1.6% | 2940-2930 1.6% | | |
| -24.5 | 4370 ±40 | 3090-2900 94.8% | | | | | |
| -25.8 | 4340 ±40 | 3080-3060 3.9% | 3020-2880 91.1% | | | | |
| -25.9 | 4280 ±40 | 3010-2970 7.0% | 2960-2950 1.7% | 2930-2860 75.9% | 2800-2770 6.9% | 2770-2750 1.6% | |
| -26.4 | 4350 ±40 | 3080-3060 6.4% | 3030-2880 88.4% | | | | |

| δ¹³C(‰) | 補正値 BP | 較正暦年代 | cal BC | | | | |
|---|---|---|---|---|---|---|---|
| -24.7 | 4220 ±40 | 2900-2840 28.4% | 2810-2670 65.2% | 2640-2640 0.6% | | | |
| -26.9 | 4220 ±40 | 2900-2840 28.4% | 2810-2670 65.2% | 2640-2640 0.6% | | | |
| -26.5 | 4160 ±40 | 2870-2650 85.8% | 2650-2620 8.0% | 2600-2600 1.1% | | | |
| -25.2 | 4170 ±40 | 2880-2820 20.2% | 2820-2650 68.2% | 2650-2620 6.8% | | | |
| -25.1 | 4160 ±40 | 2870-2650 85.8% | 2650-2620 8.0% | 2600-2600 1.1% | | | |
| -25.8 | 4140 ±40 | 2870-2790 28.4% | 2790-2610 62.1% | 2600-2590 2.8% | 2580-2580 1.1% | | |
| -24.9 | 4060 ±40 | 2850-2810 9.9% | 2690-2680 1.7% | 2680-2470 82.9% | | | |
| -25.2 | 4200 ±40 | 2890-2830 22.0% | 2810-2660 70.3% | 2640-2630 2.4% | | | |
| -27.4 | 4210 ±40 | 2890-2830 24.4% | 2810-2660 69.2% | 2640-2630 1.4% | | | |
| -26.6 | 4190 ±40 | 2880-2830 20.1% | 2820-2660 70.7% | 2640-2620 4.6% | | | |
| -26.0 | 4120 ±40 | 2870-2790 25.4% | 2780-2570 69.1% | 2500-2500 0.7% | | | |
| -26.0 | 4210 ±40 | 2890-2830 24.4% | 2810-2660 69.2% | 2640-2630 1.4% | | | |
| -25.7 | 4140 ±40 | 2870-2790 28.4% | 2790-2610 63.0% | 2610-2590 2.8% | 2580-2580 1.1% | | |
| -26.0 | 4180 ±40 | 2880-2830 18.8% | 2820-2660 69.5% | 2650-2620 6.5% | | | |
| -25.6 | 220 ±40 | 1530-1560 3.1% | 1640-1700 34.2% | 1730-1820 46.0% | 1850-1870 0.8% | 1920-1950 11.20% | |
| -26.1 | 4180 ±40 | 2880-2830 18.8% | 2820-2650 71.0% | 2650-2620 5.7% | | | |
| -26.5 | 3370 ±40 | 1740-1590 78.1% | 1580-1520 16.7% | | | | |
| -26.2 | 4060 ±40 | 2850-2810 9.9% | 2690-2680 1.7% | 2680-2470 82.9% | | | |
| -27.9 | 4220 ±50 | 3020-2850 67.2% | 2810-2690 27.5% | | | | |
| -25.3 | 4140 ±40 | 2870-2610 88.8% | | | | | |
| -26.7 | 4400 ±40 | 3100-2900 87.5% | | | | | |
| -26.4 | 4210 ±40 | 2890-2830 24.4% | 2810-2660 69.2% | | | | |

についても時間差は小さい（フェイズ差で1～2）ようである。大橋集落の事例から は、生活面（住居）間の時間的な関係で、「A連続型」「A回帰型」「A断続型」重複を想定できる。

「A連続型」の重複は、住居廃絶後すぐに建て替えると考えられ、ライフサイクルモデル（第18図）の「反復」のうち「5中絶・廃絶」後すぐにフィードバックする場合であり、住居関係A3およびA1の一部が対応する。この間は、1フェイズの差となる。「A回帰型」は、住居廃絶後ある程度の時間的な断絶の後に、旧住居の存在を明確に認識している人間によって建て直された場合で、ライフサイクルモデルの「反復」のうちの「6a埋没・埋め戻し、6b火付け片づけ」後にフィードバックする場合であり、住居関係A1・2いずれも可能性がある。この間は、2～4フェイズの差が予想される。新旧住居間の住居形態の類似するものなど、居住者が同一と思われる例などを集成して検討を重ねたい。「A断絶型」は、住居廃絶後短期長期を問わず埋没した後に新築された場合で、ライフサイクルモデルの「新築」、すなわち「6a埋没・埋め戻し～6d窪地利用、7埋没完了」の後に新たに住居設営のため選地される場合であり、重複の形はいわば偶然の結果であるから、住居関係A・Bすべてがあり得る。時期差もさまざまな場合があり得よう。これら3者の間には、火付け行為などなんらかの人為的な行為の有無、住居形態の類似性、旧住居跡窪地への廃棄行為の有無などで、質的な差異が導き出せると考えているが、今後検討していきたい。今回の年代測定でいえば、重複関係A1とした、SJ28住→SJ22住は、SJ22住がSJ28住のプランの中央に完全に重複するが、平面形も楕円と方形と異なるあり方で、両者の間には2760cal BCごろと2640cal BCごろの約120年間の時期差が考えられ、SJ28住がほぼ埋没した後に、その微窪地の中央に住居を新たに構築したことを示す。一方、SJ42→36住は、同じく重複関係A1で、やはり完全に重複し、プランもほぼ変わらない重複であるが、時期差は1フェイズの時期差であり、10～20年程度の時間差と考えられる。

切り合い関係とした住居関係B（例：SJ41住→SJ8住など）についてみると、大橋遺跡では、フェイズとしてみた場合、住居関係B1の重複の度合いが大きい場合（SJ54住→SJ97住（第62図））はフェイズ差・時間差が大きい。SJ54住とSJ

97住の場合では、SJ54住では年代測定データは得られていないが、SJ54住は大橋の定住集落の初期であるフェイズ１で、他の測定例から2760cal BCごろを想定しているのに対し、SJ97住の測定及び前後の重複住居の測定から、2700cal BCごろが相当すると考えられ、最大60年前後の時間差があり得る。

住居関係Ｂ３の重複度合いの小さい場合（SJ41住→SJ８住など）は、フェイズ差・時間差の大きい場合も小さい場合も認められる。$^{14}$C年代測定結果が得られている事例で言えば、SJ41住→SJ８住は、住居の切り合う面積は、1.9㎡に過ぎず、両住居面積に対して7.1％と小さい（切り合いＢ３）が、暦年較正で2810－2670cal BCに含まれる期間での重複で、比較的時間差が大きい。やはり、切り合い関係Ｂ３と評価できるSJ97→SJ43住は、切り合い面積比は3.4％とさらに小さいが、第62図に示すように、2700cal BCころのSJ97住と2680cal BC以前であるSJ43住との切り合いなので、その間の時間差は20年程度であると考えられる。すなわち、住居のはじが切り合うようなケースは、特に意識した行為ではなく、既に埋まっている住居跡地に偶然新築した可能性が高い。

大橋集落終焉期の新地平13期（加曽利Ｅ４式期）（フェイズ９・10）の住居での切り合いは、重複部分の小さい住居関係Ｂ３ないしＢ２であり、かつフェイズ差１（フェイズ９と10）であることが特徴的である。これは、むしろ、大橋集落の時期的な問題として、フェイズ９と10の間に断続があるか、実年代上の時間が長い可能性がある。年代測定からみても、フェイズ８が2640cal BCころと推定されるのに対し、大橋集落フェイズ９の相当する新地平編年13ａ期は、2570－2520cal BCごろがあてはまり、この間に70年程度の間隔があく可能性（大橋集落が無人であった可能性）がある。中期後葉までは（居住者の移動は頻繁であっても）集落自体は継続しているのに対して、中期末葉段階になると、石井寛が言うように移動性の高さによる反復住居が増えるのではないかと考える。その多数の反復の当初段階くらいで終わったのが、大橋遺跡の13期（フェイズ９・10）のあり方である。

## 3節　集落の継続期間—多摩ニュータウン遺跡群・津久井川尻遺跡群—

　SFC遺跡・大橋遺跡以外の集落の年代測定について、ケーススタディとして概観しておきたい。

　縄紋時代前・中期の集落である東京都多摩ニュータウンNo.520遺跡出土の炭化材及び土器付着炭化物の$^{14}$C年代を求めた（第68図）。炭化材については、調査において取り上げ位置の記録した竪穴住居内出土炭化材・炭化種子約90点のうち、炉内・床面出土の炭化材を優先して顕微鏡観察し、遺存状態の良いものを測定した。土器付着炭化物については、約20点の土器付着炭化物について採取した。

　中期集落とはやや離れて位置する、14号住居跡周辺においては、ほとんど前期諸磯b式土器のみが集中している。住居覆土出土のクルミ殻の測定値から暦年較正で3970－3800cal BCの年代が示され、縄紋時代前期後半の年代として整合的である。

　中期では、最も古い試料312が、阿玉台Ｉb式や狢沢式が出土する住居覆土中の炭化材の測定からみると、暦年較正で3360－3090cal BCとなる。次いで、試料3の中期後半加曽利Ｅ1式初頭と考えられる土器（多摩武蔵野の中期土器新地平編年で10a期(黒尾・小林・中山1995)）に付着する噴きこぼれと考えられる炭化物が、暦年較正で3030－2880cal BC、同じ27号住居の炉内出土炭化材が暦年較正で3120－2910cal BCに、もっとも高い確率で含まれる。従って、両者が同じ27号住居の使用から廃棄直後の時間に属すると仮定すると、両者が重なる3030－2910cal BCを含む時期である可能性が高い。

　より新しい加曽利Ｅ2式に伴う連弧文系土器の時期と考えられる23号住居、24号住居では、調査所見より23号住居より24号住居が新しいとされており、両住居それぞれの炉内出土炭化材の測定値は、23号住居出土の試料1627が新しく、24号住居出土の試料1159が古い年代を示し、矛盾している。暦年較正でみると、23号住居1627は2870－2650cal BC、24号住居1159は3340－3010cal BCとなり、他の遺跡での測定値と比較すると試料1627は整合的であるが、試料1159はより古い時期のデータと近似であり、古い年代である可能性が高い。試料1159は、散孔材と考えられるが、樹種ははっきりせず、少なくとも形成層近くではないため、樹齢の

長い樹種の中心近くの材である可能性も否定できない。また別の可能性として、炉内の炭化材がやや古い年代であったことは24号住居が住居廃絶後も床面が露出しており、古い材が流れ込んだような可能性や、古い時期の材が燃料等に持ち込まれていた状況も考えられる。このため、24号住居跡床面出土のクリ材である試料1080、1081も追加で年代測定を行った。その結果試料1080は、23号住居と整合的である。暦年較正でみた場合、これまでの測定例からみても加曽利E2式の新しい時期に整合的で、同時期の23号住居1627の較正暦年と重なる2870－2790cal BCに含まれる可能性が考えられる。やはり床面出土の試料1081は、やはりやや古い $^{14}$C年代を示すが、較正暦年でみると、3120－2920cal BCに含まれる可能性が高く、このうちの最も新しい時期で考えれば2920cal BCとなり、クリ材であることから中心部に近い部分を測定していた場合、伐採年から30年程度古い年代となる可能性を考慮すれば、23号住居1627や、24号住居床面1080の示す年代に近い年代となる。よって、23・24号住居の廃絶年代は、2870－2790cal BCで2870cal BCに近い時期と捉えたい。

縄紋時代中期の集落である神奈川県津久井町川尻遺跡群中村遺跡（試料略号SOKN）・原東遺跡（試料略号SOHE）出土の炭化材及び土器付着物の$^{14}$C年代を検討する（第67図）。炭化材については、竪穴住居の炉または埋設土器内出土炭化材・炭化物について測定した。

勝坂2式期に属する試料は、SOHE-B、SOKN230、323である（第67図）。これらの試料が包含されていた土器は、いずれも勝坂2式の抽象文系土器であり、かながわ考古学財団の「勝坂式土器文化期の様相」（縄文時代研究プロジェクトチーム1998）では、第Ⅲ期E群（抽象文系）土器とされるもので、新地平編年に照らすと、前述の通り新地平編年7b期に相当すると考えられ、ほぼ同一の時期に属すると評価される。このうち、SOKN323の試料では、2つの炭化種子の測定を行っており、このABの測定は、同一の時期に廃棄された植物遺体と考えられる。ABの暦年較正年代の重なる暦年のうち、10％未満の確率である暦年を除くと3320－3210cal BC、3120－3010cal BCが、相当する可能性が確率的に高い。このうち、後者の暦年は、筆者らによるこれまでの測定結果からみるとSFCⅠ区集落など勝坂3式期の年代が相当する（小林・今村・西本・坂本2002）。この試

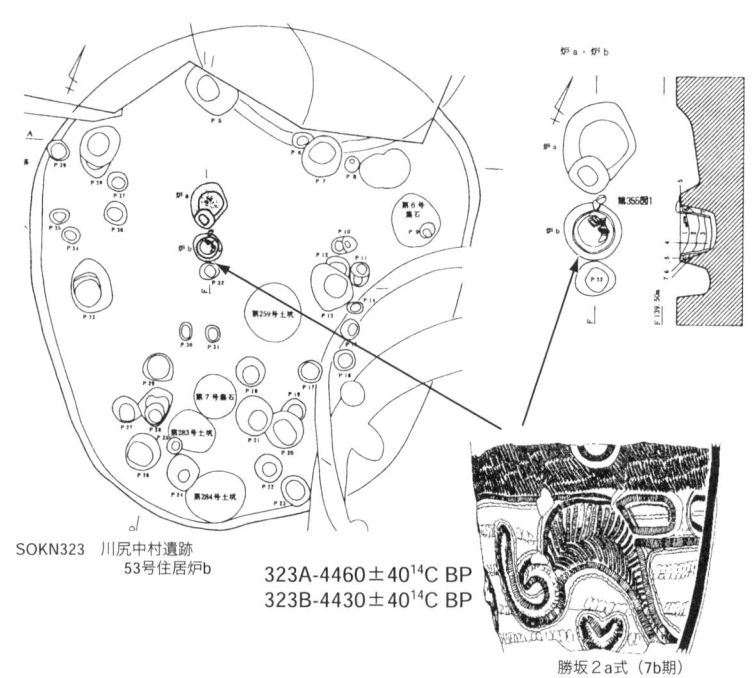

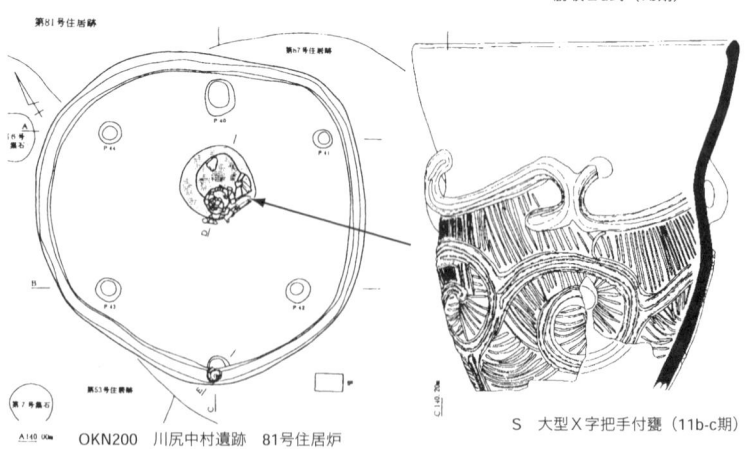

154　3章　集落の時間

SOKN323　川尻中村遺跡
　　　　　53号住居炉b

323A-4460±40¹⁴C BP
323B-4430±40¹⁴C BP

勝坂2a式（7b期）

OKN200　川尻中村遺跡　81号住居炉

200A-炉上層　4250±40¹⁴C BP
200B-炉下層　4160±40¹⁴C BP

S　大型X字把手付甕（11b-c期）

（土器=1/10、住居=1/120、炉など微細=1/60）

第67図　川尻中村遺跡の炭素14年代測定試料

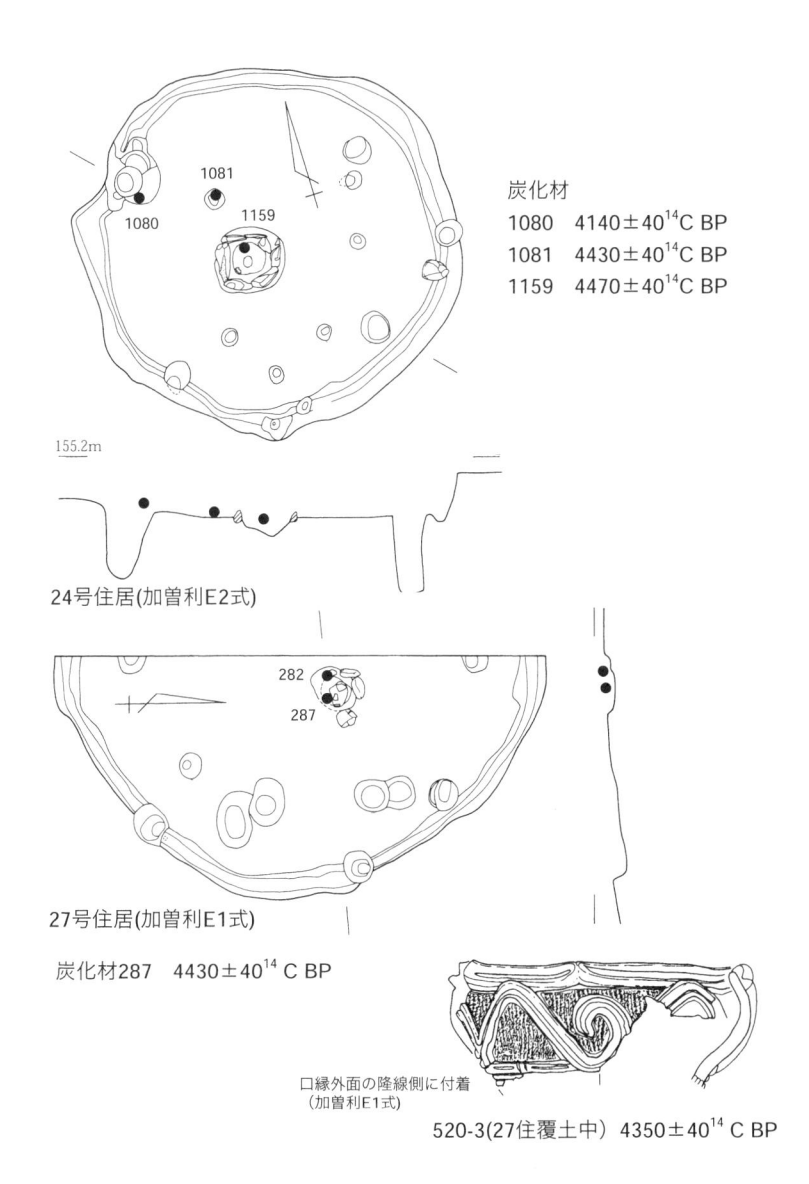

3節 集落の継続期間 155

炭化材
1080　4140±40 $^{14}$C BP
1081　4430±40 $^{14}$C BP
1159　4470±40 $^{14}$C BP

155.2m

24号住居(加曽利E2式)

27号住居(加曽利E1式)

炭化材287　4430±40 $^{14}$C BP

口縁外面の隆線側に付着
(加曽利E1式)

520-3(27住覆土中)　4350±40 $^{14}$C BP

(遺構S=1/100、土器S=1/6)

第68図　多摩ニュータウンNo.520遺跡の炭素14年代測定試料

料が属する勝坂2式土器に近いと考えられる立川市向郷遺跡20次調査1号土坑の測定年代（小林・今村2002b）などを考えると、前者の3320－3210cal BCの暦年が相当する可能性が高い。同様に、川尻遺跡群での他の事例を見ると、SO-HE-Bの較正暦年では3320－3220cal BC、SOKN230の較正暦年では3350－3080cal BCの暦年が相当する可能性が高い。

　加曽利E1式期は、SOKN116、201が対比される。SOKN201が包含されていた土器は、縄紋地文の上に隆線が貼り付けられており、曽利Ⅱ式の古段階と捉えられる（山形1989）。SOKN116は、胴部文様帯は縄紋地に隆線が垂下し、加曽利E1式新段階である（黒尾1995）。両者とも、新地平編年10c期に相当する土器内部の包含炭化物である。SOKN116は3100－2910cal BC、SOKN201は3030－2880cal BCがそれぞれ最も確率的に高く、両者の暦年はおおむね重なっている。同時期の測定として、栃木県仲内遺跡（KRNU）や、東京都町田市三矢田遺跡10号住居炉体土器付着物（TMM49－3）など、いくつかの測定を重ねている（小林・今村・坂本2003c）が、それらの結果ともよく合致している。

　加曽利E2式期は、SOKN200が包含されていた土器が対比される（第67図）。新地平編年11c期に相当すると考えられる炉体土器内部出土炭化物を2点測定した。炉内上層出土のSOKN200Aは2920－2850が54.0％の確率、2810－2730cal BCが31.5％の確率で、炉内下層出土のSOKN200Bは2870－2650cal BCに8割以上の確率である。この両者は、同一の時期に帰属すると考えられ、81号住居の炉が使用された時期は、両者の重なる暦年代である2870－2850cal BCか2810－2730cal BCに含まれる可能性が高いと考える。同様の時期の測定としては、連弧文系土器を炉体土器にしていた慶応義塾湘南藤沢キャンパス内（SFC）遺跡Ⅰ区の焼失住居である第6号住居跡の炭化材（4230±40$^{14}$C BP）及び炉壁土器付着炭化物（4170±40$^{14}$C BP）の測定値と比べても、非常に整合的である。これらを含めて考えると、2810cal BCよりも新しい時期である確率の方が、いずれの試料でも高い。また、2800cal BCより古い段階は、他の測定例を勘案すると加曽利E2式前半（新地平11a－b期）に属する可能性が高い（小林・今村・西本・坂本2002）。よって、SOKN200が出土した、加曽利E2式後半段階である81号住居の炉が使用された暦年代は、2810－2730cal BCに含まれると捉えておきたい。

加曽利E 3式期は、SOHE-A、SOKN173、13を包含・付着していた土器があたり、新地平編年12 a期に相当する土器に関連する試料である。3つの試料の暦年較正結果確率分布よりみると、よく似た年代を示しており、2820 – 2670cal BC前後の年代に、3試料とも6割以上の確率で含まれている。加曽利E 3式については、東京都大橋遺跡で多数の測定結果を参照する。それからみると大橋集落の古い段階である新地平12 a期は、おおよそ2760 – 2720cal BCころと考えている（小林・今村・西本・坂本 2002）。川尻中村・原東遺跡の測定結果もよく合致している。

　これまで行ってきた筆者らの他遺跡での測定例（小林・今村・西本・坂本 2002）を加味した上で、土器型式から見て連続する加曽利E 1式（の後葉）・2式（中葉）・3式（前葉）の年代をつなげてみると、加曽利E 1式後葉は2880cal BCを含む年代である可能性が高く、次に加曽利E 2式中葉は2810cal BC前後の暦年、加曽利E 3式の当初段階である新地平12 a期は2800 – 2700cal BCに含まれる可能性が高いと考える。

　以上のように、勝坂2式期および、加曽利E 1～3式期の竪穴住居の実年代把握に、有効なデータを得ることができた。筆者らが行っている、SFC遺跡、大橋遺跡などの他遺跡の年代測定結果と合わせて検討することで、南西関東地方中期集落における、土器型式および集落における実年代の把握にせまることができよう。

## 4節　集落の時間

　以上に分析したいくつかの集落遺跡分析のうち、短期的集落についてはSFC集落、長期的継続的集落としては大橋集落の事例が、考古学的検討も十分になされている上、$^{14}$C年代測定も数多くなされていることから、多くの成果をあげることができた。このほかにあげた川尻遺跡群や、多摩ニュータウン内の集落遺跡は、大橋集落よりもさらに長期にわたる集落であり、その性格を検討する必要があったが、ともに集落の全体像を明らかにし得るような考古学的分析を十分に行い得なかったことと、$^{14}$C年代測定例も十分でないために、集落としての継続期間が連続的なのか、断続があるのかという点について検討できなかった。現在、青森

市三内丸山遺跡、八戸市笹ノ沢（3）遺跡、岩手県力持遺跡、滝ノ沢遺跡、長野県長峰遺跡、聖石遺跡での中期集落において、多数の試料を分析中であり、今後検討を重ねたい。

### ⅰ）同一遺構出土試料の$^{14}$C年代測定

　ここで、$^{14}$C年代測定の信頼性に関わる問題として、上記の測定例の中から、同一遺構の試料測定例を、まとめておきたい。年代測定の試料の性格による測定傾向の違いという点について言うならば、第43図には、試料の種類別に暦年較正年代をプロットしてあるが、これをみても、土器付着物・漆と、同一時期と期待できる遺構出土炭化材・種子とは、ほとんどの場合、年代的に一致している。慶応義塾湘南藤沢キャンパス内遺跡のSFC 5と6の試料も、同一遺構の土器付着物と炭化材の年代が一致する例である。このほか、同一土器の内外面付着物の例なども、多くの場合ほぼ一致している。

　試料の問題と別に、そもそもその試料が考古学的に形成された時期にどの程度の違いがあるかについて、検討しておきたい。具体的には、竪穴住居の寿命に関わる問題だと思うが、住居構築時・使用時に残された試料と、廃棄時・廃棄後に残された試料との間に、どのくらいの年代差があるかも、$^{14}$C年代測定と暦年較正を用いて検討できる。

　SFC 5と6の試料は、神奈川県藤沢市SFC遺跡の、同一住居出土の試料であるが、住居使用に関わる炉体土器の内面付着炭化物（SFC 6）と、住居廃絶に関わる焼失時の廃材（SFC 5）では、前者が古く後者が新しいことが期待できる。結果的には、$^{14}$C年代では逆の年代を示すほどで、暦年較正年代ではほぼ一致し、両者の間に少なくとも数十年以上の開きは考えにくい。同様な事例は、炉体土器と覆土中廃棄土器や炭化材ともみることができる。2節でみた重複住居の分析とあわせ、縄紋時代の竪穴住居の寿命や、窪地の廃棄場としての利用は、比較的短期のものが多いことの傍証となろう。

　なお、同一遺構出土の試料を比較検討する場合、その性格によって、示す年代が違うことにも注意しておく必要がある。竪穴住居構築材としての木材は、住居の構築時に古木を用いるか以前に伐採済みのものを用いる場合、構築時に伐採する場合の2通りの違いによっても、測定される木材の年代は異なることになる。

これは試料自体（ここでは住居構築の用材）の歴史的位置づけの問題である。木材では、中心部に近い年輪部分を試料としてしまった場合は、その樹齢の年数のみ、歴史的な年代（ここでは住居の構築年代）より古くなる可能性が考えられる。もしも木材が均質につぶされて試料となっていた場合（例えば細かなスス状の炭化物となって採取された場合）は、平均値すなわち樹齢の半分の年数分、古い年代を得ることになる。これを、歴史年代に対する古木効果と呼ぶ。

ただし、ここで検討している竪穴住居の構築材と、用いられた土器付着物の場合には、土器に炭化物が付着するのは、その土器で最後に煮炊き、または煤けさせた段階に付着したと考えられ、竪穴住居構築後、その住居が使用されている一定期間（日本の高湿度の環境下では数年から最大でも20～30年程度）を経てからであるので、この間にも歴史的な時間でのズレが見込まれる。よって、本書で示す例の場合は、同一住居出土の土器付着物と、火災住居などでの住居構築材（炉出土の燃料材の場合は別）との間には、古木効果の見込まれる分と、住居構築後の生活が続いた時間の合計分が、差となる可能性が考えられる。

なお、試料選択においては、樹木については、樹幹の外側に近い方を選択することを優先した。また、実体顕微鏡観察による樹種同定を行った結果では、対象試料はほとんどがクリで、まれにコナラなどが認められる。数例の柱材と思われる大形の炭化材で観察した結果で、最大35年程度の年輪（中心部は腐っている場合が多く、また最外部も欠損している場合がほとんどのため、樹齢としてどの程度の年数が足されるべきか不明）を数える材であった。よって、最大限に見積もっても50年の古木効果を見込む必要性は乏しいと考える。

### ⅱ) 重複住居の時間差

住居については、実年代における位置づけが可能な事例が、大橋遺跡を中心に、いくつかの遺跡で示すことができた。このうち、住居重複を取り上げて、あらためて住居が重複される時間幅を検討してみよう。

2節で検討したように、旧稿「重複住居の研究」（小林2000b）において、重複住居を古い住居跡の窪地を再使用するような形でほとんど重複する「重複住居」（第19図-A）、明らかに異なった住居が結果的に一部重複する「切り合い住居」（第19図-B）、重複住居ではなく連続した居住における改築の痕跡が重複住居状

に残される「改修・改築住居」（第19図－C）に区分した上で、それぞれの2軒の住居関係として整理した。2軒の居住における時期差（相対的な土器型式時期差と大橋ではフェイズ差）と、住居の重なり合う面積とを検討し、A～Cの性格ごとに、時期差と重複面積比に差があることを示した（小林2000b－40頁）。この分析においては、南西関東地方の中期集落である大橋遺跡と、八王子市宇津木台遺跡群D地区中期集落（土井・黒尾1989）、調布市原山遺跡（黒尾ほか1993）の221例の重複関係を用いた（小林2000b－54頁）。

　重複関係について、本章でみた$^{14}$C年代測定例や、前章で明らかにした細別時期ごとの推定暦年代を利用して、実時間での差と、住居の重複関係のあり方に、どのような関係があるかを検討してみたい。

　まず、大橋集落SJ17住に代表されるような（第63図）、もっとも時間差が短い、というよりも連続した居住である可能性が高い「改修・改築住居」（第19図－C）については、現時点では異なる床面や柱穴ごとに試料を採取して$^{14}$C年代を測定した事例はないものの、例えそうした測定を行っても、遺構間接合や重複の状況から見る限り、ほとんど時間差はでないであろうと予想される。大橋集落17住では3段階の改築が、微妙に住居のプラン・大きさを変えて重複している。これが同一の居住者によるものかどうかは不明であり、また改築期間以上の、例えば1年程度の短い断続期間があったかどうかは不明であるが、少なくとも土器細別時期を越えるような時間差はない。土器の遺構間接合のあり方などをみる限りでも、連続したフェイズでの改築であると位置づけられる（第40図）。

　次に、「重複住居」（第19図－A）と、「切り合い住居」（第19図－B）では、重複住居の時期差に違いがある。

　「重複住居」では、完全に入れ子状になる重複（第19図－A1）では、大橋集落SJ22住・SJ28住（第60図）のような場合は、土器型式をまたぐほどの時期差（例えば宇津木台D地区SI36Aa住とSI36C住居は、細別時期にして4期の差がある）が存在する場合が多い。新しい大橋集落SJ22住はSJ28住跡地に100％重複する関係である大橋集落SJ22住・SJ28住では、SJ22住が2720cal BCごろと推定され、SJ28住が2640cal BCごろ構築と推定されるので（第40図に、本章2節で測定した結果からの推定暦年代を付す）、両者の時間差は約80年程度と推定される。

このほか、直接の$^{14}$C年代測定は行っていないが、原山遺跡SI30ｂ（9ａ期）とSI30ａ（9ｃ期）の住居重複では、土器型式時期から逆算すると、間に9ｂ期は挟まるのであるから80年以上180年以内の差となる。宇津木台Ｄ地区SI36Aa住居（10ｃ期）とSI36Ｃ住居（11ｃ2期）は、細別時期にして4期の差であり、少なくとも間に11ab及び11ｃ1期が挟まるが、算出すると80年以上130年以内の時間差ということになる。宇津木台Ｄ地区SI47ｂ住居（6ａ期）とSI47ａ住居（8ａ期）は、炉石が転用されている可能性がある住居間であるが、時期差はやはり4期で、推定で80年以上170年以内である。宇津木台Ｄ地区SI78ａ1住居（7ａ期）とSI78ｂ1住居（8ａ期）の場合は、2期であるが、推定年代で30年以上130年以内となる。これらの時間差が存在する重複住居Ａ1のタイプでは、おおむね80年程度の時間差があってから入れ子状に重複させることが見て取れるのであり、ある程度自然埋没後の新たな住居地選定に窪地が選ばれた可能性が高い。大橋遺跡22号・28号住居では、住居規模・プランとも大きく異なり、こうした推定と整合的である。

　一方、同じ重複住居Ａ1のタイプでも、時期差が小さいと考えられる事例が少数ながら存在する。大橋集落SJ36住とSJ42住は、プランはほぼ同一ながら、床面レベルに10cm以上の差がある重複住居である（第61図）が、古いSJ42住の廃絶直後に廃屋不要材を燃焼の上、軽く埋め立ててSJ36住が構築されていると考えられ、結果的に新築となっているものの、改築住居であるＣの関係に相当する可能性が強い。両住居出土炭化材の測定結果からは、$^{14}$C年代では差があるが、ほぼ重なる暦年較正年代に相当し、SJ36住埋没後が2650cal BCごろと推定されるので（第40図）、両者の時期差は20〜30年以上離れないと推定される。

　プランが若干ずれる形でかなりの部分重複し、重複住居Ａ2とした大橋SJ54住とSJ97住の関係（第62図）は、プランがほぼ同一なSJ54住とSJ97住とに、大きな時間差は認めにくく、SJ97住の測定結果からの推定暦年で2760cal BCごろの構築と想定できる。それより古いSJ54住も加曽利Ｅ3式古期（12ａ期）の土器を伴うので、12ａ期の推定暦年代上限である2760cal BCより大きく遡ることは考えにくい（第10表）。

　これ以外のＡ1としたタイプ以外の一部が重ならないような重複住居について

は、あまり明確に重複状況や年代差が検討できる事例は少ないが、基本的には上述のA1とした重複住居に準ずるあり方と捉えられる。

次に、切り合い住居Bは、基本的に切り合い関係の住居の時期差はばらばらであり、特にまとまる時期差は認められない。同様に、住居の重複面積の階級別出現頻度を検討（小林2000b－55頁表6）しても、特にまとまるようなあり方は認められない。年代測定を行った結果をみると、大橋SJ97住とSJ43住（第62図）で、推定した暦年代で40～50年程度の差（第40図）となる。大橋SJ8住と大橋SJ41住では、SJ41住は2720cal BCよりやや新しいころ、SJ8住は2650cal BCころと推定されるので、70年程度の差となる。このほか原山遺跡や宇津木台D地区をみると、土器型式細別時期の差にしてほとんどない場合から、8細別時期以上の差が存在する場合まで、様々な場合が認められ、時期差を暦年代によって置き換えるならば、数十年以内の場合から数百年後に再び住居が構築される場合まで、特に特定のパターンは認められない。

よって、切り合い住居Bは、多くの場合、偶然切り合っただけの状況と捉えておきたいが、いずれにせよ、ある程度重複面積がある関係においては、80－100年程度以上の時間差が想定される場合が多く、かつこれらのうちの古い住居には、いわゆる吹上パターン（小林達雄1965）的な一括遺存土器群の出土現象（山本1978、小林1991など）は認められないことから、住居跡地の自然埋没後に新たな住居が構築された状況が想定できる。これに対して、連続的と観察される改築住居または跡地を意識した新築住居では、ほとんど時期差がないと捉えられ、集落内における住居の構築状況復元、強いては集落景観の復元に、大きな手がかりを与えてくれるものと思われる。

iii）**集落の時間についてのまとめ**

以上にいくつかのケースをみてきたが、それらの結果をまとめると、次のようになる。

1）小規模・短期的な居住であるキャンプサイト的な小集落として捉えられるSFC I区集落とII区集落は、谷を隔てて約260mほどに対峙する住居跡4軒づつ（同時存在は1～2軒程度）の同規模のセツルメントで、土器からみると、ともに勝坂3式に属し、I区集落は勝坂3式前半（新地平9a期）、II区集落は勝坂

3式後半（新地平9b～c期）と、連続している。年代測定を行う前は、筆者は、近接し規模の類似する2集落について、直接的な移動を想定していた。本研究の結果、Ⅰ区集落は3130－3080cal BCの50年間にわたり1～最大3軒の住居が構築され、Ⅱ区集落は3010－2900cal BCの110年間にわたり1～最大3軒の住居が居住されたセツルメントであると捉えられた。この間、約70年間の間が空く。すなわち、両セツルメントは、他に母村があり（例えば5kmほど離れて中期大集落である岡田団地遺跡が存在する）、それぞれの時期に何らかの目的で分村されていた活動拠点であった可能性が高い。

2）大橋集落は、目黒川流域に5～6集落が展開していた中期の遺跡群に属する典型的な中期集落で、土器型式の上からは加曽利E2式～4式に属し、その中でも加曽利E3式期を中心とする。年代測定の結果、継続的な居住がなされていた加曽利E3式期のフェイズ2～8で、2760－2650cal BCの110年間と捉えられる。この間に、累積で約100軒の住居が営まれ、同時存在では8～16軒程度の住居が営まれていた。さらに、住居重複や、埋甕炉体土器・埋甕の不要部分の接合関係より、この間に最低8回、特に重複関係や住居改築の激しいSJ17・43・91・97住付近で回数を数えると、最大9回の改築が認められる。よって、竪穴住居1回の改築期間は、平均して10年～15年程度と捉えられよう。

3）関東地方の集落で検討していくと、多摩ニュータウンNo.520遺跡では、土器型式では勝坂1式新から連弧文系土器加曽利E2式期までの住居が認められるが、多摩丘陵の尾根上に位置するためか住居総数は30～50軒程度で、規模としては大きくはない。年代測定でみると、3360～2870cal BCと490年間に及び、この間に全く断続がなかったかは確認できていないが、少なくとも間が空いたとしても短期で、かつ、同一地点での集落を、長期にわたって営んでいたことが想定できる。神奈川県川尻遺跡群は、津久井町という比較的山深いところに位置するが、大規模な中期集落が、川尻遺跡・原東遺跡・川尻中村遺跡と、川を挟みつつ隣接するセツルメントで、中期で総計300軒近い住居の存在が予想されている大規模な居住セツルメントである。確実に継続していると捉え得るのは、土器型式で勝坂2式から加曽利E3式期である。年代測定の結果、3320～2700cal BCの存続期間と捉え得る。すなわち、620年間にわたり、比較的大きな集落が、近接しつつ

複数存在していた様相が、この川尻地区において認められる。

4）大橋集落・原山遺跡・宇津木台D地区の重複住居についてみると、重複のあり方によって、重複住居間の時期差におおむね特定の傾向が見て取れた。すなわち、連続的な居住の場合は、年代測定によって差が求められない程度の近接した時間差であること、連続的ではない入れ子状の重複住居では、80年以上100数十年程度の時間経過の後に、窪地を再利用して住居を構築している。この場合、古い住居窪地に、土器などが大量に廃棄されている事例はなく、おおむね自然埋没と捉え得る。偶然一部が切り合ったような切り合い住居の場合は、特に住居間の時間差に特定の傾向は認められない。

5）同一遺構の試料測定によっても、暦年較正年代の上では年代差がほとんどないと考えられる事例が多い。住居の構築材と炉体土器、さらに覆土中に大量に廃棄された土器付着の炭化材など、歴史的時間の異なる試料においても、数十年以上の時間差は考えにくい事例がほとんどであった。これらは、大橋集落やSFC集落などの比較的短期的な居住域での測定例からの検討が多く、そもそも数百年にわたる長期的な利用痕跡のある集落事例での検討を行う必要があるが、大橋集落SJ43住やSFCⅡ区集落4住での覆土中一括廃棄遺物を多量にもつ（跡地を廃棄場に利用している）住居の、構築から廃絶、跡地使用、埋没までの時間経過は、4項で述べたような、80年程度の自然埋没よりは、短い時間幅での埋没である。

以上のように、関東地方の縄紋集落において、規模の違いもさることながら、継続期間にも違いがある。SFC遺跡6号住居などの単時期単独住居の居住を別にして（1軒のみの住居の場合の継続期間は単独の測定からは読みとれない）、小規模集落では、50年間ほどの短い居住から100年程度の居住期間の場合が認められる。これに対し、同時存在の住居で4・5軒から10軒以上の、比較的規模の大きい集落では、おおむね継続的な状況が見て取れるとともに、継続期間として100年から600年の幅が認められる。大橋集落でも、加曽利E2式期の当初段階や、加曽利E4式期の集落末期には、断続的な居住が想定され、他の集落例でも完全に切れ目なく継続したかどうかを検証することは、難しい。しかしながら、集落のあり方について、各住居・遺構毎に年代測定を行い検討していくことは、以上のような問題点についても、解決の糸口を見いだす端緒となるであろう。

今回は、集落構成要素の一つである竪穴住居跡の時間的側面に関する検討を主とした。集落構造自体の解明、例えば環状集落の形成過程については、今後、改めて検討していきたい。例えば、大橋集落については、遺構間接合などによって細かなフェイズごとの集落変遷を復元しており（第29～36図）、設定されたフェイズについて、試料に恵まれた時点については暦年代も推定できている（第40・63図）。具体的な暦年代は未定でも、長期にわたる重複住居の年代測定（第62図）から、各フェイズが平均13年以下の年数であることが推定できる。こうした実年代観を基に、住居の構築、廃絶、埋没の過程を、順を追ってプロットしていくことで、縄紋集落の実態を明らかにしていきたいと期している。

## 4章　文化の時間

### 1節　文化の伝播

　前章までにおいて、直接的な考古学的文化要素である土器と集落について、その暦年較正年代からの検討を加えてきた。特に、土器の年代的考察によって、細かな土器細別時期を、中期においては暦年代に置き換えることが可能となった。そこで、物質文化の伝播、すなわち情報やモノ、時としては人間の移動に関わる、空間的な文化要素の移動について、その伝播速度を検討することを試みることによって、直接的に年代を測る以外の、考古学研究へ応用していく方向性を模索することとしたい。

　文化要素の伝播については、土器について、搬入・搬出や、土器の折衷などを例として、多くの研究者が議論を重ねている。例えば、佐藤達夫（佐藤1974）、パティー・ジョー・ワトソン（Watoson, Patty Jo. 1973）やディーツ（Deetz 1967）などである。筆者も土器研究・住居研究の一端として、文化要素の移動のあり方について、検討したことがある[1]。ここでは、ごく簡単に、情報・物質・人間の移動の3レベルに分けて、土器やその他の文化要素の地域的な特性が、他の地域との相互作用を反映するか否かという議論を整理しておきたい。なお、人間の移動のレベルは、個人としての移動と集団としての移動のレベルに分けられるが、対象とする関東・中部地方においては、中期末葉段階での遺跡数激減において集団的な移動が行われた可能性は否定できないが、それ以外の状況においては、地域をまたがるような大規模な集団移動は考えにくく、基本的には集落間・地域間における婚姻による個人の交換や家族単位での移住程度を想定している。

#### a）土器の移動

　土器型式論として、正面から論じたものに大塚達朗の研究がある。「異系統土器論としてのキメラ土器論」（大塚2000）では、滋賀里遺跡のキメラ土器を例に、

佐藤達夫の論を基調として読み解き、「関与型式群内布置」の場合の「局在」と、広域分布の場合にみられる「偏在」、滋賀里例のようにかなり外れて「非関与型式圏内」に点在する「離在」などの状況を摘出した。複雑な異型式群の消長を明らかにすることで縄紋文化の「多文化的再編成の可能性」を提起し、「縄紋土器一系統説の見直しを目指す」優れた考えである。

　土器型式などの物質文化と規範との関係を扱った研究として、小林正史の論考がある（小林正史 2000）。正月の餅雑煮にみられる地域色、フィリピン・カリンガ族の土器スタイル伝播プロセスなどの検討から、民族誌モデルを構築し、東北から関東地方における縄紋晩期土器文様の地域色の動態を生み出すプロセスについての仮説を提示している。型式の重層構造を指摘しつつ、広域に分布する単位文様は、「実態的集団への帰属を反映する」とは考えにくい場合が多く、「意識における小地域間の憧れや拮抗関係」が重要な場合も多いと想定する。また、「地域差解消過程における土器文様の伝播方向は、集団間の影響関係を必ずしも反映しない」と指摘し興味深い。その事例としてあげられる大洞A式後葉以降の変形工字文の広域伝播について、小林正史は水田耕作という生業戦略の伝播が南から北なのに対し、土器文様伝播が反対であるとしているが、当該期の水田耕作技術の伝播ルートは日本海ルートなどを勘案すると、検討を重ねていく必要もあろう。

　土器やそれに伴う情報の動きと人間の動きや文化的相関関係との関わりについては、筆者も若干触れたことがある（小林 2000d）。ホダーやミラーらが論ずるように[2]、民族考古学的成果を用いた物質文化と規範とが直接相関しないようなモデルの提出に対し、縄紋文化研究者は、賛否どちらにせよ、より注意を払うべきである。型式や数量比の変化と、集団間の相互作用との関連の検討は、考古学的にも十分検討されているとは言い難いし、単純に縄紋文化が民族誌モデルと異なると排するのは非合理的である。しかしながら考古学的な物質文化の動態が、なんらかの集団間の相互関係を反映する場合はあろう。その考古学的コンテクストを検討するべきである[3]。

　関東地方の縄紋時代中期における、土器または土器型式が有する情報が本来の主体的分布圏以外に分布する場合には、以下のような可能性が想定されよう。
１）婚姻などによる土器作り手の移動と他地域での製作。佐々木藤雄などが埋甕

のあり方から論じている（佐々木1981）。ただし、埋甕が婚入者の出自の土器が用いられるという点には、土器組成が埋甕と集落全体とで有意差がないことからみて、疑問もある（小林1983b）。

2）交易・原料調達・生業活動などのワーキンググループの旅に伴い、用具として同時に移動する。土器自体としてもあり得るし、土器片錘などの破片としてもあり得る（小林・大野2002など）。

3）交易による土器そのものの移動（土器の交易または容器としての移動）。胎土分析などの結果から、建石徹・小林らが論じたことがある（建石・小林2002）。

4）土器製作専門工人集団による製作と周辺地域・遠隔地への供給。関東地方中期では、集落毎に細かな差異が認められることが多く、各集落での自家生産を想定する。よって、本書ではこれは除外したい。

5）その地の土器製作者による、近接地域の土器の模倣と、結果としての情報の移動。模倣土器（小杉1984）、折衷土器の存在として把握されよう（小林1994cなど）。

6）婚姻関係などによる人間の交換。人間の交換が行われるが、土器製作者の移動ではなく、間接的な土器の搬入や情報の移動のみが行われる場合。または、土器製作者が移動しても、出自の土器を製作することが禁じられる場合。考古学的な状況として把握することは難しい。

7）その他。他の遠隔地を介して2次的に搬入された場合や、他人の空似を含むような、ほとんど交流が存在しない地域間の偶然的な土器の類似関係。中期東日本では、多数の土器の影響関係があり、考えにくい。

　このような土器の伝播の状況や、土器自体の評価、たとえば折衷土器のあり方や、大塚達朗のいう「キメラ土器」[4]のあり方など、土器自体の伝播については、多くの議論を必要とするが、それらを検証していくことは本論の目的ではない。よって、今後の議論の必要性も含めてこれまでの小林の議論をもとに、あくまで土器の型式学的特徴からみて、阿玉台式・勝坂式それぞれの時期の土器に属するものの空間的位置をみることとする。すなわち、折衷土器と捉えられる場合は除外し、搬入土器か在地製作かは問わずに、ほぼ阿玉台式なり、勝坂式なりに含められる場合を扱う。

また、本論での分析では、土器の分布について、現象面として以下のふたつのレベルに区分する。
Ⅰ　土器が1つでも認められる場合。本書では、完形・半完形・復元可能土器・大型口縁部破片までを扱い、小破片については、同定の困難さから除外した。概念的には、搬入土器の範囲とみなすことができる。結果的には、先に述べた1～3のケースが相当すると考える。
Ⅱ　その遺跡の土器組成の内、50％以上を占める場合。本書では、各報告書の図掲載土器で算定して、過半数を特定の型式が占める場合をこのレベルと扱った。概念的には、ある型式の主体的分布圏とみなすことができる。
　さらに検討を重ねていくためには、地域内の集落にそれぞれ一定量づつ伴う客体的分布圏としてのあり方、搬入土器は認められないが折衷土器や模倣土器などが存在し、何らかの相互関係が認められる場合など、さまざまな関係が認められるが、本書ではあくまでレベルⅠ・Ⅱを扱うこととする。

### b）住居型式の移動

　住居型式・炉型式自体については、後述するが、ここでは、土器の移動に準じた形で、不動産である居住施設のスタイルの移動について、仮説を提示しておく。
ア）婚姻などによる人間の移動による場合。ただし、外来者である婚入者の居住スタイルを採用するのかどうか、不明瞭な点もある。
イ）何らかの要因による居住単位（家族）の移住に伴う、居住スタイルの搬入。
ウ）ワーキンググループの旅に伴い、他集団の集落に同居する。阿玉台系集団と勝坂系集団の混住のあり方を、具体例から分析したことがある（小林1988）。
エ）機能的な理由等による、外来文化の積極的な受け入れと考えられる場合。阿玉台系文化は、前半期には東北系と思われる2段掘込み住居を導入し、後半期にいたって勝坂系の4本主柱穴楕円形住居を導入する（小林1990）。生業活動の変化に伴う居住スタイルの変化と想定する。
　本書では、土器の場合と同じく、なるべく事由を単純化するために、炉型式の変化、それも形の明瞭な石囲炉の伝播に絞って検討することとしたい。それでも、石自体の入手の難易による偏差や、石囲炉自体の細かなタイプの違いなど、さら

## 2節　変遷のスピード

　前節での議論に基づいたケーススタディとして、武蔵野台地東部域を対象に、縄紋中期の土器系統別組成比の変化と、炉のスタイルの伝播を取り上げ、実年代による物質文化の変化のスピード、炉型式の伝播のスピードを検討してみたい。

### a）土器系統の区分（第69・70図）

　縄紋中期前葉～中葉と、後葉とに大別し、以下のように土器系統を区分する。なお、関東地方では、五領ケ台式期の遺跡は乏しいため、勝坂式期から扱う。ここでいう、土器系統は、筆者が以前に定義した「伝統土器群」（小林 1984・1989 a）に対応するまとまりであり、小林達雄の「様式」（小林達雄 1994）に近いものと考える。すなわち、特定の時空間的まとまりをもち、世代間の伝達を伴うと考えられる時間的な流れの中での、文様・形態・製作技法における特徴の保持と、特定の方向性をもつ変化の連続性（小林 1991 d）を示す土器群である。

**中期前・中葉**（第69図）

○阿玉台式系土器群（A群）　東関東地方に主体的に分布する。竹管による連続刺突紋を主要文様要素とする。口縁部横帯区画と胴部縦位区画による文様帯構成。

○勝坂式系土器群（B群）　西関東地方から中部地方に主体的に分布する。連続刺突紋・沈線・隆線による立体装飾を主要文様要素とする土器群。重帯的な文様帯構成及び縦位区画による文様帯構成を呈する。

○その他　北陸系土器群の影響が考えられる半隆起状の曲隆線文系土器群（E群）や、鳴神山系といわれるような胴部縦区画系土器の系列の土器群（D群）、勝玉式と俗称されるような勝坂式と阿玉台式の折衷土器（C群）などである。

**中期後葉**（第70図）

○加曽利E式系土器群　阿玉台式土器群と大木式土器群との関係が考えられる。

○曽利式系土器群　勝坂式土器群の系譜が考えられる。

○その他　連弧文系土器、大木式土器群を別としておく。

b）中期の土器の分布
ⅰ）武蔵野台地における土器群組成比

縄紋集落において、ある一時期に用いられている土器の系統別の組成をみることで、その集団の出自に関わる可能性がある、集落内におけるなんらかのグループによる構成を検討する材料とすることができよう。土器系統が、そのままその土器を製作し用いた人間の出自や帰属集団と、直接的に結びつく証左は示し得ないが、現実に考古学的資料の中で、時間的・空間的に配列できるような有意な土器群組成比の連続性が確認できるならば、そこになんらかの歴史的な現象としての社会的グループの関連性を考えざるを得ないであろう。

筆者は、前項 a で述べたような深鉢土器の紋様・器形の系統性による伝統土器群の区分（中期前葉については 1 章註 1 を参照）に従って、南関東地方を中心に、縄紋時代中期の土器群組成比について、検討を重ねつつある（中期前葉については小林1989 a、中期中葉～後葉については小林・津村ほか 2002 など）。例えば、中期前葉の中部・関東地方では、狢沢式期（ 5 期）から新道式期（ 6 期まで）において、小地域別にまとめると、以下のような土器群組成比（ A 群阿玉台式、 B 群勝坂式、 C 群折衷土器の百分率）の変化が確認された（小林1989 a ）。

| 期 | 群 | 利根川下流 | 東京湾東岸 | 東京湾西岸 | 多摩川下流 | 武蔵野 | 多摩川上流 | 甲府 |
|---|---|---|---|---|---|---|---|---|
| 5 | A | 100% | - | - | - | 30% | 16% | 0% |
|   | B | 0% | - | - | - | 70% | 81% | 100% |
|   | C | 0% | - | - | - | 0% | 3% | 0% |
| 6 a | A | 100% | 87% | 78% | 67% | 33% | 22% | 0% |
|   | B | 0% | 2% | 17% | 33% | 61% | 73% | 100% |
|   | C | 0% | 11% | 5% | 0% | 6% | 4% | 0% |
| 6 b | A | 100% | 86% | 69% | 58% | 38% | 23% | 0% |
|   | B | 0% | 3% | 9% | 37% | 55% | 71% | 100% |
|   | C | 0% | 10% | 21% | 5% | 7% | 6% | 0% |

関東地方の東に行くほど阿玉台式が多く、西に行くほど勝坂式が多い。東端の阿玉台貝塚では、勝坂成立期末期まで阿玉台式のみが占め、逆に中部地方大石遺跡などでは勝坂式のみがほとんどを占める（ただしごく少数ながら、茅野市長峯

172　4章　文化の時間

勝坂1式期（5-6期）　勝坂2式期（7-8期）　勝坂3式期（9期）

A群　阿玉台

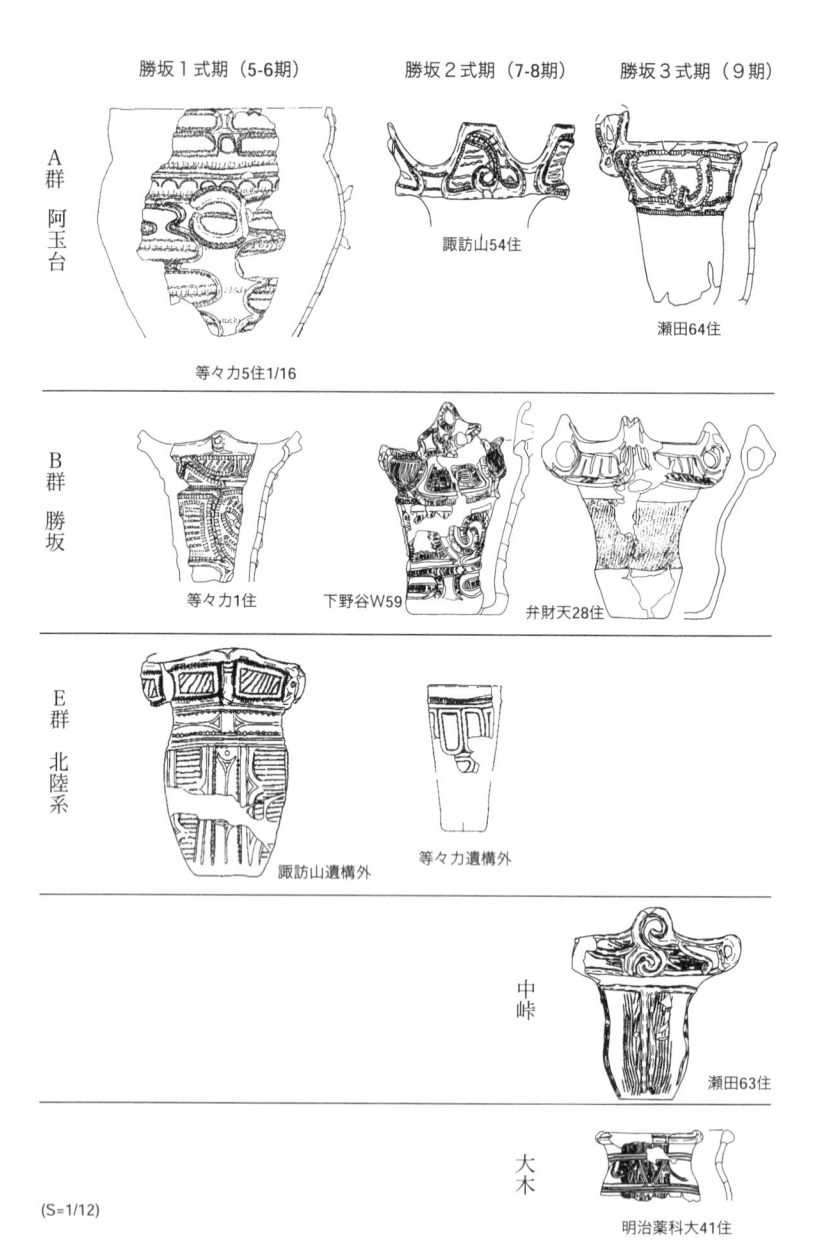

等々力5住1/16　諏訪山54住　瀬田64住

B群　勝坂

等々力1住　下野谷W59　弁財天28住

E群　北陸系

諏訪山遺構外　等々力遺構外

中峠

瀬田63住

大木

明治薬科大41住

(S=1/12)

第69図　武蔵野台地東部域における土器の系統1

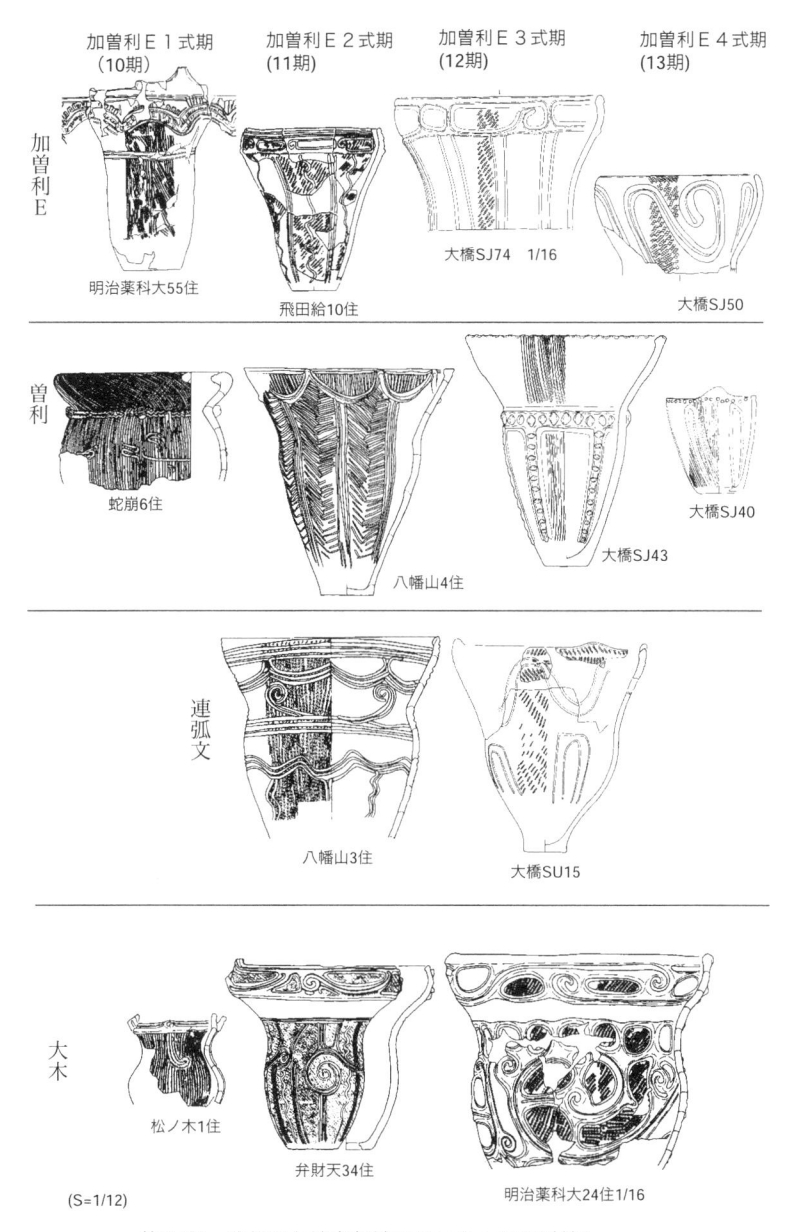

2節 変遷のスピード　173

第70図　武蔵野台地東部域における土器の系統2

遺跡などでの当該期の阿玉台式土器の出土例がある)。これに対し、中間地帯では、両土器群が混在し、かつ中間地帯ほど、両土器群の要素を合わせ持つ折衷土器が多くつくられている。こうしたあり方は、甲府盆地〜西関東に中心を持つ勝坂式土器文化と、東関東に中心を持つ阿玉台式土器文化の相互作用を反映していると考えるべきである。

武蔵野台地東部の状況について、津村宏臣・西本豊弘らとの共同研究で、多岐に渡る検討を行ったことがある。津村宏臣による土器群の系統別組成比の傾向面分析(津村他2002b)では、いずれも分布の中心が対象地域ではない場合が多いことが示された。当該期のあり方から考えれば、勝坂式土器は検討対象地域のより西側の甲府盆地から多摩丘陵・武蔵野台地西部に、阿玉台式土器はより東側の東関東地方に、分布の中心があることは明らかであろう。そうした制約の中でも、土器群の流れや細かな地域性として、いくつかの特徴が見て取れる。

武蔵野台地東部に少数の単独住居・小規模集落が、キャンプサイトとして展開してきたと考えられる勝坂1式期(5−6期)には勝坂式が東西方向、阿玉台式や、北陸系などを含むその他の系統の土器が南北方向からの動きを示唆している。勝坂式は多摩川沿いに多摩・武蔵野西部から徐々に流入してきたことを反映すると考えられるが、阿玉台式については大宮台地または鶴見川流域方面から当該地域への動きが、示唆されているようで、阿玉台式土器文化系の集団が、生業活動用の基地を、多摩川沿いに連携した関係を保つような一定の距離をおいて展開してきたのではなく、飛び石的に配置してきたことを示唆しているように思える。武蔵野台地東部に、本格的に集落が展開するようになった勝坂2式期(7−8期、特に8期以降)においても、勝坂式と阿玉台式土器の分布は相反しており、特に大宮台地または荒川流域の方向から阿玉台式土器が及ぼされているような傾向を示している点が興味深い。勝坂3式期(9期)において、基本的に勝坂式系の土器が当該地域において主体を占めるが、多摩川流域においては阿玉台Ⅳ式土器と中峠系の土器とが重なるように分布する点も認められる。

加曽利E式期においては、加曽利E1式期(10期)において、土器系統の上では関連性が強いと考え得る勝坂式→曽利式の交代が分布の上では認められず、勝坂式の主体的分布がそのまま加曽利E式の分布に置き換わる。さらに曽利式系の

土器は、通常考えられるような西からの流れではなく、大宮台地または荒川流域からの動きが示唆されている。こうした状況の解読には、第一により細かい時期区分ごとの動態をみる必要があるが、同時に当該地域の曽利式系は、甲府盆地を中心とした曽利式そのものではなく、八王子盆地や相模原台地で受容された曽利式系土器が、曽利Ⅱ式（10ｃ期）に至って武蔵野台地東部に及ぼされたものであること、加曽利Ｅ式系については、武蔵野台地型と呼ばれる加曽利Ｅ式成立期の典型的なタイプの一つが、隣接した武蔵野台地西部において成立する（10ａ－ｂ期）が、その動きの一端が三鷹市立第五中学校遺跡や下野谷遺跡などに及ぶと捉え得ることから、勝坂3式土器を主体的に用いていた武蔵野台地東部の人々が、そのまま武蔵野台地型の加曽利Ｅ1式土器を主体的に使用するように用いる土器をシフトしたと考えられる。

　加曽利Ｅ2式（11期）では、特に11ｃ期に盛行する連弧文系土器が、他の土器群と相反する分布を示すことが興味深い。武蔵野台地西部においては、曽利Ⅲ式系土器が盛行し次いで連弧文系土器が殆ど主体を占める状況を呈するが、武蔵野台地東部では調布市の飛田給遺跡や原山遺跡に同様な状況が認め得るものの、その他の地域では特に東側において加曽利Ｅ式土器が主体を占め続ける点、当該地域の特色が表れていると捉えられる。加曽利Ｅ3式期（12期）に至り、この地域の中央（世田谷区を中心とする区域）に加曽利Ｅ式系土器の分布がまとまり、連弧文系土器（正確には連弧文系の磨消縄紋化した後続するタイプの土器）と相反する。この分布は形状的にみる限り、加曽利Ｅ3式土器と炉の埋甕炉または土器片囲炉が重なるようにみえる。加曽利Ｅ4式期（13期）では、曽利式系土器がこの加曽利3式土器の分布に、若干重なるようにして集中する上で、加曽利Ｅ式系土器と相反する分布を示す。さらにこの分布は、加曽利Ｅ4式期の地床炉の分布と重なる。こうした状況は、加曽利Ｅ4式において、継続的な集落が解体し、小規模な集落が移動的に営まれる状況を反映し、世田谷区域などの一部の遺跡においては、加曽利Ｅ3式期の居住者と加曽利Ｅ4式期の居住者とが、系譜的に異なっている場合が考えられる。

ⅱ）**南西関東・中部地方における土器群の移動**

　以前に検討したように（小林1989ａ）、基本的に、中期土器の空間的広がりは、

176 4章 文化の時間

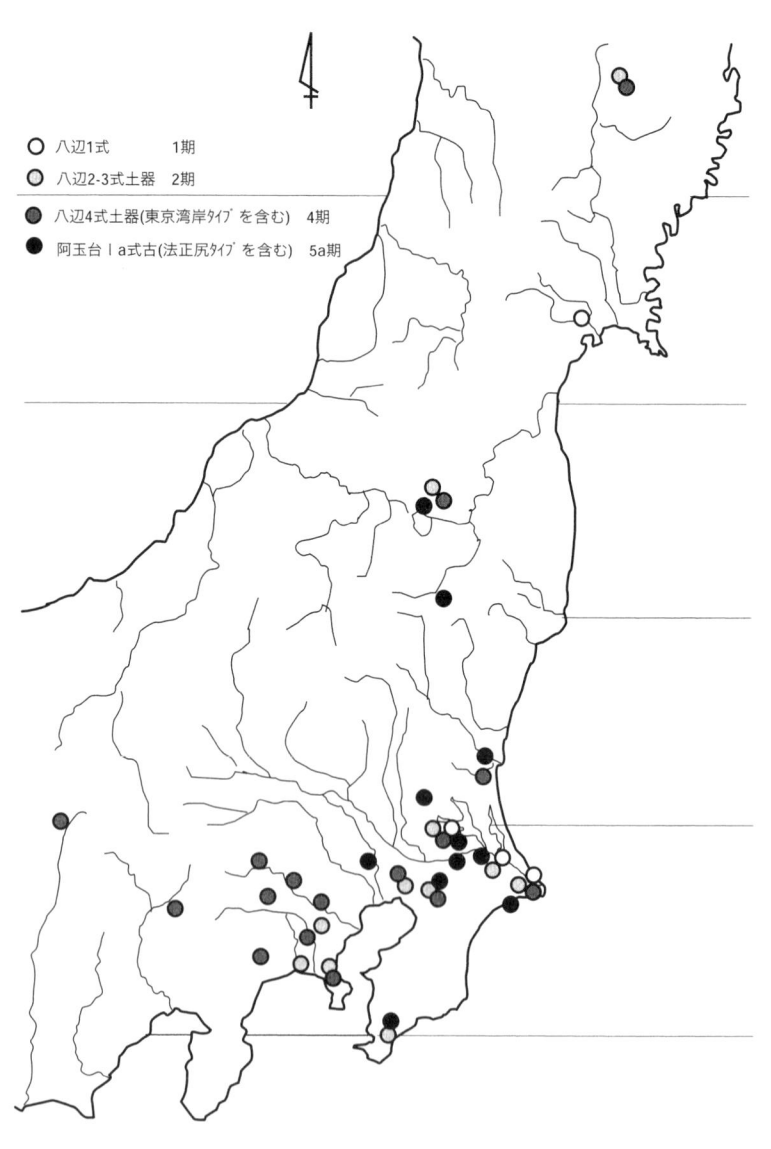

○ 八辺1式　　　　　　　　1期
◎ 八辺2-3式土器　　　　　2期
● 八辺4式土器(東京湾岸タイプを含む)　4期
● 阿玉台Ⅰa式古(法正尻タイプを含む)　5a期

S=1/2,000,000

第71図　東関東系土器分布の広がり(1)

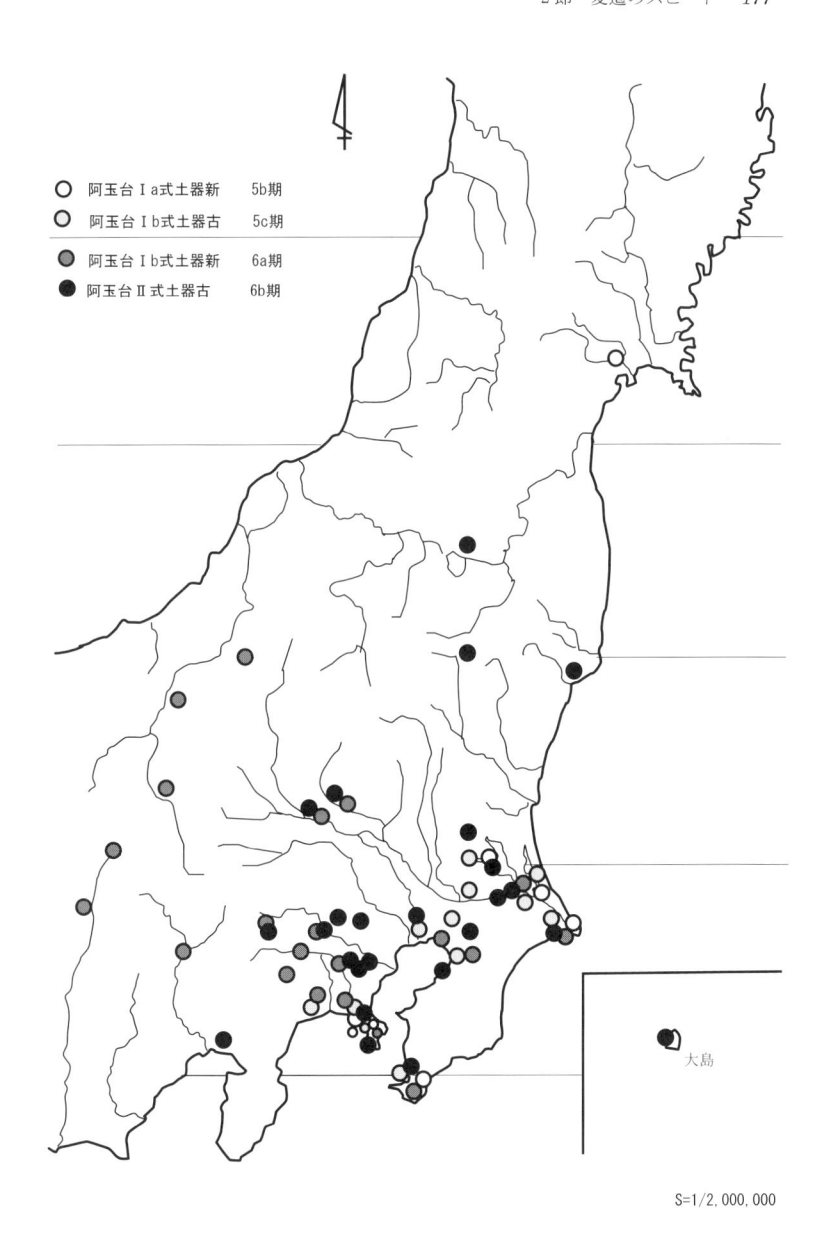

2節 変遷のスピード　177

○　阿玉台Ⅰa式土器新　　5b期
◎　阿玉台Ⅰb式土器古　　5c期
●　阿玉台Ⅰb式土器新　　6a期
●　阿玉台Ⅱ式土器古　　6b期

S=1/2,000,000

第72図　東関東系土器分布の広がり(2)

大きく見れば物質文化としての土器型式の広がりにおいて、距離と組成比率は反比例し、マクロにはプログの示した重力モデル（Plog, S. 1976）に従うとも言える。ただし、距離に対する係数は、時期・地域・土器群によって、大きく異なり、土器の移動量または広がりというものが、単純に距離に比例するのではない。南関東地方中期集落においては、大きくは主体的な存在となる土器群が明瞭であり、どの土器分布圏に属するかは、出土する土器群の実体においても、またその集落の位置においても、概ね時期によって定まり、例えば中期前葉において千葉県北部に勝坂系土器が主体を占める集落は、極めてまれであるといえる。

　例えば勝坂式・阿玉台式の土器組成比が、ちょうど半々であるという集落は、現実に存在せず、基本的にいずれかの土器群が過半をしめ、残りの組成は他方の系統土器の他に、折衷的な土器や、北陸系など他地域の土器が混在する。例えば、中期前葉段階の南西関東地方の多摩川中流域は、勝坂式・阿玉台式両土器文化の接触地帯であるが、特定の空間的ライン（時期によって移動する）の西側は勝坂系土器、東側は阿玉台系土器が6割以上を占め、計算上組成の等比率で50％の比率を示すライン上に位置する集落は存在しない（小林1989a）。こうしたあり方は、当該期の伝統土器群が、大きな意味での各集落構成員の帰属意識を反映していると捉えられること、人、交易、情報の移動に伴う相互作用の結果として徐々に土器の分布が広がることを示唆している。一方で、中期後半における関東地方の曽利式土器（特に曽利Ⅱ式以降）は、中部地方の曽利式土器とは独自性を強くしており、必ずしも曽利式土器が中部高地の土器文化への帰属意識を示すとは言えないことも指摘できる（小林1983aなど）。逆に、より細かな型式学的属性のまとまりから、より小地域に限定的な分布を示す土器群が摘出できる例が認められることもある（小林1993aなど）。土器群のあり方を、縄紋社会のあり方へと、容易にシフトできるものではないことを示唆していると言えよう。各集落が使用する土器を何にするかは、大まかなレベルでのアイデンティティを反映するものと考えられ、緩やかな社会的紐帯を示すと捉えられよう。

iii）阿玉台式土器・勝坂式土器の分布の拡大スピード

　それでは、中期前半段階を例に取り、阿玉台式土器の分布の拡大と、勝坂式土器の分布の拡大を、土器型式の細別時期区分でみた場合と、それを前章で検討し

第13表　中部・西関東における文化要素の広がり

| 時期 | 土器型式 | 阿玉台L1 | 阿玉台L2 | 勝坂L1 | 勝坂L2 | 石囲炉 | 距離 | cal BC | 時間 |
|---|---|---|---|---|---|---|---|---|---|
| 5a | 勝坂1 | 110 | 65 | 130 | 130 | 月見松 | 0 | 3430-3410 | 20 |
| 5b | | 140 | 80 | 139 | 139 | 伴ノ木山西 | 10 | 3410-3390 | 20 |
| 5c | | 164 | 90 | 154 | 141 | 神谷原 | 116 | 3390-3370 | 20 |
| 6a | | 215 | 96 | 183 | 145 | 小比企向原 | 117 | 3370-3350 | 20 |
| 6b | | 174 | 93 | 184 | 148 | 多摩NT46 | 123 | 3350-3330 | 20 |
| 7a | 勝坂2 | 110 | 90 | 202 | 154 | 恋ヶ窪 | 128 | 3330-3300 | 30 |
| 7b | | 105 | 80 | 205 | 164 | 中山谷 | 133 | 3300-3270 | 30 |
| 8a | | 97 | 80 | 218 | 164 | 飛田給 | 134 | 3270-3200 | 70 |
| 8b | | 95 | 65 | 220 | 179 | 弁天池 | 137 | 3200-3130 | 70 |
| 9a | 勝坂3 | 85 | 65 | 223 | 179 | 下野谷 | 139 | 3130-3050 | 80 |
| 9b | | 85 | 65 | 223 | 179 | 明治薬科 | 145 | 3050-2970 | 80 |
| 9c | | 85 | 65 | 180 | 179 | 動坂 | 152 | 2970-2950 | 20 |
| 10a | 加曽利E1 | | | | | 下野毛 | 145 | 2950-2920 | 30 |
| 10b | | | | | | 蛇崩 | 148 | 2920-2890 | 30 |
| 10c | | | | | | 砧中学 | 138 | 2890-2860 | 30 |
| 11a | 加曽利E2 | | | | | 奥沢台 | 146 | 2860-2830 | 30 |
| 11b | | | | | | 落合 | 144 | 2830-2800 | 30 |

石囲炉は集落内で初出の時期

た暦年較正にあわせて実年代でみた場合とに分けて、検討してみよう（第71・72図）。

　第13表には、阿玉台式土器および勝坂式土器の広がりを時期別に距離で示した。縦軸は、左側には土器細別時期（新地平編年）の時期（5a期から11b期）と対応する土器型式、右側には、第2章で検討した、細別時期別の暦年代を記した。右端の時間は、各時期の年代幅（年）である。阿玉台式土器・勝坂式土器の欄は、「LⅠ」としたのは前節で規定したレベルⅠに当たる、土器が1個体でも出土すれば分布すると考えた場合である。「LⅡ」としたのは前節でのレベルⅡに当たる、土器が遺跡全体の組成の50％以上を占める場合である。距離は、それぞれの土器分布圏のセンターと仮定できる遺跡群の端に位置する集落遺跡からの距離を測った。阿玉台式土器の中心地は、現利根川下流域・霞ヶ浦南岸付近であるが、その範囲のもっとも東端に近く、かつ著名な遺跡である千葉県小見川町阿玉台遺跡を起点として距離（km）を測った。勝坂式は、中心地は甲府盆地から八ヶ岳西

180 4章 文化の時間

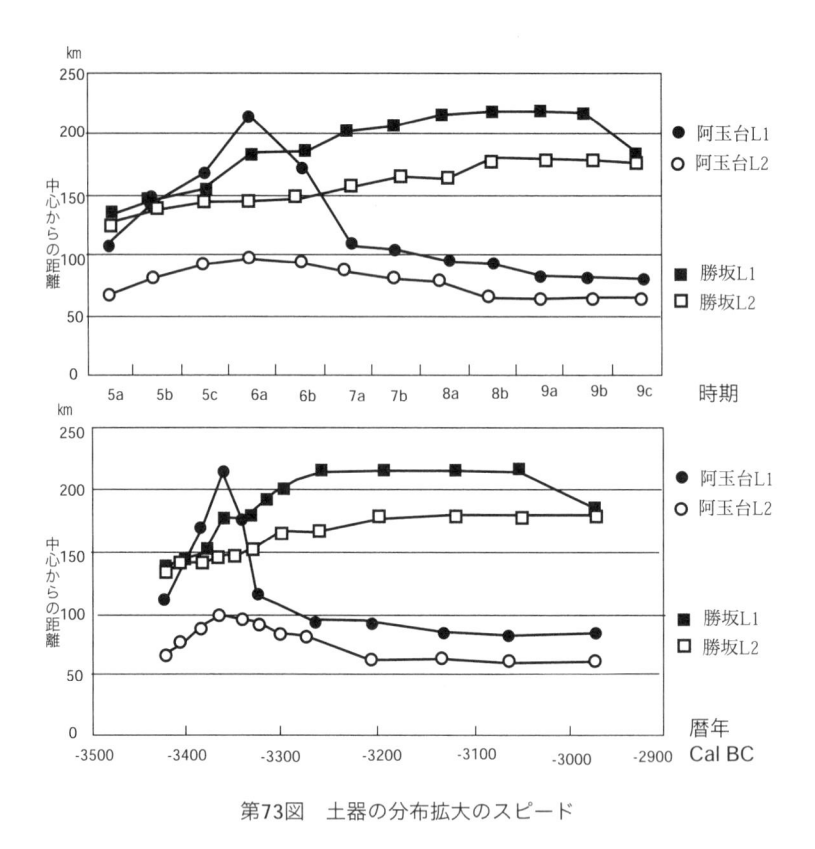

第73図 土器の分布拡大のスピード

　南麓が、遺跡分布等の上からみて明らかであるが、ここでは距離を測るためにより西側の長野県伊那市月見松遺跡を起点とした。距離は、この阿玉台遺跡と月見松遺跡を結ぶ直線に投影するように距離を測った。
　以上の設定は、旧稿（小林1989ａ）での方法に準じたものである。阿玉台式・勝坂式ともに５ａ期に角押紋手法の確立によって成立し、それまでの八辺・五領ケ台土器群の施文方法・文様帯構成から異なったあり方を発展させていく（小林1984）が、その５ａ期における距離は、移動距離ではなく、当初の土器分布圏の径にほぼ等しい、ということになる。なお、ともに９ｃ期（いわゆる中峠式を含む時期）を最後に、10ａ期の加曽利Ｅ式土器群に置き換えられていく。その途中

においても、それぞれ伝統土器群として変化し、遺跡分布も変わり、その内容も変化するという意味で、小画期が認められるのであるが、今回は割愛する。

　時期ごとの移動のありかたをグラフに示したのが、第73図・第13表である。図の凡例での「Ｌ１」としたのはレベルⅠ、「Ｌ２」としたのはレベルⅡである。これをみると、阿玉台式土器は、土器型式として成立した５ａ期以降６ａ期をピークとして分布圏を急激に広げた後、７ａ期にかけて逆に分布を縮める。この６ａ期とは阿玉台Ｉｂ式新段階に当たるが、今回みている南関東のみならず、利根川沿いに群馬県地方、さらに北佐久郡や新潟県魚沼群地域にまで分布を広げる時期であり、以前に筆者は、阿玉台式土器文化が、内水面・河川漁業を中心に生業活動域を拡大していったことを指摘した段階である（小林 1989 b）。その後、分布域は穏やかに縮小するが、これは後述する勝坂式土器群の分布の拡大に対応して、分布域が後退している状況を示す。阿玉台式土器のレベルⅡ、すなわち50％以上の組成比の分布は、実際の遺跡のあり方をみると、70％以上の組成比を持つ居住遺跡の拡大となって表れている。主体的分布圏（レベルⅡ）の拡大をみると、レベルⅠと同一の時期にゆるやかに拡大（６ａ期）し、その後は縮小するのであるが、そのあり方は非常に緩やかであることがわかる。すなわち、阿玉台式土器自体は遠隔地に分布するものの、主体的分布域（小林 1989 a では居住域として評価した）は、わずかに奥東京湾岸沿いに広がったに過ぎない。

　勝坂式土器の分布は、基本的に、時期が下るにつれて比例して拡大していく状況を示す。レベルⅠの分布では、勝坂式最末期の９ｃ期に至って分布の縮小が認められるが、これは武蔵野台地以北・以東に、一足早く大木 8 a式の影響を受けた加曽利Ｅ式成立期の土器群が分布してくるためである。

　勝坂式において興味深いのは、レベルⅡの分布が、レベルⅠよりも小さいことは阿玉台式と同じであるが、その差が小さく、勝坂式が単純に出土する範囲の拡大と、勝坂式の居住圏の拡大が密接な関係にある点である。これは、勝坂式のセツルメントシステムに関わる特徴であろう（小林 1988）。

　以上のようなあり方を、暦年代で示すと、さらに興味深い状況がみられる。もっとも注目されるのは、阿玉台式土器のレベルⅠの広がり方であるが、土器型式細別時期で相対的にみるよりも、実際には急激なスピードで拡大し、縮小するこ

とが見て取れる。これを、年間の拡大スピードとして計算すると、阿玉台式の5 a－6 a期（5 a期はじめから6 a期中間で110年間）には、関東・中部地方で105kmの拡大を示す。これは、0.96km／1年となる。これに対して阿玉台式土器の居住域の拡大であるレベルⅡの同一時期での拡大スピードは、0.28km／1年に過ぎない。勝坂式の分布の拡大スピードは、レベルⅠで、5 a期からピークとなる9 a期（5 a期はじめから9 a期中間で330年間）で93km拡大しているが、これは0.28km／1年、レベルⅡの拡大は、ピークとなる8 b期（5 a期はじめから8 b期中間で255年間）で49kmの拡大であり、0.19km／1年となる。勝坂式文化が、河川沿いに周辺地域の開発を行いながら、分村を行い、居住域を確実に広げていくというセツルメントシステムであったことを示唆している（小林1988）。

c）炉の分布
ⅰ）炉型式の広がり方

1節で取り上げたような縄紋中期のさまざまな物質的な文化要素のうち、遺構に関わる文化要素でも、興味深い時空間的変化のパターンを示すものがある。例えば、縄紋時代中期の東西関東地方における住居構造の違いがある。住居型式の研究は、様々な形で試みられており、枚挙の暇もないが、細かな地域性について検討したものは、個別的・特徴的な住居形態を個別的にとりあげた場合が多く、特に住居の炉型式の分析は、十分になされているとは言えない。

筆者は、縄紋中期前葉の中部・関東地方の、住居形態及び炉型式の分析を行い、下記のような様相を摘出した（小林1990）。勝坂文化の竪穴式住居は、炉を中央に4本主柱穴の楕円形住居が基本で、炉は、中部地方が石囲炉優勢、多摩地域が埋甕炉優勢、東京湾岸が地床炉優勢と地域差がある。阿玉台文化は、炉を有さず、1または2・3本主柱穴の、円・方形住居が基本である。時期が下るに連れ、次第に勝坂文化の住居形態に類似していき、地床炉を取り入れる。この変化は、土器群数量比の変化と連動しており、両文化の接触により次第に勝坂文化の影響が東に及ぶ傾向がある。両文化の住居面積を検討すると、勝坂文化では、大規模集落に大・中・小の住居が存在し、周辺の小規模集落は小型住居である。阿玉台文化では、小型住居主体から人口増大に比例して住居を大型化していく。こうした

住居構造の違いは、彼らのセツルメントシステムの違いを反映したものである。中部・西関東の勝坂式土器文化では、拠点集落の構成員数は一定のまま人口増加分を分村していくことで生業領域とともに居住域を広げていくセツルメントシステムを、東関東の阿玉台式土器文化では集落の構成員数を増大させて行きつつ、東京湾岸・大河川沿いに生業基地・キャンプサイトを展開させ、生業域のみを広げていくセツルメントシステムを作り上げていく（小林 1988）。

住居型式の時期的な分布の変化を、暦年代に置き換えて検討することも、興味深い試みといえるが、今回は、住居の中でも最も重要な要素である、炉に着目して検討したい。

小薬一夫は、多摩丘陵・武蔵野台地縄紋中期の炉跡の分析を行い、両地域での時期的な変化を概観している（小薬 1997）。その中で、多摩丘陵と武蔵野台地は、およそ一連の流れで読みとることができるとした。おおまかには、時期的には重複しながら、埋甕炉→方・円形石囲炉→石囲埋甕炉・長方形石囲炉が盛行するとし、多摩・武蔵野台地では、前者に添石炉と方・円形石囲炉が存在する点に、差があると指摘した。なお、小薬の議論の主眼は、集落分析・集落間関係の検討の有効な要素とするため、住居型式の設定を行う必要性の提言にあり、炉型式の設定はその一端である。

炉型式の長期的変化を、住居内の火処・明かり採りなどの機能的側面から見たアプリケーションスペース（適応余地・存在余地）（Schiffer 2001）のあり方として考えることも必要であろう。南西関東地方の縄紋中期の炉型式も、おおまかに言うと地床炉→埋甕炉→石囲炉への変化を辿るが、完全に交代していくのではなく、古いタイプの炉型式もかなりの割合で残存する。地域的な偏りを含めて、石囲埋甕炉、土器片囲炉や、添石炉、炉側埋設土器炉など、多様なバリエーションを共存させる（小林 1990、津村・小林・津村・建石・坂口・西本 2002）。これらのあり方には、中期前葉における阿玉台系の炉を持たない住居形態、後葉における複式炉のあり方など、他地域における炉の様式の影響を含め、まさしく文化的な変化であると言える。それとともに、例えば多摩地域において特徴的な添石炉は、勝坂1式期の100年間は、一定量が集落内において一般的に認められるが、その後は単発的に認められるに過ぎない。同様に、加曽利E式期に東関東東京湾

岸から武蔵野台地東部にみられる炉側埋設土器を伴う炉も、加曽利E3式期の200年弱の期間に特定の地域に認められるに過ぎない。これに対し、地床炉は、少なくとも前期から後期まで3000年以上にわたって住居の炉として存続する。これには及ばずとも、石囲炉は、時期的・地域的なバリエーションは認められるものの、中期初頭に中部地方で生み出されて後、後晩期にまで関東各地に認められる。この石囲炉の初現（五領ケ台最末期の月見松遺跡例など中部地方中央部と考える）から関東地方への伝播のスピードをみると、100年たたずに多摩地域へもたらされた後、さらに100年程度で武蔵野台地全体に広がるなど、極めて急激に広がっていることが確認できる。中期前葉から後葉に特徴的な埋甕炉（前期諸磯式期にも若干例が存在するが例外とする）は、短期的に流行がみられる炉のタイプと長期的に基本となる炉のタイプの中間とみるべきであろうか。

ⅱ）炉の分類（第74図）

　本書では、小薬一夫の武蔵野多摩地域の炉分類（小薬1995）を基として、下記のように分類する。なお、小分類については、小薬の分類に追加改変している。なお、本書の分析では、大きな傾向をつかむ目的で、南関東地方におけるあり方を、細かな分類による組成をみた上で、石囲炉について検討することとする。

炉なし　住居内に炉の認められないもの。

J　地床炉　床面に掘込みを持ち、内部に焼土の遺存するもの。なお、縄紋中期においては多くはないが、掘込みの認められない、狭義の意味での地床炉も若干認められるが、これもまとめる。また、可能な限り弁別に努めたが、石囲炉や埋甕炉の構築材を抜き取った痕や、遺構の重複により破壊された場合が、地床炉と分類される可能性は存在する。例えば、遺存状況の悪い住居や、炉の重複の最古段階には、「地床炉」にカウントされる場合が多くなりがちである。こうした場合、全体の半分以上が残っていないものについては「不明」とした[5]。

M　埋甕炉　土器（口縁部から胴部、または胴部のみの土器が多い）を埋設し、その内部に燃焼部があるもの。最終的に炉体土器が抜き取られているものも、中央にピットがあく状況などから推測し、これに含めた。

　　Ma　土器の口縁と底部を欠き、胴部を利用するもの。

　　Mb　土器の胴下半を欠き、口縁部から胴部を利用するもの。2個体を入れ子

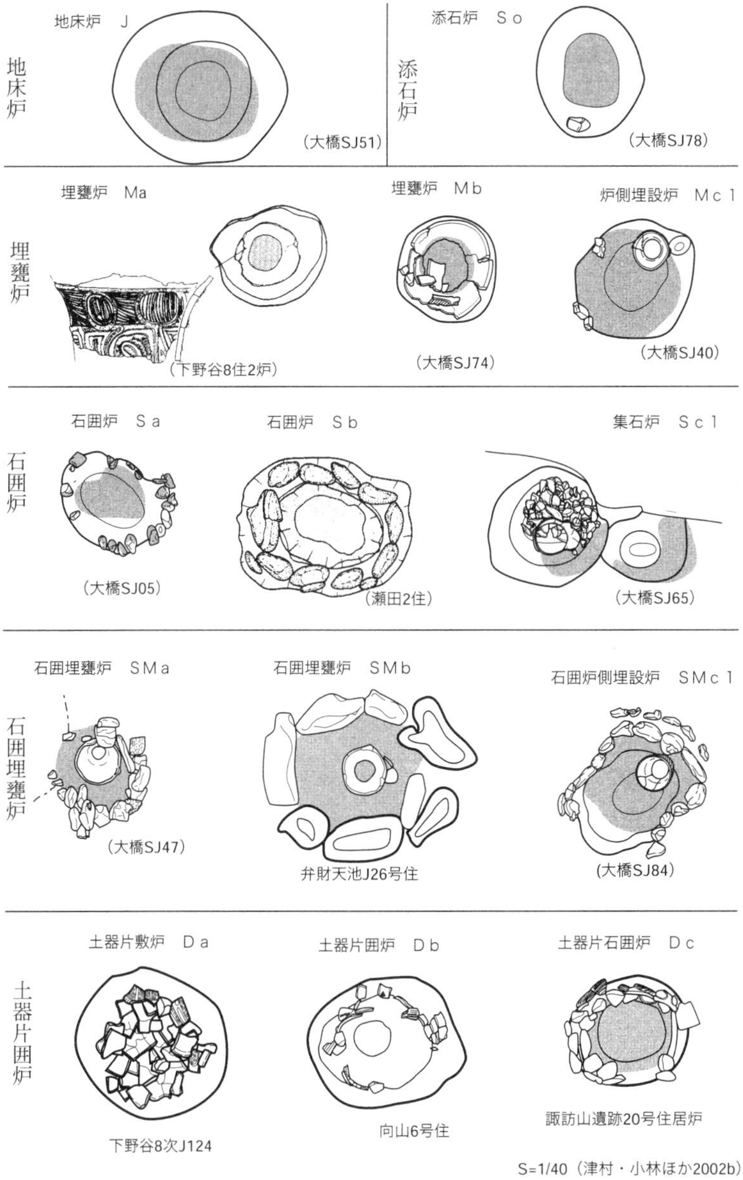

2節 変遷のスピード 185

地床炉　地床炉 J（大橋SJ51）
添石炉　添石炉 So（大橋SJ78）

埋甕炉　埋甕炉 Ma（下野谷8住2炉）　埋甕炉 Mb（大橋SJ74）　炉側埋設炉 Mc1（大橋SJ40）

石囲炉　石囲炉 Sa（大橋SJ05）　石囲炉 Sb（瀬田2住）　集石炉 Sc1（大橋SJ65）

石囲埋甕炉　石囲埋甕炉 SMa（大橋SJ47）　石囲埋甕炉 SMb　弁財天池J26号住　石囲炉側埋設炉 SMc1（大橋SJ84）

土器片囲炉　土器片敷炉 Da　下野谷8次J124　土器片囲炉 Db　向山6号住　土器片石囲炉 Dc　諏訪山遺跡20号住居炉

S=1/40（津村・小林ほか2002b）

第74図　南西関東地方中期の炉模式図

状に用いている場合は、Mb2とした。

Mc　その他の形状を示す。埋設土器が直接燃焼を伴わない、灰置きなどの機能を有する炉側埋設土器については、Mc1とした。

S　石囲炉　燃焼部のまわりを礫で囲ったもの。集石炉、石敷炉など、特殊なタイプも含まれる。礫が抜かれたものでも、掘込みに礫があった痕跡が認められるものは、これに含めた。

Sa　炉の周りを石で囲った、方形・円形状のもの。

Sb　規模が大きく、長方形状になるもの。

Sc　その他の形状。集石炉をSc1とした。

SO　添石炉　基本的に地床炉であるが、礫（多くの場合、長さ10～30cmほどの細長い礫である）1点または2点が、炉肩に置かれているもの。

SM　石囲埋甕炉　埋甕炉のまわりを礫で囲むもの。ただし、大橋遺跡で多くみられた炉側埋設（土器が埋設されるが、それは炉本体となる燃焼部ではなく、その横に小形の埋設土器が据えられるもの）の場合は、それぞれ燃焼部本体の状況を重視して、地床炉、石囲炉とした。逆に、抜き取られている場合は、炉体や礫の痕を復元した場合、炉体と思われる土器が炉直上に廃棄してある状況をもって、石囲埋甕炉と推定した場合がある。

SMa　土器と石囲の石が接して配されるもの。

SMb　土器と石囲の石の間に空間を有するもの。

SMc　その他の形状を示す石囲と土器の組み合わせ。石囲炉側埋設炉をSMc1、集石状の石と埋甕炉の組み合わせをSMc2、石囲土器片敷炉をSMc3とした。

D　土器片囲炉　1個体または複数個体の土器片を炉壁としている炉。礫を混ぜる土器片礫囲炉や、土器敷炉も含む。

Da　炉の底に土器片を敷いたもの。

Db　炉のまわりを土器片で囲ったもの。

Dc　その他。炉側埋設を伴う土器片囲炉はDMcとし、土器片と石によって囲う炉をDc1とした。

### iii）炉の分布と変遷

　縄紋時代中期の多摩丘陵・武蔵野台地に炉のあり方を概観するために、前節で述べた炉の種類について細別時期別に集計した。なお、不明は排除した。また埋甕炉のうち、抜き取りなどにより詳細不明なものは便宜的にMaとした。

　第75〜77図は、多摩地域の多摩丘陵部・武蔵野台地西部と、東京湾西岸のうちの武蔵野台地東部について、炉の細分別に時期的変遷をみた。武蔵野台地東部（第81図、津村・小林・津村・建石・坂口・西本2002で扱った範囲）、武蔵野台地西部（府中・小金井・国分寺・国立・立川・日野・東久留米市）、多摩丘陵西部（羽村町・八王子・多摩市）の3地域に区分した。大きくは、地床炉・埋甕炉から石囲埋甕炉・石囲炉への変化が認められるが、地域ごと・遺跡ごとのバリエーションが大きく、単純な時期的変化では示し得ない。

　もちろん、地域ごとにある程度の傾向は見て取れる。武蔵野台地東部では、新しくなるほど石囲炉が増加するが、地床炉が比較的多くあり続けることと、土器片囲炉（D）や、炉側埋設土器（Mc）、集石炉（Sc）が比較的多いことが指摘できる。

　多摩地域は、勝坂1式期より石囲炉が比較的多く用いられ、添石炉や石囲埋甕炉も多い。特に添石炉が勝坂1・2式期に相当量みられることが特徴的である。土器片囲炉は殆どみられない。両地域の中間に当たる武蔵野台地西部では、地床炉が多いが埋甕炉も相当量を占め続けるとともに、石囲炉・石囲埋甕炉も徐々に量を増していく。勝坂2式期から加曽利E式前半期にかけて、添石炉が一定量みられるのも興味深い。

　おおまかにまとめると、地床炉中心の武蔵野台地東部と埋甕炉が多い武蔵野台地西部、石囲炉中心の多摩丘陵、というようにみることもできるが、はっきりと弁別できるような状況ではない。このように地域をまとめてみる場合と、津村が傾向面分析によって示したような武蔵野台地東部の中での細かな地域性を摘出する場合（津村・小林ほか2003）とで、微妙に異なったニュアンスが感じられることは、興味深い。単純にいえば、地域全体としてのあり方と、遺跡単位や、中小河川などの小さな遺跡群のまとまりごとにみられる炉の選択性とに、微妙なズレが認められるということであり、地域全体としては例えば次第に石囲炉が増加

188　4章　文化の時間

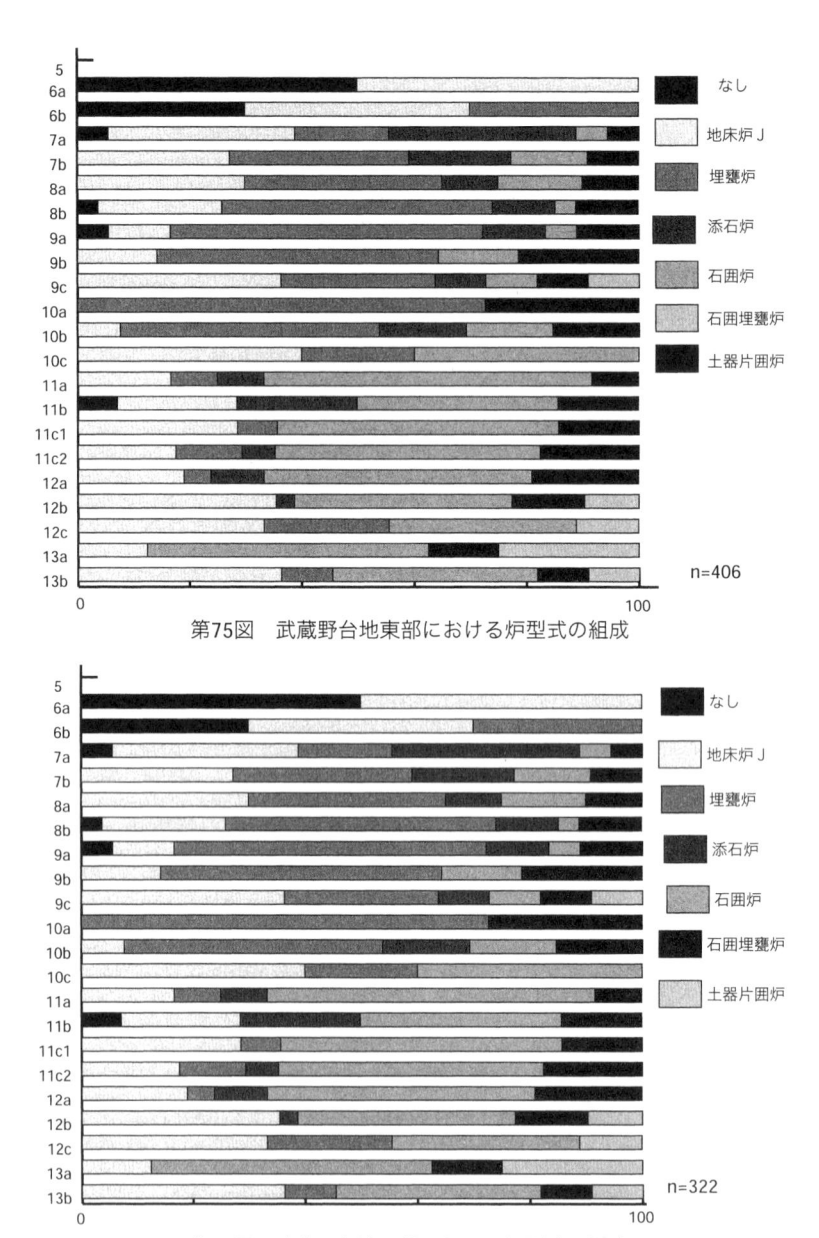

第75図　武蔵野台地東部における炉型式の組成

第76図　武蔵野台地西部における炉型式の組成

第77図　多摩における炉型式の時期別組成

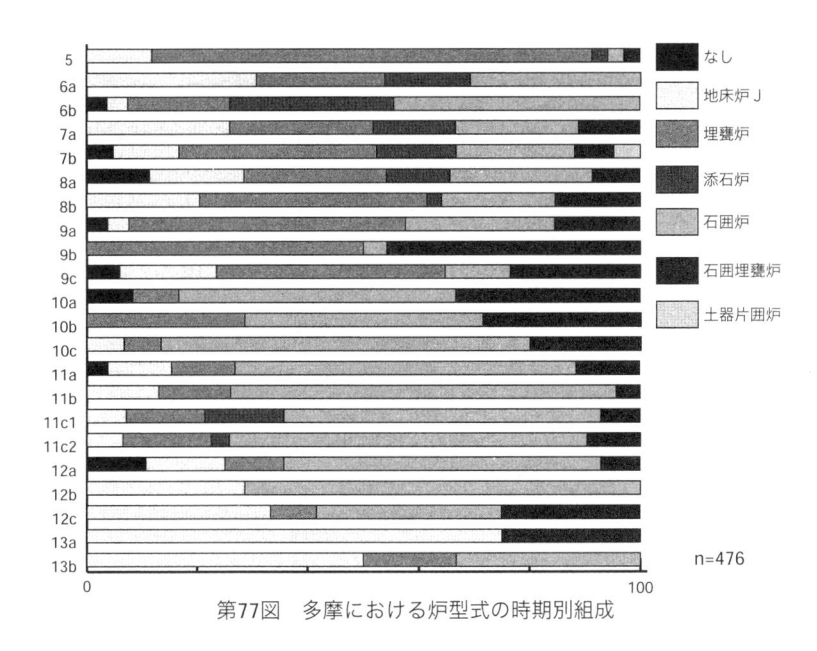

していくというような選択は働いても、小地域によって石囲埋甕炉などが多くあり続けるなど、細かな点で差異を顕現化している可能性が認められるのである。特定の遺跡または遺跡群に認められる特殊な炉に対する注目として、例えば小薬一夫は、立川市向郷遺跡の加曽利E 3 式期（12期）のSI17・21・24・28住の4軒に、ホームベース状の五角形を呈する特異な形態の石囲炉の存在を特記している（小薬1997）。新潟県の例では、駒形敏朗は、信濃川右岸の新潟県長岡市中道・栃尾市栃倉・見附市羽黒遺跡において、中期大木 8 a 式期の住居に、渦巻き文などの装飾的な口縁部土器破片を炉縁に立てる「飾られた石囲炉」が存在することを明らかにしている（駒形2000）。

　小薬一夫が集落分析の基礎として住居型式の把握を目指していること（小薬1997）にも現れているように、住居は、不動産である遺構からの情報であり、様々な要因で移動する土器と異なって直接的に居住者の系譜を示すのではないかという指摘は、よく言われるところである。馬橋利行は、南西関東の住居の柱穴配置と規格性を検討して、集落内での同一居住者の住居変遷をたどる作業を試みて

いる（馬橋 1998）。住居形態自体については、下部構造のみが残っていること、重複状況や居住中の改修・補修によって形を変えた最終形態のみが遺存すること、遺跡の保存状況や調査時の掘り具合によって形態が容易に変化して認識されてしまう可能性があり、住居型式の把握は、難しい点も含む。この点、炉の型式は、遺存しやすく、形態的把握も比較的容易な上、構築材に異なりがあるという点で区分しやすいメリットをもち、さらに当該期の関東地方には、バリエーション豊かな炉が存在するため、分析対象として重要である。

iv）石囲炉の分布の時期的な拡大と、暦年較正年代からみた評価

　土器の分布と同じように、中期の石囲炉を例に取り、炉型式の分布の拡大を、土器型式の細別時期区分でみた場合と、それを2章で検討した暦年較正にあわせて実年代でみた場合とに分けて、検討してみる。

　第13表の中央には、石囲炉（前節での分類のSa・Sb・Sc）の広がりを時期別に距離で示した。縦軸は、左側には土器細別時期（新地平編年）の時期（5a期から11b期）と対応する土器型式、右側には、3章で検討した、細別時期別の推定暦年代を記した。右端の時間は、各時期ごとの年代幅（年）である。石囲炉については、距離の起点を、前節の勝坂式土器分布の起点とした月見松遺跡におく。なお、石囲炉自体は、4期の伊那市月見松遺跡に認められるほか、5a〜5b期の長野県茅野市伴ノ木山西遺跡3号住・7号住、同岡谷市船霊社遺跡2号住、伊那市月見松遺跡38号住、63号住などが初現であり（小林1990）、その後次第に東へと分布を広げる。よって、表の5a期の0kmは、便宜的な数値で、5a期ころに伊那市付近から八ヶ岳西南麓・諏訪湖周辺地域の範囲で出現したと捉えておく。

　これを、相対年代と暦年代で示したのが、第78図である。相対時間でみるよりも、実時間でみると劇的な変化である。新地平5b〜5c期における拡大が急であり、その後は漸次、東進していく様相が示されている。前節の土器自体の分布と比べると、勝坂式土器の分布よりは狭い範囲であるが、ほぼ比例して拡大していることがわかる。これを年代でみると、5b期から6a期の急拡大の時期が、30年間として106kmであり、年間3.53kmの拡大スピードと、土器の拡大スピードより早いという意外な結果となる。ただし、6a期以降の緩やかな拡大でみると、

第78図　石囲炉の広がり

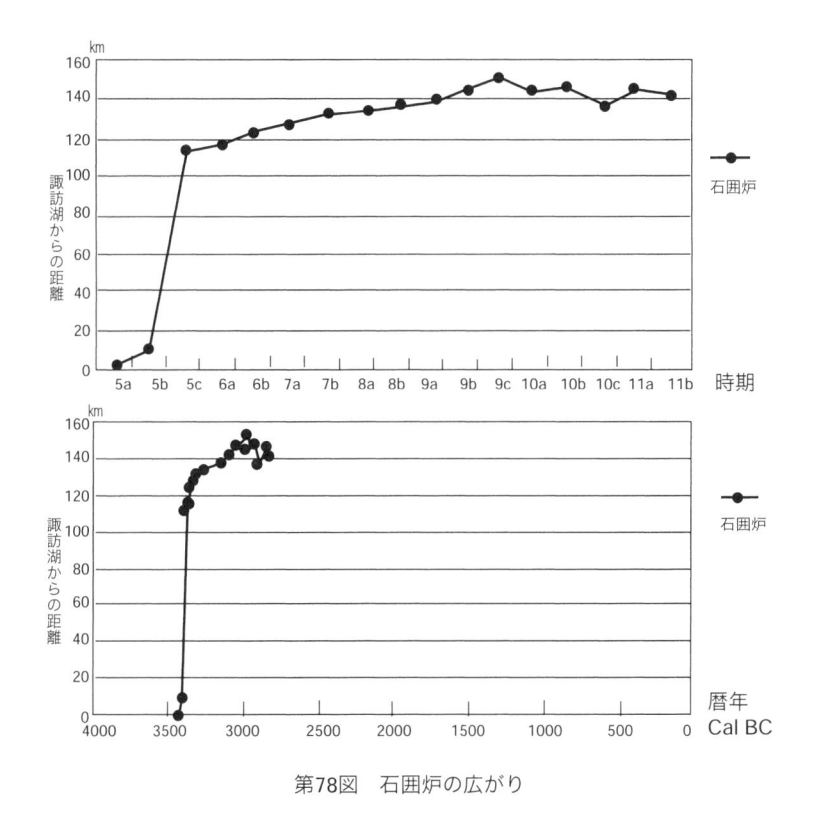

ピークとなる9c期で最大152kmの範囲に分布なので、5b期からみると440年間という長期にわたり拡大していったことになり、この間に142km、年間で0.32kmの拡大速度となる。急激に拡大した後の5c期からみると、9c期までで36kmを400年間として、年間0.09kmとなり、その落差が激しい。爆発的に広がる時期と、緩やかに波及していく時期とがあることが、確認できよう。

d）文化要素の年間移動距離

以上をまとめると、土器の拡大スピードは、阿玉台式の5a-6a期（5a期はじめから6a期中間で110年間）のレベルⅠの分布状況では、0.96km／1年、居住域の拡大であるレベルⅡの同一時期間での拡大スピードは、0.28km／1年、

勝坂式土器の分布の拡大スピードは、レベルⅠで、5a期からピークとなる9a期（5a期はじめから9a期中間で330年間）で0.28km／1年、レベルⅡは、ピークとなる8b期（5a期はじめから8b期中間で255年間）で、0.19km／1年となる。

　勝坂文化に特徴的な要素として発生した石囲炉は、当初、勝坂式土器分布圏のなかのさらに中心に位置する地域で発生した後、勝坂式土器の分布圏のなかで爆発的に拡大し、その拡大スピードは、年間で3.53kmという急スピードであるが、約30年間で、勝坂式土器分布圏の範囲近くにまで広がりきると、その後は勝坂式の分布拡大に合わせて、緩やかに拡大する傾向を示す。ただし、石囲炉については、その原材となる礫の入手の難易度にも左右されることが予想でき、分布圏の東、すなわち千葉県にはいると、極度に礫の入手が困難になるという点は、考慮する必要がある。

　今回扱った以外でも、土偶、器台形土製品、鍔付有孔土器、石棒などの土器以外の物質や、石囲以外の炉型式をはじめ、住居型式、埋甕や配石、さらに敷石住居や複式炉などの固有の時期・文化に対応する文化要素と捉えられるような特徴、廃屋葬や被甕葬、立石祭祀などについて、共伴土器やさらにはその文化要素からの直接的な年代測定によって、検討を重ねていく必要がある。

### 3節　規模の増大と領域の拡大

#### a）集落の人口―大橋集落―

　1章でも紹介したように、東京都目黒区大橋遺跡2次調査の発掘調査報告書（吉田・小林他1998）刊行後、様々な角度からの集落復元を試みてきた（小林・大野1999）。集落のもっとも主要な構成要素である竪穴住居跡を題材に、発掘調査において拾い上げた情報と考古学的事象とをリンクさせ、その背景である遺構及び遺構覆土の形成過程の復元を可能とするモデルとして、竪穴住居・跡のライフサイクルを整理した。そして、時間的な分節点である遺構の構築・仕様・廃絶・跡地利用または放置の時としてフィードバックを含む流れをシステムとして把握する必要性を説いた。調査所見や遺物ドットといった1次情報や、遺構間の遺物接合、遺存状況などの整理作業による情報・自然科学的分析結果等の2次情報を、

具体的な住居跡の「あり方」にリンクさせ、さらに遺構間の時間的関係、特に同時機能の遺構群、逆に同時には同一ステージに並び得ない遺構群というようなグルーピングから、細かな時間単位にまとめられた集落編年が可能なことを示した。

### ⅰ) 集落構成員数の推定方法

集落の構成員数については、筆者は土器個数・重量などの土器量から推定するクック（Cook 1972）らの研究を紹介し、神奈川県早川天神森遺跡などの集落構成員数を推定したことがある（小林1994ｅ）。別に、植木武が紹介する土器容量からの推定（植木武1976）や、近年では安孫子昭二が神谷原遺跡や多摩ニュータウン№446遺跡の人口推定を行っている（安孫子1997）。今回は、大橋集落での一時的集落景観復元の成果を基に、構成員数を推定してみたい。

床面積からの人口算定は、関野克（関野1938）をはじめ、多くの試みがある（Wiessner 1974など）。カリンガのエスノアーケオロジー的成果を用いた西藤清秀によれば、土器数・料理用土器数・容積と家族構成員数とには相関はないが、家の規模と家族構成員数とは明確な相関があるという（西藤1984）。

関野克（関野1938）は、床面積からの算出として、1人あたり3㎡と炉を1人分とし、（人数＋1）×3㎡＝床面積とした。同時機能の住居とその床面が把握できるならば、ある一時点の床面積から最大居住可能員数を捉えることは可能と考える。さらに、実際の住居床面での状況（炉の大きさや柱穴配置）を整理し、実際に人間を寝かせてみる（小林1985など）が、最も妥当性の高い居住者数推定になるのではないだろうか。

なおそれでも、いくつかの前提条件の整備は必要である。住居の上屋構造によって壁際の空間を就寝等に利用できるか否かは異なってくるし、1軒の住居に居住する単位、家族形態などについても仮定しておかなくてはならない。

縄紋時代の家族構成を考える上で著名な例として、中期中葉に属する姥山遺跡Ｂ9号住居の成人男性2体・成人女性2体・小児1体の計5体の人骨出土例を挙げることができる（松村他1932）。この人骨の一括性については議論があり（佐々木1986）、このまま家族構成とみることはできない。しかしながら、抜歯形態や合葬人骨の分析など、多岐にわたる分析を行ってきた春成秀爾は、他の三沢遺跡例・加曽利貝塚例などを含め考え、姥山遺跡Ｂ9住人骨について、合理的な解

釈を行っている（春成1981）。春成は、成人女性2体が貝輪を装着するなど、血縁的に近い関係にある可能性と、妻方居住婚である可能性を考え、さらに女性2体が姉妹である仮定から、複合婚の可能性を示唆した。

丹羽佑一は、岩手県西田遺跡の墓群・住居群の分析で、1棟の住居に親子関係を有する2世代程度の複数夫婦が居住すると推定した（丹羽1994）。三上徹也は中部・関東の中期において、2棟1家族（男女住み分け居住）を想定している（三上1993）。高瀬克範は、東北弥生社会において、住居内の土器ブロック分布などから大型住居には複数の家族が同居した可能性を指摘している（高瀬1999）。本書では、これらの想定の妥当性には立ち入らないが、とりあえず中・小型住居の多い東京都目黒区大橋遺跡では、中型以下の住居における1面の生活面には1家族が居住と考えておく。大型住居の場合で充分な床面積がある場合には、複合家族が居住する可能性もあり、床面積に応じて、成人男女を数えていくことにするが、その内容・家族形態については立ち入らないこととしたい。

また、大橋集落では、長さ10mを越える住居は存在せず、大型住居は含まれない。若衆宿のような、居住形態は含まれないとしておく。なお、居住施設としては、炉を有する竪穴住居のみを対象とし、炉のない竪穴状遺構や掘立柱建物跡は、除外する。

縄紋人の身長については、平本嘉助の集計（平本1972）から、成年男子の平均身長159cm、成年女子の平均身長148cmを用いる。他に少年120cm、少女100cm、幼児60cmの身長を想定しておく（第79図中の模式図）。

また、1軒の住居には、夫婦、幼児、子供、老夫婦、弟・妹の順で家族を推定していくことにする。すなわち、就寝可能空間の概ね2㎡をめどに、成人男子・成人女子・幼児各1の3人家族を最低数とし（例えば大橋遺跡で床面積6.52㎡と最も小さい住居であるSJ22住についても、上記の3人が居住と仮定する）、就寝可能床面の増加に従って、女子子供、男子子供、男子老年、女子老年、女子子供（妹）、男子子供（弟）、幼児の順で登場させていく。よって、ここではどんなに大きい住居跡であっても最大10人で打ち止めとしておく。このことに特に大きな理由はない。大橋集落での最大の住居である83年調査3号住居第1面の44㎡を例外とすれば、大きくとも38㎡、34㎡の床面積であり、最大居住可能員数でも10名

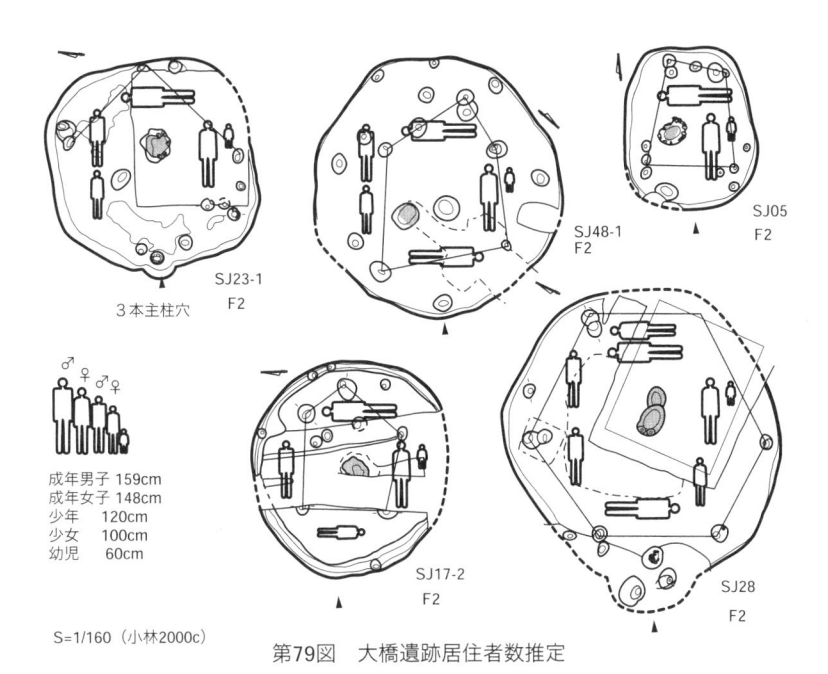

3節　規模の増大と領域の拡大　195

成年男子 159cm
成年女子 148cm
少年　　120cm
少女　　100cm
幼児　　 60cm

S=1/160 (小林2000c)

第79図　大橋遺跡居住者数推定

第14表　大橋集落フェイズ別構成員数推定

|  | 小 | 中 | 大 | 不明 | 住居数計 | のべ床面積 | 居住者数 | 居住者数 |
|  | ～15㎡ | ～25㎡ | 26㎡～ |  |  | ㎡ | *1 | *2 |
|---|---|---|---|---|---|---|---|---|
| F0 | 2 | 0 | 0 | 0 | 2 | 25.18 | 9 | 8 |
| F1 | 1 | 4 | 1 | 0 | 6 | 121.28 | 37 | 36 |
| F2 | 4 | 2 | 1 | 0 | 7 | 117.49 | 38 | 36 |
| F3 | 4 | 2 | 0 | 2 | 8 | 130.84 | 43 | 40 |
| F4a | 4 | 4 | 1 | 2 | 11 | 188.89 | 61 | 60 |
| F4b | 4 | 3 | 0 | 1 | 8 | 114.13 | 39 | 40 |
| F5 | 9 | 3 | 2 | 0 | 14 | 202.4 | 68 | 70 |
| F6 | 6 | 8 | 2 | 0 | 16 | 274.11 | 87 | 94 |
| F7 | 6 | 3 | 3 | 0 | 12 | 211.16 | 68 | 66 |
| F8 | 6 | 5 | 1 | 1 | 13 | 227.68 | 74 | 68 |
| F9 | 3 | 2 | 0 | 0 | 5 | 74.31 | 27 | 24 |
| F10 | 3 | 2 | 0 | 0 | 5 | 72.92 | 26 | 24 |
| 不明 | 3 | 0 | 2 | 5 | 10 | 171.52 | 51 | 58 |
| 計 | 55 | 38 | 13 | 11 | 117 | 1,931.51 | 628 | 624 |

註　床面積不明住居は、仮に床面積20㎡、6人居住で算出。
*1：各住居毎に推定し、集計。
*2：規模小を4人、中を6人、大を8人、不明6人で集計。

程度と捉えられるからである。なお、上記の家族構成は、あくまで便宜的なモデルであるが、古人口学の小林和正によれば、女性は出産年齢に重なる20～24歳、男性は30～34歳の死亡例が最も多いとのデータがあり（小林和正1979）、年少者では女を、年長者では男を優先させて登場させた。ただし、住居の形態や柱穴の位置などの要因から、実際にはこれと異なる家族構成を当てはめた住居例もある。なお、遺存状況等により床面積の推定が不可能な住居跡も存在する。これらについては、仮に平均的な数値である6名を当てておく。

　柱穴配置や炉の位置を考慮して床面に人員を寝かせて居住員数を推定する方法においては、住居内の空間配置や資材の置き場の有無（少なくても土器については屋内にはほとんど置いていないと考える（桐生1989b、小林1993b））など、前提条件の整備を必要とする。例えば、小杉康は、「間取りと居住成員—屋内空間の分割」（小杉1985 126頁）として、縄紋前期の住居において石皿・敲石の出土を女性、砥石を男性と結びつける等の仮定で空間分割を行い、「1：座臥の席と機能空間とは基本的には一致する、2：屋内祭祀空間、物置場、出入口部は座臥空間から外す、3：屋内祭祀を司る男性が占めるk－1区には1人のみを想定する、4：臥位姿勢に必要な面積を1.8m×0.9mとする」という基準を用いて、単純に床面積から成員数を割り出す関野方式に、水野正好による「間取り」の問題の指摘（水野1969）を取り入れて、居住構成員数を復元した（小杉1985 127－128頁）。興味深い視点であるが、これらの前提条件—特に出土遺物の来歴を吟味せずに性的分業と対比し居住空間内での空間分割に結びつける作業—には、さらなる検証作業が必要と考える。同様に、この問題点は、本書での作業においても検討されるべき点であることは、いうまでもない。やはり考古学的事実の積み重ね、すなわち柱穴や床面の細かな観察、遺物分布（特に覆土形成との関係。確実に床面に伴うのかどうか）、遺物の属性分析（例えば石皿・磨石の摩耗度・破損などから本当にその場で機能していたのか検討すべきである）や、自然科学的分析を重ねた上で、住居内の空間分割の復元や居住構成員数の復元を目指していく必要がある。ここでは、以上の問題点を踏まえながらも、住居の床面に、どのくらいの人間が寝られるかを基準にして、構成員数を推定することとしたい（第80図、第14表）。

ⅱ）大橋集落における構成員数推定

　各住居について柱穴配置や炉の位置なども考慮しつつ、居住者を推定した結果をフェイズ別に集計したのが、第14表の居住者数（No.1）である。フェイズ6期に最大の居住者数87人が推定可能である。

　簡便に床面積からの算出も付記しておく。床面積15㎡以下の小型の住居（先のモデルで3～5名となる）について居住員数を平均4名、16㎡から25㎡の中型の住居（先の検討で5～7名）居住員数を平均6名、26㎡以上の大型の住居（先の検討で8～10名）の居住員数を平均8名として、フェイズごとに居住員数を算出し、集計すると表9の居住者数（No.2）のようになる。すなわち、最大で、フェイズ6の16軒94名、最小で集落最末期のフェイズ10に5軒24名、フェイズ2～8の集落の最盛期において概ね40名から90名の居住員数が推定される。各住居毎に推計した場合と、規模別に簡便に集計した場合とで、大きな差は生じない。

　なお、この推計では、1次（83年調査）・2次調査（1992年調査）に検出された竪穴住居・竪穴状遺構を対象としている。調査区外・攪乱部分があることから、調査の手が及んだのは約75％（調査された中期竪穴数は91基、推定される大橋集落の竪穴数は122基（小林・大野1999））と考えており、4／3倍の遺構数が想定可能である。また、調査された遺構の中でも時期不明の10基についてはフェイズ毎の推計では含めていない。逆に、炉を有さない竪穴状遺構については居住施

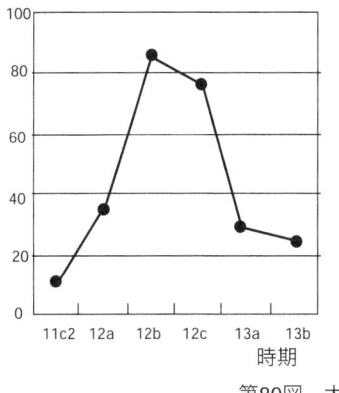

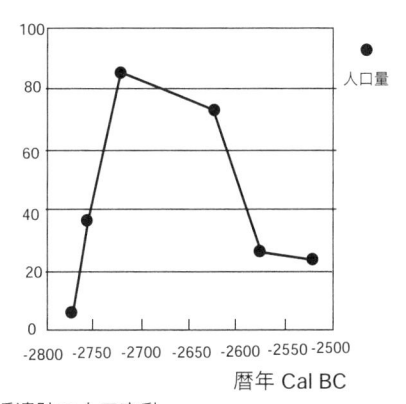

第80図　大橋遺跡の人口変動

設ではない可能性があるし、竪穴住居についてもすべてが居住施設として利用されていたかどうかは不明である。例えば、ヒルによるプエブロ集落に関する、宣教師らの記録を主とした民族誌を加味した分析では、集落の22％は居住施設として用いられていなかったという（Hill 1966、1970）。

大橋集落で考えるならば、各フェイズにおいて未調査の住居を含めて1.33倍となり、そのうちの2割が居住施設ではないと推定すると、おおむねプラスマイナス0となる（例：端数を切り捨てると、10基の1.33倍は13基、その8割は10基となる）。便宜的に、第14表の居住者数推定（*1）を最大居住者数とし、最大で90名、集落安定期の平均的な居住者数で60名、と捉えることができる。

### iii) 構成員数の時期的な変化

第81図・第15表は、大橋集落での細別時期による相対年代と、暦年代ごとにみた集落構成員推定数の変化である。暦年で計算すると、継続的集落の当初段階のフェイズ1で37名の構成員数と評価される。これは前章でみたように、大橋集落での年代測定からフェイズ2のはじめが2760cal BC、フェイズ8のはじめが2640cal BCと推定され、さらにその前後については推測となるがフェイズ1と、継続的集落の前段階であるフェイズ0との境が2800cal BCごろ、継続的集落が終了し断続的集落となるフェイズ9が2570cal BC以降と考えているので、その中間を取ると、フェイズ1は2780cal BCからで、フェイズ8は2605cal BCころとなる。その結果、継続的集落の期間は、175年間と推定される。構成員数のピークはフェイズ6における87人で、これは前章での1フェイズを平均で割り振って計算すると2685cal BCごろがフェイズ6の年代になり、フェイズ1からは95年間、増加数は60人、平均で年間0.6人の増加、年間増加率は87人／37人／95年で、0.0248となり、約2.5％の年間人口増加率となる。次に、フェイズ6から45年後のフェイズ8には74人に減っている。自然減と仮定した場合、年間0.29人の減少である。

年間の増加率と言うよりも、いくつかの前提条件を仮定して、簡単なシミュレーションをしてみたい。フェイズ1の人口27人を初期値とし、幼年・成年・老年を等比と仮定して、幼年9人・成年9人・老年9人とし、出産可能な夫婦を成年数から4組とする。1世代を15年とし、20年で1組の夫婦が平均5人出産し生存率50％として、2.5人の子供を育てる、とする。15年ごとに世代が交代し、生まれ

3節　規模の増大と領域の拡大　199

た子供は幼年に、前世代の幼年が成年に、成年が老年へシフトし、老年は死亡するとする。婚姻は、近隣等の他集団から女性を迎えるが、同数の女性を他集団へ婚出させるとする。これで、計算していくと次のようになる。

|  | 幼年 | 成年 | 老年 | 夫婦 | 増加数 | 計 |
|---|---|---|---|---|---|---|
| 1世代目 | 9 | 9 | 9 | 4 | 10 | 27 |
| 2世代目（15年） | 10 | 9 | 9 | 4 | 10 | 28 |
| 3世代目（30年） | 10 | 10 | 9 | 5 | 12 | 29 |
| 4世代目（45年） | 12 | 10 | 10 | 5 | 12 | 32 |
| 5世代目（60年） | 12 | 12 | 10 | 6 | 15 | 34 |
| 6世代目（75年） | 15 | 12 | 12 | 6 | 15 | 39 |
| 7世代目（90年） | 15 | 15 | 12 | 7 | 17 | 42 |

　この計算では、90年後でも、フェイズ6の推定数の半分以下でしかないことになる。残余の分は、他集落、他地域より流入と考えざるを得ない。

　第80図のように、数十年間で倍以上の比率で増加し、次いで一気に減少しており、一集落内での自然増減とは考えにくいことは明らかである。すなわち、特定の地域内において、集落間に構成員の移動があったことが推定される。

b）地域の人口—武蔵野台地東部—

　縄紋時代の人口推定については、山内清男による北米先住民の民族例を基とした推定や、小山修三によるシミュレーション（小山ほか1984）がある。小山のシミュレーションは、登録されている遺跡数を基に、居住人口を一定数で計算し、算出したものであるが、時期区分は中期などの大別時期であり、例えば五領ケ台式期と加曽利E式期の遺跡を同時存在としている。そもそも、遺跡も単に県別の遺跡台帳に記載されている遺跡をすべて同じ規模の集落として計算したにすぎず、包含地・集落の区別もない。よって、あくまで時期別の、知られている早期・前期・中期・後晩期の遺跡数の増減をみたことになる。縄紋時代の人口をより正確にシミュレートするには、第一に基礎となる集落データをより精密に見積もること、個々の集落の規模を把握し現実的な居住者数を推定すること、時期区分を

細やかにすることが必要である。全国的な人口復元は、厳密に行うことは不可能であるが、南関東地方の縄紋時代であれば、かなりの調査密度をもっており、より現実的なシミュレートが可能と考える。

## i）武蔵野台地東部域のセツルメントアーケオロジー

はじめに、武蔵野台地東部の遺跡群の特色を概略しておく（第81図）。

武蔵野台地東部は、古くから高密度で調査されている地域であり、全国的に見ても、遺跡の分布が最もよく把握されているといい得る。ほとんど市街地化されてしまった地域だけに、遺跡の遺存状況という点では不幸な地区ではあっても、戦前からの考古学研究者・郷土史家の努力により、遺物採集や遺跡の分布調査が精力的になされており、遺跡分布の把握については、情報の漏れが少ないと期待できる。第二に、細かな土器編年がなされている南西関東地域に含まれ、新地平編年中期13期31細別（黒尾・小林・中山 1995）に区分した細かな時間的動態が検討できる。第三に、目黒区大橋遺跡など、精緻な調査と分析作業が行われた集落遺跡が含まれ、中期集落の具体的な景観の把握が期待できる（小林・大野 1999）。また、湧水と集落との関係、密集する集落間の関係などについて、多くの研究者が検討を加えてきた地域でもある（江坂 1944b、大野 2000など）。

ここで扱う範囲は、東西約20.5km（南側で20.5km、北側では16.8km）、南北約18kmの範囲で、自然地形からは、北側は数kmを隔てて荒川に画され、東側は概ね東京湾に面する東京低地を区切りとし、南側は大田区の荏原台・久ケ原台の南部分を除外してしまったものの、概ね多摩川低地に境される範囲である。一方、西側の武蔵野台地はいうまでもなく連綿と続く台地であるが、自然地形的にも、吉祥寺駅付近を境として西部と東部に、若干地形的に違いがあり、本書で扱う東側は、一般的に「山の手台地」と呼ばれている。概ね海抜50〜60m付近を境として、以西と以東では傾斜が異なり、前者では2.5％以上、後者即ち検討対象地域側では2.0％未満で、以西は扇状地、以東は三角州地形と捉えられる。

武蔵野台地東部には中期後半を中心に、多数の集落遺跡が分布している。武蔵野台南縁辺側といえる多摩川水系の支流域及び呑川流域の遺跡群と、比較的北側を東西に流れる隅田川の支流である石神井川水系の遺跡群に大きく遺跡分布の集中があり、さらにその中間地域に、東京湾へ注ぐ中河川である神田川・目黒川の

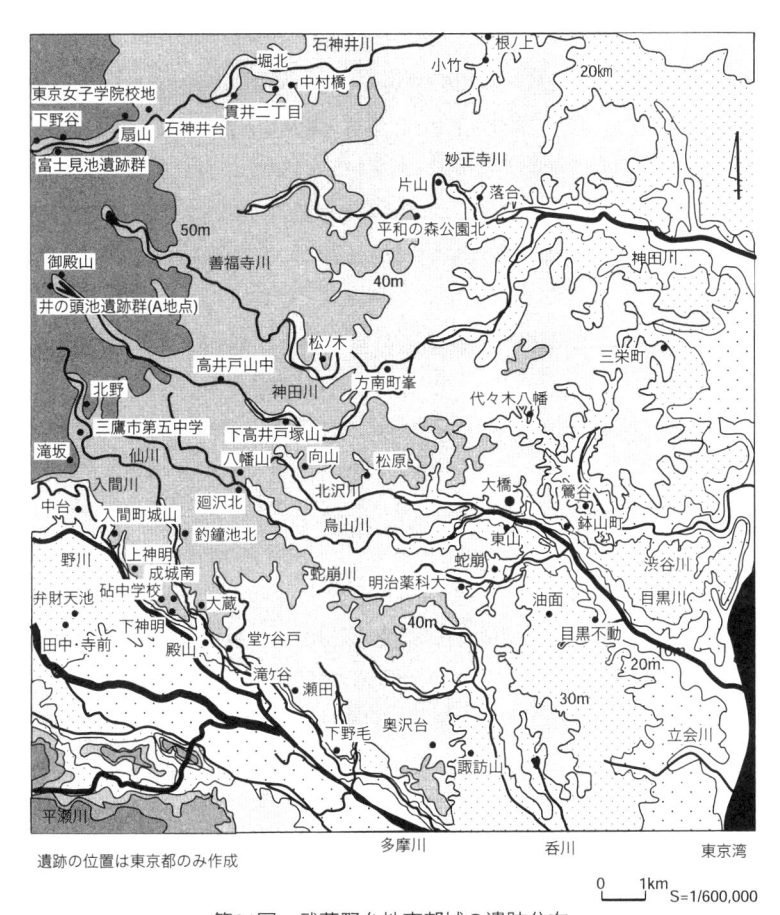

3節 規模の増大と領域の拡大　201

第81図　武蔵野台地東部域の遺跡分布

流域に分布する遺跡群の3つに大別が可能である。以下、旧稿（小林・津村他2002、津村・小林他2002、2003）での分析に基づき、98の集落遺跡について検討する。河川ごとに、集落群を区分し、奥沢台遺跡など呑川流域（地域A）、大蔵遺跡、堂ケ谷戸遺跡などの丸子川・仙川・野川下流など多摩川支流の流域（地域B）、三鷹五中遺跡など仙川・入間川流域（地域C）、原山遺跡など野川中流域（地域D）、飛田給遺跡など多摩川中流域（地域E）、下野谷遺跡などの石神井川流域（地域F）、大橋遺跡などを含む目黒川流域（地域G）、落合遺跡など妙正寺川流域（地域H）、下高井戸塚山遺跡など神田川流域（地域I）などに区分する。遺跡地名表は、旧稿に準拠する（小林・津村ほか2002）。

当該地域の集落遺跡について、新地平編年13期31細別に時期区分し、帰属する竪穴住居軒数から、集落としての規模を数段階に区分した上で、遺跡分布を検討する。これによって、細かな時間的変遷がたどることができ、各中小河川のセツルメントパターンが明確になろう。当地域は、中期前半には居住域としては極めて低い密度でしか利用されていないにも関わらず、勝坂3式から加曽利E3式にかけて、きわめて高密度に密集した集落群を何カ所かに展開させ、加曽利E4式期には集落の質・量とも激減させる、きわめて特徴的な様相を示す。最盛期においては、河川ごとに1km以内の距離で拠点的集落を連ねる地区が認められるが、そのセツルメントパターンには、中規模の等質的な集落を並列させていくパターン、大規模集落の周辺に小規模・中規模集落を配するパターン、特定地区に連綿と住居の続く大拠点集落を形成し、やや離れたところに小規模集落を配するパターン、小規模集落がややまばらに散在するのみのパターンなどの差異が認められ、いくつかのセツルメントシステムを異にした集団が、展開していたことがあきらかとなった。以上のような、状況については、西本豊弘・津村宏臣・建石徹・坂口隆との共同研究成果（津村・小林ほか2002、小林・津村ほか2002ほか）を参照されたいが、ここでは、そのうちの一環として検討した、当該地域の人口復元と、その時間的変化について、次に扱う。

ⅱ）武蔵野台地東部地域の人口の推定

いささか乱暴であるが、時期別集落数から武蔵野台地東部地域の人口の推定を行う。細かな時期毎の規模別集落数の推定から、少なくともこれまでの推定より

3節　規模の増大と領域の拡大　203

も妥当性の高い数値が得られる。大橋遺跡での集落構成員数の復元（前項 a）、小林2000 c）を参考に、1住居の平均的な居住者数を5人とし、平均的な同時機能の住居数を大規模集落で20軒、中規模集落で10軒、小規模集落で3軒とすると、大規模集落の人口が100人、中規模集落が50人、小規模集落が15人と仮定することができる。12 b期において、大規模集落4、中規模集落24、小規模集落26集落と算定できるので、最盛期の人口は1990人で、約2000人となる。丸子川〜仙川流域・目黒川流域の遺跡群で各400人ほど、石神井川流域で600人ほど、その他の妙正寺川・渋谷川・神田川・野川中流・多摩川中流で、それぞれ80人ほど〜160人までの平均120人で計600人ほどというところであろうか。当該地域における集落分布の変化の時期である9期、11期についても同様に試算するならば、9 b期で小規模19、中規模11、大規模3で推定1135人、11 a期で小規模15、中規模17、大規模4で推定1475人となり、徐々に増加している状況が看取される。もちろん、これは極めてラフな計算であり、各集落の内容を吟味した上で、大橋遺跡で試みたように、各集落の集落構成員数を、床面積や住居構造をも把握した形での同時機能住居数を割り出すことから検討するべきであるが、資料的制約からここでは簡単に捉えておく。

　目黒川周辺は、9 b期以降の集落数の増加が緩やかで安定的である。石神井川流域は11期以降の増加が急であり、基本的に右肩上がりの増加である。これに対し、多摩川水系の集落は、勝坂3式期の9 a・b期、連弧文系最盛期の11 c 2期、加曽利E 3式期の12 c期に3回のピークが現れており、集落数の増減が比較的激しかったことが示唆される。さらに、神田川水系の集落数増減は、以上の3地域と異なり、12期にピークがなく、勝坂3式の9 b期に最大のピークがある以降、徐々に遺跡数を減じており、この地域が居住域として発展しなかったことを示唆している。

　第82図は、規模別の集落構成を、具体的に人口量として評価した、流域別・時期別の推定人口量である。なお、このグラフでは、G地域の目黒川中流の遺跡群、多摩川水系を代表してB地域の現丸子川・仙川・野川下流の集落群、F地域の石神井川流域の、3つの小地域のみを集計した。F地域の石神井川流域は、中葉から後葉にかけての時期に比例した直線的な増加傾向、多摩川水系の9期、11期、

204　4章　文化の時間

**集落数**

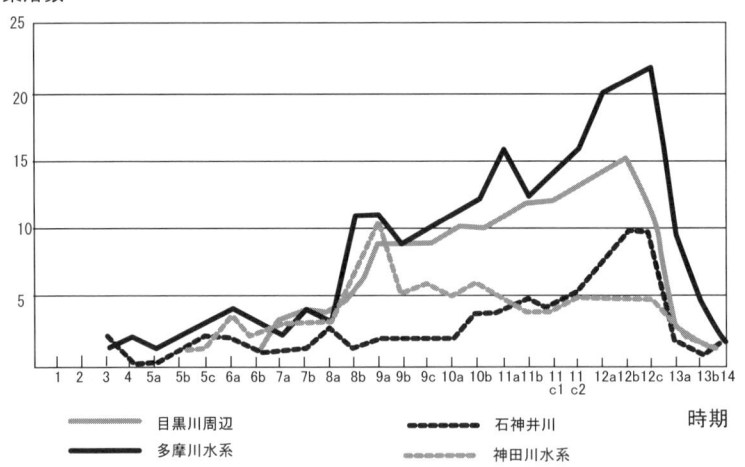

凡例：
- 目黒川周辺
- 多摩川水系
- 石神井川
- 神田川水系

**推定人口（人）**

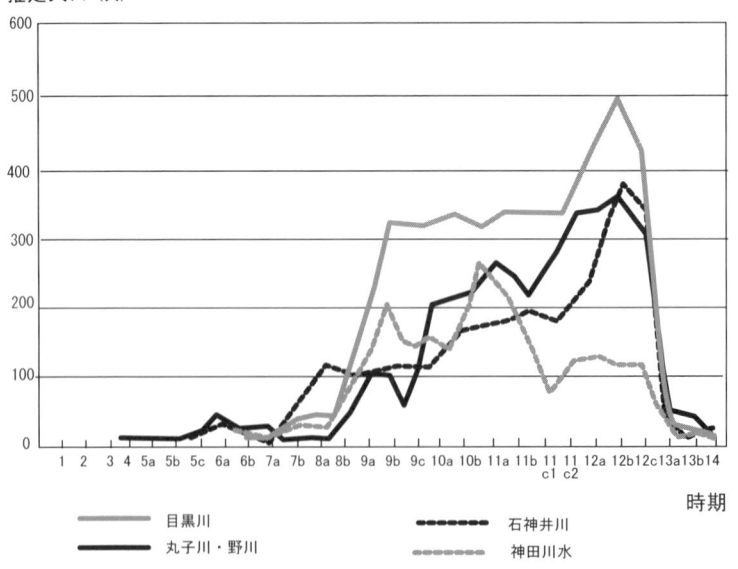

凡例：
- 目黒川
- 丸子川・野川
- 石神井川
- 神田川水

（津村・小林・坂口・建石・西本2002a）

第82図　武蔵野台地東部域の人口量

12期の3つのピークを持つ増加傾向、目黒川流域の9期以降の安定的な人口量となっており、基本的な様相は集落数でみた場合も推定人口量でみた場合も変わらないが、多摩川水系のピーク間の谷間は、推定人口量でみた方が集落数でみるよりは落差が少なく、小規模集落は減じても拠点となる中・大規模集落は維持されていたことを示唆している。また、目黒川流域では、集落数でみるよりも人口量でみた方が、9－11期の増加が少なく安定的で、12期にかけての増加はかなり大きいことが認められる。具体的な人口量をみると、最盛期の12ｂ期で、G地域の目黒川流域は推定495人、B地域の丸子・仙・野川下流は355人（多摩川水系としてC地域の仙・入間川上流、D地域の野川中流を合算すると665人）、F地域の石神井川流域は375人となり、それほど大きな差がないと言える。

　以上、集落数としても、人口量としても、中期中葉から後葉にかけての増加と末葉においての急減は、当該地域共通の状況である。しかし、地域的に細かくみれば、違いがある。例えばI地域の神田川流域では、塚山遺跡が9期から11期の間が中規模集落であるなど10期に最盛期がみられ、継続期間などに他との違いが大きい。ここでは中葉段階に開発型の集落が開村され、継続的集落が配されながらも、他の流域が最盛期を迎える中期後葉には、いち早く廃れてしまう。それ以外の、大きくは似たような増減の傾向を示す小地域においても、増加の程度や途中の増減、規模別の構成に、かなりの違いが認められるのである。

　以下に、代表的な3つの地域について詳しくみてみよう。

　G地域目黒川流域では、勝坂3式の9ａ期に継続的中規模集落が始まり、他の流域に比べてやや定住集落の開始時期が遅いが、その後は9ｂ期以降、集落数も一定し、かつ殆どが中規模集落で、集落の質・量ともに安定的である。なお、12ｂ期の大橋集落は住居数が30軒を越える大規模集落と判定されるが、旧稿（小林2000ａ）で検討したように、12ｂ期のうちでも細かく建て替えられており、同時機能の住居数は最大でも20軒程度と推定している。すなわち、大規模集落ではあるが実質的には中規模集落に近い。調査された集落の内容をみても、同一地域の東山遺跡、油面遺跡、目黒不動遺跡、明治薬科大学構内遺跡などと大差はないと感じられ、目黒川中流域の集落群は等質的であると考える。なお、目黒川流域には、後期初頭の集落は見いだせない。西側の渋谷川水系に移動した可能性もある。

多摩川水系の典型例として、B地域の丸子川・仙川・野川下流域をみてみよう。比較的早い段階の五領ケ台式期4期から、単独の住居が堂ケ谷戸、宮之原遺跡などにみられるが、時期的に継続することがなく、遺跡間の視認関係が認められないことに示されるように互いの関連性も乏しいと思われる。これらキャンプサイトと考えられる単独住居の遺跡は、勝坂系または阿玉台系のどちらかの住居形態・土器組成に偏り、堂ケ谷戸遺跡や世田谷区立総合運動場遺跡遺跡など、古い段階には阿玉台系の土器出土が目立ち、時期が下るに連れ宮之原遺跡など勝坂系の土器が増える傾向がある。古い段階には恐らく東京湾岸沿いの東関東阿玉台式土器群を用いる集団から、新しい段階には多摩地域・八王子盆地の勝坂式土器群を用いる集団からの生業活動基地や、一時的な分村といった性格を持って営まれた可能性が考えられる（小林1988）。ただし、上之台遺跡、世田谷区立総合運動場遺跡など墓壙と考え得る土坑が検出される遺跡もあり、単なる出作り小屋というような1・2週間の滞在用の活動拠点と言うよりは、ある程度の期間居住するようなセツルメントであったのではないかと考える。勝坂1式期の6期から7期にかけて、等々力原遺跡に小規模ながらも継続的な集落が営まれ、多摩川中流地域以東に、時期的に継続する開発型の集落が出現する。住居軒数も1時期2・3軒ではあるが、単独ではなく、複数の単位からなる村落を成していることが重要であろう。ただし、等々力原遺跡も8期にはつながらず途絶えてしまう。その集団の移動先と直接結びつける証拠はないが、立ち替わり大蔵遺跡や、隣接する野川中流域の原山遺跡にあとに継続する小規模集落が開村されている。勝坂3式の9a期に、府中崖線の下位の立川段丘面に位置し、他の段丘上の集落とやや立地を異にする弁財天池遺跡を中規模集落の代表に、小規模・中規模集落が増加し、武蔵野台地東部の集落密集地としての景観を整える。しかしながら、目黒川流域と異なり、9b期にピークを迎えた後、いったん集落が減り再び10a期以降集落数が増加し出す。この間、弁財天池遺跡や大蔵遺跡は継続するが、他の小規模集落は断続している場合が多い。加曽利E式期である10期以降は、加曽利E2式土器の11a期までは比例的に集落の数を増して行くが、武蔵野台地の代表的土器である連弧文土器最盛期の11c2期にかけて再び集落数は減少する。しかしながら、大蔵遺跡は大規模集落化し、当該地域の拠点集落となるとともに、他の集落のう

ちにも下野毛遺跡、砧中学校遺跡など、比較的規模が大きく拠点的な性格を有す可能性がある中規模集落が散見されるようになる。なお、この時期の多摩川中流域の集落は、用いる土器に連弧文系土器を多用し、加曽利E式土器が主体であり続ける傾向の強い目黒川流域の集落と様相を異にしている点も興味深い。加曽利E3式の12期には、みたび集落の増加が顕著にみられ、全時期を通じても集落数のピークを迎える。12期の集落は小規模集落と中規模集落が半々であり、集落自体は継続しているが大蔵遺跡が大規模から中規模へ住居数を減することに代表されるように、規模が小さくなる集落もみられ、全体としての集落や人口増加は、田中寺前遺跡など小規模集落の増加によって果たされている。その結果として規模別の集落の比率にも変化がみられる。中期末葉・後期初頭の13・14期には集落は小集落のみになり、武蔵野台地東部全体の傾向と同じく、明らかに人口希薄地帯へと戻っているのである。このように、多摩川中流域では、集落の増減が激しく、9b期、11a期、12b期の3期に集落数のピークがみられ、それぞれ構成する集落や規模別の比率に違いが認められる。

　以上の状況は、呑川流域や野川中流域、多摩川中流域などに広げて眺めると、丸子川流域に集落数の減る9c期や11c期は、原山遺跡を中心とした野川中流域や飛田給遺跡を中心とした多摩川中流域、三鷹第五中学校（五中）遺跡を中心とする仙川上流域などにおいては集落が継続しているほか、飛田給遺跡など11c期には規模が増す地域があることが確認され、丸子川流域で減じている分を補っている可能性もある。これら武蔵野台地東部地域の南側の小地域は、互いに補完しあう関係にあると捉えられ、視認関係での繋がりからみても多摩川水系の集落群として大きくはまとめ得ると想定できよう。

　F地域の石神井川流域では、先の2地域とはまた異なった傾向を示す。石神井池周辺に、五領ケ台2式期の4期から下柳沢遺跡など中規模集落が存在し、一旦とぎれるが、勝坂1式期の6a期からは、下野谷遺跡に後期初頭まで継続する集落が営まれる。下野谷遺跡遺跡は勝坂2式期の8a期には大規模化し、当該地域の拠点集落であることは間違いない。さらに周辺や石神井川沿いに小・中規模集落を配していくが、時期的にみるとその数は時期に比例して増していく。

### iii）武蔵野台地東部の人口変動

　第15表、第83図は、武蔵野台地東部域での細別時期ごとに、津村・小林ら（津村・小林他2002a・小林・津村・建石・坂口・西本2002）が設定したセツルメントシステムでまとめられる地域集団毎に人口を推定し、武蔵野台地東部全体の人口として、相対年代と暦年代によって集計した場合である。

　暦年で計算すると、勝坂2式期以降、すなわち3300cal BC以降、数百年間に渡って一定の比率で増加し、途中にわずかに減少する時期も認められる。増加する7a期から12b期までの時期について、暦年代から年間増加率を計算すると、620年間に1915人の増加となり、1990人／75人／620年間で0.0428とやや高い増加率である。これを、当初の急激に増える時期、すなわち、多摩地域から人口移動がおこっていたと考えられる勝坂2式期までを除き、安定して増えていっていると捉え得る、9a期以降に絞ると、480年間で785人から1990人で、1990人／785人／480年で、0.0053で、単純に年間増加率と考えると0.5％となり、地域内における自然増と考えても良いように思われる。人口学において、近世江戸時代前期130年間の年平均人口増加率が約0.7％、江戸中期は微減で、江戸後期は年間0.1％とされている（速水・宮本1988）（註6）。

第15表　集落構成員数・人口の変化

| 時期 | 大橋遺跡 | 武蔵野東部 | calBC | 前時期比 |
|---|---|---|---|---|
| 1 |  | 0 | －3520 |  |
| 2 |  | 5 | －3490 |  |
| 3 |  | 5 | －3470 |  |
| 4 |  | 75 | －3450 |  |
| 5a |  | 10 | －3420 |  |
| 5b |  | 5 | －3400 |  |
| 5c |  | 25 | －3380 |  |
| 6a |  | 75 | －3360 |  |
| 6b |  | 100 | －3340 |  |
| 7a |  | 75 | －3320 | 0.75 |
| 7b |  | 160 | －3300 | 2.13333 |
| 8a |  | 335 | －3270 | 2.09375 |
| 8b |  | 375 | －3200 | 1.1194 |
| 9a |  | 785 | －3130 | 2.09333 |
| 9b |  | 1160 | －3050 | 1.47771 |
| 9c |  | 1060 | －2970 | 0.91379 |
| 10a |  | 1180 | －2950 | 1.11321 |
| 10b |  | 1295 | －2920 | 1.09746 |
| 10c |  | 1530 | －2890 | 1.18147 |
| 11a |  | 1635 | －2860 | 1.06863 |
| 11b |  | 1550 | －2830 | 0.94801 |
| 11c1 |  | 1525 | －2800 | 0.98387 |
| 11c2 | 9 | 1660 | －2780 | 1.08852 |
| 12a | 36 | 1880 | －2760 | 1.13253 |
| 12b | 87 | 1990 | －2720 | 1.05851 |
| 12c | 74 | 1710 | －2640 | 0.8593 |
| 13a | 27 | 245 | －2570 | 0.14327 |
| 13b | 26 | 170 | －2520 | 0.69388 |
| 14 |  | 95 | －2470 |  |

大橋人口は住居ごとの床面から推計を集計（小林2000）
武蔵野東部は細別時期別集落数から1軒5名、小集落15名、中集落50名、大集落100名で集計（小林ほか2002）

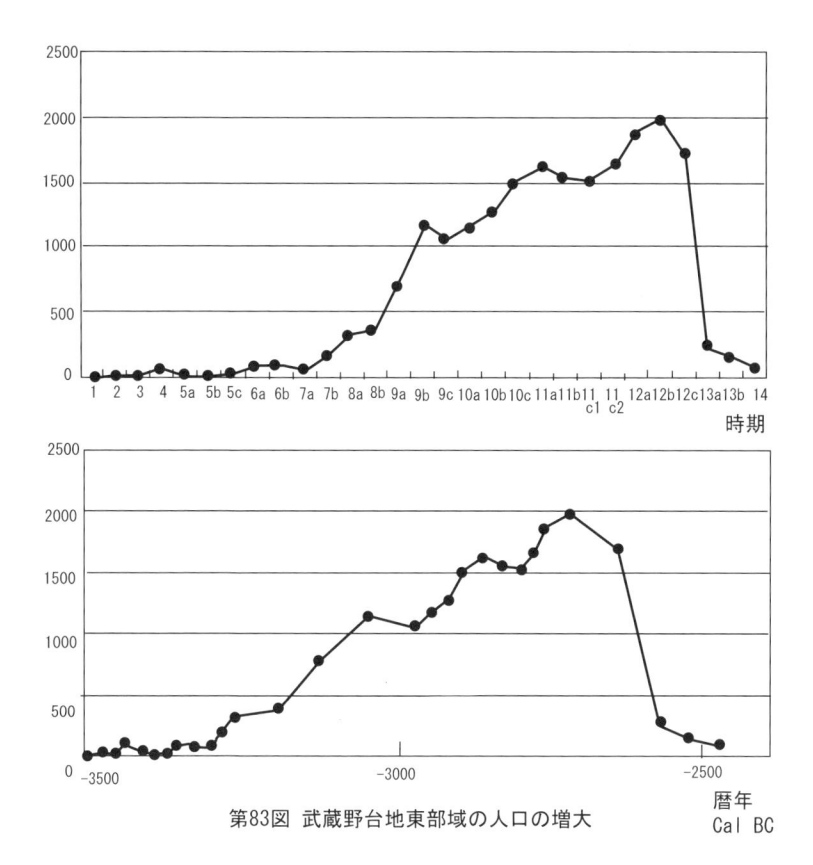

3節　規模の増大と領域の拡大　209

第83図　武蔵野台地東部域の人口の増大

武蔵野台地東部の人口も、これに近い率で増加していることになる。

9 a 期から12 b 期（推定1990人）の480年間について、年間人口増加率を、0.1％、0.3％、0.5％で、シミュレートする。なお、30年ごとに計算した人口を記す。

|  | years | 0.1％ | 0.3％ | 0.5％ |
|---|---|---|---|---|
| 9 a 期 | 1 | 785 | 785 | 785 |
|  | 30 | 809 | 856 | 1059 |
|  | 60 | 834 | 936 | 1230 |
|  | 90 | 859 | 1024 | 1429 |
|  | 120 | 885 | 1120 | 1660 |
|  | 150 | 912 | 1125 | 1928 |
|  | 180 | 940 | 1231 | 2239 |
|  | 210 | 969 | 1347 | 2600 |
|  | 240 | 998 | 1474 | 3020 |
|  | 270 | 1028 | 1613 | 3507 |
|  | 300 | 1059 | 1765 | 4073 |
|  | 330 | 1091 | 1931 | 4730 |
|  | 360 | 1124 | 2113 | 5493 |
|  | 390 | 1158 | 2312 | 6317 |
| 12 b 期 | 420 | 1193 | 2529 | 7237 |

この結果と比較すると、中期中葉から後葉にかけての武蔵野台地東部の年間人口増加率は、0.25〜0.3％と推定される。実際には、グラフにも見るように、一律に指数関数的に増加していくのではなく、9 b 期、10 c 期あたりに小さなピークをもち、若干の増減を繰り返しつつ、増大していく。この間の最大の年間増加率は0.5％程度、おおまかに平均して0.25％程度と捉えるのが妥当であろう。決して急激な人口増加ではないが、人口的な停滞とも思えず、総じて、安定して微増しているとみてよいのではないだろうか。

勝坂1式期（5期）以降に、多摩丘陵地域おそらくは八王子盆地から、分村さ

れることで次第に武蔵野台地西部に広がった勝坂系集団が、勝坂2式期（7期）において徐々に東進し、多摩川・野川または荒川沿いに分村を繰り返して、ついに武蔵野台地東部に達し、勝坂3式期（9期）後、当該地域での集落の増加が行われたものと考えられる。この武蔵野台地東部は、東西関東地域の中間地域にあたり、勝坂系集団からは東端部、阿玉台系集団からは西端部にあたる。人口増大の余剰人員を他に分村していく空間的余地は周辺に乏しく、12ｂ期に至って、概ね空間的な分割が最大に近くなっている。すなわち人口のキャリングキャパシティに達した、と考えることができる。

　13期すなわち2600cal BCごろ以降に、遺跡数としても、遺跡規模を加味した人口推定数としても、約100年で一気に減少しており、一地域内での自然減少とは考えにくいことは明らかである。すなわち、当該地域外への集団の移動または、何らかの要因による人口減があったことが推定される。関東地方全域として考えても、関東・中部地方の中期末葉における遺跡数激減は、よく言われているところであり、東北地方へ大きな人口移動があったか、または関東・中部地方全体として、人口の減少があった可能性が考えられる。本書では、事実関係の記載に留め、今後、さらに検討を重ねていきたい。

## 結　語

　本研究の目的は、関東地方における縄紋中期土器の暦年代による編年的再構成と、縄紋集落における、竪穴住居の建て替え期間の時間幅の解明、さらに実年代を用いた文化変化の再構成である。その基となったデータは、AMS[14]C年代測定と、その結果の暦年較正年代であり、すべて筆者の手で行ったデータを用いた[1]。サンプルは、SFC遺跡、大橋遺跡など、考古学的状況の明確な、良好な発掘調査例の中から、土器型式編年としての位置づけが明確な資料を選び、直接的に多数を集め、筆者が中心となって前処理までは行い、試料的なコンタミネーションや汚染を極力防ぐことに努力した。炭素年代は、同位体分別効果[2]を補正した上で、INTCAL98[3]を用いて暦年較正年代を2δの確率で計算した。その結果、年代的には、土器編年研究と極めて整合的な結果を得ることができ、土器型式に実年代を与えることが可能となった。これまで行なわれてきた縄紋時代の炭素年代を用いた研究[4]を、大きく飛躍させることができた。

　本研究によって、縄紋中期各段階の年代が、おおむね整合的に把握されたほか、新たな知見として以下の成果があげられた。

1）縄紋前期から中期の年代観は、測定の蓄積により、年代的にはほぼ解明することができた。例えば、北陸地方上安原遺跡他の測定により、前期と中期の境の年代観が得られた。五領ケ台1式の細線紋系土器を新保1式、大木7a式と平行と考え中期の最初と捉えると3520cal BCころ（3550～3500cal BC）に、前期末葉朝日下層式・十三菩提式・大木6式の土器群との境が想定できる。その後の中期全体の年代について、細別時期別の、土器型式の存続時間が推定可能なデータの蓄積を得ている。中期末葉から後期初頭については、2470cal BCの暦年が境であると捉えられた。この中で、大木10式の後半期の土器は、称名寺式土器と同一年代であり、関東地方を基準とすると後期に属することが示し得た。縄紋時代中期の土器型式の細別は、中期1050年間を、主に文様要素・文様工具・施文方法・文様モチーフの変化から、31細別しており、平均で1細別時期約30年となるが、年

代測定と暦年較正から実年代を検討すると、時期によって異なる時間幅が確認された。中期前葉や勝坂式から加曽利E式への変化の時期などは、1時期が20～30年程度と短く、土器が変化するのに対し、勝坂2・3式や加曽利E3式などは、70年から90年間、同一のタイプが主体となる時期が続く。言い換えれば、その間、考古学者が土器型式を区分することが難しい。これらの時期は、集落数・一集落での住居数や土器量も明らかに増す時期であり、安定している時期であると言え、短い時間で土器が変わる時期は、逆に遺跡数が少ない時期・増えていく途中の時期で、不安定な時期であると言える。

　総じて、縄紋時代の年代については、土器型式の編年と、少なくとも順序の上で矛盾する例はないと言える。さらに言えば、前期と中期の境や、大木10式の扱いなど、土器型式研究の上でも議論が激しい問題について、特に地域間の並行関係について、年代測定が検討する材料を与えてくれる面も期待できる。縄紋時代の精緻な土器型式編年の整備された状況に対してこそ、$^{14}$C年代測定は重要なデータを与えてくれると言える。

2）関東地方の縄紋中期集落について、集落の継続期間や、住居の改築期間について、具体的なデータを得ることができた。SFC遺跡では、短期的で小規模な2集落がそれぞれ50年と80年間の継続期間を持つが、土器型式の上では連続するこの近接する2集落が、50年程度の断続期間を挟んでいることが推定された。大橋集落では、150年近い継続期間が認められたが、このうちのもっとも住居数が多いフェイズ2～8の100年間に9回の住居改築のサイクルが認められ、年代測定によっても矛盾ない変遷がたどれたことにより、10年程度の住居改築の時間幅が推定された。その他の集落事例でも、関東地方の比較的大きな集落（勝坂～加曽利E式期）において、300から600年程度の存続期間の定住集落が、典型的なあり方として存在することが認められた。長野県長峯遺跡など、700年近い存続期間が推定される集落もあり、途中の継続性などについて、さらに検討例を増して論じていく必要がある。

3）土器の伝播をはじめ、炉型式や住居などの文化要素の伝播のスピードなど、文化的要素に関わる年代的考察も見通せた。また、遺跡の増減や住居数、人口増加率について、時間的尺度を持って検討することが可能であり、歴史的再構成が

具体的に可能となる見通しを持てた。

　以上のように、単に年代を測るという以上の、考古学的に興味深い諸問題を、時間的側面から論ずることができた。

　年代測定という面においても、集中的に年代測定を行うことで、確率的な暦年較正の幅も絞ることができ、50年程度の時間幅を検討することが可能と考える。特に、考古学的位置づけが明確で検証可能である遺跡・資料に対して、数多く測定を行うことが有効である。土器の型式変化の時間幅についても、集落の継続期間や住居の耐用期間についても、本書で扱った以外の集落事例の検討も重ねつつあるので、今後も議論を重ねていきたい。

　最後に、若干の問題点を示し、今後の展望としたい。

　年代測定の資料としている炭化材や、土器付着炭化物の性格について検討する必要がある。特に土器付着炭化物では、意外に多くのおこげが、前処理の際、アルカリ処理によって殆ど溶解する例がみられた。土器付着物の性格を検討する必要があり、年代測定の汎用性を拡げるため、アルカリ溶液中のフミン酸等の成分を測定することの妥当性を検討するなどの課題がある。また、これまでに30例ほど、予想される年代から大きく外れる場合が認められた。このうち、炭化材・炭化種子類が20例ほど、明らかに新しい年代を示す例があった。おおまかにいうと、土器付着物の場合は10%弱、炭化物の場合は10%程度、細かい炭化種子や水洗選別で得た炭化物では50%近い確率で、整合的なデータと比べ200年以上の開きを示す測定値が得られている。このうち、土器付着炭化物の場合は、予想される年代よりも明らかに古い年代である場合が多く、炭化物の場合では新しい年代であることが多い。特に、炭化種子等の独立した微細な試料では、極端に新しい近世以降の年代を示すことが多く、遺構出土例であっても、その遺構に確実に伴うかどうかの認定が非常に難しいことを反映していると考えられる。また、遺跡によって、かなり整合的な結果が多い場合と、かなりの試料が整合的ではない場合とが分かれる傾向がある。

　土器付着炭化物の場合は、10数例について、明らかに古い年代が測定された。IK11、IW22、35、NT19、6、BBM12、NM40、MGH8842、OH460、812、TYTY68、TYTYS27、FTK12、FKA17である。うちNM40については、アセト

ン処理を行い再測定した所、年代が整合的となり、汚染除去不十分であったと判断された。この場合の多くは試料からの炭素の回収率が極端に低く、土器胎土に含まれる古い炭素が測定結果に影響していると推測される[5]。また、貝塚出土土器付着物など、海に近い遺跡では、海洋リザーバー効果[6]も考慮される。これらの問題については今後議論していきたい。

　また、胴部外側付着の炭化物の場合、他の類例と比べて500年以上古い数値が測定される場合が目立ったが、内面付着のおこげ状の炭化物でも、極端な場合では1.6万年以上の数値が示された例(NT25)もあった。ススと認定した中にも、埋没時に土壌中の古い炭化物を付着させた可能性や、おこげなどの場合にも食料残滓の炭化物以外の物質である可能性(アスファルトなど)が考えられる。ただ、これまでに測定した中では、海洋の古い炭素に由来するデータと判断されるケースは、貝塚遺跡である稲荷山遺跡の事例など、ごく少数である。このほか、取り上げ時のバインダーによる汚染の可能性は厳しくチェックされねばならず、またこれらの確実かつ炭素試料を損なわないような除去法の確立についても、様々なケースで確認していく必要がある。高精度編年の年代測定成果を生かしていくには、測定値の信頼性・安定性を高める努力も必要であり、今後とも議論していくべき課題は多い。

　当然ではあるが、考古学的な検討についても、さらに重ねていくべきところはおおきい。まずは、土器編年の精緻化がさらに求められる。例えば、今回の成果により、継続期間の長いことが判明した勝坂式最盛期の勝坂2式や、加曽利E3式の細別時期は、さらに型式細分が可能なのか、または土器型式上はもはや区分できないのか、型式学的に検討を重ねる必要がある。同時に、集落のあり方についても、考古学的な検討をさらに重ねて年代データとつきあわせる必要がある。特に住居重複の状況を検討し、土器型式の継続期間の長短との相関を見るなど、検討しておくべき点がある。

　次に、考古学的なデータと年代データとの突き合わせであるが、いくつか検討すべき点が残されている。今回の土器型式と較正曲線とのつきあわせによって、較正曲線の一部について、僅かながら齟齬をきたす部分(新地平編年4期から6期にかけての時期と7期に当る年代)が認められた。暦年較正曲線を、日本の年

輪年代によって検証し、部分的な地域的偏差を正すことで、暦年較正の精度をさらに高めたい。また、考古学のデータについても、検証しなくてはならない点がある。今回の検討では及ばなかった課題として、これまで同一の長さであることを前提としていた分析の検証、例えば時期ごとの集落数や住居数の増減を比較する際に、土器型式の実年代の長短を標準化して比較するべきかどうかについて、考えなくてはならない。本書では、大橋遺跡の人口動態での分析では、用いた時間軸であるフェイズ設定が、おおむね10数年ごとで、フェイズによる大きな差異はないと仮定したが、検証は不十分である。さらに、武蔵野台地東部域の人口動態の分析では、土器細別時期ごとの集落数で検討した。この際、集落ごとの住居数によって、おおまかなランクに評価した際に、継続期間を一定に評価しており、本書で明らかにしたような、土器型式ごとの時間幅の違いを十分に考慮していない。時期ごとの住居の耐久年数や集落自体の移動性が明らかにできなければ、単純に年数で割ることで、住居軒数を得ることはできないという理由が一因である。また、今回検討した武蔵野台地東部が、勝坂2式期以降に集落が展開しており、時間幅が短い中期前半が対象とならず、おおむね50－80年間の継続期間ごとに検討しており、さほど大きな差はないとも考えたためである。しかしながら、今後より広い地域を扱っていくうえは、時間幅が20年の時期と、80年の時期を、同一に扱うことは、明らかに適当ではなく、何らかの方法で、時間的に標準化する必要があるものと考える。

　いずれにせよ、本書で示し得た成果があるとすれば、年代測定による成果を単純に考古学データに導入するのではなく、年代測定と考古学的方法論との結合によって生ずる、新たな視点を模索することの重要性を提起したと考える。

## 追補　炭素14年代測定法

### 1．方法のあらまし

　考古学において用いられる自然科学的な年代測定法としては、年輪年代法、炭素14（$^{14}C$）年代測定、熱ルミネッセンス法、古地磁気（残留地磁気）測定法や、フィッショントラック法、黒曜石水和法などがある。ここでは、本文の理解を助けるために、炭素14年代測定法の概略を補足として記す。

　炭素には質量数が12、13、14の同位元素が天然に存在するが、うち質量数14の炭素、つまり炭素14は放射性同位体で、ベータ線と呼ぶ放射線を出して、規則正しく崩壊する。$^{14}C$年代測定法は、炭素14の放射線を出しながら一定の率で壊われていく性質を利用した年代測定法である。1940年代末にアメリカ・シカゴ大学のW. F. Libbyによって開発された自然科学的年代測定法で（Arnold and Libby 1949）、古い試料では$^{14}C$の量が低く、逆に最近の試料であれば$^{14}C$は多い。この点を年代測定に利用することができる。$^{14}C$年代測定法は、過去数万年間、地球上のどこでも炭素14の濃度は一定と前提し、炭素の半減期は5730年として計算する。

　炭素14年代測定は、もっとも汎用的な年代測定法であり、信頼度が高い。特に近年、AMS（加速器質量分析計、Accelerator Mass Spectrometry）を用いた$^{14}C$年代（炭素14年代）による高精度編年の手法が、ハード・ソフト両面から技術的に著しい進展を遂げている。2003年5月に私を含む年代測定研究グループによって発表された、「弥生時代500年遡上説」は、弥生時代早期の土器付着物の炭素14年代測定によって導かれたものであり、現在も考古学界に大きな議論を呼んでいる。その後も、北九州地方の最古の水田遺構に併行する時期の土器や、それ以前の縄紋晩期土器、後に続く弥生前期・中期の土器付着物多数を測定しデータの蓄積を重ねており、縄紋・弥生時代の年代研究はホットな状況が続くだろう。

　炭素14年代測定は、放射性同位体である炭素14が、時間経過と共に崩壊し、安定同位体である炭素12・13との比が減っていくことを利用して、動植物などが死亡などによって炭素を取り込むことを止めた段階からの時間経過を測定する方法

である。文献資料のない考古学上の事物に対して、絶対年代を与えてきたが、過去の測定においては、測定上の統計誤差が100年以上となり、細かな年代的位置付けには必ずしも適していなかった。1980年代以降、それまでの放射線を計測するβ線計数法（気体計数管法）や液体シンチーレーション法と異なり、加速器質量分析法（AMS）と呼ばれる、直接的に炭素同位体の量を測る方法が発展してきた。1990年代以降には、日本国内も含めてAMSを用いる測定機関も増し、より精度が高くなり、現段階では30～40年程度の測定誤差での測定が可能となってきた。AMSの利点は、計測する対象が1 mgと極めて少量で済むことで、以前には測ることのできなかった煤・煮焦げなどの少量の土器付着物を対象にできるようになった。また、測定にかかる時間が短期間で済み、多数の測定を行えることも、大きな利点である。

## 2．原理と測定まで
〈理論〉

$^{14}$Cは、高層圏における空気と宇宙からの宇宙線の影響で生じる。

$$^{14}N + n \rightarrow {}^{14}C + p$$

その後生成した$^{14}$Cは周りの酸素と反応して二酸化炭素に変わり、大気と混合し、その後二酸化炭素は光合成によって植物に取り込まれ、さらに食物連鎖で動物等にも取り込まれる。そのため、理論上は、すべての生物には生きている限り、常に一定割合の$^{14}$Cが体内に含まれていることになる。しかし生物や植物が死亡もしくは伐採などで呼吸をしなくなると、結果的に外部との炭素のやり取りがなくなる。

$^{14}$Cは電子を放出する事により$^{14}$Nに変化する（β崩壊）。そのスピードは毎分約15壊変で、半減期が約5730年であることが既に知られている。このことを利用して$^{14}$Cの存在割合を調べる事によって、その炭素を含んだ物質が何年前に存在したものかを解釈する。

$^{14}$Cの年代測定法には大きな前提が必要となる。$^{14}$Cの存在比はすべての時代で一定であると仮定しているが、実際は一定ではない。過去の$^{14}$C濃度は、地球からの磁場の影響、太陽活動の変化による宇宙線量の変化、さらに産業革命以後

の化石燃料の使用による$^{14}$Cの濃度の変動、近年における核実験などによる$^{14}$Cの増加などによって$^{14}$Cの濃度は大きく変化している。そのため今、生きている木に対しての$^{14}$Cによる年代測定を行うと、現代ではなく未来の年代となることが知られている。そのためにすでに年代がわかっている木の年輪を用いて年代測定を行い、それにより詳しい$^{14}$Cの変化を知る試みがすでになされている。これらのデータについて過去12000年近くのデータを較正曲線として国際標準のデータベース IntCal 04 で公表されている。

〈対象とする試料〉

炭素を含む考古・歴史資料を測定対象とすることができる。

種子類、木材、炭化材、漆など植物遺存体（漆は樹液であり良好な測定試料である）や、骨角・貝殻など動物遺体（後述する海洋リザーバー効果に注意）、AMSにより量的に少なくとも測定が可能となった土器付着物（内面のお焦げや外面の煤など）が、考古学では一般的である。鉄も含まれている炭素によって測定できるが、鍛造鉄では最後に鍛造された時の炭素が含まれることが確認されている。地質学では土壌を測定することも多いが、包含する有機物や微粒炭が多く含まれる上、植物による腐植酸やフミン酸が多く、環境によって新旧どちらにも汚染を多く受けるので考古学データとしては不適である。年代測定研究では過去の珊瑚礁の堆積物やサンゴ、水月湖の湖底縞状堆積なども測定し、年輪年代が得られない12000年以上前の較正曲線の値にしている。変わったところでは、昆虫化石、植物硅酸体も大量に遺存すれば測定できるだろう。

古文書や古経典など歴史時代の和紙資料（小田 2007）、近世の江戸図屏風など（国立歴史民俗博物館 2001「歴史を探るサイエンス」展）など、歴史資料も真贋判定や、製作年の解明、補修・修理や改ざんの有無・回数・年代などについて、重要な情報を提供することができる。私も、近世遺跡出土試料について測定したことがあり、出土陶磁器の年代観と矛盾のない結果は得ているが、産業革命後の化石燃料（石炭）の煤煙により大気中の炭素濃度が増加しているので、18世紀以降の較正年代は幅が大きい。1950年以降の原水爆実験の影響で、現代はさらに濃度変動が激しいため、年代測定には向かない。

考古の試料でも、試料に内在する危険性として、埋没中の土壌からの汚染によ

る影響、土器付着物へのバインダーや木材へのPGなど樹脂・有機溶剤の塗布・含浸による影響がある。木材・木製品への有機溶剤例えばエタノール（$CH_3CH_2OH$）やプロピレングリコール（$CH_3CH(OH)CH_2OH$）の塗布・含浸は、純水（ミリポア水）での煮沸・アセトンによる洗浄で除去できる場合もある（工藤他2007－10p）。PEG（ポリエチレングリコール）や糖アルコールの含浸処理を受けた木質はセルロースが置換されており、$^{14}C$年代測定は不可である。

　その他、試料自体が内在する時間的揺らぎの原因として、木材・炭化材では古木効果の検討が必要である。木の年輪はその年輪形成時の炭素濃度を反映するので、内側の年輪部分は、最外側からの年輪年数分、木の伐採年よりも古いことになる。いわば年輪年代と同じ弱点を持つ。また、歴史資料・考古資料では、人為的に古材や伐採後何年も寝かして置いた材を用いる場合もあり、これも人為的な古木効果と呼ぶこともある。

　海産の貝殻・海洋生物の骨、海産物を煮炊きしたお焦げは、海洋リザーバー効果の影響があり、実際よりも古くなる。海洋では、表面近くでは大気との交換で問題がないが、海流は大きくベルトコンベヤー状に回っており、海洋の深層水は、約1500年を周期に循環しているため、深層水は数百年古い大気が溶け込んでいる。海産物由来の炭化物（貝などや海産物を煮炊きした土器付着物）は、通常400年古くなると言われ、較正年代でも400年古くしたマリーン用のキャリブレーション（Marine 04）が使われることがあるが、海流など海洋環境によって、リザーバー効果は海域で異なり正しい年代を知るには海域毎に調整する必要がある。Marine 04による値からの偏差を$\Delta R$値とよぶ。基本的に海底からわき上がってくる所に近い北海道では1000年以上の海洋リザーバー効果があり（オホーツクなど海獣を食べるためや泥炭や貝殻を燃料に用いるなど他の複合要因も考えられる）、関東地方の測定例では400年、南に行くほど少なくなり、瀬戸内海や九州などでは150年程度と見積もられるが、まだデータ不足で正確な見積もりはできない。影響の有無については$\delta^{13}C$値という安定同位体比によって区別可能で、$\delta^{13}C$値が$-20～-24‰$（パーミルは1/1000）の試料は、海洋リザーバー効果の影響を疑う必要がある。

　土器付着物では、他に土壌や土器自体（採取で削った場合など）の胎土から、

石英・ケイ酸などミネラル由来の汚染を受けることがあるので、ミネラルは重液分離などの手段を用いて除去する必要がある。土器付着物については、前処理での炭素含有率が異常に低くないか（10％を目安にしている）、ミネラルが混ざっていないか、後からの綿毛や繊維など汚染物質がふくまれていないか、実体顕微鏡で観察する。

また、漆では、漆自体は良好な年代測定試料であるが、中世の墨を用いた黒漆などは、墨の古木効果や混和物の汚染はあり得る。縄紋時代の赤漆は、ベンガラ・酸化鉄・水銀朱などで、大きな汚染は考えにくい。

そのほかにも細かく言えば、例えば木材では、樹種によって樹皮は古い部分を残しており測定に向かないものと、毎年形成される白樺のような樹とがあるなど樹種による特徴の違いがある。木材・炭化材試料では樹種同定を行い、樹種および樹幹（最外縁または外側に近いと考えられるか）か樹皮か根か枝かなど部位についても確かめておく必要がある。

〈試料の採取〉

試料の採取は、目的とする年代測定にもっとも適した試料を選び、かつ採取部位や出土状況、採取状況を記録しておく。汚染防止と、試料の取り違いを防止することが重要である。歴博年代測定研究グループでは、県別・機関別・遺跡別に略号を決めそれごとに通し番号を付し、ナンバリングする（例えば秋田県の試料はAKT－とする）。同一個体から部位・内外面を別に採取可能な場合は、AKT－204－a～cというように符号を付して区分する。同一個体から再採取した場合は、AKT－164－ad、同一試料を再処理した試料については、AKT－164－（re）というように、reの記号を付し、すでに前処理・燃焼した試料を分取して再測定する場合はrtを付して区別している。

〈試料の前処理〉

試料については、汚染を除去し、測定できる形にするために、試料処理を行う。なお、歴博年代測定研究では（1）前処理、（2）燃焼から（3）グラファイト作成の作業は、歴博年代測定資料実験室において行うことが多い。

（1）前処理：酸・アルカリ・酸による化学洗浄（AAA処理）。

AAA処理に先立ち、土器付着物については、アセトンに浸け振とうし、油分

など汚染の可能性のある不純物を溶解させ除去する。AAA処理として、ホットプレート上で80℃、各1時間で、希塩酸溶液（1N-HCl）で岩石などに含まれる炭酸塩やアルカリ長石やカリウム長石などを除去し、さらにアルカリ溶液（水酸化ナトリウム溶液NaOH、はじめ0.1N、最終的には1N）でフミン酸やフルボ酸等の、腐植物質を除去する。アルカリ溶液による処理は複数回行い、ほとんど着色がなくなるまで行う。さらに酸処理（1N-HCl, 1～2時間）を行ってアルカリ分を除去後、純水により洗浄する。

試料の状態をチェックする意味を兼ねて、試料の重量について、AAA処理を行った量（処理量）、処理後回収した量（回収量）、二酸化炭素を得るために燃焼した量（燃焼量）、精製して得られた二酸化炭素の量に相当する炭素量（ガス）をmg単位で、処理した量に対する回収量の比（回収・処理量比）、燃焼量に対する炭素相当量の比（収率）を検討する。炭化材、種子や漆、良好な土器付着物の試料は、収率が40～60％の炭素含有率を示す。

(2) 二酸化炭素化と精製：酸化銅により試料を燃焼（二酸化炭素化）、真空ラインを用いて不純物を除去。AAA処理の済んだ乾燥試料を、500mgの酸化銅とともに、塩素や硫黄を取り除く目的で、銀コバルト酸化物（和光純薬（株）サルフィックス）を加え石英ガラス管に投じ、真空に引いてガスバーナーで封じ切る。ガラス管を電気炉で850℃で3時間加熱して試料を完全に燃焼させる。得られた二酸化炭素には水などの不純物が混在しているので、ガラス製真空ラインを用いて分離・精製する。

(3) グラファイト化：鉄（またはコバルト）触媒のもとで水素還元し、二酸化炭素をグラファイト炭素に転換。アルミ製カソードに充填。

1.5mgの炭素量を目標にグラファイトに相当する二酸化炭素を分取し、水素ガスとともに石英ガラス管に封じる。これを電気炉でおよそ600℃で12時間加熱してグラファイトを得る。ガラス管にはあらかじめ触媒となる鉄粉が投じてあり、グラファイトはこの鉄粉の周囲に析出する。グラファイトは鉄粉とよく混合した後、プレス機で穴径1mmのアルミニウム製カソードに600Nの圧力で充填する。

## 3．測定法

$^{14}$Cの計量のため、Libby は screen-wall counter とよばれる GM 計数管により$^{14}$Cの放出する $\beta$ 線の計数を行った。その後、気体比例計数管・液体シンチレーションカウンター（装置 LSC）を用いて $\beta$ 線の計数を行う$^{14}$C年代測定法が開発された。$\beta$ 線計数法、ガス比例計数管 GPC・液体シンチレーション法とよばれる。

近年は、求める炭素サンプル中の同位体比を、磁場を用いて分離する事によって$^{14}$Cの量を直接測る Accelerator Mass Spectrometry（AMS）放射性炭素年代測定法が、近年技術の発展に伴い主流となっている。

AMS 放射性炭素年代測定の場合は非常に少量の炭素サンプルからでも検出が可能であり、実際 1 mg（時に 0.5 mg）程度の重量からでも計測は可能である。さらに一度に数十サンプルの処理が可能で、直接$^{14}$Cを計るため感度がいい。一方で $\beta$ 線計数法は、実験の際に精製した炭素試料を数グラム必要とし、計測の誤差をより少なくするために一昼夜を測定に費やす。

AMS では、グラファイト炭素試料の$^{14}$C / $^{12}$C比を加速器により測定する。正確な年代を得るには、試料の同位体効果を測定し補正する必要がある。同時に加速器で測定した$^{13}$C / $^{12}$C比により、$^{14}$C / $^{12}$C比に対する同位体効果を調べ補正する。$^{13}$C / $^{12}$C比は、標準体（古生物 belemnite 化石の炭酸カルシウムの$^{13}$C / $^{12}$C比）に対する千分率偏差 $\delta^{13}$C（パーミル，‰）で示され、この値を$-25$‰に規格化して得られる$^{14}$C / $^{12}$C比によって補正する。補正した$^{14}$C / $^{12}$C比から、$^{14}$C年代値（モデル年代）が得られる。$\delta^{13}$C値については、加速器による測定は同位体効果補正のためであり、必ずしも$^{13}$C / $^{12}$C比を正確に反映しないため、歴博年代測定研究グループでは参考値とし（ ）を付して記載している。

## 4．データ解析

年代データの$^{14}$C BP という表示は、この（モデル）年代を示す単位で、通常は単に BP で示すことが多い。歴博では、炭素14年代を示す年代であることを明確にするため、$^{14}$C BP を使用している。

測定値を較正曲線によって暦年代に換算する際、両者に統計誤差があることを

考慮し、較正曲線のデータ値と実測値が一致する確率をそれぞれの年代毎に計算し、その分布を確率分布曲線として表す解析が標準的である。

〈較正年代〉

炭素14年代測定法では、過去の$^{14}$C濃度の変動や$^{14}$C半減期の不確定性の効果を相殺するために、「較正曲線」が作られており、この較正曲線の基準データはIntCal 04などの名で知られ国際的に広く用いられている。これを用いて炭素14濃度または炭素14年代を実年代（暦年代）に変換する。これをcalibrationといい、日本語ではもともと秤の調整などの意である「較正（こうせい）」と訳している。

測定結果は、以下に示す方法で、同位体効果を補正し、暦年較正年代を算出する。年代データの$^{14}$CBPという表示は、西暦1950年を基点にして計算した$^{14}$C年代（モデル年代）であることを示す（BPまたはyr BPと記すことも多いが、本稿では$^{14}$CBPとする）。$^{14}$C年代を算出する際の半減期は、5,568年を用いて計算することになっている。測定誤差の±は測定における統計誤差（1標準偏差、68％信頼限界）である。BPはbefore presentの略で、1950年を基点に過去にさかのぼった数値で示す。通常、炭素の同位体効果の補正を$\delta^{13}C=-25‰$に規格化した年代値を用いる。

測定値を較正曲線IntCal 04（$^{14}$C年代を暦年代に修正するためのデータベース、2004年版）（Reimer et al. 2004）と比較することによって暦年代（実年代）を推定できる。両者に統計誤差があるため、統計数理的に扱う方がより正確に年代を表現できる。測定値と較正曲線データベースとの一致の度合いを確率で示すことにより、暦年代の推定値確率分布として表す。

暦年較正の方法として、研究者がさまざまな形でプログラムソフトを組んだものが、学会誌などに紹介され一部はweb上で公開されている。国際的にはCalibやOxcalが有名でよく利用されてきた。ベイズ統計を取り入れたOxcalが多く使われている。

歴博年代測定研究グループでは暦年較正プログラムは、今村峯雄が作成したプログラムRHCal3.2（OxCal Programに準じた方法）（今村2007）を用いる。統計誤差は2標準偏差に相当する、95％信頼限界で計算している。$^{14}$C年代は計算

上のモデル年代であるので、暦年に対応する年代、すなわち実年代に変換する。暦年代の推定にはBuckら（Buck et al., 1991）によるベイズ統計（Bayesian statistics）を用いる。考え方としては、Oxford大学で公開されているOxCalプログラム（Bronk-Ramsey 1994）で用いられているBuckらの考え方に準拠している。

統計誤差の2標準偏差に相当する95.4％信頼限界を含む範囲を計算する。求められた暦年代は、較正された西暦cal BCで示す。（　）内は推定確率である。IntCal 04は2004年末に公表された（Reime et al 2004）が、11000年前より古い部分に年輪測定試料などを増やしたのと計算方法を変更したのが主な更新で、縄紋時代の早期以降をカヴァーする範囲については、INTCAL 98と比べ大きな変更はない。本新装版では、2004年度版と同じくINTCAL 98を用いて計算してある。

〈安定同位体比〉

米・ベータアナリティック社は$^{14}$C年代測定とともに、安定同位体質量分析計で$δ^{13}$C値を測定する。歴博年代測定研究グループでは、試料に残余があるものは、前処理したサンプルを分与して、（株）昭和通商に委託し、安定同位体質量分析計（Isotope Ratio Mass Spectrometer:IR-MS）により、$δ^{13}$C値を測定した結果を示している。

安定同位体の比率は、標準物質の値との偏差を千分率で表す（$δ$値）。炭素の標準物質はベレムナイト化石（PDB）が用いられる。化学的な性質は同位体同士では変わらないが、同位体は原子核中の中性子の数が異なるため質量に差があり、物理的な挙動が異なる。

大気中の二酸化炭素は植物の光合成によって取り込まれる。植物の同位体比は、その過程を反映する。平均的な森林樹木はその光合成の仕組みから「$C_3$植物」に分類され、$δ^{13}$C値が$-27〜-25$‰となる。キビ、アワなどは「$C_4$植物」に分類され、$-15$‰以上の値を示す。二酸化炭素は海洋中の植物プランクトンにも取り込まれ、$δ^{13}$C値は$-21$‰前後と陸上の$C_3$植物よりも大きい。動物の$δ^{13}$C値は摂食する植物の値に影響され、海洋動物は陸上動物よりも大きな値を示す。陸上動物でも、植物連鎖により、影響を受ける（坂本2004）。

〈ウィグルマッチング〉

炭素14ウィグルマッチ法（wiggle-matching method）は、木材など、年代間隔

をおいた複数試料が得られる試料に対して有効な方法であり、炭素14濃度の測定値パターンと基準データベース（IntCal 04などの暦年較正データセット）のパターンの照合から暦年代値を推定する（今村2007・坂本2006など）。年代間隔のわかった複数の資料の炭素14測定を行い、大気中炭素14濃度の経年変化によって起こる暦年較正曲線の凸凹の特性と照合させ解析することで、推定誤差を小さくする。年輪は、木材繊維（セルロース）が形成された年代であるので、それぞれの年輪は年輪数だけ異なる年代の炭素14濃度をもつ。よって、年輪に沿って多数の測定を行えば、全体のデータのパターンを満たす条件を統計的に絞り込むことができ、高精度に年代が決定できる。実際には、較正曲線のデータが2000年前以前は10年ごとなので、年輪も、10年または5年ごと、1年ごとに測定する。

試料の炭素14年代には測定に伴う誤差が存在し、また較正曲線を構成する各データにも誤差が付されている。炭素14年代が $m \pm \sigma_m$ $^{14}$C BPの試料と、IntCal 04上の $y$ cal BP（AD 1950を起点にさかのぼった年数）の炭素14年代 $t(y) \pm \sigma_{t(y)}$ $^{14}$C BPから計算されるガウス密度関数は、

$$P_m(y) = \frac{1}{\sqrt{2\pi(\sigma_m^2 + \sigma_{t(y)}^2)}} e^{-\frac{(m-t(y))^2}{2(\sigma_m^2 + \sigma_{t(y)}^2)}}$$

これをIntCal 04上の全データについて計算し、その総計を1に規格化したものが確率密度分布となる。

$$P_m(y) = \frac{P_m(y)}{\sum_y P_m}$$

ウィグルマッチングを適用するために、まず樹木の表皮直下など基準となる年輪層を定め、それから $d$ 年おきに採取された試料 $m_1$、$m_1+d_1$、$m_1+d_2$、‥‥各々の確率密度分布 $P_{m1}(y)$、$P_{m1+d1}(y)$、$P_{m1+d2}(y)$、‥‥を計算する。それらを $d$ 年ずつずらして掛け合わせ、1に規格化した確率密度分布を求める。

$$w_{m1}(y) = P_{m1}(y) \cdot P_{m1+d1}(y+d_1) \cdot P_{m1+d2}(y+d_2) \cdots$$

$$W_{m1}(y) = \frac{w_{m1}(y)}{\sum_y w_{m1}}$$

較正年代の導出には、信頼限界を2σ（95.4％）とし、低い確率を与える年代から除外していく。IntCal 04は5年おきの離散的なデータのため、その間を二次曲線で近似し、確率密度が2σに近づくように年代幅を絞り込む。計算はMicrosoft Excelに組み込まれたソルバーアドインを用いる。得られた年代を二捨三入、七捨八入して5年刻みの値として報告する（ウィグルマッチングの計算方法は、坂本・春成・小林 2006『歴博研究報告』133-78頁及び今村 2007）。

## 5. 炭素14年代測定と縄紋研究

〈日本考古学と炭素14年代測定〉

　日本考古学における炭素14年代の利用の歴史は、1950年からの長い研究史を有し、渡辺直経や杉原荘介、芹沢長介以来の日本考古学との関わりが春成秀爾（春成 1999）や、山本直人（山本 2001）によって、整理されている。最初のインパクトは、1959年に発表された縄紋時代早期の神奈川県横須賀市夏島貝塚の$^{14}$C年代と、それまでに測定された$^{14}$C年代をもとに杉原荘介によって提案された縄紋時代の絶対年代観であった。夏島貝塚の第1貝層から採集された縄紋早期初頭の貝殻と木炭がミシガン大学で測定され、発表された$^{14}$C年代が予想以上に古い値を示し、縄紋土器がいまから9000年前に日本列島で製作となり、世界で最古の土器ということになった。山内清男と佐藤達夫は夏島貝塚の$^{14}$C年代値に疑問を呈し、縄紋時代の長期編年・短期編年の論争が生じた。

　C.T.キーリと武藤康弘は1981年の時点までに$^{14}$C年代測定法やフィッショントラック法など他の理化学的年代測定法で測定された年代値を集成した。1998年には、谷口康浩らによる調査で、青森県大平山元Ⅰ遺跡の無紋土器が、AMS測定結果の較正年代で、16000年前とされた。

　2003年5月の歴博を中心とした研究グループによる「弥生時代500年遡上説」の発表は大きな議論を呼んだ。弥生文化の始まりは、灌漑施設をもつ水田や、完成された木製農具、そしてそれらを作る磨製石器類が出現する夜臼Ⅰ式からで、従来は紀元前5～4世紀ごろと考えていた。ところが、夜臼Ⅰ式や山の寺式土器に付着していた煮焦げや煤などの炭化物を炭素14年代法で測定し、暦年代に較正すると、前950年～前900年の間となった。九州のみでなく近畿地方や東北地方さ

らに朝鮮半島において、併行する土器型式ごとに多くの測定をおこなった結果、考古学的研究による土器の時期的併行関係と合致する年代が得られた。弥生中期のはじまりは、近畿地方の土器付着炭化物から前350年前後になる可能性が高く、弥生後期のはじまりは従来の年代観である後 1 世紀で変わらない。弥生の較正年代が発表された後、鉄や青銅器の問題から、反論が相次いだ。しかし、再検討の結果、確実な鉄は弥生中期以降であり、青銅器の検討でも以前の考えより遡る可能性が高まってきた。現在の考古学界では、500年遡る年代観を支持する考えのほか、従来の年代観より遡ることは確実だが弥生早期で100年、中期で50年は古すぎるという意見が多い。

〈今後の展望〉

炭素14年代測定について、わかりにくい、信じられないとする意見を聞いていくと、その大きな原因の一つに、較正年代への不理解がある。以前は、測定値がそのまま炭素年代として実年代だとされてきたのに、急に較正年代としてこれまでより古くした、という誤解があるように感じる。

較正年代がわかってきた1980年代以降も、炭素14年代をそのまま実年代に転換せずに年代指標として用いてきたのは、較正曲線が確立するまでは無用の混乱を招かないよう炭素14年代で統一するねらいがあったからである。炭素14濃度自体を半減期を元に1950年での炭素濃度を基準にしたときにそれよりモデル的に何年前の比率となるかを表記したのが炭素14年代（$^{14}$CBP）であり、あくまで表記の単位であって実年代なのではない。実年代は較正年代で推定されるものであり、INTCAL 98および IntCal 04と改訂を重ねてきて較正曲線はおおよそ信頼できるデータとなっている。

炭素14測定法自体に対して、考古学者の一部には、まだ根強い抵抗感があり、積極的な反対意見も出されているが、科学的に頷ける議論は少ない。測定を進めている中から、海洋リザーバー効果などのリザーバー効果や試料の汚染除去、汚染源の由来、較正曲線の検証や日本産樹木での較正曲線の作成、土器付着物の由来などや、理論的・技術的な問題を含む測定の信頼性や高精度化に向けた試みが重ねられつつある。

私なりの展望を最後に記したい。考古学において年代測定研究を適用していく

上でも、単なる点を求めるような年代測定を行うのでなく、貝塚遺跡の層位的な出土物、集落での重複住居址出土資料の付着物・炭化物など、相対的な順序の定まっている資料の年代測定を重ねることで、細かい年代比定を目指していく。また、測定用の試料を自ら採取し、測定のための処理を行うことで、的確な年代測定を得るよう、努めている。さらに、測定対象としている土器付着物の内容解明、すなわち、なにに由来するお焦げであるかを、$^{13}C/^{12}C$比や、窒素同位体比などから検討しつつある。炭素14年代測定法およびその出土資料への適応が、考古学に与える利点は、単に年代を求める以上に大きい。

$^{14}C$年代測定は、技術の進歩や測定数の増加により、その信頼性や有用性がますます高まっている。すでに関連科学ではなく、いわば層位学と同じように、考古学的方法論の一環に組み込まれたと考える。考古学者が年代測定に対し、正しく理解し、適正な試料を選択し、汚染を防ぎ、測定結果に対しても適正な利用を行うことが求められている。また、何をどのように測定したか、その試料は報告書の図のどれで、どこ（遺構や層位）からどのように出土した試料か、試料の遺存状態や処理状況を、きちんと報告書の中で示す必要がある。

考古学者は、炭素14年代測定についての正しい理解をもち、適切な資料の選択と運用を主体的に行い、結果について測定値、安定同位体比や較正年代とともに合わせ見て恣意的ではない正しい解釈を下し、層位・土器型式論と相互に検証しあいながら、考古学的事象を体系づけていくことが求められている。

（2007.3.10 佐倉にて、追補とする）

〈参考文献〉 巻末文献に掲載されるものを除く

今村峯雄　2003　「高精度年代測定による総合的歴史研究　－現状と課題－」『国立歴史民俗博物館研究報告　開館二十周年記念論文集』第108集　国立歴史民俗博物館　pp.243－256

今村峯雄　2007　「炭素14年代較正ソフトRHC3.2について」『国立歴史民俗博物館　研究報告137集　共同研究高精度年代測定法の活用による歴史資料の総合的研究』国立歴史民俗博物館　pp.79－88

今村峯雄・小林謙一・坂本稔・西本豊弘　2003　「AMS$^{14}C$年代測定と土器編年との対比に

よる高精度編年の研究」『考古学と自然科学』第45号　日本文化財科学会　奈良市　pp.1-17

小田寛貴　2007　「加速器質量分析法による歴史時代資料の$^{14}$C年代測定－和紙資料の測定を中心に－」『国立歴史民俗博物館　研究報告137集　共同研究高精度年代測定法の活用による歴史資料の総合的研究』国立歴史民俗博物館　pp.227-244

工藤雄一郎・佐々木由香・坂本　稔・小林謙一・松崎浩之　2007　「東京都下宅部遺跡から出土した縄文時代後半期の植物利用に関連する遺構・遺物の年代学的研究」『植生史研究』第15巻第1号　日本植生史学会　pp.5-17

小林謙一　2006　「関東地方縄文時代後期の実年代」『考古学と自然科学』第54号　日本文化財科学会、pp.13-33

小林謙一　2006　「同位体分析による土器付着物の内容検討に向けて―考古学の立場から―」考古学リーダー9　六一書房　pp.1-159

小林謙一　2006　「関東地方縄紋集落の暦年較正年代（2）－SFC・大橋遺跡の年代測定補遺－」『セツルメント研究』5号　セツルメント研究会　pp.55-71

小林謙一　2007　「縄紋時代前半期の実年代」『国立歴史民俗博物館研究報告』137　pp.365-387　国立歴史民俗博物館

小林謙一・坂本　稔・新免歳靖・尾嵜大真・村本周三・小栗信一郎・小川勝和　2007　「流山市三輪野山貝塚における$^{14}$C年代測定研究」『国立歴史民俗博物館研究報告』137　pp.317-338　国立歴史民俗博物館

小林謙一　2007　『炭素14年代測定を利用した縄紋時代の居住期間の研究』（学術振興財団科学研究補助金基盤C　19520662　2007～2009年度）国立歴史民俗博物館　小林謙一

小林謙一　2007　「関東における弥生時代の開始年代」『縄文時代から弥生時代へ』新弥生時代のはじまり第2巻　西本豊弘編　雄山閣　pp.52-65

小林謙一　2007　「AMS$^{14}$C年代測定試料の検討と縄紋住居居住期間の推定」『考古学研究』第54巻2号　考古学研究会　pp.50-69

小林謙一・井出上ノ原遺跡調査研究グループ　2007　「竪穴住居調査のリサーチデザインとその実践例－井出上ノ原遺跡縄紋竪穴住居－」『セツルメント研究』6　pp.89-108

小林謙一　2007　「大木9・10式土器の年代測定事例集成－批判に対する上での覚書－」『セツルメント研究』6　pp.117-150

小林謙一　2008　「Ⅴ　年代測定「縄文時代の暦年代」」『縄文時代の考古学第2巻　歴史の

ものさし―縄文時代研究の編年体系―』同成社　pp.257－269

小林謙一・坂本　稔・松崎浩之　2005　「稲荷山貝塚出土試料の$^{14}$C年代測定－層位的出土状況の分析と海洋リザーバー効果の検討のために－」『縄文時代』第16号　縄文時代文化研究会　pp.209－226

坂本　稔　2004　「試料精製とグラファイト調製」『縄文時代・弥生時代の高精度編年体系の構築　平成13年度～15年度文部科学省科学研究費補助金　基盤研究（A）（1）成果報告書』（今村峯雄編）国立歴史民俗博物館　pp.25－26

坂本　稔・小林謙一・今村峯雄・松崎浩之・西田茂　2005　「土器付着物に見られる海洋リザーバー効果」『日本文化財学会第22回大会研究発表要旨集』日本文化財学会

谷口康浩　2004　「年代学」『現代考古学事典』安斎正人編　同成社　pp.344－350

長友恒人編　1999　『考古学のための年代測定学入門』古今書院

早　傘　2004　「土器付着炭化物較正炭素年代少考」『アルカ　研究論集』第2号　株式会社アルカ

春成秀爾　1999　「日本における土器編年と炭素14年代」『国立歴史民俗博物館研究報告』第81集

光谷拓実　2007　「年輪年代法と歴史学研究」『国立歴史民俗博物館　研究報告137集　共同研究高精度年代測定法の活用による歴史資料の総合的研究』国立歴史民俗博物館　p.7－22

Bronk Ramsey C.1995　Radiocarbon Calibration and Analysis of Stratigraphy: The OxCal Program, *Radiocarbon*, 37(2), 425－430.

Bronk Ramsey C.2001　Development of the Radiocarbon Program OxCal, *Radiocarbon*, 43 (2A), 355－363.

Libby,W.F., Anderson,E.C. and Arnold,J.R. 1949　Age determination by radiocarbon content: world-wide assay of natural radiocarbon. Science, 109, 227－228.

Reimer PJ, MGL Baillie, E Bard, A Bayliss, JW Beck, C Bertrand, PG Blackwell, CE Buck, G Burr, KB Cutler, PE Damon, RL Edwards, RG Fairbanks, M Friedrich, TP Guilderson, KA Hughen, B Kromer, FG McCormac, S Manning, C Bronk Ramsey, RW Reimer, S Remmele, JR Southon, M Stuiver, S Talamo, FW Taylor, J van der Plicht, and CE Weyhenmeyer. 2004 Int Cal04 Terrestrial Radiocarbon Age Calibration, 0－26 kyr BP *Radiocarbon* 46(3), 1029－1058.

## あとがき

　本書は、平成15年度に総合研究大学院大学に提出した学位請求論文の本編をもととしている。学位請求論文は、平成15年度総合研究大学院大学長倉記念研究奨励賞を頂いた。

　私は、平成13年度に総合研究大学院大学博士後期課程に進み、国立歴史民俗博物館において、考古学と炭素14年代測定について、研鑽を積むことができた。正直に言って、従来の研究蓄積があった縄紋土器・集落研究をまとめることで学位論文としようと考えていたのであるが、総研大において一般教養のつもりで今村峯雄教授の年代測定の講義を受け、その中でSFC遺跡・大橋遺跡の出土試料を年代測定することができ、相対的な順序に暦年較正年代を当てはめていく面白さにとりつかれてしまった。運良く、国立歴史民俗博物館において進められてきた炭素年代測定について、より大規模に推進する計画がもちあがり、その作業に係わることができた。研究計画の大幅な方向転換を認め、指導いただいた指導教官の西本豊弘教授、副指導教官の今村峯雄教授と、論文審査の主査をお願いした春成秀爾教授に感謝したい。

　本研究は、日本学術振興会科学研究費　平成13～15年度基盤研究（A・1）（一般）「縄文時代・弥生時代の高精度年代体系の構築」（代表　今村峯雄 2004『縄文時代・弥生時代の高精度年代体系の構築』課題番号 13308009 研究成果報告書）による年代測定結果を用いている。大橋遺跡・SFC遺跡の縄紋中期集落の試料収集及びその結果の分析については、平成14・15年度財団法人高梨学術奨励基金調査・研究助成「AMS$^{14}$C年代・較正暦年を利用した縄文時代住居改築の時間幅」の助成を得ている。1章1節 c）の「新地平編年」については、黒尾和久、中山真治、2章1節の東日本縄紋土器の高精度編年及び3章1・2節の較正確率分布については、今村峯雄、2章1節 d）の「焼町土器」の年代測定は、西本豊弘、今村峯雄、坂本稔、4章2節の武蔵台地東部のセツルメント分析については西本豊弘、津村宏臣、津石徹、坂口隆の各氏との共同研究成果を用いている。

　本書で用いたデータは、学位請求論文で用いた平成15年春時点で測定終了して

いた東日本のデータのうち、中部、北陸、関東、南東北のデータである。その後も、測定を重ねているが、別の機会に示したい（本書追補参照）。また各データについては、調査報告書ほかで公表しているものが多いが、報告書・論文については平成15年度中に刊行されているものを主とし、現在、印刷中の報告書については割愛した。

本書で用いた図版のうち、大橋遺跡、SFC遺跡、油壺遺跡、三矢田遺跡、南鍛冶山遺跡下の根地区、向郷遺跡の土器、遺構については、筆者が報告した資料である。多摩ニュータウンNo.520遺跡（東京都埋蔵文化財センター）、川尻中村遺跡（かながわ考古学財団）の土器図面は、各関係機関・関係者より提供を受けた。他の遺跡については、各報告書より作成した。

本書にかかわる資料集成等において、下記の方々及び諸機関にはお世話になりました。

阿部義平、天野賢一、稲野裕介、植月　学、大内千年、岡本孝之、金持健司、郭鐘喆、黒尾和久、小林圭一、小林　克、坂本　稔、坂口　隆、渋江芳浩、設楽博己、建石　徹、辻誠一郎、津村宏臣、寺内隆夫、長岡文紀、長佐古真也、中村哲也、中村俊夫、中山真治、永嶋正春、福島雅儀、藤尾慎一郎、松崎浩之、松田光太郎、南　久和、水沢教子、望月　芳、山口逸弘、山本直人、山本孝司、米田穣

国立歴史民俗博物館、慶応義塾大学、青森県埋蔵文化財センター、明野村埋蔵文化財センター、赤城村教育委員会、朝日町教育委員会、安中市教育委員会、綾瀬市教育委員会、岩手県埋蔵文化財センター、印旛郡市埋蔵文化財センター、御坂町教育委員会、金沢市埋蔵文化財センター、かながわ考古学財団、岐阜県埋蔵文化財センター、黒川村教育委員会、北上市埋蔵文化財センター、郡山市教育委員会、立川市教育委員会、帝京大学山梨文化財研究所、東京都埋蔵文化財センター、東京都北区教育委員会、富山市教育委員会、千葉県埋蔵文化財センター、津南町教育委員会、銚子市教育委員会、栃木県埋蔵文化財センター、長野県埋蔵文化財センター、韮崎市教育委員会、富士見村教育委員会、福島県文化振興事業団、福井県埋蔵文化財センター、藤沢市教育委員会、町田市教育委員会、目黒区教育委

員会、寄居町教育委員会、横浜市ふるさと歴史財団、松本市教育委員会、三浦市教育委員会

　以上、特にお名前を記して謝意を表したいと思います。

　特に、論文作成においてご指導いただいた西本豊弘先生、春成秀爾先生、今村峯雄先生、山本暉久先生、広瀬和雄先生に深く感謝します。また、出版にあたっては六一書房の八木環一さん、平電子印刷所にはお世話になりました。大野尚子さんには、図版作成、編集、装丁全般にわたってお願いしました。その労に深く感謝します。末筆ながら、私を支えてきてくださった多くの方々と家族に、感謝したいと思います。

＜初出一覧＞　（本書に収録された文章・図とも大幅に加筆修正してある）

序章1節b)・1章2節a)～c) i)：「縄紋時代中期集落における一時的集落景観の復元」『国立歴史民俗博物館研究報告』第82集　国立歴史民俗博物館　pp.95-121　1999年。

1章1節a)：「北陸地方の縄紋時代前期末葉から中期前葉における土器編年の問題」『金沢大学日本海域研究』第32号　金沢大学　pp.139-156　2001年。

1章1節b)：「中部・関東地方における勝坂・阿玉台式土器成立期の様相」『神奈川考古』第19号　神奈川考古同人会　pp.35-74　1984年。

1章1節c)：「多摩丘陵・武蔵野台地を中心とした縄文時代中期の時期設定」（共著：黒尾和久・小林謙一・中山真治）『シンポジウム縄文中期集落研究の新地平』（発表要旨・資料）　縄文中期集落研究グループ　pp.1-21　1995年。

1章1節d)：「土器型式編年論　中期」『縄文時代』10第4分冊　縄文時代文化研究会　pp.191-196　1999年。

1章2節c) ii) 1)・2)：「目黒区大橋遺跡における一時的集落景観の復元」（共著：小林謙一・大野尚子）『セツルメント研究』1　セツルメント研究会　pp.1-71　1999年。

1章2節c) ii) 3)：「縄紋集落のテクノロジー（予察）」『メタ・アーケオロジー』第4号　メタ・アーケオロジー研究会　pp.10-25　2003年。

1章2節d)：「2001年の縄文時代学界動向　集落論」『縄文時代』13　縄文時代文化研究会　pp.183-187　2002年。

2章1節：「AMS$^{14}$C年代を利用した東日本縄文前期〜後期土器・集落の研究」（共著：今村峯雄・小林謙一・西本豊弘・坂本稔）『日本文化財科学会第19回大会研究発表要旨集』　日本文化財科学会　pp.100−101　2002年。

2章1節 a )：「4.上安原遺跡出土土器の炭素年代と較正暦年」（共著：小林謙一・南久和「金沢市上安原遺跡出土土器群の検討」）『金沢市上安原遺跡出土土器群の検討』『石川考古学研究会々誌』第46号、pp.29−31、2003年。

2章1節 d )「焼町土器の炭素14年代と暦年較正」（共著：小林謙一・今村峯雄・坂本稔）『国立歴史民俗博物館研究報告』第120集　国立歴史民俗博物館　pp.37−55　2004年。

2章2節 c )：「AMS$^{14}$C年代測定と暦年較正を利用した縄紋中期の土器型式変化の時間」『時空を越えた対話—三田の考古学—』　慶応義塾大学民族学考古学研究室　六一書房　pp.303−308　2004年。

3章1節・2節：「南関東地方縄紋集落の暦年較正年代—SFC・大橋・向郷遺跡出土試料の炭素年代測定—」（共著：小林謙一・今村峯雄・坂本稔・大野尚子）『セツルメント研究』4号　セツルメント研究会　pp.29−64　2003年

3章3節：「第Ⅶ　自然科学分析　多摩ニュータウンNo.520遺跡出土試料の炭素年代測定」（共著：小林謙一・今村峯雄・坂本稔）『東京都埋蔵文化財センター調査報告第137集　多摩ニュータウンNo.520遺跡（2）』東京都埋蔵文化財センター　pp.96−110　2004年。「川尻中村遺跡・原東遺跡出土試料の炭素年代測定について」（共著：小林謙一・今村峯雄・天野賢一）『考古論叢神奈河』第12集　神奈川考古学会　pp.15−29　2004年。

4章1節：「東信・北関東地方の縄紋中期土器の生産と流通についての予察」『国立歴史民俗博物館研究報告』第120集　国立歴史民俗博物館　pp.147−180　2004年

4章2節 a )・b )・c )：「武蔵野台地東部における縄文中期集落の分布—縄文集落の生態論のための基礎的検討—」（共著：小林謙一・津村宏臣・坂口　隆・建石　徹・西本豊弘）『セツルメント研究』3　セツルメント研究会　pp.1−60　2002年。「縄文集落の生態論（3−2）—考古学的文化要素の傾向面分析—」（共著：津村宏臣・小林謙一・坂口　隆・西本豊弘・建石　徹）『動物考古学』第20号　動物考古学研究会　pp.41−64　2003年。

2004年10月20日に記す

## 註

1章

註1）中期前半の土器群については、以下のように土器群を分類した（小林1984）。

A群土器　阿玉台式土器として展開していくもの、主に利根川下流～霞ヶ浦周辺（Ka）地域に展開し・東関東系の五領ケ台式、強いては前期浮島式の系譜をひく。

B群土器　勝坂式土器として主に中部高地（Su）～西関東（Ta）地域に展開していくもの。地文に縄紋が用いられるが、狢沢期に無文化する。平縁が多く、器形は円筒型からキャリパー形へと変化する。

C群土器　主に東京湾岸地域（To）など中間地域に見られるもので、A・B群土器の両方の要素を用いる折衷土器と把えられるものである。

D群土器　縦に文様が展開する土器である。各地域に認められている。

E群土器　以上の土器群に属さないもので、半截竹管による半隆起状沈線の多用を特徴とし、北陸系土器の影響を受けたものと思われる。

註2）中期前半の関東・中部地方は、以下のように地域区分した（小林1984）。

　Ka：霞ケ浦～東京湾東北部湾岸地域（Ka地域）、阿玉台式土器群が主体的に展開した地域である。下総台地・霞ヶ浦周辺・利根川下流域を含む。

　Su：諏訪湖周辺～八ケ岳南麓～甲府盆地地域（Su地域）、勝坂式土器群が主体的に展開した。甲府盆地、八ヶ岳南麓・西南麓である。

　To：東京湾北部・西部湾岸地域（To地域）、大宮台地、東京都区部や東久留米市等の東京東部、神奈川県東部の大部分が海岸沿いの地域である。阿玉台式土器が多いが、勝坂式土器も混在する。

　Ta：多摩丘陵地域（Ta地域）、多摩丘陵・武蔵野台地西部・相模原台地の西関東、比企丘陵、埼玉県西南部、東京西部・神奈川県相模原市等が属する。勝坂最盛期における中心地の一つとされてきた地域である。勝坂式土器が主体的な存在であるが、阿玉台式土器も混在する。

註3）本稿では、大村裕の指摘（大村1994）に従い、山内清男が意図していたであろう、個々の文様要素を「紋」、文様帯を「文」とし、「縄紋」の用語を用いる。ただし、各研究者の論考引用においては、原典での語句をそのまま用いる。

註4）前期末葉段階は、いまでも編年的に混乱が見られる時期である。例えば、松田光太郎による粟島台式の提唱がある（松田2000）。粟島台遺跡の豊富な資料とその詳細な検討によって、東関東前期末葉の土器様相を明確としていく氏の業績は大きいが、ここで粟島台遺跡に見られる他地域の系統土器群及びその派生の土器（例えば三角紋の土器など）を併せて

「粟島台式」として設定する考えには疑問を感じる。第一に他系統の組み合わせ及びその間の折衷土器の存在をもって編年単位の型式とするべきではない。核となる土器群を摘出した上で、文様要素・施文技法・器形の関係を検討し他との区分を明確にし、編年単位としての設定に不可欠な時間的位置づけ・空間分布・系統の分析を十分に重ねるべきである。次に、東関東前期末の主要な土器群は、小林謙一が仮称「古和田台式」（小林1991）とした側面圧痕土器群及び全面縄紋施文土器や無紋土器であることは間違いなく、あえて「粟島台式」にかえる理由が研究史的にもわからない。型式名乱立の混乱に立ち戻る恐れはないか。当該期の様相把握という点においては、松田の指摘する有文土器の内容を詳細に検討し議論を重ねるべきであるが、「型式設定」の問題点として上記の疑義を述べておく。

註5）辻らによると、「円筒下層a式5145〜4732 [14]C yrBP、同b式4970 [14]C yrBP、同d式4680〜4570 [14]C yrBP、円筒上層a式は[14]C 4640yrBP、同b式4560〜4430 [14]C yrBP、同d式4470〜4400 [14]C yrBP、同e式4490〜4330 [14]C yrBP、榎林式4100〜3910 [14]C yrBP、最花式3880 [14]C yrBP」と報告されている。なお、ここでは炭素年代である。

註6）大橋遺跡の調査では、同一地点に同一掘込みでの床面改修は、同一住居跡（SJ○のNo.）とし、床面の構築または主柱穴の完全な作り替えを生活面（時間的に新しい順にSJ○−1、SJ○−2）として計115面を把握した。上部構造が変化しない炉作り替え・部分的な柱穴の改修・補修は、SJ○a、bと整理、同一の居住面に属する一定の時間幅内（ライフサイクルモデルの分節b）の行為と理解し、時間上の単位としては無視する（小林2002d）。

註7）小林による提言以降、集落内の活動地点のライフサイクルと、そこにもたらされている物質のライフサイクルとを結びつけ得る考古学的コンテクストの解明が試みられるようになりつつある。阿部昭典（阿部2000）は、住居覆土形成過程の検討から環状集落の構造を解明しようと試みる。建石徹（建石2000）は、遺物出土状況と土壌の重鉱物組成の分析などによって遺構覆土の形成過程を検討し、住居廃絶後も「微凹地」（小林の微窪地と同義）が長く残り、集落景観に影響を与えていることを示す。阿部、建石の作業とも、「ライフサイクル論」概念や、遺物の遺構間接合と組み合わせることで、具体的な集落形成過程を復元していく重要な手がかりとなろう。

註8）先史集落研究において宿願であった、ある瞬間の集落の構成住居数（同時機能住居数）を推定する方法として、小林が1990年代より進めてきた住居・住居跡地のライフサイクルの分析と、土井義夫・黒尾和久らが1980年代から試みてきた遺構間接合による分析とを組み合わせ、住居における炉の構築または改築・改修などの同時性や遺構群の順序を解明し、住居の建て替え・改修のサイクルと捉え得る同時機能住居群の組み合わせの変化をフェイズとして整理することで、土器細分による時期設定の数倍細かな集落変遷をたどることを試みてきた。小規模集落での成果を応用し、のべ住居数が百軒を越える典型的なホームベースである

238　註

　東京都大橋遺跡の加曽利E3式期の集落について、約10年程度の時間幅と推定されるフェイズ毎に、集落の安定期において6～16軒よりなる環状集落の変遷の様相を明らかにし、集落構成員数の復元や集落内における道の推定を行った。さらに、集落の安定期には住居の改築状況から定着的・継続的であるのに対し、集落の当初段階や終末段階には、遺構配置や重複関係から断絶的な集落の営みが復元された。集落の実態を明らかにするには、同時存在住居を明らかにする必要があり、そのためには土器編年と遺構重複などの遺構研究、遺物出土地点記録調査（ドット調査）を基準とした出土状況の解析を総合的に検討することで可能であることを示した。

　こうした小林の方法論に対し、コストの点でデータ採取・分析の困難さが指摘されることが多い（今福2000など）が、本質的な議論は少ない。大塚達朗（大塚2000）は、土器型式論と関連させつつ、つっこんだ小林への批判を行っている。大塚は、土器研究において小林が土器編年の時間が、住居の建て替えの時間と比べ絶対年数にして長いと考え、時間軸を区別したことを含め、「既存の編年研究を無批判に前提としている」ことを批判し、小林の理解が「集落構成員をはじめから同質であると想定」しているところに限界があるとしているが、大橋遺跡における条線地紋土器一括廃棄（を行った住居居住者）や、以前の検討での木曽中学校遺跡などでの阿玉台系集団、勝坂系集団の共住の想定など、多様な社会的状況を復元すべく検討してきたのであり、まさに、佐藤達夫がかつて論じ（佐藤1975）、いま大塚が現代的に論ずるところ（大塚2000 ab）の「異系統共存」の状況復元のためにも、一時的集落景観の復元が重要と指摘しているのである。同時に廃棄されているところの土器群の系統的分析と、同時機能している住居の型式的分析、さらに墓制や生業、精神生活を反映する遺構・遺物が組み合わされることで、集落構成員の質的な組成が明らかになるであろう。

2章
註1）今村峯雄・西本豊弘・杉山晋作らによる国立歴史民俗博物館特定研究「歴史資料分析の多角化と総合化　生産と利用に関する歴史資料の多角的分析」平成11－13年度『国立歴史民俗博物館　研究報告』第120集、2004年
註2）東京都三矢田遺跡10住炉体土器は型式的な新旧と重複関係は逆転している（小林1997b）。長野県聖石遺跡SB3住は型式的に新旧が混在する土器が住居埋設土器に用いられている（小林謙一ほか2005「AMS$^{14}$C年代と測定試料の遺跡出土状況の検討」『日本考古学協会　第71回総会研究発表要旨』・長野県埋蔵文化財センター　2005『発掘調査報告書69　聖石遺跡・長峰遺跡』）。

## 3章

註1）考古学的事象としては、複数遺構の重なりを広義の意味で「重複」とし、位置的にはほぼ重なり合う住居群を狭義の「重複住居」、部分的に重なる住居群を「切り合い住居」、同一の住居内での生活面の重なる住居を「複合住居」と呼ぶ。この複合とは、機能的・形態的複合ではなく、（床面・柱穴など生活面を構成する）住居要素の時間的な複合という意味であり、例えば柄鏡型住居を、居住部と入口部とが複合していると捉えるような場合とは意味的に異なる。混同する恐れがあるときは、「複合面住居」と呼ぶことにしたい。

住居のライフサイクルとの対比としては、竪穴住居上屋構造を解体または廃屋撤去・焼去した窪地または埋没ないし埋没途中の更地に対して、位置的にだぶって新たに竪穴住居を構築する場合を住居建て替えと捉える。このうち、旧住居の窪地またはプランを直接再利用する場合を「改築」と捉える。住居改築には「拡張住居・縮小住居」も含まれよう。埋没した更地または、ほぼ埋没した窪地（微窪地）、廃棄場などに転用されていた地を、新たに住居構築場所として選地した場合は「新築」と捉える。旧住居廃絶後すぐに、またはそのまま放置しばらくした後や、なんらかの埋め戻しや火付け行為などを行った後に、その地を意識的に再利用する場合は「反復」と捉えることもできよう。旧住居と新住居の間に居住の断続があって完全に埋没するなどにより、その地を以前の住居跡地と認識せずに構築する場合は、狭義の意味でも「新築」と捉えられよう。以上は概念的な整理であり、改築と新築、新築のうちの反復と狭義の新築との弁別は、実体としての遺跡においては情報不足より、不可能な場合もあろう。便宜的ではあるが、考古学的事象との対応としては、旧住居跡の第2次埋没土と考えられる遺構覆土上層形成後の構築を「新築」（重複住居）、上層形成前の構築を「反復」（重複住居）、旧住居跡の遺構覆土下層形成前の構築を「改築」（拡張住居・縮小住居）としておく。

これに対して、居住が連続している中での住居のメンテナンスの一環としての建て替えは、「改修」と捉える。改修の規模（全面的に建て直すなど）によっては、上記の「改築」と区分不可能なケースもあり得るが、考古学的事象のレベルでは、新たに床面形成を行う場合や主柱穴と炉を同時に作り替える場合を「改築」、部分的な場合を「改修」としたい。

## 4章

註1）小林謙一 1989「縄文時代中期勝坂式・阿玉台式土器成立期における土器群組成比の分析」『考古学の世界』慶応義塾大学民族学考古学研究室編　新人物往来社、
小林謙一 1994「甲府盆地周辺における勝坂式成立期の土器様相」『山梨考古学論集』3　山梨県考古学協会において、勝坂式・阿玉台式土器および地域的土器群間における折衷土器の成立過程を分析した。

小林謙一 1990「縄文時代中期勝坂式・阿玉台式土器成立期における竪穴住居の分析―地域文化成立過程の考古学的研究―」『信濃』第42巻10号では、勝坂・阿玉台の両文化における居住システムの分析の中で、勝坂系と阿玉台系の接触に伴う竪穴住居跡の折衷について検討した。

註2）ホダー（Hodder 1977）や、ミラー（Miller 1995）による。

註3）小林謙一（小林 1989a）のほか、古城泰（古城 1981）、羽生淳子（羽生 1984）、小林正史（小林正史 1999b）によって議論されている。

註4）大塚達朗によって、文様帯の交換による折衷的な土器の製作を「キメラ土器」として論じている。その中で、大塚は、「同時期の親和的な関与型式群に由来する故に非漸進的変化形質を担う土器である」「キメラ土器の布置を場合分け」し、「中期の場合は関与形式群内布置の場合で……局在と呼ぶ」、「広域分布の場合で、これは偏在」、「関与型式群の布置からかなり外れて非関与型式圏内に点在する一風変わった場合……を離在」、と3通りのあり方を区分している（大塚2000b）。

註5）山本茂樹は、山梨県域の縄紋中期の住居において、石囲炉と地床炉が同時に併存する「石囲炉と地床炉を共有する炉」が存在するとしている（山本2000）。本稿で扱った炉においても、石囲炉と地床炉が同一住居において認められる例も存在するが、これらについては時期的に異なる使用と捉えており、山本の指摘する炉のあり方とは別とした。

註6）イギリスの1681―1871年の人口年平均増加率は、0.775％であり、江戸時代の日本の人口増加率は、1600－1730年の間は0.756％、1730－1800年の間はマイナス0.065％、1800－1872年の間は0.107％であるされている（速水融・宮本又郎1988－44頁）。中橋孝博は、弥生時代中期の甕棺墓の検討から、福岡県下では最大規模の埋葬遺跡である筑紫野市の隈・西小田遺跡で計算すると、弥生時代中期前半には、年率1％前後で人口が増えていたことが明らかになったとしている（中橋1997）。

|  | 人口（万人） | 耕地（千町） | 実収石高（千石） |
| --- | --- | --- | --- |
| 1600年 | 1,200 | 2,065 | 19,731 |
| 1650年 | 1,781 | 2,354 | 23,133 |
| 1700年 | 2,769 | 2,841 | 30,630 |
| 1720年 | 3,128 | 2,927 | 32,034 |
| 1730年 | 3,208 | 2,971 | 32,736 |
| 1750年 | 3,110 | 2,991 | 34,140 |
| 1800年 | 3,065 | 3,032 | 37,650 |
| 1850年 | 3,228 | 3,170 | 41,160 |
| 1872年 | 3,311 | 3,234 | 46,812 |

(速水融・宮本又郎1988「概説17-18世紀」、44頁)

出生率や生存率など、多岐にわたる検討も必要である。中橋孝博によれば、弥生時代の検討では、出生数の半数前後しか成人になれず、平均寿命もせいぜい30年前後だったと見なされる。しかし、最も危険な幼児期を生き延びればかなりの寿命が期待でき、平均で生涯に5、6人の子供を生むことも可能だったとされる（中橋・1997）。

また、弥生時代の実年代については、私を含む国立歴史民俗博物館を中心とした年代測定研究グループによるプロジェクトによって、再検討が進められ、より長期にわたる時間幅での人口増加であることが論じられつつあり、再検討が必要である。

結語

註1）試料は殆どのものを、小林が現地または整理・保管場所において、小林が選択・収集した。試料の処理については、国立歴史民俗博物館年代測定実験室において、前処理（AAA処理）を小林が行なった。国立歴史民俗博物館において、二酸化炭素化と精製、グラファイト化を行った場合は、国立歴史民俗博物館坂本稔が担当した。

註2）同位体分別効果とは、試料種やその環境の違いによって同位体の取り込み方に差が生じることである。樹木などは、重い$^{14}C$よりも軽い$^{12}C$を選択的に取り込むために大気中の$^{14}C$濃度より低くなり、貝などの炭酸塩のものは大気中の$^{14}C$濃度とほぼ同じか高くなる傾向がある。同位体分別効果は同位体の質量差に比例するので、安定同位体である$^{12}C$と$^{13}C$の同位体比をみれば、試料が外部からの炭素の供給を絶った時点の試料の$^{14}C$濃度を知ることができ、同位体分別効果による年代値のずれを補正することができる。$^{13}C/^{12}C$比は通常、標準からの偏差値$\delta^{13}C$（‰、パーミル、1/1000）で表される。

同位体分別効果の補正をするためには、AMSでは、加速器で$^{14}C/^{12}C$と同時に$^{13}C/^{12}C$を測定し、補正する。しかし、試料調整時の状態などの影響もあるため、正確な$\delta^{13}C$値とはいえない。その試料の$\delta^{13}C$値をみるには、試料を二酸化炭素にして質量分析計で$^{13}C/^{12}C$比を測定する。標準試料の同位体比はAD1,950年の樹木年輪を用いることから、その平均的な値をとって$\delta^{13}C=-25.0$‰とする。ほとんどの試料は$-20\sim-30$‰（年代値で±80年）の値になり、貝殻などは0‰前後（年代値で+400年）になる。アワ・ヒエなどを含む$C_4$植物は、$-10\sim-14$‰程度とやや重くなり、漆は$-30$‰程度と軽くなるなど、試料の種類によって、差が認められる。

註3）INTCAL98は、炭素14年代を年輪年代により暦年代に修正するための較正曲線である、欧米産樹木年輪の$^{14}C$年代のデータベース、1998年版である。

Stuiver, M., et. al. 1998 INTCAL98 Radiocarbon age calibration, 24,000-0cal BP. Radiocarbon 40(3), 1041-1083.

INTCAL98では、1万年をこえる時期については年輪年代から得られていない。15,585cal BP以前のウラン系列年代と$^{14}$C年代の比較が少なく較正曲線が暫定的であり、海洋リザーバー効果の見積もりが不十分などの検討課題もある（Lowe, J. J. & Walker, M. J. C. 2000）。

註4）山本直人は、縄文時代文化研究会『縄文時代』において、1998年度以前の総論及び、1999年度、2000年度の学界動向として、「関連科学研究　年代測定」（山本直人1999c、2000b、2001）を記し、炭素14年代測定を中心にまとめている。

註5）土器胎土や土壌から付着してきたミネラル分が比較的多い資料であった場合、そのミネラル中の古い炭素が影響を与える場合が考えられる。例えば、向郷遺跡20次1号土坑の土器K2（MGH8842）など一部の試料において、炭素量が少なく、想定される年代より古い数値を示す場合がある。例えば清水天王山遺跡後期末葉のあるサンプルでは、AAA処理後に回収された試料が、重量比で3％程度であり、通常の土器付着試料の回収率が10％以上は認められるのに比べて低い。さらに、AAA処理後の試料において、精製による炭素含有量は32.4％と、通常の試料が60％程度であるのに比べて明らかに低い。すなわち、土壌または土器自体の胎土をかなり含んでいたため、結果的に古い年代値となった可能性が考えられる。

註6）海洋の深層水は、約1500年を周期に循環しているので、深層には古い炭素がとけこんでいる。一般的に海洋水中の$^{14}$C濃度は、大気中に比べて低い。海産物は、陸上植物よりも平均で400年ほど古い$^{14}$C年代となる。これを海洋の炭素リザーバー（貯蔵）効果、略して海洋リザーバー効果と呼ぶ。貝などの暦年較正では、海洋リザーバー効果補正の較正曲線marine INTCAL98を用いるが、試料の種類（例えば人骨など海産物をある程度蓄積する場合）や緯度によって海洋自体のリザーバー効果に差異が大きく、どの程度見込むかは難しい。

秋田県大館市池内遺跡の縄紋前期土器付着炭化物の炭素14年代測定では、9点のうち、2点が、他のデータの4780-4940BPから、それぞれ約300年、約1100年古くなった。このうち、1100年古かった例は、$δ^{13}$Cの値が-22‰で、他の-25～-27‰と比べて高かった。これについて、今村峯雄は、海産物のお焦げである可能性を指摘している（今村峯雄2000）。

現在、分析を進めている神奈川県稲荷山貝塚の堀之内1式土器は、共伴の炭化物に比べ、200～400年程度示し、かつ$δ^{13}$C値が-20‰近くで、他の土器付着の場合に比べて重い海産物の煮こげである可能性が考えられる。

他にも、青森県野辺地蟹田（10）遺跡（小林・今村・坂本2003b）は、海岸部に比較的近い立地の遺跡であるため、炭化物の由来が海産物の食料残滓であった場合は、海洋リザーバー効果により、実際よりも古い年代が測定される可能性がある。

今回提示した例では、IW22は、土器型式に比べ測定された年代は数百年古く、$δ^{13}$C値も-23.6‰とやや重い。FKA17も、土器型式に比べやや古い年代であり、加速器の測定であ

るが δ¹³C値が−19‰とやはり重い。これらは、海産物の煮焦げであった可能性が高い。しかし、海洋リザーバー効果以外に原因が求められる場合もある。NT25は、数万年と異常に古い年代が測定されているが、アスファルトなどに由来する炭素が混入した可能性が考えられる。BBM12、FKT12などは、炭素の含有率が10％以下ときわめて不良であり、土中または土器胎土に含まれていた古い炭素が除去しきれず、影響を与えた可能性が高い。

### ～新装版校訂を終えて～

　前書を勢いにまかせたまま刊行した後、自分のおかれていた環境も、炭素14年代研究をめぐる状況もずいぶんと変化した。しかし、ここに論じた内容は、まだまだ議論として意義が残っていると思う。前書が残部なしとなってからも、ありがたいことに読みたいという人も多く、自分も教育する立場を得て、学生に読んでもらいたいと思った。六一書房や平電子印刷所などに手を尽くしてもらい、版をおこすことができた。同時に多くの誤字があったので直させていただいた。内容にかかわる大きな誤りはなかったが、図に示した中の¹⁴C BPの表記やCal BPとCal BCのまちがえ、大橋遺跡のSJ12号住の位置、SFC遺跡Ⅰ区の集石9・10は年代測定で早期と判明しているので中期の分布図から除外することなども正した。なお、較正年代の算出はINTCAL98の計算のままである。データについても科研報告分（平成17・18年度基盤C）なども多く追加測定し公表しているが、本書には追加しなかった。

　ただし、118−119頁の第9表についてのみ、空白部について新データを組みこんだ。書き加えたのは、新装版序文、追補の章（230−248頁）と第9表ということになる。まだまだ書きたりない心持であるが、改めて、諸賢のご高評をお願いする次第です。

　繰り返しになるが、本書を含め、私が少しでも考古学に寄与できている点があるならば、その殆んどすべては、家族、直接的間接的に教えを受けた先生、そして多くの学友諸氏のおかげです。それは特に年代研究や縄紋研究に限ったことではない、と改めて思うのです。言葉だけの感謝など書いても自己満足にすぎない、そもそもまだ力が足りない、もう少し勉強してから、きちんとお礼をいいたいと思います。

2008年6月

# New Perspectives of Study on Jomon Society
- Applied Radiocarbon Dating to Archaeological Methodology -

By KOBAYASHI, Kenichi

ROKUICHI SHOBO CO.LTD. , TOKYO

2004

## Contents

Introduction

Chapter1 The Problem of Archaeological Method

Chapter2 Chronology on the Pottery-type by the Calibrated age

Chapter3 Schedule of Jomon Settlements

Chapter4 Period of Time on Culture-change

Conclusion

## Summary

The neolithic stage of Japan is callede the Jomon period which is characterized by the use of pottery and a hunting and gathering style of life in large, and subdivided into 6 periods. The absolute chronology of these periods has not been established in spite that $^{14}$C dating has been applied to archaeology in Japan since 1960, partly because tradional chronologies on the pottery type and the decoration patterns have far more extensively studied and used in Japan by archaeologist.

After such problem consciousness of this book were described in chapter 1, the author looked back on the study history of Middle Jomon Period of the Kanto, Hokuriku, Tyubu, Tohoku regions.

In this book, I attempted to construct absoluite chronologies of the Jomon period, by making best use of the decoration patterns have far more extensively studied and used in archaeology.

More than 200 $^{14}$C measurements were made, mainly on charred food remains or soots on the pottery and charcoals in the kiln from the pit house remains,as well as the materials such as wood, lacquer and seeds. The samples were processed by myself for decontamination and purification, and commissioned for AMS(accelerator mass spectrometry) $^{14}$C measurements to a commercial radiocarbon laboratory in forms of cleaned charcoal. The samples consist mainly of charred carbonaceous materials(estimated to be charred food remains)remained on the surface of deep bowls and charcoal fragments, excavated from the pit-dwellings.

The results were examined by comparing the measured dates with the order of pottery chronologies and locating a pottery group of multiple dates in INTCAL98, the international database, calibration curve. Those dates were used to construct a pottery chronology in calendar-year scale. By doing so, I was able to Middle stage of Jomon Period started around 3520 cal BC and ended around 2470 cal BC. For example, Yakemachi pottery, period in Tyubu region is roughly from 3100 to 2900 cal BC. Time span of the Yakemachi type, as series from the Aramaki-type to the Yakemachi-type pottery, on the middle Jomon period, has estimated about 200 years.

In chapter 2, I considered that the time of span of the changing on the pottery-types is estimated from 20 years to 90 years by the calibrated ages. The changing pottery-type took much longer or shorter to complete than they had expected.

Several samples have been taken for the remains of the same pottery type with the same evolutional stage. In some cases, samples were taken from remains where a number of pit houses can be distinguished older or newer by archaeological examination and potsherds or kilns were found inside the pit house. These dates obtained have been analyzed by Bayesian methods taking into account the information on order in ages based on archaeological observations. The strategies and the problems are discussed as well as a preliminary result of the analysis.

Fig.41 illustrated that AMS radiocarbon ages of the Middle Jomon pottery on the Kanto and Thubu region Comparison of $^{14}$C ages with pottery-type classification.Fig.43 illustrated that calibrated ages of the Middle Jomon pottery on the Kanto and Thubu region Comparison of calibrated ages with pottery-type classification. Fig.44 Showed that relationship among radiocarbon ages, calibrated ages and pottery-type classification.

In chapter 3, applied to study of the settlement-systems on the Jomon villages, the author had discussed to the time span of the reconstruct of the pit-houses. In consequence of this study, the average life span of pit-house is around 13 years, in Kanto region. Fig.54 and fig.55 showed that comparison of radiocarbon ages of charred material on pottery with those of charcoal that are contemporary with each other. Time span of residence of a typical Jomon settlement in Kanto region, is measured about 200-300 years.

In chapter 4, I examined changes of residential unit and relationship and regional structure on the Middle Jomon society in the Kanto-region. Owing to investigation on a distribution map of Middle Jomon settlements in order by the absolute dating, I examined about 2000 as the population of the Jomon society on the Musasino-area. I estimated in this Area, following the population statistics by consideration, a population growth rate is 0.1-0.3%.

Among Japanese archaeologists, debates still continue whether such large settlement sites represent the continuous occupation of more than one hundred residences for a few thousand years or intermittent occupations of a small number of residences for every season, every few years, or every few decades. I am considered to support the latter. The subsistence-settlement system of the Jomon Period was much complex and regionally distinctive.

In comparison of the Jomon culture with some other prehistoric culture in the world, it is required to indicate calender age during which the Jomon pottery had been used. It is thought that applied High-precision chronology, which is studing on Jomon chronology by comparison of multiple AMS radiocarbon dates with pottery-type series, is an important mission of prehistoric archaeology and human history.

This work was supported in part by the Grant-In-Aid for Scientific Research(#13308009) from the Japan Society for the Promotion of Science.

## 参考文献

相原淳一　1986　『小梁川』七ヶ宿ダム関連遺跡発掘調査報告書2　宮城県文化財調査報告書117集　宮城県教育委員会　pp.1－943

相原淳一　1999　「仙台湾周辺　早期～中期」『縄文時代』10　縄文時代文化研究会　pp.197－202

赤山容造　1990　『三原田遺跡』第二巻　群馬県企業局　pp.1－760付図8

安孫子昭二　1997a　「縄文中期集落の景観―八王子市神谷原遺跡―」『多摩考古』第27号　pp.1－8

安孫子昭二　1997b　「縄文中期集落の景観―多摩ニュータウンNo.446遺跡―」『東京都埋蔵文化財センター研究論集』ⅩⅥ　東京都埋蔵文化財センター　pp.19－58

阿部昭典　2000　「縄文集落研究の一試論―信濃川流域の中期環状集落を中心として―」『新潟考古』第11号　新潟県考古学会　pp.33－48

阿部芳郎・建石　徹・小口英一郎・堺　陽子・宮本淳一　2000　「縄文後期における遺跡群の成り立ちと地域構造」『駿台史学』第109号　駿台史学会　pp.35－95

天野賢一　2000　『原東遺跡』　かながわ考古学財団調査報告79　かながわ考古学財団　pp.1－448

天野賢一・池田　治・阿部功嗣　2002　『川尻中村遺跡』第1分冊　かながわ考古学財団調査報告133　かながわ考古学財団　pp.1－1133図版206

石井　寛　1977　「縄文時代における集団移動と地域組織」『調査研究集録』第2冊　港北ニュータウン遺跡調査団　pp.1－42

石井　寛　1982　「集落の継続と移動」『縄文文化の研究』第8巻　雄山閣　pp.49－60

石井　寛　1992　「称名寺式土器の分類と変遷」『調査研究集録』第9冊　横浜市ふるさと歴史財団　pp.1－70

石野　瑛　1935　「相模国中郡金目村五領ケ台貝塚の発掘」考古学集録　第二　武相考古会　pp.105－106(平塚市文化財調査報告書第9集再録)

稲野裕介　1983　『滝ノ沢遺跡』北上市文化財調査報告33集　北上市教育委員会　pp.1－394

井下　清　1973　「武蔵野の自然湧水池の景観」『文化財の保護』第5号　東京都教育委員会　pp.27－34

今村啓爾　1974　「登計原遺跡の縄文前期末の土器と十三菩提式土器細分の試み」『とけっぱら遺跡』　時計原遺跡調査会　pp.35－38

今村啓爾　1981　「柳沢清一氏の「称名寺式土器論」を批判する」『古代』第71号　早稲田大学

考古学会　pp.24-34

今村啓爾　1985　「五領ケ台式土器の編年―その細分および東北地方との関係を中心に―」『東京大学考古学研究室紀要』4　東京大学文学部考古学研究室　pp.93-157

今村啓爾　2000　「諸磯C式の正しい編年」『土曜考古』第24号　土曜考古学研究会　pp.93-128

今村啓爾・吉田　格　1972　『宮の原貝塚』武蔵野美術大学考古学研究会　pp.1-101

今村啓爾・吉田　格　1973　『霧ヶ丘』霧ヶ丘遺跡調査団・武蔵野美術大学考古学研究会　pp.1-182図版42

今村峯雄　1999　「高精度$^{14}$C年代測定と考古学―方法と課題―」『月刊地球』号外No.26　海洋出版　pp.23-31

今村峯雄　2000　「第3章―考古学における$^{14}$C年代測定　高精度化と信頼に関する諸問題」『考古学と化学をむすぶ』(馬淵久夫・富永健編)UP選書　東京大学出版会　pp.55-82

今村峯雄　2001　「縄文～弥生時代移行期の年代を考える―問題と展望―」『第四紀研究』第40巻第6号　日本第四紀学会　pp.509-516

今村峯雄　2004　『縄文時代・弥生時代の高精度年代体系の構築（課題番号13308009）』pp.1-330

今村峯雄・辻誠一郎・春成秀爾　1999　「炭素14年代の新段階」『考古学研究』第46巻第3号　考古学研究会　pp.90-100

今村峯雄・小林謙一・西本豊弘・坂本　稔　2002　「AMS$^{14}$C年代を利用した東日本縄文前期～後期土器・集落の研究」『日本文化財科学会第19回大会研究発表要旨集』日本文化財科学会　pp.100-101

今福利恵　1993　「勝坂式土器成立期の集団関係」『研究紀要』9　山梨県考古博物館・山梨県埋蔵文化財センター　pp.18-45

今福利恵　1999　「中部地方　中期(曽利式)」『縄文時代』10　縄文時代文化研究会　pp.47-58

今福利恵　2000　「縄文時代学会動向　集落・領域論」『縄文時代』11　縄文時代文化研究会　pp.235-237

植木　武　1976　「人口推定法の紹介と問題点」『考古学研究』第22巻4号　考古学研究会　pp.117-138

上田　真　1987　「土器編年の年代幅と集落研究について―相模地域の奈良・平安時代集落遺跡出土土器から―」『東京大学文学部　考古学研究室紀要』第6号　東

京大学文学部考古学研究室　pp.133-145

上野佳也　1980　「情報の流れとしての縄文土器型式の伝播」『民族学研究』第44巻第4号　日本民族学会　pp.355-365

宇佐美哲也　1998　「加曽利E3(新)式期における居住痕跡の一様相―原山地区第1地点仮称「加曽利E3面」想定住居の検討―」『シンポジウム縄文集落研究の新地平』2　発表要旨　縄文集落研究グループ　pp.36-56

内田亜紀子　1997　「中期縄文土器における半截竹管文形態の変遷―上山田貝塚と真脇遺跡出土土器の比較検討を中心に―」『富山市考古資料館紀要』第17号　富山市考古資料館　pp.1-23

馬橋利行　1998　「縄文時代中期前半の住居柱穴配置類型と規格性の抽出による集落分析法の一試論」『シンポジウム縄文集落研究の新地平』2　発表要旨　縄文集落研究グループ　pp.24-35

閏間俊明　1995　「竪穴住居の覆土形成に関する一考察（Ⅰ）―焼失住居とされる目黒区大橋SJ91号住居跡例をもとに―」『東京考古』13　東京考古談話会　pp.149-157

江坂輝彌　1941　「相模国五領ケ台貝塚調査予報」『古代文化』第12巻10号　古代学協会　pp.5-7

江坂輝彌　1944a　「相模五領ケ臺貝塚調査報告」考古学集刊　第3冊（第1巻）　東京考古学会　pp.109-118（平塚市文化財調査報告書第9集再録）

江坂輝彌　1944b　「武蔵野台地の中期縄文式文化期湧泉周囲聚落に就いて」『人類学雑誌』第59巻第1号　人類学会　pp.6-8

江坂輝彌　1949　「阿玉台式文化の地域圏」『両毛古代文化』1　両毛考古学会　pp.47-52

大村　裕・大内千年・建石　徹・高山茂明・三門　準　1998　「中峠式土器の型式論的検討」『下総考古学』15　下総考古学研究会　pp.27-35

大村　裕　1991　「型式細分の方法に関する一つの試み―埼玉県飯能市・堂前遺跡第2次調査1号住居址出土土器の分析を中心に―」『下総考古学』12　下総考古学研究会　pp.1-10

大村　裕　1994　「「縄紋」と「縄文」―山内清男はなぜ「縄紋」にこだわったのか?―」『考古学研究』第41巻第2号　考古学研究会　pp.102-110

大塚昌彦　1987　「行幸田山遺跡縄文時代中期土器編年的試案」『行幸田山遺跡』〈本文編Ⅱ〉　渋川市教育委員会　pp.619-630

大塚達朗　2000a　「異系統土器論」『用語解説現代考古学の方法と理論』Ⅲ　安齋正人編　同成社　pp.22-29

大塚達朗　2000b　「異系統土論としてのキメラ土器論　滋賀里遺跡出土土器の再吟味」『異貌』18　共同体研究会　pp.2－19

大塚達朗　2000c　「一九九九年の歴史学会―回顧と展望―日本考古二」『史学雑誌』第109編5号　史学会　pp.16－22

大槻信次　1983　「縄文中期末における網漁業の一資料（東京・世田谷区下野毛遺跡調査より）」『武蔵野』第61巻第1号　pp.7－16

大内千年　1994　『上高津貝塚A地点』慶応義塾大学文学部民族学・考古学研究室小報9　慶応義塾大学民族学・考古学研究室　pp.1－328図版46

大野尚子　1996　「堅穴住居の覆土形成に関する考察（Ⅲ）―目黒区大橋遺跡SJ47号住居跡の居住最終段階および改修について―」『東京考古』14　東京考古談話会　pp.47－58

大野尚子　2000　「中期後葉における大橋遺跡周辺の遺跡分布」『セツルメント研究』2　セツルメント研究会　pp.120－134

岡本孝之・小林謙一・桜井準也ほか　1993　『慶応義塾湘南藤沢キャンパス内遺跡』第1巻総論　慶応義塾　pp.1－1223図版38

岡本孝之・鈴木次郎・小林謙一・桜井準也　1983　『早川天神森遺跡』神奈川県埋蔵文化財センター調査報告書2　神奈川県埋蔵文化財センター　pp.1－398図版22

岡本　勇　1965　「縄文時代の社会と生活　1労働用具」『日本の考古学Ⅱ　縄文時代』　河出書房新社　pp.286－302

岡本　勇　1966　「尖底土器の終焉」『物質文化』8　物質文化研究会　pp.43－50

小倉和重　1998　「斜位土器埋設炉についての一考察―複式炉との比較を通して―」『奈和』36　奈和同人会　pp.1－46

小田寛貴・山本直人　2001　「縄文土器のAMS$^{14}$C年代と較正年代」『考古学と自然科学』第42号　日本文化財科学会　pp.1－13

小田寛貴・山本直人　2002a　「土器付着炭化物の加速器質量分析法による$^{14}$C年代測定」『金沢市藤江C遺跡』Ⅳ・Ⅴ第1分冊　金沢西部地区土地区画整理事業に係る埋蔵文化財発掘調査報告書12　石川県埋蔵文化財センター　pp.118－119

小田寛貴・山本直人　2002b　「愛知県安城市堀内貝塚の$^{14}$C年代測定」『名古屋大学加速器質量分析計業績報告書』（ⅩⅢ）　名古屋大学年代測定総合研究センター　pp.158－161

小野貴之　1998　「北陸系土器（第Ⅰ群2類g土器）について」『桜峯（1）遺跡発掘調査報告書』平成9年度青森市埋蔵文化財調査報告書第36集　pp.186－190

## 参考文献

貝塚爽平　1964　『東京の自然史』　紀伊國屋書店　pp.1-186
可児通宏　1969　「住居の廃絶と土器の廃棄」『多摩ニュータウン遺跡調査報告Ⅶ』　pp.27-32
可児通宏　1991　「縄文人の生活領域を探る―土器による領域論へのアプローチは可能か―」『研究論集』Ⅹ　東京都埋蔵文化財センター　pp.131-148
数野雅彦　1984　「角押文土器の研究」『丘陵』第10号　甲斐丘陵考古学研究会　pp.1-17
数野雅彦　1986　「北陸系土器研究序説―縄文時代中期前葉の編年対比を中心として―」『山梨考古学論集』Ⅰ　山梨県考古学協会　pp.57-81
加藤三千雄　1986　「第8群土器新保式期」『石川県能都町真脇遺跡』　能都町教育委員会　pp.90-108
加藤三千雄　1988　「新保・新崎式土器様式」『縄文土器大観』3 中期Ⅱ　小学館　pp.296-298
加藤三千雄　1995　「北陸における中期前葉の土器群について―新保・新崎式土器―」『第8回縄文セミナー　中期初頭の諸様相』縄文セミナーの会　pp.247-292
加藤三千雄　1997　「北陸における縄文時代前期末葉土器群の展開（1）―福浦上層式　真脇遺跡出土土器資料を中心として―」『石川県考古学研究会々誌』第40号　石川県考古学研究会　pp.1-28
加藤三千雄　1998　「北陸における縄文時代前期末葉土器群の展開（2）―浮線文系土器群（いわゆる真脇式―』『石川県考古学研究会々誌』第41号　石川県考古学研究会　pp.1-22
加藤三千雄　1999　「北陸地方前期」『縄文時代』10　縄文時代文化研究会　pp.158-161
金子直行　2001　「加曽利EⅠ式成立期における土器群の再検討」『入間郡毛呂山町まま上遺跡』埼玉県埋蔵文化財調査事業団報告書第242集　埼玉県埋蔵文化財調査事業団　pp.146-166
金子直行　1999　「縄文前期終末土器群の関係性―十三菩提式土器と集合沈線文系土器群の関係を中心として―」『縄文セミナーの会　縄文土器論集』　縄文セミナーの会　pp.177-209
金子直世　1988　「時期差のある土器を埋設した住居2例」『東京考古』6　東京考古談話会　pp.92-94
加納　実　1988　「土器型式と集落」『研究連絡誌』23　千葉県文化財センター　pp.393-401
縄文時代研究プロジェクトチーム　1998　「神奈川における縄文時代文化の変遷Ⅴ　中期中葉期　勝坂式土器文化期の様相　その1」『かながわの考古学』3　かな

がわ考古学財団 pp.15-36

桐生直彦 1987 「竪穴住居址を中心とした遺物出土状態の分類について―研究史の整理―」『東国史論』第2号 群馬考古学研究会 pp.1-20

桐生直彦 1989a 「住居址間土器接合資料の捉え方―現状認識のためのノート―」『土曜考古』第13号 土曜考古学研究会 pp.1-20

桐生直彦 1989b 「床面出土遺物の検討（Ⅰ）」『物質文化』52 pp.39～59

キーリ．C．T．・武藤康弘 1982 「4年代 縄文時代の年代」『縄文文化の研究』第1巻縄文人とその環境 雄山閣 pp.246-278

朽木 量 2001 「物質文化研究における「領有／流用」概念の展開―墓標形態・図案にみる折衷・転用―」『メタ・アーケオロジー』2号 メタ・アーケオロジー研究会 pp.1-20

黒尾和久 1988a 「縄文時代中期の居住形態」『歴史評論』454 歴史科学協議会編・校倉書房 pp.9-21・45

黒尾和久 1988b 「竪穴住居出土遺物の一般的なあり方について―「吹上パターン」の資料的検討を中心に―」『古代集落の諸問題』 玉口時雄先生古希記念事業会 pp.17-36

黒尾和久 1995a 「縄文中期集落遺跡の基礎的検討（Ⅰ）―時間軸の設定とその考え方について―」『論集 宇津木台』第1集 宇津木台地区考古学研究会 pp.11-76

黒尾和久 1995b 「接合試料の検討からみた縄文中期の居住景観―埋設土器の事例検討を中心に―」『シンポジウム縄文中期集落研究の新地平』（発表要旨・資料）縄文中期集落研究グループ pp.77-122

黒尾和久ほか 1993 『はらやま』上巻・下巻 調布市原山遺跡調査会 pp.1-179図版73 pp.1-428図版43

黒尾和久・小林謙一・中山真治 1995 「多摩丘陵・武蔵野台地を中心とした縄文時代中期の時期設定」『シンポジウム縄文中期集落研究の新地平』（発表要旨・資料）縄文中期集落研究グループ pp.1-21

黒尾和久・小林謙一 1996 「住居埋設土器の接合関係からみた廃棄行為の復元―南関東縄文時代中期の事例から―」『日本考古学協会第62回総会研究発表要旨』日本考古学協会 pp.88-89

合田恵美子 1997 「竪穴住居の覆土形成に関する一考察（Ⅳ）―覆土と周辺包含層の土器出土状況の比較から―」『東京考古』15 東京考古談話会 pp.81-95

合田恵美子 1998 「竪穴住居跡覆土遺物出土状況からみた土器廃棄―目黒区大橋遺跡SJ40・

SJ43・SJ24号竪穴住居跡の事例を中心に―」『シンポジウム縄文集落研究の新地平』2発表要旨　縄文集落研究グループ　pp.97-107

小薬一夫　1995　「住居跡分類コード」『シンポジウム縄文中期集落研究の新地平』（発表要旨・資料）　縄文中期集落研究グループ　pp.22-24

小薬一夫　1997　「「住居型式」設定のための基礎的作業―多摩丘陵・武蔵野台地の縄文中期炉跡の分析から―」『東京考古』15　東京考古談話会　pp.74-80

越坂一也　1983　「北陸における前期中後葉の土器について」『北陸の考古学』石川県考古学研究会　pp.69-84

小島俊彰　1968　「北陸における縄文前期末の様相―編年の確認と土器分布圏について―」『信濃』第20巻4号　信濃史学会　pp.269-282

小島俊彰　1985　「朝日貝塚の朝日下層式土器再見」『大境』第9号　pp.57-70

小島俊彰　1986　「第5群土器福浦上層式期」「第6群土器真脇式期」「第7群土器　朝日下層式期」『石川県能都町真脇遺跡』　能都町教育委員会　pp.61-89

小島俊彰　1988　「上山田・天神山式土器様式」『縄文土器大観』3　中期Ⅱ　小学館　pp.296-298

小島俊彰　1989　「十三菩提式土器様式」『縄文土器大観』1　草創期　早期　前期　小学館　pp.164-173

小島俊彰　1999　「北陸地方中期」『縄文時代』10　縄文時代文化研究会　pp.162-172

古城　泰　1981　「Inter-site pottery movements in the Jomon Period」『人類学雑誌』第89巻第1号　日本人類学会　pp.27-54

古城　泰　1996　「縄文中期における信州産黒曜石の南関東への搬入路」『考古学雑誌』第81巻第3号　日本考古学会　pp.70-80

古城　泰　1998a　「勝坂式・阿玉台式土器の分布」『下野谷遺跡』Ⅰ　早稲田大学校地埋蔵文化財整理室　pp.603〜607

古城　泰　1998b　「型式学的方法の再検討」『考古学研究』第44巻4号　考古学研究会　pp.34-54

古城　泰　1999　「縄文中期におけるチャートの交換組織」『考古学研究』第45巻4号　考古学研究会　pp.89-100

古城　泰　2000　「縄文時代の交換組織」『交流の考古学』現代の考古学5　朝倉書店　pp.190-198

小杉　康　1984　「物質的事象としての搬出・搬入、模倣製作」『駿台史学』第60号　駿台史学会　pp.160-172

小杉　康　1985　「住居址に関する問題―住まいの一生―」『原町西貝塚発掘調査報告書』

古河市史編さん委員会　pp.122-135

小杉　康　1990　「住居址研究の指針―「住まいの一生」と遺跡化―」『藪塚遺跡台山地点』群馬県新田郡藪塚本町教育委員会　pp.20-36

小杉　康　1995　「土器型式と土器様式」『駿台史学』第94号　駿台史学会　pp.58-131

後藤　明　1997　「実践的問題解決過程としての技術―東部インドネシア・ティドレ地方の土器製作―」『国立民族学博物館研究報告』22巻1号　国立民族学博物館　pp.125-187

小林謙一　1983a　「遺跡出土土器の量的把握に関する試論」『異貌』10　共同体研究会　pp.28-40

小林謙一　1983b　「第6章第4節1　土器の出土状況」『早川天神森遺跡』　神奈川県立埋蔵文化財センター　pp.163-235

小林謙一　1984　「中部・関東地方における勝坂・阿玉台式土器成立期の様相」『神奈川考古』第19号　神奈川考古同人会　pp.35-74

小林謙一　1986　「中部・西関東地方における縄文時代前期末葉～中期初頭の土器群について」『小黒坂南遺跡群』　山梨県東八代郡境川村教育委員会　pp.121-130

小林謙一　1988　「縄文時代中期勝坂式・阿玉台式土器成立期におけるセツルメント・システムの分析―地域文化成立過程の考古学的研究（2）―」『神奈川考古』24　神奈川考古同人会　pp.81-109

小林謙一　1989a　「縄文時代中期勝坂式・阿玉台式土器成立期における土器群組成比の分析」『考古学の世界』、新人物往来社　pp.262-278

小林謙一　1989b　「縄文時代中期前葉段階の土器片錘にみる生業活動―地域文化成立過程の考古学的研究―」『古代文化』第41巻1号　古代文化協会　pp.24-37

小林謙一　1989c　「千葉県八日市場市八辺貝塚出土土器について―東関東地方縄文時代中期初頭段階の土器様相―」『史学』第58巻2号　史学会　pp.163-203

小林謙一　1990　「縄文時代中期勝坂式・阿玉台式土器成立期における竪穴住居の分析―地域文化成立過程の考古学的研究―」『信濃』第42巻第10号　信濃史学会　pp.19-56

小林謙一　1991a　「東関東地方の縄文時代前期末葉段階の土器様相―側面圧痕土器及び全面縄文施文土器の編年的位置づけ―」『東邦考古』第15号　東邦考古学研究会　pp.80-114

小林謙一　1991b　「縄文時代前期末葉から中期にかけての三矢田遺跡」『真光寺・広袴遺跡群』Ⅵ　三矢田遺跡―遺物・考察編　鶴川第二地区遺跡調査会　pp.504-548

小林謙一　1991c　「縄文早期後葉の南関東における居住活動」『縄文時代』2　縄文時代文化研究会　pp.81-118

小林謙一　1991d　「勝坂式成立期の土器にみる器形と文様帯構成比の関係」『郵政考古紀要』XⅦ　郵政考古学会　pp.1-34

小林謙一　1993a　「縄文中期分析のための基礎データの整理」『慶応義塾湘南藤沢キャンパス内遺跡』第1巻　総論　慶応義塾　pp.739-801

小林謙一　1993b　「縄文遺跡における廃棄行為復元の試み—住居覆土中一括遺存遺物及び炉体土器の接合関係」『異貌』13　共同体研究会　pp.17-45

小林謙一　1993c　「多摩における勝坂式成立期の土器様相」、『東京考古』11　東京考古談話会　pp.23-62

小林謙一　1994a　「竪穴住居の廃絶時の姿—SFC遺跡・大橋遺跡の縄文中期の事例から—」『日本考古学協会第60回総会研究発表要旨』　日本考古学協会　pp.12-17

小林謙一　1994b　「甲府盆地周辺における勝坂式成立期の土器様相」『山梨県考古学論集』Ⅲ　pp.73-96

小林謙一　1994c　「縄文時代中期前葉の南多摩中部域」『東京考古』12　東京考古談話会　pp.1-36

小林謙一　1994d　「五領ケ台貝塚出土土器について」『民族考古』第2号　pp.1-22

小林謙一　1994e　「出土土器量からみた縄文集落規模の比較のためのサイドノート」『異貌』14　共同体研究会　pp.14-38

小林謙一　1994f　「大宮台地周辺における阿玉台式土器成立期の土器様相」『土曜考古』18　土曜考古学研究会　pp.1-34

小林謙一　1995a　「住居跡のライフサイクルと一時的集落景観の復元」『シンポジウム縄文中期集落研究の新地平』(発表要旨・資料)　縄文中期集落研究グループ　pp.123-164

小林謙一　1995b　「南関東地方の五領ケ台式土器群」『第8回縄文セミナー　中期初頭の諸様相』縄文セミナーの会　pp.1-94

小林謙一　1996a　「竪穴住居跡のライフサイクルの理解のために」『異貌』15　共同体研究会　pp.29-42

小林謙一　1996b　「竪穴住居跡のライフサイクルからみた住居廃絶時の状況—南関東の縄文中期集落での遺物出土状態を中心に—」『すまいの考古学—住居の廃絶をめぐって』山梨県考古学協会　pp.1-16

小林謙一　1996c　「貝塚調査に対する一提言—貝層調査における土器数量・遺存状態の研究現状から—」『貝塚』50　物質文化研究会　pp.1-13

小林謙一　1997a　「竪穴住居跡調査における一視点―集落論の前に住居調査論を―」『山梨県考古学協会誌』9　pp.13－23

小林謙一　1997b　「遺構覆土堆積過程復元のための調査方法―遺跡調査における経験的な層位所見と思いこみ―」『民族考古』別冊特集号ポストプロセス考古学の射程　慶応義塾大学民族学考古学研究室　pp.43－56

小林謙一　1998　「縄紋集落の実態を復元していくための問題意識と調査方法」『シンポジウム縄文集落研究の新地平』2　発表要旨　縄文集落研究グループ　pp.1－17

小林謙一　1999a　「縄紋時代中期集落における一時的集落景観の復元」『国立歴史民俗博物館研究報告』第82集　国立歴史民俗博物館　pp.95－121

小林謙一　1999b　「いわゆる「火災住居」跡の調査と解釈」『考古学ジャーナル』No.447　ニューサイエンス社　pp.8－11

小林謙一　1999c　「関東・中部地方　中期初頭（五領ケ台式）」『縄文時代』10第1分冊　縄文時代文化研究会　pp.277－288

小林謙一　1999d　「1998年の縄文時代学界動向　土器型式編年論　中期」『縄文時代』10第4分冊　縄文時代文化研究会　pp.191－196

小林謙一　2000a　「縄紋中期集落の一時的集落景観の復元―目黒区大橋遺跡の事例より―」『日本考古学協会第66回総会研究発表要旨』　日本考古学協会　pp.65－68

小林謙一　2000b　「重複住居の研究」『異貌』18　共同体研究会　pp.28－63

小林謙一　2000c　「大橋集落の一時的集落景観復元の検討」『セツルメント研究』2　セツルメント研究会　pp.1－74

小林謙一　2000d　「縄紋中期土器の文様割付の研究」『日本考古学』第10号　日本考古学協会　pp.1－24

小林謙一　2001a　「同時存在住居群の把握から廃棄活動を復元する―関東地方縄紋中期大橋集落の事例より―」『日本考古学協会第67回総会研究発表要旨』　日本考古学協会　pp.34－37

小林謙一　2001b　「北陸地方の縄紋時代前期末葉から中期前葉における土器編年の問題」『金沢大学日本海域研究』第32号　金沢大学　pp.139－156

小林謙一　2001c　「学界動向　考古　二」『史学雑誌』第110編第5号　史学会　pp.16－22

小林謙一　2002a　「縄紋中期集落の土器量」『帝京大学山梨文化財研究所報』第44号　帝京大学山梨文化財研究所　pp.7－8

小林謙一　2002b　「縄紋中期土器の文様割付」『土器から探る縄文社会』2002年度研究集会資料集　山梨県考古学協会　pp.101－104

小林謙一　2002 c　「南西関東地方縄紋中期後半の文様割付の研究」『縄文時代』13　縄文時代文化研究会　pp.53−80

小林謙一　2002 d　「一時的集落景観と廃棄活動―関東地方縄紋中期大橋集落の事例より―」『セツルメント研究』3　セツルメント研究会　pp.61−100

小林謙一　2002 e　「南久和『編年―その編年と方法―』評―20世紀縄紋土器編年研究の一つの到達点と限界―」『異貌』20　共同体研究会　pp.53−62

小林謙一　2002 f　「勝沼町宮之上遺跡第6号住居跡出土の中期前葉土器について（その2）」『山梨県考古学協会誌』第13号　pp.108−119

小林謙一　2002 g　「2001年の縄文時代学界動向　集落論」『縄文時代』13　縄文時代文化研究会　pp.183−187

小林謙一　2003 a　「2002年の縄文時代学界動向　関連科学　年代測定」『縄文時代』14　縄文時代文化研究会　pp.232−235

小林謙一　2003 b　「縄紋集落のテクノロジー（予察）」『メタ・アーケオロジー』第4号　メタ・アーケオロジー研究会　pp.10−25

小林謙一・今村峯雄　2002 a　「分谷地A遺跡出土土器の炭素年代測定結果について」『分谷地A遺跡―縄文時代後期の漆器―』　黒川村教育委員会　pp.33−37

小林謙一・今村峯雄　2002 b　「3章　分析　1向郷遺跡出土試料の炭素年代測定」『向郷遺跡』Ⅵ　立川市埋蔵文化財調査報告12　立川市教育委員会　pp.88−92

小林謙一・今村峯雄　2003 a　「付章4　福島県楢葉町馬場前遺跡出土土器の炭素年代測定」『馬場前遺跡2次』　福島県文化財調査報告書第398集　常磐自動車道遺跡調査報告34　福島県文化振興事業団　pp.283−288

小林謙一・今村峯雄　2003 b　「福島県富岡町前山A遺跡出土土器の炭素年代測定」『前山A遺跡』　福島県文化財調査報告書第399集　常磐自動車道遺跡調査報告35　福島県文化振興事業団　pp.419−422

小林謙一・今村峯雄　2003 c　「南鍛冶山遺跡下の根地区出土土器の炭素年代測定」『南鍛冶山遺跡発掘調査報告書』―藤沢市都市計画事業北部第二（二地区）土地区画整理事業に伴う調査―第10　巻古代6・附編　藤沢市教育委員会　pp.169−171

小林謙一・今村峯雄　2003 d　「上安原遺跡出土土器の炭素年代測定」『上安原遺跡Ⅰ縄文時代編』金沢市文化財紀要192　金沢市埋蔵文化財センター　pp.137−143

小林謙一・西本豊弘　2003　「年代がわかると歴史観が変わる　縄文時代の高精度編年」『歴史を探るサイエンス』　国立歴史民俗博物館　pp.17−27

小林謙一・今村峯雄・坂本　稔　2003 a　「福島県南倉沢・稲干場遺跡出土試料の炭素年代測定」『福島県文化財調査報告書第409集』　福島県文化振興事業団　pp.135-144

小林謙一・今村峯雄・坂本　稔　2003 b　「野辺地蟹田(10)遺跡出土試料の炭素年代測定」『野辺地蟹田(10)遺跡』　青森県埋蔵文化財調査センター　pp.44-45

小林謙一・今村峯雄・坂本　稔　2003 c　「第2節　田端遺跡出土土器の炭素年代測定」『田端遺跡―田端環状積石遺構周辺地域における詳細分布調査報告書―』　町田市教育委員会　pp.147-149

小林謙一・今村峯雄・坂本　稔　2003 d　「玉ノ井遺跡出土試料の炭素年代測定」『玉ノ井遺跡』　名古屋市教育委員会　pp.140-145

小林謙一・今村峯雄・坂本　稔　2003 e　「分谷地A遺跡出土試料の炭素年代測定」『分谷地A遺跡』Ⅱ　下段(V区)編―縄文時代漆製品―　新潟県北蒲原郡黒川村埋蔵文化財調査報告書第8集　黒川村教育委員会　pp.199-213

小林謙一・今村峯雄・坂本　稔・大野尚子　2003　「南関東地方縄文集落の暦年較正年代―SFC・大橋・向郷遺跡出土試料の炭素年代測定」『セツルメント研究』4　セツルメント研究会　pp.29-65

小林謙一・今村峯雄・西本豊弘・坂本　稔　2002　「AMS$^{14}$C年代による縄紋中期土器・集落研究」『日本考古学協会第68回総会研究発表要旨』　日本考古学協会　pp.49-52

小林謙一・今村峯雄・坂本　稔・西本豊弘　2003 a　「AMS炭素年代による縄紋中期土器・集落の継続時間の検討」『日本文化財科学会第20回大会研究発表要旨集』　日本文化財科学会　pp.90-91

小林謙一・今村峯雄・坂本　稔・西本豊弘　2003 b　「AMS$^{14}$C年代による縄紋土器型式の変化の時間幅」『日本考古学協会第69回総会研究発表要旨』　日本考古学協会　pp.29-32

小林謙一・須田英一他　1991　『真光寺・広袴遺跡群』Ⅵ三矢田遺跡―遺物・考察編―　鶴川第二地区遺跡調査会　pp.1-610

小林謙一・桜井準也・須田英一・大野尚子・岡本孝之ほか　1992　『慶応義塾湘南藤沢キャンパス内遺跡』第3巻縄文時代Ⅱ部　慶応義塾　pp.1-1178図版62

小林謙一・大野尚子　1999　「目黒区大橋遺跡における一時的集落景観の復元」『セツルメント研究』1　セツルメント研究会　pp.1-71

小林謙一・大野尚子　2002　「土器と遺構のライフサイクル―縄紋中期集落遺跡を読み解くために―」『民族考古』第6号　慶応義塾大学民族学考古学研究室　pp.1

　　　　　　　　　　　-37
小林謙一・津村安臣・坂口　隆・建石　徹・西本豊弘　2002　「武蔵野台地東部における縄文中期集落の分布―縄文集落の生態論のための基礎的検討―」『セツルメント研究』3　セツルメント研究会　pp.1-60
小林謙一・南　久和　2003　「金沢市上安原遺跡出土土器群の検討」『石川県考古学研究会々誌』第46号　石川県考古学研究会　pp.23-40
小林達雄　1965　「住居址の埋没状態及びそれに派生する問題(住居廃絶処分の問題)」「遺物埋没状態及びそれに派生する問題(土器廃棄処分の問題)」『米島貝塚』庄和町教育委員会　pp.12-15
小林達雄　1973　「多摩ニュータウンの先住者―主として縄文時代のセツルメント・システムについて―」『月刊文化財』第112号　文化庁文化財保護部　第一法規出版　pp.20-26
小林達雄　1974　「縄文世界における土器の廃棄について」『国史学』93　國學院大學　pp.1-14
小林達雄　1994　『縄文土器の研究』　小学館　pp.1-295
小林真寿　1996　「浅間山麓の縄文中期中葉土器論　焼町土器の研究」『長野県考古学会誌』80　長野県考古学会　pp.1-32
小林正史　1999　「土器文様の受け入れプロセスについて―縄文晩期工字文の伝播を例として―」『北越考古学』10　北陸考古学研究所　pp.1-30
小林正史　2000　「土器文様にみられる地域色の動態を生み出すプロセス」『佐藤広史君追悼論文集―所懸命』　佐藤広史君を偲ぶ会　pp.181-200
小林和正　1979　「人口人類学」『人類学講座』11　雄山閣　pp.63-129
駒形敏朗　2000　「新潟県長岡市中道遺跡の飾られた石組炉」『考古学論究』7　立正大学考古学会　pp.49-58
小山修三・杉藤重信　1984　「縄文人口シミュレーション」『国立民族学博物館研究報告』9巻1号　国立民族学博物館　pp.1-39
坂本　稔・永嶋正春・今村峯雄　2000　「古代漆の炭素14年代測定」『日本文化財科学会　第17回大会　研究発表要旨集』　日本文化財化学会　pp.74-75
坂本　稔　2002　「資料の時を刻む―炭素一四年代法」『歴博』No.114　国立歴史民俗博物館　pp.26-27
桜井準也　1984　「石器組成の分析と考古学的地域について―関東地方縄文時代中期の住居址出土資料を中心に―」『史学』　三田史学会　pp.1-54
桜井準也　1991　「土器型式の流れの数量的分析―南関東地方への曽利系土器の流入をめぐ

って―」『信濃』第43巻第4号　信濃史学会　pp.25-37

桜井準也　1992　「縄文時代における遺物の空間分析と考古学的地域について―土器型式・交易品の流れと生業的地域の関連から―」『民族考古―大学院論集―』第1号　慶応義塾大学民族学考古学研究室　pp.43-68

桜井準也　1998　「縄文土器製作における文様区画と施文過程―縄文人の認知構造の解明にむけて―」『東邦考古』22号　東邦考古学研究会　pp.31-46

桜井準也　2001　「領有appropriateされる尖頭器―遺物研究と「領有」概念―」『メタ・アーケオロジー』第3号　メタ・アーケオロジー研究会　pp.21-43

佐々木藤雄　1981　「縄文時代の通婚圏」『信濃』第33巻第9号　信濃史学会　pp.45-74

佐々木藤雄　1986　「縄文時代の家族構成とその性格　姥山遺跡B9号住居址内遺棄人骨資料の再評価を中心として」『異貌』12　共同体研究会　pp.82-131

佐々木藤雄　1993　「和島集落論と考古学の新しい流れ―漂流する縄文時代集落論―」『異貌』13　共同体研究会　pp.46-123

佐々木藤雄　1994　「水野集落論と弥生時代集落論(上)―浸食される縄文時代集落論―」『異貌』14　共同体研究会　pp.52-99

佐々木藤雄　1996　「水野集落論と弥生時代集落論(下)―浸食される縄文時代集落論―」『異貌』15　共同体研究会　pp.52-133

佐藤達夫　1973　「朝霞市城山遺跡」『第6回埼玉県遺跡発掘調査報告会発表要旨』

佐藤達夫　1974　「土器型式の実態―五領ケ台式と勝坂式の間―」『日本考古学の現状と課題』吉川弘文館　pp.81-99

佐藤達夫ほか　1976　「勝坂式成立の問題点」『北奥古文化』第8号　北奥古文化研究所　pp.25-52

佐原　真　1975　「海の幸と山の幸」『日本生活文化史』1 日本的生活の母胎　河出書房新社　pp.21-44

佐原　真　1987　『大系日本の歴史』1　小学館　pp.1-350

佐原　真　2001　「考古学の年代」『第四紀研究』Vol.40 No.6　日本第四紀学会　pp.435-444

佐原　真ほか　2000　「特別シンポジウム　考古学と年代測定―測定値の意味するところ―」『日本文化財科学会第19回大会研究発表要旨集』　日本文化財科学会　pp.2-11

設楽博己　1994　「清水天王山式土器の成立」『縄紋晩期前葉―中葉の広域編年』平成4年度科学研究費補助(総合A)研究成果発掘調査報告書(課題番号04301049)　北海道大学文学部附属北方文化研究施設　pp.25-35

島田修一　1985　『富山県八尾町長山遺跡発掘調査報告』　八尾町教育委員会　pp.1－40図版18

清水能行・竹田眞人　1998　「実原A遺跡」『山梨県史　資料編1　原始・古代1考古(遺跡)』　山梨県　pp.358－359

下総考古学研究会　1985　「勝坂式土器の研究」『下総考古学』8　下総考古学研究会　pp.1－104

下総考古学研究会　2000　「千葉県松戸市中峠第4次調査(中峠式土器の大量出土)の成果」『下総考古学』16　下総考古学研究会　pp.1－80

縄文セミナーの会　1995　『第8回　縄文セミナー　中期初頭の諸様相』―記録集―　縄文セミナーの会　pp.1－109

縄文時代文化研究会　1999　『縄文時代』10　縄文時代文化研究の100年　縄文時代文化研究会　第1分冊～第5分冊pp.1－346　pp.1－289　pp.1－318　pp.1－337　pp.1－273

縄文時代文化研究会　2001　『縄文時代集落研究の現段階』第1回研究集会発表要旨　縄文時代文化研究会　pp.1－108

神保孝造　1976　『富山県福光町城端町立野ケ原遺跡群第四次緊急発掘調査概要』　富山県教育委員会　pp.1－32図版45

末木　健　1990　「学界動向　遺構論」『縄文時代』1　縄文時代文化研究会　pp.209－212

鈴木公雄　1964　「土器型式の認定方法とセットの意義」『考古学手帖』第21号　考古学手帖同人　pp.1－5

鈴木公雄　1969　「土器型式における時間の問題」『上代文化』38　pp.6－13

鈴木公雄　1981　「型式・様式」『縄文土器大成』第4巻　後晩期　講談社　pp.159－164

鈴木公雄　1984　「魚骨の研究」『考古学ジャーナル』No.27　ニューサイエンス社　pp.8－11

鈴木公雄　1989　『貝塚の考古学』　東京大学出版会　pp.1－134

鈴木公雄ほか　1981　『伊皿子貝塚遺跡』　港区伊皿子貝塚遺跡調査会　pp.1－640・1－274図版279

鈴木徳雄　2000a　「縄紋後期浅鉢形土器の意義―器種と土器行為の変化―」『縄文時代』11　縄文時代文化研究会　pp.69－102

鈴木徳雄　2000b　「称名寺式終末期と装飾帯の変化―所謂「I文様帯」の形成と堀之内1式―」『群馬県考古学手帖』10　群馬土器観会　pp.1－14

鈴木孝志　1957　「長野県北安曇郡松川村鼠穴字桜沢遺跡」『考古学雑誌』第42巻第2号　pp.26－39

鈴木素行　1996　「縄文時代の集落と貝塚の形成―木戸作遺跡における「環状集落」と「環状貝塚」の解体―」『季刊考古学』55　雄山閣　pp.44-49
西藤清秀　1984　「カリンガ土器のエスノアーケオロジー的考察」『橿原考古学研究所四五周年記念論集』第七　吉川弘文館　pp.101-129
西藤清秀　1986　「土器と人口―カリンガ土器のエスノアーケオロジー的研究（その2）―」『末永先生米寿記念献呈論文集』　pp.1769-1785
関野　克　1938　「埼玉県福岡村縄文前期住居址と竪穴住居の系統について」『人類学雑誌』第53巻第8号　東京人類学会　pp.1-18
芹沢長介　1982　『日本旧石器時代』岩波新書209　岩波書店　pp.1-232
第四紀学会高精度$^{14}$C年代測定研究委員会・日本第四紀学会第四紀研究編集委員会　2002　「年代等の表記法について」『第1回高精度$^{14}$C年代測定研究委員会公開シンポジウムプログラム』　第四紀学会高精度$^{14}$C年代測定研究委員会　pp.23-22
高瀬克範　1999　「東北弥生社会の住居と居住単位」『古代文化』第51巻第9号　古代学協会　pp.503-520
高橋大地　2003　「西南関東地域における勝坂式終末期の土器にみられる地域性―勝坂式から加曽利E式・曽利式へ―」『セツルメント研究』4　セツルメント研究会　pp.65-97
高堀勝喜　1952　「珠洲郡松波町新保遺蹟の調査」『石川考古学研究会々誌』第4号　pp.7-12
高堀勝喜　1955　「第2章歴史的条件　第1節先史文化」『能登　自然・文化・社会』九学会連合能登調査委員会編　平凡社　pp.34-47
高堀勝喜　1986　「北陸の縄文土器編年」『石川県能都町真脇遺跡』　能都町教育委員会・真脇遺跡発掘調査団　pp.194-210
田上勇一郎　2000　「黒曜石の利用と流通―縄文時代中期の関東・中部地域について―」『Archaeo-Clio』第1号　東京学芸大学考古学研究室　pp.1-29
滝沢　浩　1965　「中期縄文文化のシンポジウムに出席して」『長野県考古学会会誌』第3号『シンポジウム中期縄文文化の諸問題』　長野県考古学会　pp.38
武川夏樹　2003　「調布市原山遺跡の集落景観」『セツルメント研究』4　セツルメント研究会　pp.139-154
建石　徹　1995　「竪穴住居の覆土形成に関する一考察（Ⅱ）―目黒区大橋SJ6号遺構の覆土上層を中心に―」『東京考古』13　東京考古談話会　pp.157-167
建石　徹　2000　「竪穴住居跡覆土形成論―縄文時代の事例を中心に―」『Archaeo-Clio』

第1号　東京学芸大学考古学研究室　pp.30-47

建石　徹　2001　「黒曜石原産地推定分析をもとにした縄文時代中期の石材利用に関する基礎的研究―東京都目黒区大橋遺跡の事例を中心に―」『Archaeo-Clio』第2号　東京学芸大学考古学研究室　pp.1-14

建石　徹・西本豊弘・小林謙一　2000　「土器型式変革期における人・モノ・情報の移動―群馬県内加曽利E式成立期の胎土分析の成果より―」『日本文化財科学会第17回大会研究発表要旨集』　日本文化財科学会　pp.166-167

建石　徹・小林謙一　2002　「宮平遺跡出土縄紋土器の胎土分析―胎土分析からみた縄紋土器の製作と移動のライフサイクルへの予察―」『民族考古』第6号　慶応義塾大学民族学考古学研究室　pp.45-56

建石　徹・二宮修治　1999　「蛍光X線分析による大橋遺跡出土黒曜石の原産地推定」『大橋遺跡』　目黒区大橋遺跡調査会　pp.782-790

棚橋　訓　2001　「appropriationの系譜―研究動向をめぐる若干の覚書」『メタ・アーケオロジー』第3号　メタ・アーケオロジー研究会　pp.71-79

谷井彪・宮崎朝雄・大塚孝司・鈴木秀雄・青木美代子・金子直行・細田　勝　1982　「縄文中期土器群の再編」　埼玉県埋蔵文化財調査事業団　pp.1-137

谷井　彪　2001　「中部地方中期後半土器群と加曽利E式土器」『長野県考古学会誌』第97号　長野県考古学会　pp.1-32

谷口康浩　1986　「縄文時代「集石遺構」に関する試論」『東京考古』4　東京考古談話会　pp.17-85

谷口康浩　1993　「縄文時代集落の領域」『季刊考古学』第44号　雄山閣　pp.67-71

谷口康浩　1998a　「環状集落形成論―縄文時代中期集落の分析を中心として―」『古代文化』第50巻第4号　古代学協会　pp.1-18

谷口康浩　1998b　「縄文時代集落論の争点」『國學院大學考古学資料館紀要』第14集　國學院大學考古学資料館　pp.43-88

千葉県文化財センター　1981　「自然科学の手法による遺跡、遺物の研究1　年代測定」『研究紀要』6　千葉県文化財センター　pp.108-130

塚田　光　1969　「下総考古学研究会の歩み」『考古学研究』第16巻第2号　考古学研究会　pp.14-20

塚本師也　1990　「北関東・南東北における中期前半の土器様相」『古代』第89号　早稲田考古会　pp.1-36

塚本師也　2000　「茨城県における縄文時代中期中葉の土器について―つくば市中台遺跡と谷和原村前田村遺跡の調査成果から―」『常総台地』15　常総台地研究会

pp.57-66

辻　誠一郎・今村峯雄・春成秀樹・西本豊弘・坂本　稔　1998　「縄文時代の高精度編年をめざして」『日本文化財科学会第15回大会研究発表要旨集』　日本文化財科学会　pp.78-79

辻　誠一郎・中村俊夫　2001　「縄文時代の高精度編年：三内丸山遺跡の年代測定」『第四紀研究』第40巻第6号　日本第四紀学会　pp.471-484

堤　隆　1997　「浅間山南麓における縄文社会復元に向けて―塩野西遺跡群の調査成果からの素描―」『川原田遺跡』縄文編　御代田町教育委員会　pp.611-630

堤　隆・寺内隆史・山口逸弘・水沢教子ほか　1997　『川原田遺跡』縄文編　御代田町教育委員会　pp.1-364　図版217

都築恵美子・堤　隆　2000　『宮平遺跡』　御代田町教育委員会　pp.1-189・図版76

津村宏臣・小林謙一・坂口　隆・西本豊弘・建石　徹　2002a　「縄文集落の生態論（2）―遺跡分布の位相の評価とセツルメントシステムの予測―」『動物考古学』第18号　動物考古学研究会　pp.1-37

津村宏臣・小林謙一・坂口　隆・西本豊弘・建石　徹　2002b　「縄文集落の生態論（3-1）―考古学的文化要素の傾向面分析―」『動物考古学』第19号　動物考古学研究会　pp.39-72

鶴川第二地区遺跡調査会　1990　『真光寺・広袴遺跡群』Ⅵ三矢田遺跡―遺構編―　鶴川第二地区遺跡調査会　pp.1-321図版89

寺崎裕助　1999　「中部地方　中期（馬高式）」『縄文時代』10　縄文時代文化研究会　pp.37-4

寺崎裕助　1993　「鍋屋町式土器について」『前期終末の諸問題』第6回縄文セミナー　縄文セミナーの会　pp.195-225

寺内隆夫　1984　「角押文を多用する土器群について」『下総考古』7　下総考古学研究会　pp.1-29

寺内隆夫　1987a　「五領ケ台式土器から勝坂式土器へ―型式変遷における一視点―」『長野県埋蔵文化財センター紀要』1　長野県埋蔵文化財センター　pp.24-41

寺内隆夫　1987b　「勝坂式土器成立期に見られる差異の顕在化―隣接型式との関係　阿玉台式その1」『下総考古』9　下総考古学研究会　pp.18-48

寺内隆夫　1992　「浅間山東側から視線、西側からの視線―焼町土器の成立をどうとらえるか―」『長野県考古学会誌』67　長野県考古学会　pp.37-48

寺内隆夫　1997　「川原田遺跡縄文時代中期中葉の土器群について」『川原田遺跡』縄文編　御代田町教育委員会　pp.537-557

寺内隆夫　2000　「第4章時期区分　第1節層位区分と出土土器による時期区分　1出土土器による時期区分」「第10章成果と課題　第1節縄文中期の土器　1中期前葉の土器」『上信越自車道埋蔵文化財発掘調査報告書24　縄文時代編　本文―更埴市内その3更埴条里・屋代遺跡群(含む大境遺跡・窪河原遺跡)―』長野県埋蔵文化財センター発掘調査報告書51　上信越自動車道　埋蔵文化財発掘調査報告　pp.289-297

寺畑滋夫　1996　「東京都世田谷区及び狛江市出土の土錘と石錘について(上)」『東京考古』14　東京考古談話会　pp.1-58

寺畑滋夫　1998　「東京都世田谷区及び狛江市出土の土錘と石錘について(中)」『東京考古』16　東京考古談話会　pp.35-56

寺畑滋夫　2000　「東京都世田谷区及び狛江市出土の土錘と石錘について(下)」『東京考古』18　東京考古談話会　pp.71-92

樋泉岳二　1999　「東京湾地域における完新世の海洋環境変遷と縄文貝塚形成史」『国立歴史民俗博物館研究報告』第81集　国立歴史民俗博物館　pp.289-310

樋泉岳二・津村宏臣　2000　「遺跡の放射性炭素年代と暦年代」『日本先史時代の$^{14}$C年代』日本第四紀学会　pp.59-87

土井義夫　1975　『栗山』栗山発掘調査報告書　小金井市教育委員会　pp.1-120図版33

土井義夫　1984　『宇津木台遺跡群Ⅳ』1981～1982年度発掘調査報告(1)　八王子市宇津木台地区調査会　pp.1-351図版119

土井義夫　1989　『宇津木台遺跡群ⅩⅢ』1982～1984年度(D地区)発掘調査報告(4)　八王子市宇津木台地区調査会　pp.1-414図版84

土井義夫　1991　「1990年の縄文時代学界動向　集落・領域論」『縄文時代』2　pp.216-218

土井義夫・黒尾和久　1999　「調査方法論　遺物の出土状態と出土分布論―廃棄パターン論・原位置論以後―」『縄文時代』10　縄文時代文化研究会　pp.13-21

戸沢充則　1968　「海戸遺跡における集落(住居址群)の構成」『海戸　第2次調査報告』

富山県立氷見高等学校歴史クラブ　1964　『富山県氷見地方考古学遺跡と遺物』　pp.1-104

中山真治　1992　「五領ケ台式土器―その段階設定と系統について―」『東京考古』10　東京考古談話会　pp.1-32

中山真治　1995　「縄文中期土器の時期細分と集落景観」『シンポジウム縄文中期集落研究の新地平』(発表要旨・資料目次)　縄文中期集落研究グループ　pp.25-75

中山真治　1997　「縄文中期初頭の西関東・中部高地における東海系土器―特に北裏CⅠ式系の搬入土器をめぐって―」『東京考古』15　東京考古談話会　pp.49-98

中山真治　1998　「関東地方の中期前半東海系土器―西関東出土の北裏C式を中心にして―」
　　　　　　　　『縄文時代中前半の東海系土器群について―北屋敷式土器の成立と展開―』
　　　　　　　　静岡県考古学会シンポジウム'97　静岡県考古学会　pp.519－529
中村俊夫　1999　「放射性炭素法」『考古学のための年代測定学入門』長友恒人編　古今書院
　　　　　　　　pp.2－36
中村俊夫・中井信之　1988　「名古屋大学タンデトロン加速器質量分析計による$^{14}$C測定の
　　　　　　　　現況」『名古屋大学加速器質量分析計業績報告書』（Ⅰ）　名古屋大学アイ
　　　　　　　　ソトープ研究センター　pp.84－85
中野修秀　1984　「土器捨て場考（1）―特に縄文時代中・後期の関東及び中部高地を中心と
　　　　　　　　して―」『日本考古学研究所集報』Ⅵ　日本考古学研究所　pp.14－44
中野　純　1996　「縄文時代前期末葉から中期初頭への土器変遷」『屁振坂―柏崎市向陽町・
　　　　　　　　屁振坂遺跡発掘調査報告書―』柏崎市埋蔵文化財調査報告書第23集　柏崎
　　　　　　　　市教育委員会　pp.29－38
中野　純　1998　「北陸における縄文時代前期後葉の土器様相（下）―地域的様相の把握と分
　　　　　　　　析による問題提起―」『柏崎市立博物館館報』第12号　pp.87－111
長岡文紀ほか　2002　『原口遺跡』Ⅲ　かながわ考古学財団調査報告134　かながわ考古学財
　　　　　　　　団　pp.1－958図版210
長野県埋蔵文化財センター（財）　2000　「長峯遺跡（県営圃場整備事業関連）」『長野県埋蔵文
　　　　　　　　化財センター年報』16　pp.12－15
長崎元廣　1997　「中部地方の縄文前期末・中期初頭における土器型式編年論の系譜と展望
　　　　　　　　（1）」『長野県考古学会誌』83　長野県考古学会　pp.24－75
長崎元廣　1998　「中部地方の縄文前期末・中期初頭期における土器型式編年論の系譜と展
　　　　　　　　望（2）」『長野県考古学会誌』84・85　長野県考古学会　pp.24－92
長野県考古学会　1965　「シンポジウム中期縄文文化の諸問題」『長野県考古学会誌』3　長
　　　　　　　　野県考古学会　pp.17－37
新美倫子・西本豊弘　1989　「千葉県松戸市中峠遺跡第10次調査概報―竪穴住居址の土器片
　　　　　　　　の分布について」『下総考古学』10　下総考古学研究会　pp.54－57
西秋良宏　1995　「廃棄行動に関する最近の考古学的研究」『東海大学校地内遺跡調査団報告』
　　　　　　　　5　東海大学耕地内遺跡調査委員会・東海大学校地内遺跡調査団　1
　　　　　　　　pp.51～172
西村正衛　1984　『石器時代における利根川下流域の研究―貝塚を中心として―』　早稲田大
　　　　　　　　学出版会　pp.1－715
西村正衛　1987　「阿玉台式土器の文化」〈講演会要旨〉『千葉県立房総風土期の丘年報』

11　千葉県立房総風土の丘　pp.48－57

西本豊弘・津村宏臣・小林謙一・坂口隆・建石　徹　2001　「縄文集落の生態論（1）」『動物考古学』Vol.17　動物考古学研究会　pp.73－82

西野秀和　1983　『鹿島町徳前C遺跡調査報告（Ⅳ）』　石川県立埋蔵文化財センター　pp.1－145　図版45

西野秀和　1987　「笠舞A遺跡出土土器の位置づけについて」『金沢市笠舞A遺跡（Ⅲ）』　石川県立埋蔵文化財センター　pp.96－105

西野秀和　1995　「小牧大杉谷内遺跡」『中島町史』資料編上巻　石川県中島町　pp.113－195

布尾和史　1999　「縄文中期庄が屋敷C遺跡平行期土器群の概観」『能美丘陵東遺跡群Ⅳ』　石川県立埋蔵文化財センター　pp.286－303

丹羽　茂　1981　「2．中期の土器　大木式土器」『縄文文化の研究』第4巻　縄文土器Ⅱ　雄山閣　pp.43－60

丹羽佑一　1994　「縄文集落の基礎単位の構成員」『文化財学論集』　pp.221－228

沼田啓太郎　1976　「金沢市大桑町中平遺跡報告」『石川考古学研究会々誌』第19号　石川考古学研究会　pp.37－54

野村一寿　1984　「塩尻市焼町遺跡第1号住居址出土土器とその類例の位置づけ」『中部高地の考古学』Ⅲ　長野県考古学会　pp.151－167

芳賀英一　1985　「大木5式土器と東部関東との関係」『古代』第80号　早稲田大学考古学会　pp.90－132

長谷川福次　2001　「道訓前遺跡の焼町土器」『道訓前遺跡』　北橘村教育委員会　pp.551－574

羽生淳子　1984　「縄文土器における文様・形態の類似と相異―遺跡相互間の分析と復元にむけて―」『信濃』36－10　信濃史学会　pp.49－61

羽生淳子　1989　「住居址数からみた遺跡の規模―縄文時代前期諸磯式期の資料を用いて―」『考古学の世界』　慶応義塾大学民族学考古学研究室　新人物往来社　pp.71－92

羽生淳子　1990　「縄文時代の集落研究と狩猟・採集民研究との接点」『物質文化』53　物質文化研究会　pp.1－14

羽生淳子　1998　「縄文人の定住度（上）（下）」『古代文化』第52巻第2号・第4号　古代学協会　pp.29－37・18－29

林　謙作　2004　『縄紋時代史』Ⅰ　雄山閣　pp.1－302

速水融・宮本又郎　1988　「概説17－18世紀」『経済社会の成立　17－18世紀』日本経済史1

岩波書店

春成秀爾・藤尾慎一郎・今村峯雄・坂本　稔　2003　「弥生時代の開始年代—$^{14}$C年代の測定結果について—」『日本考古学協会第69回総会研究発表要旨』　日本考古学協会　pp.65-68

春成秀爾　1981　「縄文時代の複婚制について」『考古学雑誌』第67巻第2号　日本考古学会　pp.1-40

春成秀爾　2002　『縄文社会論究』　塙書房　pp.1-579図版8

パリノ・サーヴェイ株式会社　1993　「第4節　自然科学分析からみた人々の生活(1)」『慶應義塾藤沢湘南キャンパス内遺跡』第1巻総論　pp.347-370

日野一郎・岡本　勇・小川裕久　1970　「平塚市広川五領ケ台貝塚調査報告」『平塚市文化財調査報告書』第9集　平塚市教育委員会　pp.5-46

藤森栄一　1934　「信濃上諏訪町踊場の土器」『人類学雑誌』第49巻第10号　人類学会　pp.28-35

藤森栄一　1935　「北陸に於ける縄紋土器の一型式」『考古学』第6巻1号　pp.49-58

藤森栄一編　1965　『井戸尻』長野県富士見町における中期縄文遺跡群の研究　中央公論美術出版　pp.1-162図版114

藤沢宗平・樋口昇一・桐原健ほか　1974　『東筑摩郡・松本市・塩尻市誌』第二巻原始古代編　東筑摩郡・松本市・塩尻市郷土資料編纂会　pp.1-1242図版88

細田　勝　1996　「縄文前期終末土器群の研究—地域差と系統差の統合的解釈に向けて—」『先史考古学研究』第6号　阿佐ヶ谷先史学研究会　pp.1-50

細田　勝　1999　「関東・中部地方　前期末葉～中期初頭」『縄文時代』10　縄文時代文化研究会　pp.265-276

麻柄一志　1992a　「土屋根の竪穴住居」『魚津市立博物館紀要』第3号　魚津市立博物館　pp.13-33

麻柄一志　1992b　「夏の家と冬の家—縄文時代の季節的住み替えの可能性—」『考古学と生活文化』同志社大学考古学シリーズⅤ　同志社大学考古学シリーズ刊行会　pp.81-91

松田光太郎・小松　繁・建石　徹ほか　2000　『粟島台遺跡—銚子市粟島台遺跡1973・75年の発掘調査報告書—』　銚子市教育委員会　pp.1-174

松本直子　1995　「認知考古学的視点からみた土器様式の空間的変異—縄文時代後晩期黒色磨研土器様式を素材として—」『考古学研究』第42巻第4号　考古学研究会　pp.61-83

松本彦七郎　1919a　「宮戸島里浜介塚の分層的発掘成績　完」『人類学雑誌』第34巻第10号

東京人類学会　pp.331-344

松本彦七郎　1919b　「宮戸嶋里浜及気仙郡獺沢介塚の土器附特に土器紋様論」『現代之科学』第7巻5号　pp.563-594、6号　pp.696-724

松本彦七郎　1919c　「陸前国宝ケ峰遺跡の分層的発掘成績」『人類学雑誌』第34巻第5号　東京人類学会　pp.161-166

松村恵司　1975　「井戸尻編年とその問題点」『Circum-Pacific』2　環太平洋学会　pp.52-60

三上徹也　1987　「梨久保式土器　再考」『長野県埋蔵文化財センター紀要』1　長野県埋蔵文化財センター　pp.1-23

三上徹也　1996　『花上寺遺跡』岡谷市教育委員会　pp.1-414

水沢教子　1996　「大木8b式土器の変容(上)―東北、越後そして信濃へ―」『長野県の考古学』　長野県考古学会　pp.84-123

水沢教子　1997　「川原田遺跡出土の縄文中期後半の土器について―川原田中期第Ⅶ・Ⅷ期の様相―」『川原田遺跡』縄文編　御代田町教育委員会　pp.579-584

水沢教子　2000　「第5章　縄文中期後葉(ⅩⅡ-2層検出)の遺構と遺物　土器」『上信越自動車道埋蔵文化財発掘調査報告書　24　縄文時代編　本文―更埴市内その3　更埴条里・屋代遺跡群(含む大境遺跡・窪河原遺跡)―』長野県埋蔵文化財センター発掘調査報告書　pp.298-316

三鍋秀典　1989　『吉峰遺跡―第7次発掘調査報告書』　立山町教育委員会　pp.1-50図版20

南　久和　1976　「北陸の縄文中期前葉の編年に関する一試論」『石川考古学研究会々誌』第19号　石川考古学研究会　pp.5-18

南　久和　1985　『北陸の縄文時代中期の編年他9編』―南久和著作集第1集―　転形書房　pp.9-231

南　久和　1986　第10群土器上山田式・天神山式期」『石川県能都町真脇遺跡』　能都町教育委員会　pp.119-126

南　久和　2001　『編年―その方法と実際―』　南書会　pp.1-567

水野正好　1969　「縄文時代集落復元への基礎的操作」『古代文化』21巻3・4号　古代学協会　pp.1-21

宮崎　博　1986　「土地と縄文人」『物質文化』№47　物質文化研究会　pp.1-18

武藤康弘　1995　「民族誌からみた縄文時代の竪穴住居」『帝京大学山梨文化財研究所研究報告』第6集　山梨文化財研究所　pp.267-301

武藤康弘　1998　「竪穴住居の耐用年数」『シンポジウム縄文集落研究の新地平』2(発表要

　　　　　　　　　　　　旨）縄文集落研究グループ　pp.18－23
村石真澄　1989　「深鉢サイズの変遷―縄文時代中期の南関東西部において」『法政考古学』
　　　　　　　　第14集　法政考古学会　pp.1－24
村田章人　2000　「安行式土器装飾構成の素描―装飾論理把握のための予備的作業―」『佐藤
　　　　　　　　広史君追悼論文集　一所懸命』佐藤広史君を偲ぶ会　pp.169－180
本橋恵美子　2000　「二つの遺跡の埋設土器」『東京の遺跡』No.67　東京考古談話会　pp.842
　　　　　　　　－843
百瀬長秀　1999　「中ノ沢式土器の再検討」『長野県考古学会誌』89　長野県考古学会　pp.
　　　　　　　　21－47
百瀬長秀　2001　「清水天王山式の終焉と周辺」『長野県考古学会誌』95　長野県考古学会
　　　　　　　　pp.20－44
両角まり　1994　「住居跡の表情―目黒区大橋遺跡SJ6号遺構の事例より―」『東京の遺跡』
　　　　　　　　No.43　東京考古談話会　pp.1－3
安　英樹　1997a　『能登島町通ジゾハナ遺跡』石川県立埋蔵文化財センター　pp.1－122
安　英樹　1997b　「遺跡・遺構への視点と問題点」『北陸古代土器研究』6　pp.143－148
柳澤清一　1985　「加曽利E式土器の細別と呼称」『古代』第80号　早稲田大学考古会　pp.
　　　　　　　　155－177
矢野健一　2001　「西日本の縄文集落」『立命館大学考古学論集』立命館大学論集刊行会
　　　　　　　　pp.1－18
山内清男　1928　「下総上本郷貝塚」『人類学雑誌』第43巻第10号　東京人類学会　pp.463－
　　　　　　　　465
山内清男　1930　「斜行縄文に関する二三の観察」史前学雑誌　第2巻第3号　史前学会
　　　　　　　　pp.13－25
山内清男　1936　「日本考古学の秩序」『ミネルヴァ』第1巻4号　翰林書房　pp.143－153
山内清男　1937　「縄紋土器型式の細別と大別」『先史考古学』第1巻1号　先史考古学会
　　　　　　　　pp.29－32
山内清男　1939　『日本遠古之文化』山内清男・先史考古学論文集　先史考古学会　pp.1－
　　　　　　　　48
山内清男　1964　「縄紋式土器・総論」『日本原始美術』第1巻　縄紋式土器　講談社　pp.
　　　　　　　　148－158
山内清男　1969　「縄紋草創期の諸問題」『MUSEUM』第224号　東京国立博物館・美術出
　　　　　　　　版社　pp.4－21
山内清男　1979　『日本先史土器の縄紋』先史考古学会　pp.1－73

山内清男・佐藤達夫　1962　「縄紋土器の古さ」『科学読売』第12巻第13号　読売新聞社　pp.53-91
山内清男・久永春男・澄田正一　1952　『吉胡貝塚』文化財保護委員会編　文化財保護委員会　pp.1-192図版52
山形眞理子　1996　「曽利式土器の研究(上)―内的展開と外的交渉の歴史―」『東京大学考古学研究室研究紀要』第14号　東京大学文学部考古学研究室　pp.75-130
山形眞理子　1997　「曽利式土器の研究(下)―内的展開と外的交渉の歴史―」『東京大学考古学研究室研究紀要』第15号　東京大学文学部考古学研究室　pp.81-136
山口逸弘　1990　「群馬県における阿玉台式の諸様相―新巻遺跡出土土器の分析を中心にして―」『研究紀要』7　群馬県埋蔵文化財事業団　pp.27-46
山口逸弘　1991　「「新巻類型」と「焼町類型」の文様構成」『土曜考古』第16号　土曜考古学研究会　pp.1-23
山口逸弘　1992　「大和田遺跡出土の中期縄文土器について」『群馬考古学手帳』3号　群馬土器観会　pp.1-12
山口逸弘　1997　「川原田遺跡「新巻類型」と「焼町類型」」『川原田遺跡』縄文編　御代田町教育委員会　pp.538-578
山口逸弘　1999　「土壙出土土器の選択性―中期土壙の2個体の共伴例から―」『縄文土器論集』　縄文セミナーの会　pp.237-258
山口逸弘　2000　「「勝坂系」土器という末裔たち―勝坂式以降における文様構成の伝統と収斂化―」『群馬県考古学手帖』10　群馬土器観会　pp.15-30
山口逸弘　2001　「道訓前遺跡Ⅰ出土の「三原田型深鉢」について―縄文時代中期後葉の伝統的立場―」『道訓前遺跡』　北橘村教育委員会　pp.511-531
山口　明　1980　「縄文時代中期初頭土器群における型式の実態」『静岡県考古学会シンポジウム』4　静岡県考古学会　pp.25-44
山口　明　1984　「中部地方における前期末葉土器と鍋屋町式土器」『長野県考古学会誌』48号　長野県考古学会
山本茂樹　2000　「石囲炉と地床炉を共有する炉について」『竹石健二先生・澤田大多郎先生の還暦を祝う会記念論文集』　日本大学　pp.17-37
山本暉久　1978　「縄文中期における住居跡内一括遺存土器群の性格」『神奈川考古』3　神奈川考古同人会　pp.49-93
山本暉久　1993　「縄文時代における竪穴住居の廃絶と出土遺物の評価」『21世紀への考古学　桜井清彦先生古稀記念論文集』　早稲田大学　pp.39-53
山本暉久　2002　『敷石住居址の研究』　六一書房　pp.1-398図版4

山本直人　1999 a　「放射性炭素年代測定法による縄文時代の研究」『名古屋大学文学部研究論集134・史学45』　名古屋大学　pp.37－54
山本直人　1999 b　「考古資料への適応―縄文時代の炭化堅果類出土土坑の年代決定―」『いま、歴史資料を考える　名古屋大学文学部創設50周年記念公開シンポジウム報告集』　名古屋大学　pp.91－98
山本直人　1999 c　「関連科学研究　放射性炭素年代測定法」『縄文時代』10　縄文時代文化研究会　pp.302－307
山本直人　2000　「付着炭化物の化学処理からみた縄文土器の煮沸形態」『名古屋大学文学部研究論集』137　名古屋大学　pp.1－10
吉田　格・小林謙一・両角まり・大野尚之ほか　1998　『大橋遺跡』上巻・下巻　目黒区大橋遺跡調査会　pp.1－798図版96　pp.1－804図版56
吉田　格・中西　充ほか　1982　『神谷原Ⅱ』八王子市椚田遺跡調査会　pp.1－644図版178
吉田章一郎・田村晃一・金井安子　1989　「山梨県上野原遺跡第4号住居跡出土の土器について」『青山史学』11号　青山学院史学研究室　pp.1－35
米沢義光　1986　『鹿島町徳前C遺跡調査報告（Ⅱ・Ⅲ）』　石川県立埋蔵文化財センター　pp.1－168　図版27
和島誠一　1955　「集落址」『日本考古学講座』1巻　考古学研究法　河出書房　pp.49－77
和島誠一・岡本　勇　1958　「南堀貝塚と原始集落」『横浜市史』第1巻　横浜市　pp.29－46
渡辺　仁　1981　「堅穴住居の体系的分類、食物採集民の住居生態学的研究（Ⅰ）」『北方文化研究』第14号北海道大学文学部附属北方文化研究施設　pp.1－108
渡辺　仁　1984　「堅穴住居の廃用と燃料経済」『北方文化研究』第16号　北海道大学文学部附属北方文化研究施設　pp.1－84

Arnold, J. R. and W. F. Libby　1949　Age Determination by Radiocarbon Content: Checks with Samples of Known Age. *Science* 110 American Association for the Advancement of Science pp.678－680.
Binford, L. R.　1980　Willow smoke and dog's tails. *American Antiquity* 45(1) pp.4－20.
Cook, S. F.　1972　Can pottery residues be used as an index to population?. *Contribution of the University of California Archaeological Reserch Facility* 14, pp.17－39.
Crane, H. R. and J. B. Griffin　1960　University of Michigan Radiocarbon Dates V. *Radiocarbon Supp. lement* 2, Yale University, pp.31－48.
Deetz, J.　1967　*Invitation to Archaeology*, The Natural History Press, pp.1－150.

Flannery, K. V. ed. 1976 *The Eary Mesoamerican Village*, Academic Press, pp. 1 - 377.
Flannery, M. 1968 Archaeological systems theory and errly Mesoamerica. Mark. P. Leone. (ed) 1972 *Contempolary Archaeology – A Guide to Theory and Contributions*, Southern Illinois University Press, pp.222 - 234.
Habu, Junko. 2002 *Subsistence – Settlement Systems and Intersite Variabilty in the Moroiso Phase of the Early Jomon Period of Japan*, International Monographs in Prehistory, Michigan pp. 1 - 207.
Hantman, J. L. 1983 *Social Networks and Stylistic Distributions in the Prehistoric Plateau Southwest*. Unpublished Ph. D. Dissertation, Arizona State University. University Microfilms, Ann Arbor. pp.186 - 234.
Hardin, Margret. A. 1979 The Cognitive Basis of Productivity in a Decorative Art Style: Implications of an Ethnographic Study for Archaeologists' Taxonomies. In C. Kramer(ed). *Ethnoarchaeology*, Columbia University Press. pp.75 - 101.
Hardin, Margret. A. 1983 The Structure of Tarascan Pottery Painting. In D. K. Washburn (ed.), *Structure and Cognition of Art*, Cambridge: Cambridge University Press, pp. 8 - 24.
Hardin, Margret. A. 1984 Models of Decoration 'In S. E. van der Leeuw & A. C. Prithard (ed). *The marny Demensions of pottery: Ceramics in Archaeology and Anthropology*, pp.573 - 614.
Hill, J. N. 1966 A Prehistoric community in eastern Arizona, *Southwestern Journal of Anthropology* 22 pp. 9 - 30.
Hill, J. N. 1970 *Broken K pueblo:prehistoric social organization in the American Southwest*, University of Arizona Antholoplogical Papers 18, pp.34 - 46
Hodder, Ian 1977 The Distribution of Material Culture Items in the Baringo District, Western Kenya. *Man* 12, pp.239 - 269.
Kigoshi, K., Y. Tomikura and K. Endo 1962 Gakushuin Natural Radiocarbon Measurements I, *Radiocarbon* 4, Yale University pp.84 - 94.
Libby, W. F. 1951 Radiocarbon Dates, II, *Science* 114, American Association for the Advancement of Science, pp.291 - 296.
Lowe, J. J. & Walker, M. J. C. 2000 Radiocarbon Dating the Last Glacial – Interlacial Transition (Ca.14 - 9 $^{14}$C ka BP) in Terrestrial and Marine Records: The Need for New Quality Assurance Protocols. *Radiocarbon.* 42, pp.53 - 68.

Miller, Daniel 1995 Consumption Studies As The Transformation of Anthropology. In D. Miller (ed.), *Acknowledging Consumption A Review of New Studies*, pp.241-251

Plog, S. 1976 Measurement of Prehistoric Interaction between Communities In Flannery, M (ed) *The Early Mesoamerican Village*, pp.251-272.

Plog, S. 1980 *Stylistic variation in prehistoric ceramics*, Cambridge University Press, pp. 1-141.

Preston, B. 2000 The Functions of Things: a Philosophical Perspective on Material Culture. In Graves-Brown (ed.) *Matter, Materiality and Modern Culture*. Routledge. pp.22-46

Ray, Verne 1963 *Primitive Pragmatists: The Modoc Indians of Northern california*. University of Washington Press, Seattle pp.72-89

Rouse, I. 1972 *Introduction to Prehistory*, McGraw-Hill Book Company, New York, 鈴木公雄訳1974『先史学の基礎理論』雄山閣出版 pp. 1-268

Schiffer, M. B. 1975 Archaeology as Behavioral Science. *American Antholopologist* 77 pp.836-848.

Schiffer, M. B. 1987 Formation Processes of the Archaeological Record. *Department of Anthropology*. University of Arizona, pp. 1-364.

Schiffer, M. B. 1988 The structure of Archaeological theory. *American Antiquity* 53 (3), pp.461-485.

Schiffer, M. B. 2001 The Explanation of Long-Term Technological Change In Schiffer (ed) *Anthropological Perspectives on Technology*, University of New Mexico Press, pp.215-236.

Schiffer, M. B., T. E. Downing and M. McCarthy 1981 Waste not, Want not: an Ethnoarchaeological Study of Reuse in Tucsun, Arizona. In R. A. Gould and M. B. Schiffer (ed) *Modern Material Culture: The Archaeology of Us*. Academic Press, pp.67-86.

Vincent M. LaMotta and Michael B. Schiffer 2001 Behavioral Archaeology: Toward a New Synthesis. In Ian Hodder (ed.), *Archaeological Theory Today*. Cambridge: Polity Press, pp.15-64.

Stuiver, M., Reimer, P. J., Bard, E., Back, J. W., Burr, G / S., Hughen, K. A., Kromer, B., McCormac, G., Van der Plicht, J. and Spurk, M. 1998 INTCAL 98 Radiocarbon age calibration, 24,000-0 cal BP. *Radiocarbon* 40(3), pp.

1041−1083.

Warren, R. D. and Donald, W. L.　1979　The making and breaking of Shipibo−Conibo ceramics. In C. Kramer,（ed）. *Ethno−archaeology*, pp.102−138.

Watoson. Patty Jo.　1973　Explanation and models: the prehistorian as Philosopher of science and the prehistorian as excavator of the Past In Colin Renfrew（ed）*Explanation of Culture Change*, pp.47−52.

Wiessner, Polly,　1974　A Functional estimator of population from Floor Area, *American Antiquity* 39（2）, pp.343−349.

著者略歴
小林謙一（こばやし　けんいち）
1960年神奈川県横浜市生。1987年慶応義塾大学大学院文学研究科修士課程、2004年総合研究大学院大学後期博士課程学位取得修了。博士（文学）。慶応義塾大学埋蔵文化財調査室非常勤助手、目黒区大橋遺跡調査会主任調査員、金沢大学埋蔵文化財調査センター助手、国立歴史民俗博物館研究部助教などを経た後、現在、中央大学文学部教授。


表紙　東京都町田市三矢田遺跡
　　　10号住居跡出土土器


## 縄紋社会研究の新視点―炭素14年代測定の利用―

| 2004年10月20日 | | 初版発行 |
| 2008年7月5日 | 新装増補版 | 初版発行 |
| 2012年3月20日 | 普及版 | 初版発行 |
| 2015年3月20日 | 普及版 | 初版2刷発行 |

著　者　小林　謙一

発行者　八木　唯史

発行所　株式会社　六一書房
　　　　〒101-0051　東京都千代田区神田神保町2-2-22
　　　　TEL 03-5213-6161　　FAX 03-5213-6160
　　　　http://www.book61.co.jp　E-mail info@book61.co.jp
　　　　振替 00160-7-35346

印　刷　藤原印刷株式会社

ISBN978-4-86445-012-6 C3021　　Ⓒ Kenichi Kobayashi 2015　Printed in Japan